普通高等教育"十一五"国家级规划教材

管理信息系统

徐绪松　主编

科学出版社

北京

内 容 简 介

本书从用户和管理者的角度出发，强调管理，强调积极主动地以信息技术创造组织的价值，以信息技术打造新的事业。从管理的角度阐述了管理信息系统的基本概念、信息系统的技术基础、信息系统结构、信息系统实例、信息系统的算法基础和信息系统开发。强调管理者了解这些知识是为了更好地面对信息技术带来的管理变革，是为了更好地利用管理信息系统支持决策行为。

这是一本全面、系统地介绍管理信息系统知识及其应用的书籍，坚持以案例阐释理论的风格写作，内容丰富、思路清晰、表述清楚、图文并茂，是一部适合教师讲授和学生学习的教材。本书适合作为经济管理类和信息管理类学生的教科书，特别适合作为信息管理、管理信息系统、管理科学与工程等专业的本科生、研究生的教科书、教学参考书和研究资料，也可供相关专业的实际工作人员和计算机软件开发人员参考。

图书在版编目(CIP)数据

管理信息系统/徐绪松主编. —北京：科学出版社，2010
普通高等教育"十一五"国家级规划教材
ISBN 978-7-03-029395-4

Ⅰ.①管… Ⅱ.①徐… Ⅲ.①管理信息系统-高等学校-教材
Ⅳ.①G202

中国版本图书馆 CIP 数据核字(2010)第 212234 号

责任编辑：马 跃 / 责任校对：张小霞
责任印制：徐晓晨 / 封面设计：耕者设计工作室

科学出版社出版
北京东黄城根北街 16 号
邮政编码：100717
http://www.sciencep.com

北京凌奇印刷有限责任公司印刷

科学出版社发行 各地新华书店经销

*

2010 年 11 月第 一 版 开本：787×1092 1/16
2019 年 2 月第二次印刷 印张：20 3/4
字数：490 000

定价：58.00 元

(如有印装质量问题，我社负责调换)

前言

图灵早在1950年就提出了“机器思维”的概念，西蒙也在这个时期提出了决策自动化的预期。虽然此时已经产生了人工智能的思想，但是和今天相比，计算机显然还非常原始。一直到1967年，明尼苏达大学卡尔森管理学院(Carlson School of Management，University of Minnesota)的著名教授高登·戴维斯(Gordon B. Davis)创建了管理信息系统(management information system，MIS)学科。今天，明尼苏达大学的管理信息系统学科已稳稳地占据了世界管理信息系统学科中心的地位，凭着40多年发展管理信息系统学科的领先经验，如今，90%以上世界最具权威的管理信息系统学术刊物及国际会议由明尼苏达大学管理信息系统专业毕业的博士生或其流派的教授主持或管理。

1996年，曼纽尔·卡斯特的恢宏巨著《信息时代三部曲》的第一部《网络社会的崛起》在美国出版，当即在全世界引起强烈的反响，到目前为止已经翻译成12种语言、发行量超过100万册。在曼纽尔·卡斯特的眼中，信息化的本质就是信息空间(也称为“虚拟空间”、“流动空间”、“网络社会”)的重组。流动空间具有三个层次：电子化的互联构成了流动空间的第一个物质基础；节点与核心构成了流动空间的第二个层次；占支配地位的管理精英的空间组织构成了流动空间的第三个层次。在卡斯特的视野中，网络社会既是一种新的社会形态，也是一种新的社会模式。信息技术就像工业革命时期的能源一样，重塑着今日社会的基本结构。互联网作为现代社会的普遍技术范式，引导着社会的再结构化，从而改变了社会的基本形态。如果我们仅仅从产业的视角来考察IT业和互联网业，那么我们就会失去对这场信息化革命最根本的把握。

自从工业革命以来，无数技术发明已经深刻地改变了我们的生活，改变了企业管理的模式。在信息时代，信息技术发明给企业管理带来了众多的变革，面对管理的变革，2003年我提出了新的管理思想——复杂科学管理。信息技术发明要求我们的思维方式有一个全新的变化，以适应信息时代的需要，人们都在孜孜探求这种新的思维方式，2003年我提出了复杂科学管理的系统思维模式，并赋予它内涵。在西蒙的研究中有一个著名的有关“蚂蚁”的比喻。一只蚂蚁在沙滩上爬行，蚂蚁爬行留下的曲折轨迹不表示蚂蚁认知能力的复杂性，只是说明海岸的复杂性。同样的道理，管理信息系统的复杂性只是说明了管理活动的复杂性。本书的写作正是秉承复杂科学管理的管理思想，将复杂的管理信息系统相关知识系统地安排在一个统一的框架之下。

还记得1997年我在人民大会堂给中央企业(以下简称央企)做“信息化是企业成功的必由之路”的报告，为企业的信息化振臂高呼，给央企老总极大的震撼、振奋、激动！10多年来，我作为人大代表、湖北省人民政府参事、武汉市制造业信息化专家组副组长，为加快国家的信息化历程做过许多努力，可喜的是今天信息技术的战略价值正伴随企业信息化进程的不断推进而被越来越多的企业家所认同。建立管理信息系统、实现传统产业的信息化改造、改革传统制造业、实施企业流程再造等，大大地提高了组织的效率、降低了企业交易成本，提高了产品质量和客户满意程度以及企业的盈利水平。本书是在我国管理信息系统走向成熟的阶段中撰写的。

管理信息系统是多学科的综合，因此从不同的角度出发，对其教学目标和内容设置有着不同的侧重。纵观国内外有关管理信息系统的教材，主要有以下两种流派：一种是从技术的观点和计算机应用的角度出发，详细地介绍计算机硬件和软件概念以及通信技术，目标是培养管理信息系统的系统分析员和程序员；另一种是从用户和管理者的角度出发，更强调用户和管理者应该如何参与系统开发过程中的活动，使设计出来的管理信息系统更加适合管理者的需要，更好地体现以人为本的设计思想。教学的重点有所转变，从以开发者为中心的程序设计转向以用户为中心的系统应用。本书正是后者，即从用户和管理者的角度出发，强调管理，强调积极主动地以信息技术创造组织的价值，以信息技术打造新的事业。从管理的角度阐述信息系统的概念、计算机软件和硬件的技术、决策算法，强调管理者了解这些知识是为了更好地面对信息技术带来的管理变革，是为了更好地利用管理信息系统支持决策行为。本书坚持以案例阐释理论的风格写作，努力成为适合教师讲授和学生学习的教材。

本书内容安排如下：

总体上分为六编：概述、信息系统的技术基础、信息系统结构、信息系统实例、信息系统的算法基础和信息系统开发，共23章。

第一编概述，包含两章：绪论、组织与管理信息系统。从整体观出发对管理信息系统做了全面性的介绍，包括管理信息系统的概念、信息技术和组织活动、信息技术对组织的冲击以及管理信息系统的演进。

第二编信息系统的技术基础，包含四章：管理信息系统的硬件系统、管理信息系统的软件系统、数据库技术、计算机网络。介绍了信息系统的技术基础，包括计算机和网络相关的硬件系统、软件系统和数据库技术。

第三编信息系统结构，包含四章：市场信息系统、生产信息系统、财务信息系统、人力资源信息系统。从市场、生产、财务、人力资源等方面阐述信息系统的结构。

第四编信息系统实例，包含五章：电子商务系统、物流与供应链系统、客户关系管理系统、商务智能系统、企业资源计划。分别从电子商务、物流与供应链系统、客户关系管理、商务智能、企业资源计划等方面阐述信息系统应用的前沿问题。

第五编信息系统的算法基础，包含五章：图及网络算法、动态规划算法、人工神经网络算法、遗传算法、数据挖掘。介绍了信息系统的一些基本算法，包括图及网络、动态规划、人工神经网络、遗传算法、数据挖掘非数值算法等。

第六编信息系统开发，包含三章：管理信息系统战略规划、管理信息系统的开发、管理信息系统选型。阐述了信息系统的战略规划和开发方法，以及信息系统选型等内容。

本书的特点是：①收录和编排的内容代表了当今信息技术发展的前沿领域，它们包括因特网和电子商务、数据仓库和数据挖掘、商务智能；②并非单纯从技术的观点讨论，而是从管理和决策的角度讨论信息系统，更注重应用与企业战略的融合，强调系统规划、管理和系统应用并重的观点；③强调了系统思维方式和解决问题的技巧，应用案例引导学生发挥想象力，提出创造性的解决方案。

本书通俗易懂、深入浅出，是一部既有管理信息系统的基础知识，又能追踪学科前沿的信息系统教材和参考书，是各工商管理专业本科生、MBA 和 EMBA 学习管理信息系统的首选教材之一，也可供企业、事业单位管理人员、政府职能机构人员以及对管理信息系统感兴趣的读者参考。

本书由国家二级教授、博士生导师、享受国务院津贴的专家徐绪松担任主编，策划、拟定大纲、统稿，并审阅了全书。第一编第1、2章由曾凡涛博士撰写；第二编第3～5章由徐绪松和黄传慧副教授、博士撰写，第6章由黄传慧撰写；第三编第7～9章由徐绪松和陈氢副教授、博士撰写，第10章由陈氢撰写；第四编第11、12章由朱湘晖副教授、博士撰写，第13、14章由陈氢撰写，第15章由高宝俊副教授、博士后撰写；第五编第16、17章由徐绪松、黄传慧撰写，第18、19章由徐绪松、曾凡涛撰写，第20章由徐绪松、高华博士撰写；第六编第21～23章由高华撰写。他们长期站在教学第一线，有着丰富的教学经验和丰盛的科研成果，为本书增色不少。

在本书的编写过程中，我们参考了大量的国内外相关教材，在此向这些作者深表谢意。由于编者的水平有限，书中疏漏在所难免，敬请读者批评指正。

感谢科学出版社将本书作为普通高等教育“十一五”国家级规划教材出版！感谢本书编辑的辛勤劳动！

徐绪松

2010 年 4 月于武汉大学

目　录

第二编 信息系统的技术基础

第三编 信息系统结构

第五编　信息系统的算法基础

第一编 概 述

第1章 绪 论

1967年，美国明尼苏达大学卡尔森管理学院（Carlson School of Management，University of Minnesota）著名教授高登·戴维斯（Gordon B. Davis）创建了管理信息系统（management information system，MIS）学科。经过40多年的艰难发展，管理信息系统才逐渐被世人所重视。1968年，彼得·德鲁克（Peter F. Drucker）在其著作《断层时代》（*The Age of Discontinuity*）中写道："若干年后，年轻人肯定会把信息系统当做一般工具来使用，就像使用打字机和电话。"彼得·德鲁克使管理成为一门学科，他很早就预见到管理信息系统将成为管理活动中的重要组成部分，他认为21世纪的工作者是"知识工作者"，因此，不仅要有针对组织的管理信息系统，还要有针对个人（即知识工作者）的管理信息系统，而且还要像使用电话一样方便、简单。但是，目前的管理信息系统发展状况离德鲁克的梦想还较远。

1.1 管理信息系统的产生与发展

如果人类没有发明计算机，很难想象还会有管理信息系统的概念，管理信息系统的产生与发展实际上是伴随着计算机的产生与发展的。计算机最开始被作为密码加密、解密工具发明出来，进而推广到科学计算工具；随后人们认识到计算机并不是孤立存在的，还必须和其相关的资源结合起来使用，这些相关资源的结合就构成了系统，信息系统的概念应运而生；商业组织对技术的嗅觉从来都是非常灵敏的，当他们意识到计算机技术可以帮助商业组织提高工作效率、降低生产成本后，迅速研发相应的技术以辅助商业组织的管理活动，管理信息系统就由此产生了。

1.1.1 技术基础：计算机的发明

计算机最初被发明出来时，并不是今天这个样子，其实就是一个超级计算器。如果追根溯源，我们发现计算机的发明与第二次世界大战有着千丝万缕的联系。第二次世界大战之中的谍报战是相当惊心动魄的，德军最初的闪电战获得巨大成功除了因为他们有精明的军事将领，同时还得益于德军的间谍和谍报技术。其中尤以称之为"谜"（enigma）的密码电报机最为著名，它由德国人在第一次世界大战和第二次世界大战之间研制成功。在第二次世界大战初期，德军把欧洲各国打得几乎无还手之力，欧洲强国法国竟然投降，唯有英国借助地理优势勉强撑到最后。盟军认识到了德军谍报技术的强大，丘吉尔秘密组建了一个强大的团队来破解德军的密码。许多大数学家加入了这个团队，包括图灵。当盟军破译了德军的密码后，迅速组织了一场相当漂亮的反击战：诺曼底登陆，从此德军开始节节败退。第二次世界大战结束后，英国将由此发展起来的谍报技术雪藏，没有大量开展后续研究，美国则相反。1946年，美国军方与大学合作发明了ENIAC，该发明激发了美国民众研究计算机的强烈兴趣，媒体的报道甚至让很多人认为ENIAC是世界上第一台电子计算机。即便如此，此时的计算机依然是台计算器。当然，它的计算范围扩大了许多，不仅仅做编码、解码工作，还能做计算弹道、天体运行轨道等其他复杂计算工作，或称之为科学计算。但是此后的一系列相关技术发明，彻底改变了计算机的面貌。首先，晶体管和集成电路的出现极大地缩小了计算机的体积，同时也极大地加快了运算速度。但是，此时的计算机仍然只有政府大型机构和大企业有能力使用，因为它仍然体型庞大，并且价格昂贵，似乎对于普通人来说，计算机也没有什么意义。有趣的是，真正推动计算机普及化的原始动力竟然是玩游戏。20 世纪 70 年代，美国拥有大量的电子爱好者，他们总是爱搞些新奇的玩意儿。为了玩游戏，苹果电脑公司创始人之一沃茨涅克把电视机屏幕和计算机连接了起来。自此，那时的计算机才和今天的计算机有些相似了。苹果公司是非常伟大的，是他们率先设计出了适合普通老百姓使用的计算机。在巨大商机面前，IBM 猛然醒悟，奋起直追，迅速设计出了他们的个人计算机(personal computer，PC)，并引发了一场全球计算机热，从此开始了一个与计算机相关的各种信息技术的大发明时代。仅仅有单个独立的计算机是不足以描述这个时代的。当美国军方的 ARPNET 网络“军转民”后，美国四所大学尝试用这些旧设备实现图书馆间信息共享，由此引发了“网络热”。1992 年克林顿担任总统后，提出了创建“信息高速公路”的宏伟构想，巨大的商机吸引了各界人士的眼球，很快就建立了一个覆盖全美国范围的计算机网络：因特网(Internet)，该网络很快与世界其他国家的网络相连，构成了一个可联结全球计算机的巨型网络。

1.1.2　理论基础：信息系统理论

20 世纪后半叶是系统科学蓬勃发展的时期。自 20 世纪 40 年代以来，许多系统名词相继出现。其中包括系统科学、系统工程、系统理论、控制论、系统分析、系统方法以及系统思维等。此后所有这些名词被统一在系统科学之下。系统科学思想曾深入到许多自然科学和社会科学学科，其中也包括了信息系统学科。系统科学被认为是信息系统的理论基础，其概念被广泛用于信息系统研究。信息系统的基本概念建立在普通系统理论(general system theory)和系统科学(system science)基础之上。这主要包括两大普通系统理论模型，即输入—过程—输出模型和系统—子系统—系统环境模型。

普通系统由许多互联功能组成，其目的是以有组织的形式接收输入产生输出。普通系统通常是一个动态系统，其中三个相互作用的基本功能包括输入、过程和输出。输入是指进入系统参与过程的元素，如原材料或能量。过程是指把输入转化为输出的进程，如制造过程或数学计算。输出是指经过转化过程得到的元素，如制成品或管理信息。例如，一个制造系统接收原材料作为输入，在输入参与过程后，产生制成品作为输出。而在这一制造过程中伴随物流，必有信息流。信息系统正是追踪和描述此种信息流的系统。当然，信息系统本身也是一个普通系统，即接收数据作为输入，在参与过程后以信息的形式输出。如在上述普通系统模型中引入另外两个功能则使模型更为有用。这两个功能是反馈和控制。一个具备反馈和控制能力的系统被称为控制系统(cybernetic system)，即具备自监控和自调节能力的系统。反馈主要指系统有能力把有关系统输出的数据反馈给其输入部分为必要的调节提供信息。控制则指在对系统反馈数据进行分析后确定系统是否实现目标。如未实现目标，系统则要对其输入或过程部分进行适当调节以得到期望的输出。把反馈和控制功能加入到信息系统的基本模型中去使模型更适用于管理信息系统。

另一普通系统模型称为“系统—子系统—系统环境模型”。在设计企业信息系统时，往往把企业看成是一个系统，企业部门为子系统，企业外部为系统环境。通过对系统—子系统—系统环境的多层次精细化分析，无论系统如何复杂，从系统分析和系统设计的角度来说都有可能设计出一个较好的系统。简单地说，输入—过程—输出模型使我们有可能仿真物流和信息流，而系统—子系统—系统环境模型则使我们有可能在概念和逻辑水平上理解、分析和设计具有高度复杂性的企业信息系统。

用系统的观点来分析企业组织结构，企业是一个有生命的开放系统，信息系统则是企业的一个子系统。随着计算机技术的发展，信息系统越来越多地被用于企业各管理层的决策，信息系统从而被视为企业内部最具价值的子系统之一。

一般来说，信息系统接收数据/信息作为输入，通过过程转换，以信息的形式输出结果。此种信息往往是为某一信息需求服务的。在这一信息转换过程中涉及的功能包括：①数据的产生，即企业内部数据的产生或获取；②数据的记录；③数据的处理过程；④信息的产生、存储、检索和传递;⑤信息为其需求所用。

信息系统不单纯是一个计算机系统,该系统是由人员、事务处理程序、数据、硬软件和组织结构组成的一个相对复杂的系统,因而自20世纪70年代初期早期企业信息系统投入运行以来出现了许多需要从管理学角度来解决的问题。于是在20世纪70年代后期美国管理学界开始对企业信息系统加以关注。

1.1.3 管理信息系统学科应运而生

1967年,明尼苏达大学卡尔森管理学院著名教授高登·戴维斯创建了管理信息系统学科,但是受到了计算机科学(computer science)学科的嘲笑。像加州理工大学、斯坦福大学这样的常春藤名校具有雄厚的计算机技术研究基础,拥有众多著名的计算机研究专家,他们的学生创立了令人称羡的硅谷,他们无法接受一个会计学教授(高登·戴维斯是明尼苏达大学卡尔森管理学院的会计学教授)要创立一个新的计算机应用学科的想法。对他们而言,这确实是一个笑话。当然,对于会计学出身的高登·戴维斯而言,建立管理信息系统学科确实存在困难,他甚至无法提出一个让大家都能接受的管理信息系统的定义。但是,他深信计算机信息系统必将在管理领域发挥巨大作用。

20世纪80年代,管理信息系统开始大放异彩。1985年,高登·戴维斯终于提出了管理信息系统的经典定义。出现这种变化绝不是偶然的。20世纪60～70年代是大、中型计算机时代,只有少数的大型企业才有足够的资金应用计算机信息系统。同时,这些计算机信息系统的兼容性非常差,美国中央情报局会同时使用几种完全不兼容的计算机系统,令管理者无法有效处理数据。80年代是计算机在美国普及的时代,微型计算机使得中小企业或组织也能够使用计算机信息系统。IBM公司采用的计算机开放标准的竞争策略使得全球的计算机相关技术研发人员能够根据一个统一的标准开发软、硬件,这使得研发人员能把更多的精力放在使信息系统更好地支持企业管理上,而不是兼容问题上。在企业内部管理中,会计领域是一个主要与数字打交道的领域,会计信息化迅速成为企业信息化的热门领域,高登·戴维斯培养的学生迅速成为企业争抢的人才。

随着对信息系统的需求扩大到高层管理,信息系统开始面向企业的各个层次并为之提供服务,同时系统的名称也开始分化。管理信息系统开始由三个子系统来加以定义和描述。子系统一是为企业基础层即生产运作层服务的系统,称为数据处理系统(data processing system)。从系统角度来说此类系统以事务处理系统为主。子系统二是为企业中层即中层管理服务的系统,称为管理信息系统。从系统角度来说此类系统在事务处理系统基础上增加了可供中层管理决策之用的部分系统。子系统三是为企业高层即高层管理服务的系统,称为决策支持系统(decision support system,DSS)。此类系统也被称为高层管理信息系统(executive information system,EIS)。近年来开始普遍采用新的名称,即在线分析处理系统(online analytical processing system,OLAP)。从系统的角度来说,此类系统在数据处理系统和管理信息系统的基础上提供了可供高层管理决策之用的部分系统。

20世纪90年代以后,支持管理信息系统的一些环境和技术发生了很大的变化,出现了管理信息系统过时论,一些人试图以其他的名词和内容来代替管理信息系统,这些名词主要有决策支持系统、信息技术、信息系统和信息管理等。

1.2 管理信息系统的基本概念

1.2.1 信息

1. 信息的概念

作为一个严谨的科学术语,信息的定义却不存在一个统一的观点,这是由它的极端复杂性决定的。信息的表现形式数不胜数：声音、图片、温度、体积、颜色……信息的分类也不计其数：电子信息、财经信息、天气信息、生物信息……要对信息作一个严密而又具有普适性的定义，就必须从本质上把握信息。现在学术界主要有以下几种观点：

美国数学家、信息论的奠基人克劳德·艾尔伍德·香农(Claude Elwood Shannon)在其著名论文《通信的数学理论》①中提出计算信息量的公式(一个信息由 n 个符号所构成，每个符号出现的几率为 P)，则有

$$H(X) \equiv -\sum_{x} P(x)\log_2[P(x)]$$

这个公式和热力学的熵的计算方式一样，故也称为熵(信息论)。从公式可知，当几率平均时，“不确定性”(uncertainty)最高，信息熵最大。故信息可以视为“不确定性”或“选择的自由度”的度量(information is a measure of one's freedom of choice when one selects a message)。

美国数学家、控制论的奠基人诺伯特·维纳在其《控制论——动物和机器中的通讯与控制问题》中认为，信息是“我们在适应外部世界、控制外部世界的过程中同外部世界交换的内容的名称”。“信息就是信息，不是物质也不是能量。不承认这一点的唯物论，在今天就不能存在下去。”

英国学者阿希贝认为，信息的本性在于事物本身具有变异度。

意大利学者朗高在《信息论：新的趋势与未决问题》中认为，信息是反映事物的形成、关系和差别的东西，它包含于事物的差异之中，而不在事物本身。

本体论认为，信息是事物运动的状态和运动的方式，而与是否被其他事物所反映无关。

认识论认为，信息是关于事物运动状态和运动方式的反映，而并不是事物运动状态和运动方式的本身。

我国台湾学者谢清俊教授在《一个通用的资讯定义》中提出，“资讯即所知表现在媒介上的形式”，或更直接地说“形式即资讯”。

2. 信息的特征

尽管从不同的角度出发信息存在不同的定义，但是对于信息的一些基本性质却得到了共识。其主要包括普遍性、客观性、动态性、时效性、可识别性、可传递性、可共享性。

1) 普遍性

只要有事物的地方，就必然地存在信息。信息在自然界和人类社会活动中广泛存在。

2) 客观性

信息是客观现实的反映，不随人的主观意志而改变。如果人为地篡改信息，那么信息就会失去它本来的价值，误导我们的决策。

3) 动态性

事物是在不断变化发展的，信息也必然地随之运动发展，其内容、形式、容量都会随时间而改变。信息是如此的捉摸不定，为了弄清楚它的真实状态，人类已经发明了无数的工具。

4) 时效性

由于信息的动态性，一个固定的信息的使用价值必然会随着时间的流逝而衰减。

5) 可识别性

人类可以通过感觉器官和科学仪器等方式来获取、整理、认知信息。这是人类利用信息的前提。信息的识别也包含对虚假信息的识别，伪装是自然生物的本能，人类社会制造的虚假信息在当今信息时代更是达到了一个无以复加的地步。

---

① Shannon C E. A mathematical theory of communication Bell System. Technical Journal, 1948, 27: 379～423, 623～656.

6）可传递性

信息可以通过各种媒介在不同对象之间传递，如果信息不能被传递，信息的存在就毫无意义。我们生存的星球，乃至整个宇宙中的一切事物存在的基础就是：任何一个个体都要和其他个体进行物质和能量的交换，在这个交换过程中，信息的传递始终指导着这种交换。

7）可共享性

信息与物质、能量显著不同的是：信息在传递过程中并不是"此消彼长"，同一信息可以在同一时间被多个主体共有，而且还能够无限地复制、传递。

3．数据、信息与知识的关系

在涉及管理信息系统的相关文献中，数据、信息与知识是三个非常容易混淆的词汇，它们既有所不同，又相互联系。

数据(data)是对客观事物的性质、状态以及相互关系等进行记载的物理符号或是这些物理符号的组合。它是可识别的、抽象的符号。这些符号不仅指数字，而且包括字符、文字、图形等。

信息(information)是以一定的规则组织在一起的事实的集合，并具有超出事实本身之外的价值。例如，某位管理人员发现了解按月汇总的销售额比了解每笔销售额更有用，这说明将每个月的数据集合在一起比单个数据更有价值。

数据经过处理后，其表现形式仍然是数据。处理数据的目的是为了便于更好地解释。只有经过解释，数据才有意义，才成为信息。因此，信息是经过加工以后对客观世界产生影响的数据。

对同一数据，每个信息接收者的解释可能不同，其对决策的影响也可能不同。决策者利用经过处理的数据做出决策，可能取得成功，也可能得到相反的结果，关键在于对数据的解释是否正确。这是因为不同的解释往往来自不同的背景和目的。

信息与数据既有联系，又有区别：

数据是符号，是物理性的，信息是对数据进行加工处理之后所得到的并对决策产生影响的数据，是逻辑性(观念性)的；数据是信息的表现形式，信息是数据有意义的表示。如这样一组数据：

003257	000001	001968	000008	001800

单就这一组数据本身毫无意义，如果赋予合理的解释就体现了信息的意义。

职工号	性别男	出生年月	职位	工资1 800元

知识(knowledge)是将可靠的信息与高质量的分析合并的结果，是经过评估的信息，是通过分析对信息和数据增值的产品。

在全球性剧烈竞争的环境下，一家厂商的优势不在于产品、服务、地区等因素，而在于创新。用知识来作为创新的原动力，就能使公司长期持续保持竞争优势。因此要能及时、迅速地从日积月累的庞大的数据库及网络上获取有关经营决策的有关知识，这是应付客户需求易变性及市场快速变化引起竞争激烈局面的唯一武器。

针对上述情况，如何对信息快速有效地进行分析、加工、提炼以获取所需知识并发挥其作用，向计算机和信息技术领域提出了新的挑战。早年受技术条件限制，一般用人工方法进行统计分析和用批处理程序进行汇总与提出报告。在当时市场情况下，月度和季度报告已能满足决策所需信息要求。随着数据量的增长，多渠道数据源带来各种数据格式的不相容性，为了便于获得决策所需信息，就有必要将整个机构内的数据以统一形式集成存储在一起，这就是所谓的数据仓库(data warehousing)。由于数据仓库(通常数据储藏量以TB计)及互联网界面上的数据来源于多种信息源，其中埋藏着丰富的、不为用户所知的、有用的信息和知识，要使企业能及时迅速准确地做出经营动作的决策，以适应变化迅速的市场环境。

它们三者之间的关系可用图 1.1 表示。

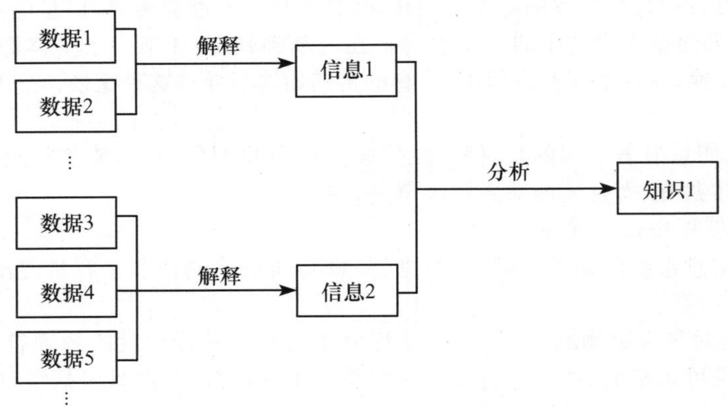

图 1.1 数据、信息与知识的关系

4. 信息时代

西方学者常用最具代表性的生产工具来代表人类历史上的某个时期,如石器时代、青铜时代、铁器时代、蒸汽时代等。如果用这种思维模式来观察20世纪,我们恐怕应该将之称为计算机时代。

当进入20世纪80年代末,计算机逐步普及,把信息对整个社会的影响逐步提高到一种绝对重要的地位。信息量、信息传播的速度、信息处理的速度以及应用信息的程度等都以几何级数的方式在增长,人类从此进入了“信息时代”。

彼得·德鲁克认为“当前的信息革命实际上是人类历史上第四次信息革命。”第一次信息革命是文字的发明;第二次信息革命是手抄书的发明;第三次信息革命是德国人古登堡的印刷机及同时期雕刻术的发明。每经过一次信息革命,人类的信息处理能力都得到了极大的提高,而且这种能力的增强是以几何级数的方式展开的。我们千万不要误以为信息时代就是指计算机或互联网时代。在今天,我们获得信息的手段还有很多,如电报、电视、电话、传真、邮件等,或许我们可以称今天为“信息工具大发明时代”。

1.2.2 系统

1. 系统的定义

系统一词从古至今皆有论述,以下分三个历史阶段论述系统的概念。

1) 古典系统观

“系统”一词早在古希腊即已出现。赫拉克利特认为“世界是包括一切的整体”;毕达哥拉斯认为“整个的天是一个和谐”;亚里士多德指出“一个完整的整体,其中细节是如此紧密地联系着,以至于任何一部分的移动或取消都会肢解和破坏了整体”。以上即是古典的系统观。

2) 近代系统观

马克思主义的系统整体观认为“世界是一个有机联系的整体……”

3) 现代系统观

美籍奥地利生物学家 L. V. 贝塔朗菲于1945年创立现代系统论,他认为“系统的定义可以确定为处于一定的相互关系中并与环境发生联系的各组成部分的总体。”

原苏联学者乌耶莫夫给系统下的定义是:系统乃是对于某个确定的性质 P 给出的关系 R 的元素的集合 m,系统可以用数学公式表示为 $(m)S=df[R(m)]P$,这实际上是集合论的定义。

还有学者认为“系统是有生命的或无生命的物质或事物的集中,这个集中接收某种输入,并按照输入来活动以生成某种输出,同时力求使一定的输出功能最大化。”这实际上是控制论的定义。

2. 系统的特征

根据一般系统论,系统具有六个方面的特征,即整体性、相关性、目的性、环境适应性、动态性和有序性。

(1) 整体性。系统由相互依赖的若干部分组成,各部分之间存在着有机的联系,构成一个综合的整体,以实现一定的功能。这表现为系统具有集合性,即构成系统的各个部分可以具有不同的功能,但能实现系统的整体功能。因此,系统不是各部分的简单组合,而要有统一性和整体性,要充分注意各组成部分或各层次的协调和连接,提高系统的有序性和整体的运行效果。

(2) 相关性。系统中相互关联的部分或部件形成"部件集","集"中各部分的特性与行为相互制约和相互影响,这种相关性确定了系统的性质和形态。

(3) 目的性。大多数系统的活动或行为可以完成一定的功能。例如,经营管理系统要按最佳经济效益来优化配置各种资源;军事系统为保全自己、消灭敌人,就要利用运筹学和现代科学技术组织作战、研制武器。

(4) 环境适应性。一个系统和包围该系统的环境之间通常都有物质、能量和信息的交换,外界环境的变化会引起系统特性的改变,相应地引起系统内各部分相互关系和功能的变化。为了保持和恢复系统原有特性,系统必须具有对环境的适应能力,如反馈系统、自适应系统和自学习系统等。

(5) 动态性。物质和运动是密不可分的,各种物质的特性、形态、结构、功能及其规律性,都是通过运动表现出来的,要认识物质首先要研究物质的运动,系统的动态性使其具有生命周期。开放系统与外界环境有物质、能量和信息的交换,系统内部结构也可以随时间变化。一般来讲,系统的发展是一个有方向性的动态过程。

(6) 有序性。由于系统的结构、功能和层次的动态演变有某种方向性,因而系统具有有序性的特点。一般系统论的一个重要成果是把生物和生命现象的有序性和目的性同系统的结构稳定性联系起来,也就是说,有序能使系统趋于稳定,有目的才能使系统走向期望的稳定系统结构。

1.2.3 管理信息系统的定义

很多专家学者都对管理信息系统下过定义,下面我们只选取四个最具代表性的定义。

1. 瓦尔特·肯尼万

瓦尔特·肯尼万(Walter T. Kennevan)指出:"以书面或口头的形式,在合适的时间向经理、职员以及外界人员提供过去的、现在的、预测未来的有关企业内部及其环境的信息,以帮助他们进行决策。"

这个定义是从管理的角度提出的,而不是从计算机的角度。它没有强调一定要用计算机,它强调了用信息支持决策,没有强调应用模型,这些均显示了这个定义的初始性。

2. 高登·戴维斯

高登·戴维斯(Gordon B. Davis)指出:"它是一个利用计算机硬件和软件,手工作业,分析、计划、控制和决策模型,以及数据库的用户——机器系统。它能提供信息,支持企业或组织的运行、管理和决策功能。"

这个定义说明了管理信息系统的目标、功能和组成,而且反映了管理信息系统当时已达到的水平。它说明了管理信息系统的目标是在高、中、低三个层次,即决策层、管理层和运行层上支持管理活动。

3.《中国企业管理百科全书》

该书指出:"一个由人、计算机等组成的能进行信息的收集、传递、储存、加工、维护和使用的系统。管理信息系统能实测企业的各种运行情况;利用过去的数据预测未来;从企业全局出发辅助企业进行决策;利用信息控制企业的行为;帮助企业实现其规划目标。"

这是许多从事管理信息系统工作最早的中国学者给管理信息系统下的一个定义。

4.《管理现代化》

该书(朱镕基主编)指出:“管理信息系统是一个由人、机械(计算机等)组成的系统,它从全局出发辅助企业进行决策,它利用过去的数据预测未来,它实测企业的各种功能情况,它利用信息控制企业行为,以期达到企业的长远目标。”

这个定义指出了当时中国一些人认为管理信息系统就是计算机应用的误区,再次强调了计算机只是管理信息系统的一种工具。对于一个企业来说即使没有计算机也有管理信息系统,管理信息系统是任何企业不能没有的系统。对于企业来说管理信息系统只有优劣之分,不存在有无的问题。

1.2.4 管理信息系统的学科框架

管理信息系统包含抽象的系统概念和管理概念,以及具体的信息技术和实际应用。其学科框架由以下主要部分组成:

(1) 基本理论。这一部分主要包括与信息系统有关的科学理论和管理理论。其中包括系统科学理论、计算机科学理论、竞争战略理论等。

(2) 信息技术。信息技术包括计算机的硬件、软件和计算机网络等。

(3) 决策算法。这是指管理信息系统提供决策的非数值算法。

(4) 系统开发。这一部分涉及企业人员和信息技术人员如何规划、开发和运作信息系统,涉及许多系统开发方法。

(5) 系统运行。信息系统的应用十分广泛。信息系统在企业中的应用实例包括生产运作管理系统、电子商务系统等。

(6) 系统管理。这一部分主要涉及如何有效管理信息系统包括电子商务系统的管理方式和策略。

1.3 信息技术与企业竞争优势

竞争优势的概念中最关键的是,比较对象的确定,离开了具体的比较对象,这个概念毫无意义。就像如果比较中国石油化工集团公司(以下简称为中石化)和搜狐公司的竞争优势一样,将两个根本不具有可比性的企业放在一起比较其竞争优势,就显得有些滑稽了。正是因为这一点,有的学者干脆将这个概念称为“比较优势”或“比较竞争优势”。

1.3.1 技术在竞争中的作用

两个世纪以来出现了许多得到广泛应用的技术,如蒸汽机、铁路、电报和电话以及发电机和内燃机等,而信息技术则是其中的新生力量。当这些技术融入商业基础设施时,在短时间内它们确实有可能为有远见的公司谋得真正的优势。但是,随着市场上这类技术供应的增加以及成本的下降,这些技术就会变成常规投入。我们有必要区分专有技术和所谓的基础性技术。

1. 独特性技术的作用

独特性技术能够为某一家公司所拥有或有效控制。例如,一家制药公司也许拥有某种特定化合物的专利,而该化合物正是合成一系列药物的基础;一家工业品制造商也许掌握了某种独特的工艺流程,而该流程是竞争对手难以模仿的;一家日用消费品公司也许获得了某种新包装材料的独家使用权,其产品的保存期限要长于同类竞争性的品牌。只要这些专有技术受到保护,它们就能够成为长期战略优势的基础,使公司获得高于对手的利润。

如果企业对新技术的应用具有超凡的洞察力,那么它也可以出其不意的超过竞争对手抢占先机。电力再次为我们提供了很好的例证。在19世纪末以前,大多数制造商一般依赖水压或蒸汽等动力来带动机器。那时候,动力的来源单一而固定,如工厂旁边的水车。企业为了将动力传递到工厂的各个工作区,需要精心设计滑轮和齿轮传动系统。当发电机初次投入使用时,许多制造商只是简单地把它们当做单一能源的替代物,为现有的滑轮和齿轮系统提供动力。然而,一些精明的制造商看到,电力的巨大优势之一是便于传输,可以将它直接输送到各个工作区。在工厂中架设电网、安装电动机后,企业就能够摆脱掉笨重、死板而且昂贵的齿轮系统,从而在效率上把那些尚未采取此行动的竞争对手甩在后面。

2. 基础性技术的作用

基础性技术的价值则是在共享时比独占时更大。不妨设想在19世纪初,假如某家制造公司拥有建造铁路所需的全部技术。只要该公司愿意,就可以在其供应商、生产厂以及经销商之间铺设铁路专线,让自己的火车行驶在这些铁路上,从而提高这家公司生产的效率。然而,从经济的全局来看,如果能够铺设公共铁路网联结众多公司和购买者,将创造更大的价值。无论是铁路、电报线还是发电机,基础性技术的特点和经济特性都会使其不可避免地走向广泛共享,并最终成为整个社会商业基础设施的一部分。

基础性技术在最初阶段以专有技术的形式出现。只要技术的获取受到限制,无论是有形的限制、知识产权保护、高成本制约还是缺乏标准,公司都能够用它获得竞争优势。例如,从1880年左右建造第一座电站到20世纪初全面架设输电网的这段时间里,电力是一种稀缺的资源,得近水楼台之便的制造商常常能够获得重要的竞争优势。美国最大的螺钉螺帽制造商Plumb, Burdict and Barnard公司将它的工厂设在纽约州的尼亚加拉瀑布附近,这并非巧合,而是因为美国最早的大型水电站之一就设在此处。

基础性技术除了带来效率更高的全新运作方法之外,通常还能引发大范围的市场变化。在这种情况下,眼光长远的公司也能借机领先目光短浅的竞争对手。19世纪中期,当美国开始风风火火地铺设铁路时,数以百计的轮船已经定期穿梭于美国的河流之中,使长途货运成为可能。许多商人以为铁路运输将基本上沿袭轮船的运输模式,只是在某些方面有所改进而已。事实上,铁路运输凭着更快的速度、更大的运量以及更广的通达范围,从根本上改变了美国的产业结构。突然间,成品的长途运输像原材料和工业部件的长途运输一样变得非常经济划算,大众消费品市场应运而生。有些公司看到了这个良机,于是立刻开始建设大规模的批量生产工厂,由此产生的规模经济使它们击败了在此之前一直统治着制造业的地方性小型生产工厂。

1.3.2 信息技术与企业竞争战略

1. 信息技术的战略意义

虽然基础性技术为我们打开了获取优势的机会之门,但这扇门敞开的时间非常短暂。当一项技术的商业效用开始受到广泛推崇时,自然会吸引海量的资金投入,它的扩张建设将以超常的速度进行。铁轨、电报线、输电线的铺设或架设工作无一不犹如急风暴雨一般展开。扩张建设进入尾声,公司赢得独家优势的机会大都已消失殆尽。一拥而上的投资带来的是产能扩大、竞争加剧以及价格跌落,这使技术变得随处可得,而且价格也让人能够承受。与此同时,扩张建设迫使用户采用统一的技术标准,这就使专有系统变成过时之物。随着应用技术的最佳实践得到广泛的认识和模仿,最后连使用技术的方式也开始变得标准化。实际上,最佳实践往往会融入基础设施之中。例如,电气化以后,所有新建的工厂都安装了许多分布合理的电源插座。技术及其使用方式实际上都变得大众化了。在技术扩张建设结束后,剩下唯一尚可争取的优势是成本优势。但即使是这一优势也很难得到保证。

当然,这并不是说基础性技术不再影响竞争。它们对竞争的影响依然存在,但这种影响只有在宏观经济层面才能感受到,在单个公司的层面上是感受不到的。例如,如果某个国家的某项基础性技术的建设滞后于经济的发展,无论这项技术是全国铁路网、供电网还是通信设施,该国的国内工业都将遭受严重的损失。同样的,如果一个行业在利用某项技术力量上落后了,它就很容易被淘汰取代。通常,一个公司的命运与影响其所在地区、所在行业的更大的力量息息相关。不过，关键问题在于，随着技术的普及和成本的降低，它的战略潜力——使公司有别于同类企业的能力——无疑会渐渐消退。

虽然信息技术比先前的一些基础性技术更加复杂、更加灵活多变，但是它同样具有基础性技术的一切标志性特征。实际上，众多的特点集于一体更加快了信息技术大众化的速度。首先，网络仍然是一种传输机制，就像铁路运输货物、电网输送电力一样，信息技术传递的是数字形式的信息。与所有其他传输机制相似，信息技术在共享时的价值要远远超过独用时的价值。信息技术的商业应用历史，是互联性和互通性不断增加的历史，开始是主机分时系统，然后是以微机为基础的局域网，再后来演变成范围更广的以太网，最后出现了因特网。这个前进历程中的每个阶段都涉及技术的进一步标准化，近来更是有功能趋同的态势。对于今天的大多数商业应用软件而言，定制的好处根本抵消不了孤立所带来的高成本。

信息技术还极易复制，很难想象还有什么其他东西可以无止境地进行成本几乎为零的完美复制。信息技术的许多功能都具有近乎无限的可扩缩性，当这个特征与技术的标准化相结合时，大多数专用软件注定将会成为经济报废的牺牲品。当你能够用少量的钱买到现成的先进软件时，为什么还要煞费苦心地编写自己独有的文字处理、电子邮件或者供应链管理程序呢？然而并非只有软件是可以复制的。由于大多数商业活动和流程都已嵌在了软件之中，因此它们也变得可以复制了。当公司购买了一种通用应用软件后，它们同时也就买下了一种通用业务流程。从节约成本和互通性这些好处来考虑，牺牲独特性在所难免。

因特网的出现为通用应用软件提供了一种完美的交货渠道，从而加速了信息技术的大众化。公司越来越倾向于向第三方购买收费的“网络服务”来满足它们的信息技术需求，这与购买电力或电信服务没有太大的区别。主要的商业技术供应商，从微软到IBM，大多试图将自己定位成信息技术的公用事业服务商，希望在所谓的“网格”(grid)上获得控制权，以控制各种商业应用软件的供应。最终的结果同样是导致信息技术能力的日益趋同，因为有更多的公司以通用软件来取代专用软件。

信息技术常常出现价格骤跌。当戈登·摩尔做出他那著名的预见性论断——计算机芯片上集成电路的密度每两年翻一番时，他预言的是计算处理能力的爆炸式增长。但是，这个预言也可以理解为计算机功能的价格也将暴跌。计算处理能力的价格从1978年的480美元/MIPS(每秒百万指令)跌至1985年的50美元/MIPS，然后又跌到1995年的4美元/MIPS，而且跌势仍没有丝毫减弱。数据存储和数据传输的价格也一样在快速下降。信息技术价格的快速下降不但使计算机革命让一般的公司和民众受益，而且让阻碍竞争的最重要的一个潜在障碍荡然无存。现在，即使是最先进的信息技术能力也能很快变得人人皆可拥有。

竞争优势和核心竞争力的关系同时又类似于独特性技术和基础性技术的关系。最开始，企业常常因为某种独特性技术而获得了竞争优势，但是，随着时间的推移，竞争对手也掌握了这种技术，这时候这种技术就不能成为其竞争优势了。当然，这并不等于说这种技术没有用了，它很快能转化为核心竞争力，转化为企业生产一系列相关产品的能力，很快又能获得某种竞争优势。

2. 基于信息技术的企业竞争战略

1）复杂性技术壁垒策略

公司研究的产品和工艺技术越来越难以保持专有。随着时间的推移，技术更加成熟，其知识传播越来越广。在没有专利的保护下，竞争优势将逐步消失，不管某些公司多么不愿接受这一事实。因而任何建立在专有知识或专门技术基础上的技术壁垒都将随时间消失。同样，缺乏合格的专业人员也将导致这种壁垒消失。这些变化不仅是新的竞争对手出现的温床，而且为供应方或买方纵向整合挤入该产业提供了方便。

专有技术的扩散速度取决于特定的产业。技术越复杂，要求的技术人员越专，所需要的关键研究人员越多，或者研究职能的规模经济越大，专有技术将扩散得越慢。当仿制者面临需要巨额资本要求和研究与开发的规模经济时，专有技术将提供坚实的进入壁垒。一种抵制专有技术扩散的重要力量是专利保护,即从法律上禁止扩散。但是,这种保护不太可靠,因为类似的发明可绕过专利。另一种抵制扩散的力量是通过研究与开发不断创立新的专有技术。新技术将延长公司专有优势的时间。

2）纵向整合产业价值链策略

进入新经济时代后,对于企业来讲,"制胜的武器就是速度",这里的速度就是最快地满足消费者的个性化需求。网络经济时代,企业实行敏捷供应链战略的一个重要竞争优势就在于速度。在传统企业运作方式中,从接受订单到成品交付是一个漫长的过程:企业首先要将所有的订单信息集中汇总到计划部门,由计划部门分解任务,从采购原材料开始,按工艺流程完成订单生产,除了必备的作业时间,中间不可避免地产生诸多等待现象。企业如果按敏捷供应链观念组织生产,其独特的订单驱动生产组织方式,在敏捷制造技术支持下,可以最快速度响应客户需求。戴尔公司是成功利用信息技术实行敏捷供应链战略的楷模,企业收到订单后,以电子速度将订单分解,并通过互联网将子任务分派给供应链上的各节点企业,各企业按电子订单生产并按核心企业的时间表供货,无论是需要一台电脑的个人还是数百台电脑的大公司,戴尔在接到订单后都会在几个工作日内到达,以北京为例,只需七天。

通常情况下,产品的个性化生产和产品成本是一对负相关目标,从事传统产业经营的人员对这一点体会更为深刻。然而在电子商务的实行中,这一对矛盾却得以成功解决,在获得多样化产品的同时,企业仍然可以具有低廉的成本优势。成本优势的取得源于两种成本——零库存成本和零交易成本——的降低。

先分析库存成本。整条供应链的库存,可以被分为企业内部库存与企业之间库存两种。传统组织方式是按照从供应到生产再到销售的推动生产方式进行的,企业内部缺乏后工序拉动的按单即时生产能力,很容易造成企业内部大量库存堆积。在企业与企业之间,供应链上游企业缺少相邻下游企业的即时信息,结果难以逃脱需求被逐级放大的"牛鞭效应",导致企业间库存不断翻升。敏捷供应链依赖信息技术的支持,成功地实现了客户需要什么就生产什么的订单驱动生产组织方式,极大地降低了整条供应链的库存量。

再分析交易成本。任何一个企业都会有很多供应商,随着竞争的日渐激烈,许多企业都会将一些非核心技术外包,因此,每一个企业都将面临与供应商之间的交易问题。传统的供应商与生产企业之间是一对价格博弈对手,双方讨价还价的过程是一个利益博弈过程,为了各自的利益,双方会尽量保留私有信息,因而造成交易谈判成本,这种成本正是科斯在企业边界理论中所提到的交易费用,是一种巨大的摩擦成本。而在敏捷供应链管理思想下,核心企业及构成供应链的上下游节点企业在战略一致的前提条件下结盟,所有的同盟利益一致、信息共享,由核心企业按照需求动态组合供应链,整个供应链网络的交易成本降到最低。

3）充分利用政府保护的策略

对于政府保护这样一个老生常谈的事物,一般人总认为这是一个贬义词,因为似乎美国总在反对落后国家的政府保护行为。但是,如果同时看到美国这些年不断利用政府保护来反对所谓落后国家的反倾销政策,并且屡屡成功,我们就不会认为政府保护是落后国家所使用的落后策略了。

对于参与全球竞争的跨国公司而言,政府保护的形式多种多样,绝大多数以保护本地企业或本地就业为借口:①关税和其他税费,在限制实现产量经济效应上它们与运输成本有相同的效果;②配额;③政府或准政府实体(如电话公司、国防承包商)向本地企业的优先购买;④政府坚持研究开发本土化或要求产品部件生产本土化;⑤使当地企业受益的税收优惠待遇、劳工政策或其他经营法律法规;⑥本国政府颁布的不利于该国企业从事全球经营生产的反贿赂法、税法以及其他政策。

政府保护能帮助本地所有的企业,政府法规也可能迫使跨国公司向特定国家出售特定的产品类型,也能使其以更加国家独特化的方式影响营销实施。政府保护最易于发生在特色鲜明或影响某些重要的政府目标的产业，这些目标包括就业、地区发展、本地战略性原料资源、国防和文化特色。如在电力和通信等产业里政府保护力度就非常大。

对于PC的组装生产来说，全世界最具竞争优势的企业莫过于戴尔公司，就连PC的鼻祖IBM都被逼出了这个市场。如果将该公司与我国的联想集团进行比较，肯定后者与之相差很远。或许有人认为联想集团具有人力成本的优势，如果这么想就错了，实际上戴尔仅仅是一个计算机整机拼装厂，所有的零部件除了CPU(central processing unit，中央处理器)，全部都是东南亚各国制造的，该公司最大的竞争优势来源于一种快速拼装计算机部件、快速发货的能力。如果在这个市场上没有任何影响自由竞争的障碍，那么这个市场将只会有戴尔一个公司存在。但是，现在的问题是，计算机类似于电力等传统行业，将成为国家的基础性资源，如果我们自己不能生产，整个国家将陷入一种被挟持的境地。所以，国家必须保护这个产业，即使它不赚钱也要逐渐国有化，这是美国企业不愿看到的情况，反而恰恰是像中国这样的发展中国家不能忽视的。表面看来，似乎联想集团具有政府保护的优势，实际上这种优势目前处于逐渐丧失的状况。各种迹象表明，戴尔开始雄心勃勃地进攻中国的政府采购，而且份额越来越大，甚至比联想集团更善于处理与政府机构的关系。离开了政府采购，联想集团还能活多久呢?

1.4　信息技术带来的管理变革

自20世纪90年代以来，经济全球化与信息化迅猛发展，全球掀起新一轮管理变革的浪潮，随之而来的是许多传统的管理模式和管理理念越来越不合时宜。组织中的专业分工曾被长期认为是提高组织效率有力的工具和变革措施，然而由专业分工形成的金字塔组织结构亦导致了组织中僵化的本位主义和见树不见林的狭隘风气，造成组织结构叠床架屋，部门之间相互推诿。无形之中引起顾客的不满和抱怨，亦降低了组织的竞争能力。为此，许多组织无法适应当前快速变化的国际市场环境，无法适应顾客的需求，更无法在激烈的市场竞争中占据有利地位。在这种严峻的挑战面前，组织该怎样应对？许多组织学家都提出了自己的见解。因此出现了一些新的组织理论，即形成了新组织结构学派的一些组织理论。下面我们主要介绍基于企业内部管理变革的企业流程再造，以及基于企业外部管理变革的服务外包。

1.4.1　企业流程再造

企业流程再造(business process reengineering，BPR)也叫做业务流程重组，是20世纪90年代由美国麻省理工学院(MIT)的计算机教授迈克尔·哈默(Michael Hammer)和CSC管理顾问公司董事长钱皮(James Champy)提出的。1993年，在他们联手著出的《公司重组——企业革命宣言》一书中，哈默和钱皮指出，200年来，人们一直遵循亚当·斯密的劳动分工的思想来建立和管理企业，即注重把工作分解为最简单和最基本的步骤；而目前应围绕这样的概念来建立和管理企业，即把工作任务重新组合到首尾一贯的工作流程中去。他们给企业流程再造下的定义是："为了飞跃性地改善成本、质量、服务、速度等现代企业的主要运营基础，必须对工作流程进行根本性的重新思考并彻底改革。"它的基本思想就是，必须彻底改变传统的工作方式，也就是彻底改变传统的自工业革命以来，按照分工原则把一项完整的工作分成不同部分、由各自相对独立的部门依次进行工作的工作方式。

20世纪六七十年代以来，信息技术革命使企业的经营环境和运作方式发生了很大的变化，而西方国家经济的长期低增长又使得市场竞争日益激烈，企业面临着严峻挑战。有些管理专家用3C理论阐述了这种全新的挑战：

(1) 顾客(customer)——买卖双方关系中的主导权转到了顾客一方。竞争使顾客对商品有了更大的选择余地；随着生活水平的不断提高，顾客对各种产品和服务也有了更高的要求。

(2) 竞争(competition)——技术进步使竞争的方式和手段不断发展，发生了根本性的变化。

越来越多的跨国公司在逐渐走向一体化的全球市场上展开各种形式的竞争，如美国企业面临日本、欧洲企业的竞争威胁。

(3) 变化(change)——市场需求日趋多变，产品寿命周期的单位已由“年”趋于“月”，技术进步使企业的生产、服务系统经常变化，这种变化已经成为持续不断的事情。因此在大量生产、大量消费的环境下发展起来的企业经营管理模式已无法适应快速变化的市场。

面对这些挑战，企业只有在更高水平上进行一场根本性的改革与创新，才能在低速增长时代增强自身的竞争力。

在这种背景下，结合美国企业为挑战来自日本、欧洲的威胁而展开的实际探索，1993年哈默和钱皮出版了《再造企业》(*Reengineering the Corporation*)一书，书中认为：“20年来，没有一个管理思潮能将美国的竞争力倒转过来，如目标管理、多样化、Z理论、零基预算、价值分析、分权、质量圈、追求卓越、结构重整、文件管理、走动式管理、矩阵管理、内部创新及一分钟决策等。”1995年，钱皮又出版了《再造管理》。哈默与钱皮提出应在新的企业运行空间条件下，改造原来的工作流程，以使企业更适应未来的生存发展空间。这一全新的思想震动了管理学界，一时间“企业再造”、“流程再造”成为大家谈论的热门话题，哈默和钱皮的著作以极快的速度被大量翻译、传播。与此有关的各种刊物、演讲会也盛行一时，在短短的时间里该理论便成为全世界企业以及学术界研究的热点。IBM信用卡公司(IBM Credit Corporation)通过流程改造，实行一个通才信贷员代替过去多位专才并减少了九成作业时间的实践更是广为流传。

企业“再造”就是重新设计和安排企业的整个生产、服务和经营过程，使之合理化。通过对企业原来生产经营过程的各个方面、各个环节进行全面的调查研究和细致分析，对其中不合理、不必要的环节进行彻底的变革。在具体实施过程中，可以按以下程序进行。

1. 对原有流程进行全面的功能和效率分析，发现其存在的问题

根据企业现行的作业程序，绘制细致、明了的作业流程图。一般地说，原来的作业程序是与过去的市场需求、技术条件相适应的，并由一定的组织结构、作业规范作为其保证的。当市场需求、技术条件发生的变化使现有作业程序难以适应时，作业效率或组织结构的效能就会降低。因此，必须从以下方面分析现行作业流程存在的问题：

(1) 功能障碍。随着技术的发展，对于技术上具有不可分性的团队工作(TNE)，个人可完成的工作额度会发生变化，这就使原来的作业流程或者支离破碎造成管理成本的增加，或者核算单位太大造成权责利脱节，并造成组织机构设计的不合理，形成企业发展的“瓶颈”。

(2) 重要性。不同的作业流程环节对企业的影响是不同的。随着市场的发展，顾客对产品、服务需求的变化，作业流程中的关键环节以及各环节的重要性也在变化。

(3) 可行性。根据市场、技术变化的特点及企业的现实情况，分清问题的轻重缓急，找出流程再造的切入点。为了对上述问题的认识更具有针对性，还必须深入现场，具体观测、分析现存作业流程的功能、制约因素以及表现的关键问题。

2. 设计新的流程改进方案，并进行评估

为了设计更加科学、合理的作业流程，必须群策群力、集思广益、鼓励创新。在设计新的流程改进方案时，可以考虑：①将现在的数项业务或工作组合，合并为一；②工作流程的各个步骤按其自然顺序进行；③给予职工参与决策的权力；④为同一种工作流程设置若干种进行方式；⑤工作应当超越组织的界限，在最适当的场所进行；⑥尽量减少检查、控制、调整等管理工作；⑦设置项目负责人(case manager)。

对于提出的多个流程改进方案，还要从成本、效益、技术条件和风险程度等方面进行评估，选取可行性强的方案。

3. 制定与流程改进方案相配套的组织结构、人力资源配置和业务规范等方面的改进规划，形成系统的企业再造方案

企业业务流程的实施，是以相应组织结构、人力资源配置方式、业务规范、沟通渠道甚至企

业文化作为保证的，所以，只有以流程改进为核心形成系统的企业再造方案，才能达到预期的目的。

4. 组织实施与持续改善

实施企业再造方案，必然会触及原有的利益格局。因此，必须精心组织、谨慎推进。既要态度坚定、克服阻力，又要积极宣传、达成共识，以保证企业再造的顺利进行。

企业再造方案的实施并不意味着企业再造的终结。在社会发展日益加快的时代，企业总是不断面临新的挑战，这就需要对企业再造方案不断地进行改进，以适应新形势的需要。

在实践中，企业流程再造得到广泛的应用。20 世纪 90 年代初，美国三大汽车巨头之一的福特汽车公司位于北美的应付账款部有 500 多名员工，负责审核并签发供应商供货账单的应付款项。按照传统观念，规模这样大的一家汽车公司，业务量如此庞大，有 500 多个员工处理应付款是非常合理的。但日本马自达汽车公司负责应付账款工作的只有 5 个职员。5∶500，这个比率让福特公司经理再也无法泰然处之了。应付账款部本身只是负责核对“三证”，三证相符则付款，不符则查，查清再付。应付账款本身不是一个流程，但采购却是一个业务流程。公司对采购进行了流程重组。重组后的业务流程完全改变了应付账款部的工作和应付账款部本身。现在应付账款部只有 125 人（仅为原来的 25%），这意味着节俭了 75%的人力资源。相同的还有 IBM 信用卡公司，通过企业流程再造工程，信用卡发放周期由原来的 7 天缩小到 4 个小时，即提高生产能力 100 倍。

1.4.2 服务外包

服务外包是指企业将其非核心的业务外包出去，利用外部最优秀的专业化团队承接其业务，从而使其专注核心业务，达到降低成本、提高效率、增强企业核心竞争力和对环境应变能力的一种管理模式。20 世纪 90 年代以来，随着信息技术的迅速发展，特别是互联网的普遍存在及广泛应用，服务外包得到蓬勃发展。从美国到英国，从欧洲到亚洲，无论是中小企业还是跨国公司，都把自己有限的资源集中于公司的核心能力上，而将其余业务交给外部专业公司，服务外包成为发达经济中不断成长的现象。

服务外包包括商业流程外包（business process outsourcing，BPO）、信息技术外包（information technology outsourcing，ITO）、知识流程外包（knowledge process outsourcing，KPO）。

目前，服务外包广泛应用于信息技术（IT）服务、人力资源管理、金融、会计、客户服务、研发、产品设计等众多领域，服务层次不断提高，服务附加值明显增大。根据美国邓百氏公司的调查，全球的企业外包领域中扩张最快速的是 IT 服务、人力资源管理、媒体公关管理、客户服务、市场营销。

根据服务外包（企业服务外派）承接商的地理分布状况，服务外包分为三种类型：离岸外包、近岸外包和境内外包。离岸外包是指转移方与为其提供服务的承接方来自不同国家，外包工作跨境完成；近岸外包是指转移方和承接方来自于邻近国家，近岸国家很可能会讲同样的语言、在文化方面比较类似，并且通常提供了某种程度的成本优势；境内外包指转移方与为其提供服务的承接方来自同一个国家，外包工作在境内完成。

Diromualdo 和 Gurbaxani 把服务外包的战略意图分为三类：降低成本和提高 IT 资源的效率、提高 IT 对企业绩效的贡献、利用市场上与技术相关的资产开发和销售以新技术为基础的货物或服务。

信息技术和互联网对服务外包的支持和促进作用表现在：①互联网的延展性和灵活性使地理位置、自然资源对企业的约束化于无形，市场可以无限制地延伸到任何时间、任何地方，从而为服务外包跨越时空障碍提供技术支持；②计算机技术、通信技术、光电子技术、自动控制技术和人工智能技术等的发展大幅度降低信息处理的成本，增加信息储存的容量，提高信息的传播速度，消除人们搜集和应用信息的时空限制，保证信息传输的安全可靠，为服务外包各方参与者之间方便、快捷、安全地交流和传递信息提供技术支持;③基于计算机技术、仿真技术和信息技术建立的决策支持系统(decision support system,DSS)帮助企业决策者以最快的方式尽可能多地获得有关企业内外部及企业之间的信息,及时对这些信息进行综合处理,为服务外包管理者准确快速的决策形成提供技术支持,信息技术发展与服务外包程度正相关。

服务外包通过有效节省成本提高企业绩效。降低成本、减少投入是企业提高绩效最原始的手段。根据美国外包研究所的估计,服务外包能够为企业带来9%的成本节省。服务外包实现成本节省的途径:①通过供应方的规模经济获得成本节省。在服务外包中,多个客户共享生产设备,不仅节约安装和建设费用,而且提高各种设备、原材料、能源的利用率和劳动生产率。规模越大,成本越低。②通过供应方的范围经济获得成本节省。在服务外包中,供应方为不同客户提供多个不同的外包服务项目,实现范围经济,收获成本降低。③通过供应方的学习效应获得成本节省。在服务外包过程中,供应方的学习效应通过服务生产的不同侧面发生作用。例如,随着员工在重复性的工作中对任务熟悉程度的提高,完成相同工序的速度加快,浪费越来越少;管理者在从原材料配送到组织协调方面逐步学会如何将生产管理安排得更有绩效,生产系统的运行更加合理等。④虽然交易成本会随着企业的服务外包程度提高而增加,但在具体实施过程中,服务外包企业可以依靠信息技术、与供应方通过建立长期稳定的合作关系等手段降低交易成本。可见,成本与服务外包存在相关关系。实际上,成本越高,企业越希望通过服务外包降低成本,服务外包程度也越高。

美国企业在目前服务外包潮流中再次扮演领先者角色。向外发包引领潮流,全球性BPO提供商美国企业居多。凭借产权、企业制度和竞争环境等基本面的相对优势,美国企业已经在服务外包市场占有某种先行者优势。一国企业竞争力是一国经济繁荣的基础。服务外包是21世纪发达国家经济战略优势角力的关键因素之一。服务外包对发展中国家经济战略意义在印度得到表现。外包传奇与改革进程互动,已改变这个南亚大国的传统政经平衡,把它送入现代经济发展的快车道。

小 结

管理信息系统的产生与发展实际上是伴随着计算机的产生与发展的。商业组织对技术的嗅觉从来都是非常灵敏的,当它们意识到计算机技术可以帮助其提高工作效率、降低生产成本后,便迅速研发相应的技术以辅助其管理活动,管理信息系统就由此产生了。

尽管从不同的角度出发信息存在不同的定义,但是对于信息的一些基本性质却得到了共识。在涉及管理信息系统的相关文献中,信息、数据与知识是三个非常容易混淆的词汇,它们既有所不同,又相互联系。每经过一次信息革命,人类的信息处理能力就得到极大的提高,而且这种能力的增强是以几何级数的方式展开的。系统一词从古至今皆有论述,可以分三个历史阶段来描述系统的概念:古典系统观、近代系统观和现代系统观。很多专家学者都对管理信息系统下过定义,我们选取了四个最具代表性的定义。管理信息系统的学科框架包括基本理论、信息技术、系统运行与系统管理。

两个世纪以来出现了许多得到广泛应用的技术,信息技术则是其中的新生力量。当这些技术融入商业基础设施时,在短时间内它们的确为有远见的公司谋得真正的优势。在探讨信息技术时,有必要区分专有信息技术和基础性信息技术,并进而探讨信息技术的竞争战略。

自20世纪90年代以来,经济全球化与信息化迅猛发展,全球掀起新一轮管理变革的浪潮,随之而来的是许多传统的管理模式和管理理念越来越不合时宜,降低了组织的竞争能力。必须对工作流程进行根本性的重新思考并彻底改革。目前,服务外包广泛应用于IT服务、人力资源管理、金融、会计、客户服务、研发、产品设计等众多领域,服务层次不断提高,服务附加值明显增大。

习　题

1. 信息的特征有哪些？
2. 请描述信息、数据与知识的关系。
3. 系统的特征有哪些？
4. 请简述管理信息系统的四个经典定义。
5. 企业流程再造是什么？

第2章　组织与管理信息系统

2.1　管理信息系统在组织中的角色

2.1.1　管理者的工作本质

1973年，亨利·明茨伯格(Henry Mintzberg)出版了其最负盛名的经典名著:《管理工作的本质》(*The Nature of Managerial Work*)(又译《经理工作的性质》、《管理工作的实质》)。

明茨伯格在书中把管理者("经理")扮演的十种主要角色分为三大类型:人际关系角色、信息角色、决策角色。具体为:①挂名首脑;②领导者;③联络者;④信息接收者;⑤信息传播者;⑥发言人;⑦企业家;⑧危机处理者;⑨资源分配者;⑩谈判者。

1. 人际关系角色

这是指管理者要与各界打交道，故需建立各种人际关系。管理者的角色有三个直接来自于正式权力并且涉及基本的人际关系，包括挂名首脑角色、领导者角色、联络者角色。

管理学文献一直都承认领导者的角色，特别是那些与激励相关的部分。相比之下，直到最近，管理学才提到管理者在他的垂直指挥链之外与人接触的联络角色。通过对每种管理工作的研究我们发现，管理者花在同事和单位之外的其他人身上的时间与花在自己下属身上的时间一样多。

联络者角色涉及的是经理同他所领导的组织以外的无数个人和团体维持关系的重要网络。联络者角色代表着经理职务中一个关键部分的开始。经理通过联络者角色同外界联系。然后，通过发言人、信息传播者和谈判者这些角色进一步发展这种联系，并获得这种联系所提供的好处和信息。

2. 信息角色

这是指管理者是复杂组织关系中的信息中心。他不可能知道每件事情，但却肯定比任何下属都知道得多。不论这个管理者是街头团伙的头目还是美国总统，管理学上的研究结果都支持该观点。具体包括:信息接收者角色、信息传播者角色、发言人角色。

管理者为了得到信息而不断审视自己所处的环境。他们询问联系人和下属，通过各种内部事务、外部事情和分析报告等主动收集信息。担任监控角色的管理者所收集的信息很多都是口头形式的，通常是传闻和流言。当然也有一些董事会的意见或者是社会机构的质问等。经理得到的信息大致有以下五类:

(1) 内部业务的信息。通过标准的业务报告、下属的特别报告、对组织的视察等获得。

(2) 外部事件的信息。如顾客、人事联系、竞争者、同行、供货者、市场变化、政治变动、工艺技术的发展等信息通过下属、同业组织、报刊等获得。

(3) 分析报告。经理从各种不同的来源(下属、同业组织或外界人员)得到各种不同事件的分析报告。

(4) 各种意见和倾向。经理通过许多途径来更好地了解他的环境和获得各种新思想。他参加各种会议，注意阅读顾客的来信，浏览同业组织的报告，并从各种联系和下属那里获取各种意见和建议。

(5) 压力。各种压力也是信息的来源,如下属的申请和外界人士的要求、董事的意见和社会机构的质问等。

作为信息传播者,管理者把外部信息传播给他的组织,把内部信息通过一位下属传播给另一位下属。

信息可分为两种:①有关事实的信息。这类信息可以用某种公认的衡量标准来判断是否正确。经理由于代表着正式的权威,收到许多有关事实的信息,并把其中的很大部分转达给有关的下属。②有关价值标准的信息。这类信息涉及一个人的选择和有关"应该"是什么的主观信念。

组织内部可能会需要这些通过管理者的外部个人联系收集到的信息。管理者必须分享并分配信息,要把外部信息传递到企业内部,把内部信息传给更多的人知道。当下属彼此之间缺乏便利联系时,管理者有时会分别向他们传递信息。

经理作为正式的权威,被外界要求代表其组织讲话,他作为组织的神经中枢,也拥有信息来这样做。

经理作为组织的权威,要求对外传递关于本组织的计划、政策和成果信息,使得那些对企业有重大影响的人能够了解企业的经营状况。例如,首席执行官可能要花大量时间与有影响力的人周旋,要就财务状况向董事会和股东报告,还要履行组织的社会责任等。

经理的发言人角色要求他把信息传递给两个集团:第一个集团是对组织有着重要影响的那一批人。对总经理来说是董事会,对中层经理来说是他的上级。第二个集团是组织之外的公众。对总经理来说,包括供货者、同业组织、其他组织的总经理、政府机构、顾客以及新闻界。

3. 决策角色

决策角色是指处理信息并得出结论。管理者以决策让工作小组按照既定的路线行事,并分配资源以保证计划的实施。信息是决策制定的基本投入。管理者在组织的决策制定系统中起着主要作用。作为具有正式权力的人,只有管理者能够使组织专注于重要的行动计划;作为组织的神经中枢,只有管理者拥有及时全面的信息制定战略。具体包括企业家角色、危机处理者角色、资源分配者角色、谈判者角色。

2.1.2 辅助决策的角色

目前的信息技术在所有三大类角色里,都有不同程度的参与,有些被定义在管理信息系统的系统功能里,有些还只是单独的软件,来配合管理信息系统的运行。图 2.1 描述了管理信息系统在组织中如何辅助管理者的角色功能。

管理信息系统是帮助管理者成功实现人际关系角色、信息角色和决策角色的辅助工具。管理信息系统的好坏取决于它在这三个方面参与的程度。

以前的管理信息系统专家基本上都是从控制论的思想角度设计管理信息系统。系统论的思想虽好,但更多停留在概念上,实际应用中并没有具体的实现方法。运筹学的数学方法很好,但依然属于控制论的思想。

西方的文明越来越重视人的因素,大量的科学研究集中探讨人类的行为学和心理学。新的信息技术在不断改变人类的行为方式和心理感觉,因此将人际交往的功能加入到管理信息系统中是一个新的课题。

过去管理信息系统中的决策功能,基本上是应用了运筹学的数学模型,但新的决策研究者认为:人类实际的决策行为包含复杂的心理和行为机制,传统的运筹学对于高层管理人员的决策辅助显得脆弱无力,如何让管理信息系统的决策功能真正成为管理者的决策顾问也是一个需要解决的问题。

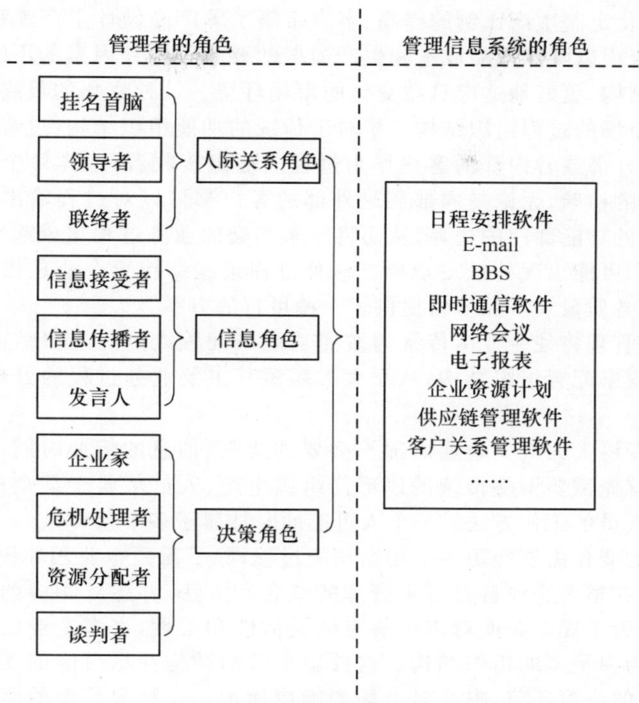

图 2.1　管理信息系统在组织中的角色

2.2　组织与管理信息系统的相互影响

管理信息系统与组织之间是相互影响的关系，新的组织结构需要新的信息技术，新的信息技术又会催生新型的组织结构。

2.2.1　组织架构的变化

传统的企业组织结构是功能部门制，即按照不同的功能和职能设立不同的部门，每个部门由若干人员组成，部门设立相应的部门负责人，每个下级部门从属于某个上级部门。上下级之间形成一个树型的组织结构。整个企业的组织结构呈金字塔式结构。企业的决策周期由上层到下层呈逐渐缩短趋势，不同层次的实时性由下向上呈从低到高的趋势。

这种组织结构已经明显不能够适应当前日益竞争激烈的市场环境的要求。这种不适应主要反映在企业的柔性差、生产周期长、市场相应速度慢、客户需求满足度差等方面。在传统的企业组织结构下，一个产品或者客户服务需要通过许多不同的功能部门，一个部门为许多不同的产品提供服务，为完成产品或者服务而执行的活动在不同的部门之间的传递逻辑复杂，因此，在未完成最终产品的制造前，客户几乎无法知道其订单的执行情况。

在这种组织结构下，每个单元都由其上一级的功能单元进行管理，它的工作完成质量由上级进行评价，决策也由上级进行。因此，在出现问题的时候，每一级都会把责任推到上一级的功能单元，导致出现扯皮和责任不清现象，不利于解决问题和改进工作。这种职责不清现象最直接的后果是导致产品设计制造过程执行时间长和产品成本高。每个单元是对其上级负责而不是对用户负责，往往导致客户的满意度不高。另外，这种组织结构的柔性非常低，在客户订单投入生产后，客户想改变订单需求、功能或者性能的要求是非常困难的，即使能够改变，所涉及的生产成本的增加也非常大。

然而，产品客户化定制生产比例的提高、客户希望了解产品设计生产流程情况的需求、企业希望通过改进业务流程以降低产品成本和生产周期的要求等内外因素的不断增强，迫使企业必须改变传统的组织结构，更好地适应日益变化的市场环境。这种变化的最终结果是传统的功能组织结构变为面向市场的过程组织结构。相对于传统的功能组织结构，过程组织结构有两个明显的特点：第一是以外部或者内部的客户作为过程的输出接收者，这样每个过程的执行结果都可以得到及时、正确的检验，无论是内部还是外部的客户都可以对过程输出结果进行满意度评价；第二是跨越传统的功能部门的边界，从而将原来割裂的业务过程集成起来，减少了不必要的部门间的协调过程和可能出现的扯皮现象。这种过程组织结构给企业从根本上大幅度缩短市场响应时间、提高服务质量和产品质量提供了一种可行的方案。

因此，采用过程管理将使企业由传统的按照功能来配置人员的组织结构，变成按照企业要实现的主要业务流程来配置组织结构，从而大大缩短其主要业务过程的处理时间，提高其对市场的响应能力。

组织结构的改变将大大减少企业内部不必要的物料、信息的传递时间。当然，整个企业组织结构的高速发展首先需要调整传统的以部门组织生产、人员从属于某个部门的做法，变成以项目来组织生产和人员的工作方法。一个人可能同时从属于多个项目。

企业组织结构的变化需要经历一个相当长的过程，除了需要企业领导提高意识和进行组织结构调整外，还需要在整个企业普及过程管理的概念和方法，并建立相应的管理制度和支撑环境。在当前环境下，为了提高企业对市场响应的灵活性和柔性，许多企业已经将传统的金字塔的瘦长型结构转变为扁平型的组织结构。这种扁平型的结构在尽可能的条件下减少企业的组织层次，减少不必要的决策环节，提高对市场的响应速度。这种扁平型的组织结构可以看成是由功能部门组织结构到面向过程的组织过程的过渡阶段。图 2.2 给出了从功能部门组织结构到面向过程组织结构的转化过程。图中箭头方向反映了企业组织结构的变化趋势。

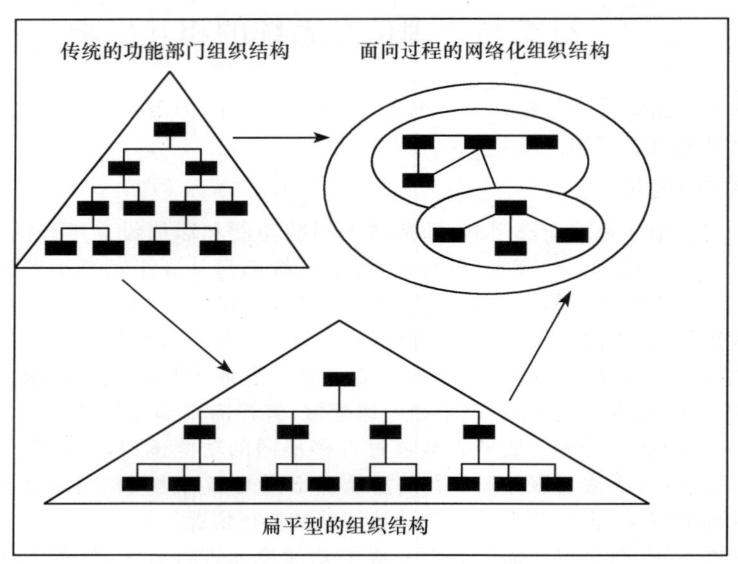

图 2.2　企业组织结构的变化趋势

既然面向过程的管理可以给企业带来显著的效益，那么为什么当今绝大多数的企业还是采用传统的金字塔式的功能部门制的组织结构呢？除了企业领导者的意识外，一个重要的原因是面向过程的管理远远比功能部门制的管理过程要复杂。这种复杂性不仅表现在管理的环节数量多、过程跨度大（经常需要跨越不同的部门），而且在不同环节之间对功能进行协调的要求远远高于功能部门制的情况。以下我们通过示例的方式进行简单的分析。

在传统的功能部门制结构下,按照最优管理方法设计的管理模式,一个部门管理的下属机构通常不超过七个(根据人类认知科学和企业管理的经验,一个人直接管理的事务数量最好小于七个,才能够保证最高的管理效率)。如果一个部门管理的下属机构超过七个,一般会将一部分机构进行重新分类并在它们之上定义一个新的中间机构,这个新的中间机构为这个部门的下级并实现对从原来部门中分离出来的机构进行管理。例如,一个厂的车间超过七个,可能会在车间之上定义分厂这个机构,并使分厂管理的车间少于七个。因此,在功能部门制组织结构下,如果哪个管理部门由于管理的机构太多而导致效益低下,就会对组织结构进行调整以提高效率,而这种不断调整的结果就是产生多层的递阶组织结构。从表面上看,部门的效率提高了,但是相应的官僚主义和扯皮现象却大大增加了,实际上效率反而降低了。

上述通过分解降低管理复杂性的方法在面向过程的组织下是行不通的。由于过程管理是面向市场、面向用户需求的,因此,它需要管理用户订单生成、产品设计、制造、装配、运输,甚至用户最终付款的所有环节,这些环节又由许多小的环节组成。由于每个环节完成的功能不同,而且面向过程的管理需要对每个环节的完成情况进行跟踪,因此,采用分解的方法来降低管理的复杂性的方法在面向过程的管理模式下行不通。也就是说,面向过程管理的本质是一种细致的全面管理模式。面向过程的管理将一个过程及其涉及的所有环节作为管理对象,无论对于简单的过程,还是复杂的过程,面向过程的管理的基本内容是几乎相同的。由此可以看出,面向过程管理的复杂性主要是被管理的对象(过程)的复杂性和面向过程管理的目标(全面、透明、及时的过程环节管理)决定的。

另外,在面向过程的管理中,一个过程中完成不同功能的环节之间的协调过程也远比在功能部门制组织结构下要复杂。在功能部门制组织结构下,每个部门的首要任务是按时按量完成自己的工作,至于其他部门如何工作不需要他们考虑,即"各人自扫门前雪,不管他人瓦上霜"。例如,产品设计部门仅负责完成产品的设计,而对于工艺部门如何完成工艺、是否方便完成工艺设计、生产部门如何完成产品制造、产品制造是否成本最低等问题他们是不关心的,只有在出现工艺设计或者产品制造无法完成的情况下,产品设计部门才会对产品的设计进行修改和改进。这种情况在许多企业中并不少见,由此导致产品生产周期长、成本高、质量低等问题也早已被许多工程技术人员和管理人员认识到。这种问题在面向过程的管理中可以得到较好的解决。过程管理不仅仅强调某个环节的完成情况,而是从整个流程的角度来看待企业的业务经营过程,它把完成最终生产经营目标作为流程管理的目标,如以最终客户满意度作为评价某个流程执行情况的指标。所以,在面向过程的管理模式下,更强调不同环节之间的配合,强调总体流程的优化。它可以显著地提高效益,但是也显著地增加了管理上的复杂性和难度。

2.2.2 企业流程再造

1990 年美国前 MIT 教授哈默在 *Reengineering Work:Don't Automate,But Obliterate* 一文中最先提出了企业流程再造的概念。后来哈默与 CSC Index 的首席执行官钱皮于 1993 年发表了《公司再造——企业革命的宣言》,在书中正式对企业流程再造做了如下定义:企业流程再造工程是对企业的业务流程做根本性的再思考和彻底性重建,其目的是在成本、质量、服务和速度等方面取得显著性改善,使得企业能最大限度地适应以顾客、竞争、变革为特征的现代企业经营环境。在这个定义中,"根本性"、"彻底性"、"显著性"和"流程"是应关注的四个核心内容。

根本性表明企业流程再造所关注的是企业核心问题,如"我们为什么要做现在的工作"、"我们为什么要用现在的方式做这份工作"、"为什么必须是由我们而不是别人来做这份工作"等。通过对这些根本性的问题的仔细思考,企业可能发现自己赖以存在或运转的商业假设是过时的甚至是错误的。

彻底性意味着对事物追根溯源,对既定的现存事物不是进行肤浅的改变或调整修补,而是抛弃所有的陈规陋习以及忽视一切规定的结构与过程,创造发明全新地完成工作的方法。它是对企业进行重新构造，而不是对企业进行改良、增强或调整。

显著性意味着企业流程再造追求的不是一般意义上的业绩提升或略有改善、稍有好转等，进行重组就要使企业业绩有显著的增长、极大的飞跃。业绩的显著增长是企业流程再造的标志与特点。

最后，企业流程再造关注的是企业的业务流程，一切“再造”工作全部是围绕业务流程展开的。“企业流程”是指一组共同为顾客创造价值而又相互关联的活动。哈佛商学院教授 M. Porter 将企业的业务过程描绘成一个价值链，竞争不是发生在企业与企业之间，而是发生在企业各自的价值链之间。只有对价值链的各个环节实行有效管理的企业，才有可能真正获得市场上的竞争优势。

此外，还有许多学者对企业流程再造做了不同的定义，如 Davenport 和 Short 认为：企业流程再造是对组织中及组织间的工作流程与程序的分析和设计。Alter 指出：企业流程再造是一种使用信息技术从根本上来改变企业流程，以达成主要企业目标的方法性程序。Venkatraman 则相信：企业流程再造牵涉到使用信息技术为中心的企业重组。企业程序被重新设计以使开发信息技术的能力大到极致，而不是将现有程序作为信息技术基础架构设计时的限制。

哈默教授提出企业流程再造概念时，在企业流程再造的方法中并没有为企业提供一种基本范例。不同行业、不同性质的企业承包，流程重组的形式不可能完全相同。企业可根据竞争策略、业务处理的基本特征和所采用的信息技术的水平来选择实施不同类型的企业流程再造。所以，我们可以根据流程范围和再造特征，将企业流程再造分为以下三类。

1. 职能内的企业流程再造

这通常是指对职能内部的流程进行重组。在旧体制下，各职能管理机构重叠、中间层次多，而这些中间管理层一般只执行一些非创造性的统计、汇总、填表等工作，计算机完全可以取代这些业务而将中间层取消，使每项职能从头至尾只有一个职能机构管理，做到机构不重叠、业务不重复。

2. 跨职能的企业流程再造

这是指在企业范围内，跨越多个职能部门边界的业务流速再造。例如，将进行新产品开发机构重组，以开发某一新产品为目标，组织集设计、工艺、生产、供应、检验人员为一体的专一组，打破部门的界限，实行团队管理，以及将设计、工艺、生产制造并行交叉的作业管理等。这种组织结构灵活机动，适应性强，将各部门人员组织在一起，使许多工作可平行处理，从而可大幅度地缩短新产品的开发周期。

3. 跨组织的企业流程再造

这是指发生在两个以上企业之间的业务重组，如通用汽车公司(GM)与 SATURN 轿车配件供应商之间的购销协作关系就是企业间企业流程再造的典型例子。GM 采用共享数据库、EDI 等信息技术，将公司的经营活动与配件供应商的经营活动连接起来。配件供应商通过 GM 的数据库存了解其生产进度，拟订自己的生产计划、采购计划和发货计划，同时通过计算机将发货信息传给 GM。GM 的收货员在扫描条形码确认收到货物后，通过 EDI 自动向供应商付款。这样，使 GM 与其零部件供应商的运转像一个公司似的，实现了对整个供应链的有效管理，缩短了生产周期、销售周期和订货周期，减少了非生产性成本，简化了工作流程。这类企业流程再造是目前业务流程再造的最高层次，也是重组的最终目标。

企业流程再造理论为什么会于 20 世纪 90 年代出现？这与世界经济的发展，社会环境的变化，科学技术的进步，新技术、新方法的推广应用以及人的素质的大幅提高分不开，其主要原因可归纳为以下几点：

(1) 信息技术的发展与应用为企业流程再造理论的出现提供了强有力的支持。利用信息技术能够有效地帮助企业实施企业流程再造，如利用仿真建模工具可以重新设计经营过程；采用计算机网络、数据库和多媒体等技术建立企业级、地区级乃至全球级网络，能够加快信息传递，实现信息共享，其结果是将传统的串行工作方式变为并行工作方式，将企业组织结构的层次由垂直变为水平，使企业成为协同工作的组织；利用专家系统和决策支持系统，可以使原来只能由专业技术人员和领导担当的工作转为由一般员工也可以担当等。美国在 80 年代投资 10 000 亿美元进行信息化装备，在 1993 年又掀起了一股建设未来信息产业基础设施——信息高速公路的热潮，到 1995 年国内企业计算机联网率高达 90%，雄厚的技术基础使美国企业得以在 90 年代推行以企业流程再造理论为指导思想的变革，并取得立竿见影的效果。

(2) 先进的制造技术、管理模式日臻完善，它们为企业流程再造的实施创造了条件。例如，柔性制造系统，是一种能高效率、高质量地进行多品种、中小批量生产的自动化可变加工系统，利用它生产产品可以快速响应市场变化，满足顾客多样化和个性化需求。一些现代管理模式，如精良生产、准时制造和全面质量管理等，提倡以顾客为中心、小组工作、自我负责、增值第一和质量第一的原则。企业在实施企业流程再造时，可以创造性地采用这些原则，使重组活动开展得更好。

(3) 员工素质的明显提高是保障企业流程再造实施成功的前提条件。企业员工是经营过程的直接担当者，他们素质的高低是企业流程再造能否取得成功的决定性因素。现在，员工工作的积极性和主动性高于过去，不再满足从事单调、简单的工作，而是希望承担一定的责任，有一定的权力，在工作中能充分发挥自我，有成就感。这样，就能帮助企业以更大的可能实施企业流程再造。

(4) 巨大的经济效益的拉动。企业管理模式的改变，特别是与全面信息系统化相结合所产生的直接经济效益是极其巨大的。美国惠普公司人事管理部的改革是这方面的成功案例。惠普公司的人事管理部原来由分散在 50 多个分公司和 120 个销售办事处的 50 多个分支机构组成，下设的各个分支机构没有人事决策权，用人申请必须经过总公司的裁定。低层经理如果要招聘人员，需要自下而上层层申请、自上而下层层批复，通过贯穿于公司的整套机构才能完成。这种效率低下的人事工作流程不仅对应聘者而言太过烦琐，而且对于需要用人的经理而言也难以忍受。为此，惠普的人事管理改革首先着眼于员工求职过程，设立专门的招聘系统(EMS)，由“应聘响应中心”统一接收申请人的人事材料，经过初步处理后，发往美国各地的惠普人事部门，人事信息就可通过 EMS 得到共享，并且可以获得快捷的服务。以此为开端的惠普人事管理部改革，为惠普的人事工作带来了巨大的效益。1990～1995 年，减少人员 1/3，调整人员比例(人事工作者人数/总员工数)从 1/53 到 1/75。根据惠普人事副总裁称，仅人员一项的减少，每年就为公司节省约 5 000 万美元，同时大大提高了服务质量，显示了明快、高效的工作作风。

企业流程再造的理论彻底地改变了 200 年来遵循亚当·斯密的劳动分工思想建立和管理企业的观念，将企业管理的核心由“职能”转变为“流程”，即“一套完整的贯彻始终的、共同为顾客创造价值的活动”，原来的社会分工模式将企业的流程人为地分解为一个个专门化的任务，在企业内部形成一个个职能堡垒，严重地阻碍了企业面向顾客、为顾客创造价值，使许多企业不能适应迅速变化的市场环境，因此，必须打破组织中的这些职能堡垒，以“为顾客创造价值的流程”的视角来重新设计组织的结构，以实现企业对外界市场环境的快速反应，提高企业竞争力。该理论一提出，即引起了西方管理学界和工商企业界的极大震动和高度重视，被喻为是继 20 世纪 70 年代以日本为先导的全面质量管理(TQM)运动之后的第二次管理革命。美国的一些大公司，如 IBM、柯达、通用汽车、福特汽车、施乐和 AT&T 等实施企业流程再造后，取得了巨大成功。企业界把它视为获得竞争优势的重要战略。

企业流程再造的先驱当推美国的福特汽车公司。20 世纪 80 年代初，该公司仅在北美公司的财会部成员就超过 500 人，当福特公司取得了马自达汽车公司 25%的股权后，发现马自达全部的财会工作仅用 5 人来完成，按两家公司的规模比例比较，福特的人数是马自达的 5 倍，尽管福特公司借助办公自动化可以使财会部减少到 400 人，但仍然无法与马自达精简的人员相提并论，福特公司不得不重新思考、检讨自己的作业流程——企业整个采购流程。原来福特公司一直沿用着传统的流程，先由采购部发送订单给供应商，同时将订单的副本交给财会部，等供应商将货运抵福特后，验收单位便会将有关收货的情形详细登记在表格上，再将表格转交财会部，同时供应商也会开出发票送交财会部，于是财会部便有三种关于货物的文件——订单、验收单和发票。若这三项文件都符合规定，则财会部便会如数付款。福特公司从财务付款流程下手，实施了业务流程再造。在再造后的流程中，采购部发订单给供应商的同时，将资料输入电脑联网的数据库存，当供应商将货物送到验收部门，验收员便利用电脑查询，若货物与数据库中的资料吻合，则签收货物，将有关资料输入数据库存，而电脑在接到货物验收的信息后，便提醒财务人员，财务人员据此签发支票。若货物不符合订单上的要求，验收员便会拒绝收货，将它退还给供应商。在新流程中，财会人员不再拿着发票去核对订单和验收单，结果只需125名职员就足以处理整个付款流程。

流程再造为企业带来了惊人的变化：IBM信贷公司通过对提供融资服务过程的改造，利用专家系统，将每个融资申请的处理时间缩短了90%（由原来的7天减少为4小时），大大提高了工作效率和顾客满意度；柯达公司对新产品开发流程实施再造，结果把35毫米焦距一次性相机从概念到产品生产所需要的开发时间一下子缩短了50%，从原来的38周降低到19周，一次性相机的工具设备和制造费用也由此降低了25%；波音公司通过实施“企业再造”方案，一架波音737飞机的生产周期由原来的13个月减少到6个月，经营成本也降低了20%～30%。类似的例子还有很多，据统计，到1994年年底，有75%～80%的美国巨型企业开始了再造活动，仅1994年一年，美国诸公司投入到“企业再造”上的费用就高达300多亿美元，并以20%的速度逐年递增。

据有关资料报道，20世纪90年代中期，在众多的欧美大型企业中，有70%的企业在推行企业流程再造计划，有15%的企业表示正在积极考虑。人们希望运用这一“新的工业工程理论”来加速企业自身的发展，提高企业的经济地位和在国际、国内两个市场的竞争能力。

2.2.3 组织应用管理信息系统的发展过程

随着计算机价格的持续下降、计算机功能的迅速增强、相关应用软件系统的日益丰富、网络技术和因特网技术的日益普及，计算机已经越来越成为人们工作和生活中不可缺少的工具。同样，计算机在企业的生产经营中也扮演着越来越重要的角色。

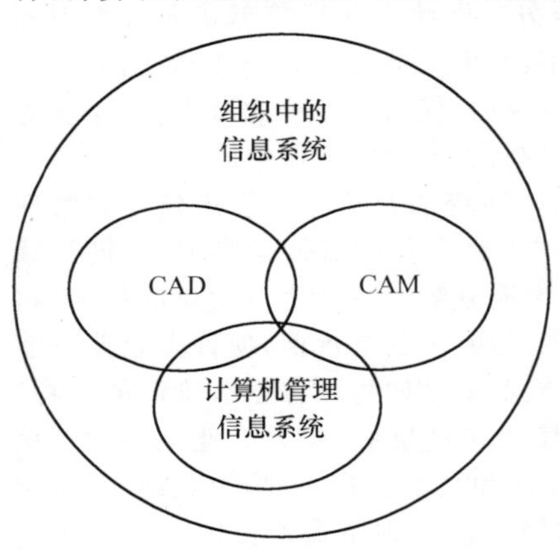

图 2.3 信息系统分类

根据企业部门完成业务功能的不同，计算机在企业的应用方式和完成的工作也有一定的区别。我们将目前企业的计算机应用进行了一个简单的分类，如图2.3所示，整个大圆圈代表企业的信息系统，其中有三大类应用可以覆盖企业计算机应用的绝大部分。这三大类应用是计算机管理信息系统、计算机辅助产品设计系统（CAD）、计算机辅助生产控制系统（CAM）。

计算机管理信息系统覆盖了企业的经营业务管理功能，如销售管理、财务管理、计划管理、库存管理、采购管理、办公自动化、人事管理、运输管理等。计算机管理信息系统包含了企业约80%的信息量，是企业管理现代化的最主要的管理工具。计算机辅助产品设计系统是企业实现产品研制现代化或设计自动化的主要支持系统。它包括计算机辅助设计系统、计算机辅助工艺系统、计算机辅助制造系统、计算机辅助工程、产品数据管理系统等。计算机辅助产品设计系统是企业提高产品设计水平、提高产品质量、降低产品成本、缩短产品研制周期、提高企业产品创新能力的重要工具。计算机辅助生产控制系统是提高企业产品制造水平、生产率水平的重要工具。在离散型工业中，计算机辅助生产控制系统的功能包括车间生产设备管理、生产计划制订、作业调度、数控机床的计算机控制、自动运输设备的控制、自动化仓库的管理、在制品管理、物料管理等，其主要目标是提高产品质量、缩短产品生产周期、减少在制品的等待时间、提高关键设备的利用率等；在连续型工业（如化工过程、炼油工业、钢铁工业、煤炭工业）中，计算机辅助生产控制系统主要是采用集散控制系统（DCS）、可编程控制器（PLC）、现场控制设备等控制与监测设备，实现对于连续高速生产线的控制，其目标是提高产品质量、提高生产率，尤其是减少因为故障造成的停产现象。

在实际企业应用中，有一部分系统是难以将其明确划分为某一类的，比如，设备管理软件既可以属于管理信息系统，也可以属于生产控制系统。又比如，质量管理系统的一部分功能可能属于管理信息系统，而另一部分功能可能属于生产控制系统。所以，图 2.3 给出的分类仅是一个参考分类方法，读者在实际应用中应根据具体情况进行合理的划分。

除了上面介绍的组织中计算机应用的划分方法外，还可以根据计算机在组织中的应用发展历史对组织中的计算机应用情况进行阶段划分。在此我们给出一种根据企业计算机应用软件集成率和集成范围来划分组织中计算机应用的分类方法。根据这种分类方法，我们可以将组织中的计算机应用划分为五个阶段。图 2.4 给出了组织中计算机应用的五个发展阶段的图示化表示形式。

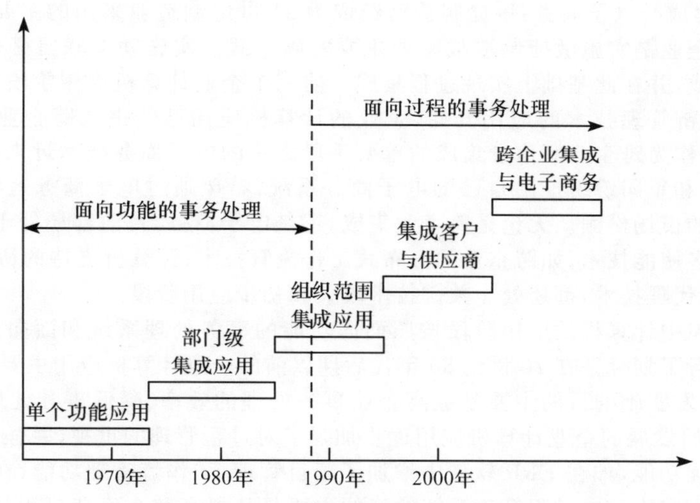

图 2.4　组织应用计算机的五个发展阶段

以下对组织应用计算机发展的五个阶段进行简要的介绍：

(1) 单个功能应用：20 世纪 70 年代中期以前，组织中的计算机应用水平还较低，所开发的计算机应用功能也比较简单，主要解决局部的计算功能，如财务记账、生产计划制订、采购物料数量品种计算、库存统计、计算机辅助绘图等。

(2) 部门级集成应用：20 世纪 70 年代中期至 80 年代中期，开始应用具有一定集成度的综合应用软件，如制造资源计划（MRPⅡ）系统实现了财务、库存、采购、计划的集成，CAD 软件实现了产品造型与绘图的功能，这些集成的应用使企业的计算机应用水平上升到一个新的高度。

(3) 组织范围集成应用：20 世纪 80 年代中期开始实现以计算机集成制造技术（CIM）、企业资源计划（ERP）、产品数据管理（PDM）为代表的企业范围内的集成应用。ERP 扩展了 MRPⅡ应用的范围，它不仅包含了 MRPⅡ的基本功能，还包括如客户关系管理、售后服务、项目管理、集成化的过程管理等功能。在产品研制和设计自动化应用方面，在 PDM 系统的基础上，对产品研制过程和研制过程中涉及的产品数据进行集成化的管理，并实现了 CAD/CAPP/CAM 集成的计算机应用，这些工作促进了产品的设计自动化水平。而 CIM 则是先进制造技术的典型，它从整个企业信息集成与系统优化的角度出发，强调信息集成和企业计算机应用的整体规划，以期提高整个企业的技术（T）、质量（Q）、客户（C）、服务（S）水平。CIM 技术的成功应用大大增强了企业采用先进的信息技术改造和提升传统制造业的信心,加快了企业计算机应用的步伐。无论是ERP、PDM还是CIM,都已经从支持功能事务处理的计算机应用技术发展到支持过程集成与过程管理的业务处理的计算机应用阶段。

(4) 集成客户与供应商:自20世纪90年代中期以来,供应链管理技术得到了企业广泛的重视。供应链管理的基本观点是在整个供应链中,每个企业(无论是原材料供应商、部件供应商、整机装配厂,还是代理商和销售商)都是为最终客户提供服务的整个服务链中的一个环节,绝大多数的厂家既是为后续厂商提供产品的供应商,又是前趋厂家提供产品的客户。因此,快速高效实现供应链中相关环节之间的信息交换,降低信息交换的事务成本有利于为最终客户提供低成本高质量的服务,并且可以对市场的变化进行快速的响应。供应链管理软件通过与企业的ERP或者相应管理软件的集成,并通过电子数据交换、工作流管理软件、WEB等方式迅速交换信息来达到上述目标。通过供应链管理,企业可以与客户和供应商建立紧密的联系,并且规范供应链中的上下游的关系。在供应链管理中,不仅要组织好企业的内部信息,更重要的是实现整个供应链上下游之间的过程管理。

(5) 跨企业集成与电子商务:敏捷制造已经成为21世纪制造业采用的主要先进制造战略,动态联盟和虚拟企业是实施敏捷制造战略的主要实施方式。实施动态联盟必须要实现结盟企业之间的信息集成,并在此基础上实现过程集成。前三个企业计算机应用阶段主要是企业内部信息集成,从供应链管理技术的应用开始,企业的计算机应用已经进入跨企业(或者称为企业间)的信息集成。作为跨企业间信息集成的重要手段之一的电子商务技术近来得到了广泛的重视,许多大型企业和集团纷纷推出自己的电子商务系统,希望通过电子商务这种低价位的新型方式来获得更大的市场份额。无论是跨企业集成,还是电子商务,目前都还处于发展阶段,涉及跨企业集成的许多使能技术,如跨企业的分布式工作流管技术、计算机支持的协同工作(CSCW)技术、颁布式智能代理技术,都还处于关键技术攻关和初步应用阶段。

我们还对组织中计算机的应用阶段按照面向功能的事务处理系统和面向过程的业务处理系统两种方法进行了划分。在20世纪80年代后期以前的企业计算机应用主要是面向功能的事务处理系统,其开发实施的目的主要是提高企业事务处理的效率、降低事务处理成本。20世纪80年代互相间开始发展的企业计算机应用逐步加强了对过程管理的重视,并强化了面向过程管理的业务处理系统功能,如在ERP软件中增加了项目管理、工作流管理功能,在PDM软件中增加流程管理功能。实施面向过程管理系统的目的主要是从提高整个经营过程效益、提高客户满意度、提高经营过程柔性等影响企业市场竞争力的因素入手,按照经营业务而不是按照功能,根据最终经营目标而不是局部优化的思路,在面向市场、面向客户的指导方针下发展企业的计算机应用系统。

从先进制造战略、企业经营过程重组、市场环境的变化,到企业组织结构的变化趋势以及企业计算机应用的发展历史可以清楚地看出,面向过程的计算机应用在今后的企业经营业务中将发挥越来越重要的作用。作为面向过程建模、优化、执行与监控的工作流管理技术已经表现出强大的生命力,其广阔的市场前景和应用价值已经受到越来越多计算机软件供应商和研究机构的重视。可以预计,在今后的几年内,工作流管理技术将像MRPⅡ、ERP和PDM技术一样,掀起组织中计算机应用的新高潮。

2.3 管理信息系统与企业文化

信息技术具有使管理人员两极分化的功效。它不是使人困惑,就是让人心惊胆战。那些害怕它的人躲避它,而迷恋它的人却只沉溺于自己的技术,它们构造精致的技术框架和企业信息模型,用来指导系统的发展。持这种观点的高级管理人员把技术当做企业改革的主要催化剂。但在这些技术专家的解决方案中,常常只是周密地考虑了机器如何配置,却忽略了在企业中人们是如何获取、共享和应用信息的。简而言之,他们夸大信息技术,却忽视了人们的心理感受。

不论人们出于有意还是无意,都可能把订好的 IT 计划弄糟,这本不足为奇;然而技术专家们却经常在没有防备的情况下被"最终"用户的"无理"行为弄得措手不及。事实上,那些不惧怕信息技术的人们这么做是很正常的。那些大肆宣扬最新的管理信息系统和集成软件的公司,很少训练员工使用它们。甚至那些喜爱计算机的人也会对许多 IT 部门的呆板结构和规章制度感到困惑。

从处理基本的数据到形成复杂的账目文件,再到在全世界范围内交换电子邮件,人们正用各种手段处理信息。对于一个大型企业中众多不同的信息用户而言,只有一件事是毫无疑问的:有效的信息管理必须首先着眼于思考人们如何应用信息,而不是如何使用机器。虽然目前还不能解释企业里所有的信息扩展和应用的不同预见的所有后果,但以下三份调查报告证明了"以人为本"的信息管理方法与标准的 IT 观点之间的差异。

(1) 信息来自各个领域,包含多种含义。IT 专家们只关注专有名词的普通定义,如"客户"、"产品"等概念,事实上,大部分信息并不符合其严格的定义。如果按照某些技术的要求,强迫雇员认同一种普遍的定义,只会削弱技术用来促进交流与共享的目的。"以人为本"的管理模式,不强迫雇员简化信息去适应计算机,而要求保护我们在处理信息时所喜欢的、哪怕是复杂的习惯。

(2) 人们不会自然地进行信息共享。想当然地认为不同部门、专业人士或一线工人都会实现信息共享,是管理者犯下的严重错误之一。然而,它却是制订计划和设计 IT 系统时的一个基本假设:你建好了,人们就会去使用它。

(3) 改变一个 IT 系统,并不意味着改变了一个企业的信息文化。技术的出现,就其本身而言,并不能彻底改变一个企业的性质。改变一个企业的信息文化,需要调整企业最基本的行为规范、态度、价值取向、管理目标以及与信息相关的激励制度。在大多数企业中,其经理依然相信,一旦应用了正确的技术,理想的信息共享必然会随之而来。

2.3.1　信息具有多重含义

一种信息,无论它看上去多么简单、基本,都可能会引起不同的理解。例如,在数字设备公司,当一个批发商或中间商订购一台计算机时,间接市场的销售行为就发生了;但对于直接市场,只有在最终用户收到货物时,销售才算完成。而同样是直接市场,也有不同的观点:销售人员认为,收到了订单就算是一次销售;生产和后勤部门认为,货物发出才算是销售;财务部门认为,收到货款才算销售行为结束。

一词多义使得信息管理工作难度大增。在一家石油开采公司,信息专家多年来一直在用一个无效的模型,因为人们对"油田位置"有不同的看法。一些用户把它定义为最初的地理坐标;另外一些人认为它是指油井所在地;有人甚至认为它是油在油罐区中或管中流动的位置。每种看法都从数据库中找到了答案。如果在不同的地方,连最基本的信息也很难共享。还有很多其他问题,如公司不能准确地监视特定油井的流程,或者算不出该油田所在地的郡和州缴多少税。

在这种情况下,企业行政主管最终只得向整个管理系统明确"油田位置"的概念,即按一个官方公认的算法反映钻井的位置、角度和深度。那些坚持不同意思的经理和雇员,会因此丢掉饭碗,这种方法虽然有点极端,但确实收到了预期效果:对油田位置的理解达到了一致,产品有了可以共享的信息。

然而当信息的多重性可能在组织整合和信息共享方面引发问题时,它们就不应总是被消除,尤其是在有多种业务的大公司里。事实上,经理们如果懂得信息对于组织个人或小组成功的重要性,他们就应该能认识到个人或小组以更实用的方法来定义信息的必要。在信息全球化和信息个性化之间总会存在一种良性的张力:信息全球化设法建立那些能用在整个组织中的含义;而信息个性化则是个人或小组用对自己更实用的方法来定义信息。

毫无疑问,这种信息个性化会把汇总和信息共享变成一种挑战。即使有一种公司级的信息流,人们还是经常通过把自己的财务结果与公司级的信息流进行比较,来评价经理的工作好坏。人们花了很大的努力来对账和解释局部信息流是如何与公司信息流相关联的。财务经理一直在努力从分类账中去除多余的项目,并劝说各地经理尽量使用公司拥有的信息。一些上层经理想马上就去除各地的分类账。尽管两种信息流都显得混乱和难以控制,但它们对这个多样化的公司似乎还是很实际的。

当然,还存在一个较大的管理上的障碍:一词多义也要求人们在行为上有根本的改变,这不仅包括那些收集信息并为信息分类的信息提供者,还包括那些信息用户。当CEO得知对于公司有多少顾客、雇员或产品,无人可以快速回答时,就会很生气,这就如同坚持“顾客”只能有一种定义的数据库的设计者一样,犯了过于简化信息的错误。

当有必要定义通用信息时,这一过程所需的管理和时间远比很多人想象中的多得多。例如,施乐公司从事数据模型和数据管理已经20多年了,但信息主管们依然说:“我们还摸不着头脑”。定义通用信息的动机是受IT的驱使,而不是受高级商务经理的驱使。因为,如果是有利于特定发展的项目,如产生明显效益的订单分类或营业系统,定义通用信息就可以被放弃。

2.3.2 信息共享的问题

在现今竞争激烈的商业环境中,应该善待信息个性化。行政主管必须决定公司哪方面的信息应当是全球通用的。更确切地说,行政主管必须决定这些信息如何实现有效共享,这是当今公司最复杂的管理问题之一。当信息构架指明谁控制了信息,其严格的形式不能反映信息和人本身的变化。归纳起来,信息共享的问题主要有以下几个方面。

1. 信息共享的方法问题

一些经理很快指出信息共享将面临的困难,尤其是当它被诸如电子邮件这种新技术所影响时,如果信息共享使公司的雇员能够更容易地获取重要信息,那么对公司外部的竞争者、律师,甚至包括计算机黑客来说,信息就是公开的了。最近,很多公司离职的员工被指控带走了公司的大量的专有信息,于是经理们就开始怀疑企业究竟是不是应该把这种信息进行公开。

对外部机会主义者的多疑和恐惧的根源,来自公司实际的信息控制问题,如果要对信息进行共享,就必须首先对信息本身进行分类和编辑处理,然而,这样就可能使信息更加容易被偷窃。例如,奥的斯电梯公司编辑了有关电梯可靠性与工作性能的信息手册,以便在管理人员、服务人员以及新产品设计人员之间进行信息共享。如果公司因为自己的电梯产品被起诉,公司的内部法律顾问就会不愿做这种信息手册。但是我们可以理解这位法律顾问的担心,他的反应暴露了企业对信息控制所采取的过时态度:通过保密和模糊处理等手段来控制信息。

实际上,信息共享方面所出现的内部问题,对公司的影响是很大的,但它不像外部的信息偷窃和员工不满那么显而易见。兼并的公司中往往存在着一些非常明显的冲突现象,因为兼并前的各个公司对信息运用的态度有时是不一样的,这样,兼并之后各个不同的公司的管理者就可能被生拉硬扯在一起。例如,化学银行同Manufacturers Hanover银行合并不久,就在公司内部出现了大量的争议问题。

这两家银行的信息文化截然不同。化学银行偏向于在各个不同部门和产品小组之间进行信息的共享。Manufacturers Hanover银行则认为公司中的每一个部门都拥有自己的信息,可以不同部门共享信息。为了将兼并之后的金融运作整合起来,公司的高层经理决定建立一套基本的信息管理原则,在这个信息管理原则的指导下,两家银行的管理者可以展开讨论,确定相关的政策。

其中的一个原则指出:如果某一个业务领域对信息有合理的需求,那么该业务领域就应该获得相应的信息。但是,这两家银行的管理者起初并不同意对敏感信息的查询:这样会不会破坏顾客的安全感和信任?什么样的需求才是“合理需求”呢?例如,私人金融业务小组是不是应该把有关富有客户的信息传递给公司的资本市场部呢?如果是的话,那么应该由谁来负责确认最可能的富有客户,通知相应的经理,将相应的客户信息用正确的格式发送给资本市场部呢?

化学银行所制定的其他原则无法满足这样一种需要:明确每一条重大信息的管理者,对向银行其他部门提供信息的有关责任和优先序列,进行清晰的界定。这些信息管理原则并不具有什么魔力,但是它们却加速了两家银行的整合,缩小了两家银行在重大信息问题上的分歧。同很多以人为中心的信息管理工具一样,信息管理制度原则的建立过程比任何固定的结果都重要。

这种自然的权力游戏是无所不在的,不管它所产生的影响是良性还是恶性的。获取权力的愿望是这种现象的主要原因,新的信息技术不会创造一个扁平的层级结构以及对员工的充分授权。在一个有统一文化的企业中解决相应的信息问题,通常要深入地研究在组织控制方面所形成的根深蒂固的观点。

在化学银行这家公司中,能促进信息共享的技术,是对员工的控制而不是对员工的授权。如果低层员工受命同那些公司高层人员进行信息"共享",那么就可能会形成一种致命的信息文化,即纠缠于微观管理问题之中。例如,在一家大型石油公司的炼油与市场营销部门,部门经理能够运用自己的计算机通过电子手段和石油交易商联络,某些情况下还可能推翻或者达成一笔交易,对此部门经理非常满意。

而施乐公司的经理支持系统却受到一定的限制,只能查询使用者本人下面两个级别的数据(从而避免对员工的过度控制)。这种以人为中心的技术实施措施在现在还不多见,但是却给我们指明了一个方向:管理者必须深入思考信息共享所带来的问题。

2. 信息共享的程度问题

没有限制的信息共享是没有效果的。实际上,信息共享程度的提高既可能提高公司员工的士气也可能会导致公司员工士气的低落。有关公司业绩的信息共享通常有助于提高公司员工的士气,即使是业绩不尽如人意也会如此,因为如果员工不能获得公司经营运作方面的信息,他们就会认为公司的实际情形比他们了解的还要差。不过,流言蜚语的传播却会使员工的士气低落。

例如,一家纽约银行的一位信息系统经理做了一个 lotus notes 布告板,即他所谓的"传言制造厂"。这个系统的建立使其部门下属员工能够轻易地共享传言,经理可以将错误的传言从网络中删除。在有关该经理离开银行的传言出现之前,这种做法一直非常成功。当该经理拒绝对其是否离开银行做出说明之后,员工们就认为他真的要离开银行了。他们对这位经理试图通过技术来共享信息所做的努力非常不满意,因为这位经理没有把他是否离开银行这条信息同他的员工进行交流。毋庸置疑,这位经理的继任者当然不会再使用这个"传言制造厂"了。

通过这种方式来共享传言所强调的是信息和非信息之间的差异。很多人都因为非信息的泛滥而不是因为他们所抱怨的"信息超载"而受害不浅。任何一个经常使用电子邮件的人都会提出垃圾邮件的问题。

技术专家正在开发个性化的过滤器或"媒介"将真正的信息和垃圾信息分离开来。但是,优秀的电子信息市场营销专家完全有办法绕过这些障碍,像现在的直接邮件看起来很像返税单或个人支票。实际上,有些通信技术恰恰使这个问题恶化。

例如,在坦德姆计算机公司,电子邮件和布告板这两种功能的结合,使得一线的人员将"你们是否发现了这个问题"这样的信息随时传递给公司内部的其他技术人员,一线的技术人员也会通过这种方式得到相应的答案,但是真的有必要让每一个人都去阅读这条信息吗?在很多情形下,仅仅建立一个电子信箱系统,而对如何使用这个电子信箱系统却没有一个相应的指导原则,实际上是不能解决信息共享和信息管理中的复杂问题的。

如果有公司通过电子邮件创造非信息,也会有另外一些公司依赖电子邮件来沟通真正的信息。这种技术可以发送与组织沟通的信息,但也有一定的局限性。有几个研究人员雄辩地提出这样一个观点:网络组织真正所必需的组织信息和人际环境,不仅仅是建立在电子网络的基础之上。人际关系必须通过面对面的会议来建立联系。

例如,Symantec 公司发现电子邮件名不副实。在 Symantec 公司,一家加州的软件公司通过一系列的并购行动得以迅速成长,并且拥有了比较独立自主的产品群,在这个过程中,公司大量使用电子邮件交流信息,高层经理也认为电子邮件是在这种虚拟组织中建立联系的最快捷的方式。但是,高层经理很快就意识到,由于公司的多样性,他们实际上并未实现良好的交流沟通,地理区域分布很广的产品小组中的人们缺乏见面的机会。

为了解决这个问题,公司的执行经理组织了第一次全公司的会议。管理者就一些重大的问题,通过几种不同的方式进行了交流沟通:写信给员工的家庭、面对面的会谈、电子邮件备忘录等。在某些情形下,管理者可能通过所有这些媒介发布一个相同的公告,以确保所有的员工都能了解关键的信息。该公司的执行经理发现,情形有了相当大的改观,员工对交流沟通问题的抱怨少了,业内人士对 Symantec 公司的战略方向也有了更深的了解。

当空间上的距离不利于实现信息共享时,新的通信技术肯定就会出现。但是,如同 Symantec 公司一样,这些新技术的出现也带来了一个新问题:如何在这些可选方式中进行抉择。一个销售代表同其客户进行交流沟通,可以使用一级邮件、邮递快件、声音邮件、电子邮件、传真、电子布告板、视频会议系统、电话等方式,当然,更不用说面对面的会谈了。

没有人清楚对于某一次具体的交流沟通来说,什么样的方式最合适。不过,即使是使用次优的沟通媒介,也算不上公司的一种错误,公司的管理者应该澄清认识上的混乱。不管采取什么样的交流技术和手段,管理者都必须铭记一点:一起工作的员工仍然需要经常的个人接触。

2.3.3 信息技术的文化基础

组织中应用管理信息系统时,常常过于重视技术本身,而忽视了应用技术的人,忽视了应用信息技术的组织文化。表 2.1 表现了"以技术为本"和"以人为本"两种不同文化的差别。从表 2.1 可以看出"以人为本"的 IT 经理关注人们如何使用信息而不是如何使用机器。

表 2.1 "以技术为本"和"以人为本"两种不同文化的差别

"以技术为本"的方法	"以人为本"的方法
关注计算机化的数据	关注各种类型的信息
强调信息提供	强调信息的应用和共享
假设解决方法是一劳永逸的	假设解决方法只是临时办法
假设一个词只有一种解释	假设一个词有多种含义
设计完成或系统建好即停止	整个企业都达到了预期效果才告结束
建造整个企业的结构	建造特定的结构
假设必须遵守政策	随着时间的推移,通过影响强化对政策的遵守
控制用户的信息环境	让用户设计自己的信息环境

实际上,最能推动 IT 的解决方案也就是最难实施的解决方案:变革组织的信息文化,建立文化基础是根本。下面我用两家专业服务公司(分别叫做 A 公司和 B 公司)来阐释信息文化对技术实施所产生的影响。这两家公司推行的技术相同,所实现的目的也相同。但是,其中的一家公司现有的信息文化同公司管理层对该技术的目标是致的,而另一家公司恰好相反。

过去,A 公司并没有一个成功的信息定位;现在,公司的管理者觉得是用技术来领导公司经营的时候了。于是,公司不但购买了大型工作站,而且还为整个公司购买了一套新的软件程序,将电子邮件、会议系统和文件分发功能整合起来。但是,公司的相关专业人员对于如何使用这个新的系统所接受的培训却微乎其微。同时,他们也几乎没有共享信息的内在动力,甚至可以说是抵触,尤其是他们害怕将自己最好的观点与创意告诉别人,让别人用自己的创意在公司的那种"要么提升,要么出局"的文化环境下晋升。

A 公司中的一般员工几乎不会同他所在办公室之外的其他员工进行合作,也几乎不知道其他人的信息要求。公司招聘新员工的基础必须是:员工愿意努力工作,在特定领域中接受过培训;而不是是否能够创造新的创意并且将自己所创造出来的创意整合起来以便其他人进一步运用。结果，员工忽略和误解了 A 公司奇妙的新软件程序。甚至连公司中该程序的 IT 发起人现在都承认：专业人员运用这个新的系统主要是为了发电子邮件，由于对新系统运用的有限，公司内部的主要信息问题并没有得到解决。

与 A 公司相反，B 公司长期以来一直聘用那些擅长于创意并且能够把这些创意通过书面或口头的形式表达出来的员工。公司的管理者在能支持信息共享的技术出现之前，就已经在信息共享方面表现出了浓厚的兴趣：公司定期出版一些期刊和新闻摘要，并且鼓励专业人员在公司以外出版著作、发表文章。B 公司的文化同样是“要么提升，要么出局”，但是衡量员工晋升的关键标准是：是否以报告板、文章或著作等形式传播了自己的观点和创意。其中，最重要的一点是，B 公司的管理者很注重下面这些行为：除了重视系统硬件和软件之外，他们把主要精力放在公司相应的激励机制、组织结构、人力资源支持以及员工交流沟通的展示方式方面，并把这些因素作为公司内部树立良好信息行为的推动因素。

关于信息技术，B 公司只在最近才开始投资于可以同 A 公司相比的新系统。此前，B 公司已经为公司内部的重要信息和客户文件建立了一个数据库；同时还建立了一种系统来衡量和统计被查询最多的文件，并以此作为该作者晋升的条件之一。从来没有听到 B 公司的人说过“信息文化”之类的词语，但是在信息技术平台投入使用之后，该公司就可以在上面建立和支持已经存在的信息共享程序。现在，B 公司的专业人员已经开始运用扩展后的软件来推动电子论谈，同时也能以较快的速度建立新的数据库。

A、B 两家公司的情形表明，工具不管如何有价值，都只是工具；新技术不管如何高级，如果没有人的介入，都不会改变人的行为。实际上，我们还没有充分讨论信息管理中人所扮演的角色，虽然有些学者已经对信息本身对工作中人的影响做了集中研究。这更不用说要在适当的时候采用恰当的信息文化的问题。下面要讨论的信息问题的具体解决方案将向我们证明，信息文化会随着时间的推移慢慢同新的组织需求适应，更大程度地以人为中心，具有更大的灵活性并在具体运作中具有更大的成本有效性。

2.4　首席信息官——CIO

随着管理信息系统在组织中的地位上升到战略位置后，一种新型的管理职位产生了。作为概念的 CIO 出现于 20 世纪 70 年代末 80 年代初，主要是信息资源管理理论研究和发展的产物。作为职位的 CIO 则出现于 20 世纪 80 年代中期，是一个组织的信息管理发展到战略信息管理阶段时的必然产物。

2.4.1　CIO 的定义

通常所谓的 CIO 是指处于该职位并承担战略信息管理职责的个人或群体。

CIO 是负责对企业内部信息系统与信息资源规划和整合的高级行政管理人员。CIO 通常归公司执行主管（CEO）、运作主管（COO）或财务主管（CFO）领导。

美国权威的 CIO 杂志这样定义 CIO：

CIO 是负责一个公司（或企业）信息技术和系统的所有领域的高级官员，他们通过指导信息技术的利用来支持公司的目标；CIO 具备技术和业务过程两方面的知识，具有多功能的观念，常常是将组织的技术调配战略与业务战略紧密结合在一起的最佳人选；CIO 监督技术的获取、实施以及由信息系统部门提供的各种相关服务；CIO 将大量的战术和操作事务授权给“值得信任的副职”，以使自己将更多的注意力集中在战略方面；CIO 工作的“信息”部分正变得越来越重要。一般的公司信息的有效和战略的利用要求 CIO 具有多功能观念；CIO 在重组公司的业务过程和强化公司的信息技术结构以实现组织内部信息的有效利用方面具有领导作用；许多 CIO 在知识管理和智力资本评估方面也具有领导作用。

2.4.2 CIO的角色

CIO在组织中的角色包括服务提供者、业务使能者、变革的代理人、战略思想家、公司执行官、商务合作伙伴。

1. 服务提供者

确实,以CIO为代表的信息部门,仍然承担着为企业内部各部门提供服务的责任。如传统的文档服务、搭建网络平台、开发信息系统、提供硬件维修服务、安装有关软件、处理有关数据等。

2. 业务使能者

CIO站在比较客观公正的角度,观察业务部门的工作流程,能够诊断各业务部门的弊病,诊断出"瓶颈"所在。CIO借助现代信息技术,优化流程,如CAD、CAM、PDM对制造业的贡献,很好地说明了CIO确实能够增强业务部门的能力,起到了业务使能者的作用。

3. 变革的代理人

CIO的工作处在传统管理与现代管理的交汇点上,是企业矛盾的集中点。无论是流程的优化、部门级功能的优化,还是企业全局的改进与完善,CIO都是传统管理方式、方法与现代管理理念的斗争点。例如,金字塔式的组织结构与扁平的学习型组织,独裁模型、看护模型与支持模型、社团模型的企业组织行为模型之间的冲突,无不说明CIO处在企业变革的浪尖上,是企业变革的火车头,是企业变革的代理人。

4. 战略思想家

观察CIO的来源,我们知道尽管相当多的CIO来自信息行业或者说以信息作为自己的专业背景,但已有近一半的CIO是来自企业的诸如施工经理以及服务、生产制造或者市场营销的领导岗位。特别当CIO的汇报关系面向决策层时,有的甚至本身就是决策层的成员,那么作为对企业远期目标的支持与规划,以及对企业组织结构的深刻影响,使处于变革管理焦点的CIO成为战略思想家。

5. 公司执行官

作为战略思想家的CIO,当他们变成企业决策层的导师与顾问时,当他们能够在战略层面为企业产品或服务开发以及市场营销起着积极作用,利用现代信息技术为商业带来机遇时,CIO就成为企业CEO或者COO的最佳人选,因为CIO具备企业全局的观点。例如,eBay公司的梅纳德·韦布原来是CIO,现已晋升为COO了。

6. 商务合作伙伴

如果仅仅将CIO所代表的信息部门局限于企业职能部门的作用,而没有走出企业围墙之外,看不到互联网技术使异域、异地的供应商、销售商及客户,已紧密地联系在一个价值链上,看不到企业之间的竞争,已演变成为整个商业生态系统的竞争,便不能很好地理解其商务合作伙伴关系。CIO的作用不断变化,从企业内部走向企业外部,CIO不仅是企业内部的技术专家、顾问、变革代言人、决策成员等,而且他们在整个企业生态系统中担当着这些责任,发挥着这些作用,他们是名副其实的"扩展企业"或"虚拟企业"或战略企业联盟中的重要角色。所谓扩展企业是这样一个机构:所有外部系统、流程、联盟以及与客户/用户的交互和机构内部运作综合在一起,作为所有内外部职能的整体,也就是机构范围的完整布局。

在各种各样的商务与交易中,CIO负责管理和维护网络世界里这种日常性的相互连接。CIO有时将60%~70%的时间花在"防火墙"以外的事务上,企业组织内部的事务变成次要的了。"扩展"或"虚拟"的最高事务包括供应链与数据流的集成、网络的分布与全球化、企业的知识管理与战略联盟。CIO成为供应商、服务提供商、客户和决策团体的商业伙伴。诚然,企业内部的供应链管理、厂商控制、数据中心操作、客户信息收集分析传播和网络安全的职责不会消失,所有这些内部事务仍然是完整的企业信息化及信息技术环境的基石。

"变革的催化剂"、"成就梦想"的专家、风险管理领袖……人们为CIO描绘了一幅幅美好愿景。这也是 CIO 在未来企业中所扮演的诸多角色中的一部分。

CIO 所管理的 IT 系统越来越多地在掌控企业的信息流、资金流以及业务流程，甚至业务流程的改变都需要 CIO 来参与和推动，这就是未来 CIO 的一个发展方向。这个方向已经体现在一些先进企业的 CIO 身上了，而且这个数量在不断地增加。

将来 CIO 这个职位可能会消失，消失并不是说 CIO 的职务没有了，而是 CIO 将会扮演 CEO 的角色，而这位 CEO 是来自 IT 渗透率最高的电信行业，如果一个企业的 CIO 掌管了一个业务平台，包括了资金流、信息流、物流等的时候，我们确实可以看到很清晰的发展途径，即 CIO 不仅仅是改革的驱动者，而且是改革的主导者。

小　　结

明茨伯格在书中把管理者（“经理”）扮演的十种主要角色分为三大类型：人际关系角色、信息角色、决策角色。具体包括挂名首脑、领导者、联络者、信息接收者、信息传播者、发言人、企业家、危机处理者、资源分配者、谈判者。目前的信息技术在所有的三大类角色里，都有不同程度的参与，有些被定义在管理信息系统的系统功能里，有些还只是单独的软件，来配合管理信息系统的运行。

管理信息系统与组织之间是相互影响的关系，新的组织结构需要新的信息技术，新的信息技术又会催生新型的组织结构。企业组织结构的变化需要经历一个相当长的过程，除了需要企业领导提高意识和进行组织结构调整外，还需要在整个企业普及过程管理的概念和方法，并建立相应的管理制度和支撑环境。在当前环境下，为了提高企业对市场响应的灵活性和柔性，许多企业已经将传统的金字塔的瘦长型结构转变为扁平型的组织结构。这种扁平型的组织结构可以看成是由功能部门组织结构到面向过程的组织过程的过渡阶段。1990 年美国前 MIT 教授哈默在 *Reengineering Work：Don't Automate，But Obliterate* 一文中最先提出了企业流程再造的概念。后来哈默与 CSC Index的首席执行官钱皮于 1993 年发表了《公司再造——企业革命的宣言》，在书中正式对企业流程再造做了如下定义：企业流程再造工程是对企业的业务流程做根本性的再思考和彻底性重建，其目的是在成本、质量、服务和速度等方面取得显著性改善，使得企业能最大限度地适应以顾客、竞争、变革为特征的现代企业经营环境。在这个定义中，“根本性”、“彻底性”、“显著性”和“流程”是应关注的四个核心内容。根据计算机在组织中的应用发展历史，我们可以将组织中的计算机应用划分为五个阶段。

“以人为本”的信息管理方法与标准的 IT 观点之间存在巨大差异。实际上，最能推动 IT 的解决方案也就是最难实施的解决方案：变革组织的信息文化，建立文化基础是根本。

随着管理信息系统在组织中的地位上升到战略位置后，一种新型的管理职位产生了。作为概念的 CIO 出现于 20 世纪 70 年代末 80 年代初，主要是信息资源管理理论研究和发展的产物。作为职位的 CIO 则出现于 20 世纪 80 年代中期，是一个组织的信息管理发展到战略信息管理阶段时的必然产物。CIO 在组织中的角色包括服务提供者、业务使能者、变革的代理人、战略思想家、公司执行官、商务合作伙伴。

习　　题

1. 简述管理信息系统在组织中的角色。
2. 什么是企业流程再造？
3. 简述组织中计算机系统应用的五个发展阶段。
4. 以人为本的信息管理方法与标准的 IT 方法之间有哪些差异？
5. 什么是 CIO？

第二编 信息系统的技术基础

第3章 管理信息系统的硬件系统

3.1 信息处理技术

计算机用两种方式处理信息:批处理和在线处理。

3.1.1 批处理

将需要处理的数据集中成一组存放在存储介质(如卡片、磁带、磁盘等)中,然后再将一批作业顺序运行,逐个处理,称为批处理。

图 3.1 描述了一个批处理的过程。

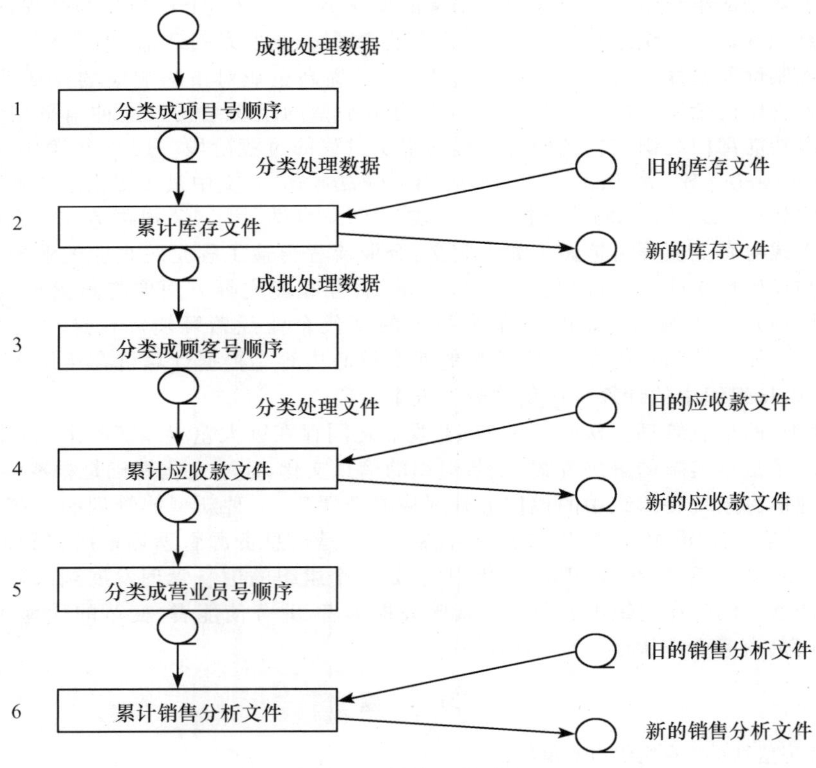

图 3.1 批处理的过程

批处理方式简单,系统处理效率高,但适时性差。

3.1.2 在线处理

数据在处理的当时进入计算机,计算机执行所需须的处理,进行必要的输出,再处理另一个，这种方式称为在线处理。在线处理意味着像终端这样的装置连在计算机上。装置不连在计算机上的叫离线装置。图3.2是一个在线处理示意图。

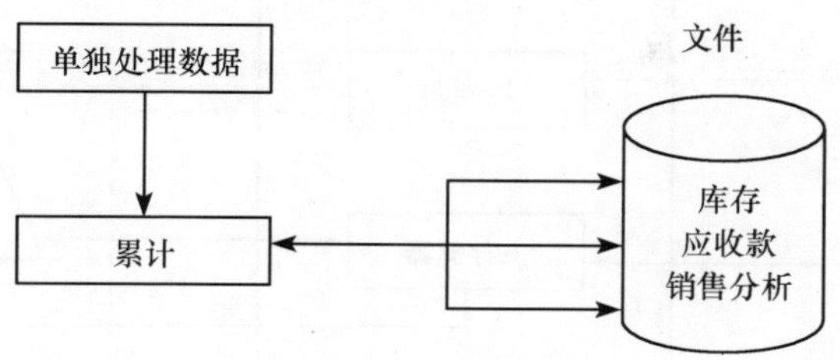

图3.2　在线处理示意图

在线处理将累计结果直接记录在原文件上，不产生新文件。由于它适时性强，越来越流行。但在线处理需具有在线能力，如终端、二级存储技术等。

除批处理和在线处理外，还有分时处理、实时处理、分布式处理，它们是两种基本方式的特殊方式。

(1) 分时处理。这是多个用户分时利用中央处理机的一种方式。许多终端(多至上百个)在线地联到中央处理机上，处理机把时间分成许多较短的时间段，终端用户分享计算机时间。对用户而言，一个终端就是一台计算机，数据通过键盘送到中央处理机，操作系统对不同的用户分配中央处理时间，根据各个终端用户的执行程序进行处理，再将输出结果转到相应的终端打印或显示。

(2) 实时处理。实时处理与在线处理仅有一点微妙的差别，显著的特点是概念信息系统对于物理系统能很快反响。举一个例子：在银行业务系统中，某存户存有100元，当他通过实时出纳子系统取出80元后，屏幕上马上显示余额，如果还想取25元便遭到系统拒绝。所以实时就是控制，真实地控制了物理系统。在管理信息系统中，实时处理广泛地被应用，如预订飞机票系统、银行储蓄系统、窗口询问服务系统等。

(3) 分布式处理。根据系统中各部门业务处理的需要和特点，分别配备一定数量的小型机或微型机，并将它们与中央处理机统一联网，这种处理方式称为分布式处理。处理过程可以按批处理或在线处理进行。例如，销售部门可以用小机器处理顾客订单，而将当天的销售额、产品订购统计等输送给大机器，大机器利用这些数据进行综合平衡和统计分析，更新中央数据库，并再将处理后的数据送回部门计算机，更新业务主文件和部门数据库。

3.2　管理信息系统硬件系统的构成

管理信息系统的硬件系统由中央处理机，存储系统，输入、输出系统，数据通信构成。

3.2.1　中央处理机

尽管计算机已经发展到第五代，但普遍使用的计算机仍然是冯·诺依曼(John von Neumann)结构，这里介绍的内容以它为基础。CPU是计算机中实现逻辑、算术运算和整机控制功能的基本单元，它包含控制器、运算器和主存储器。图3.3是一个以CPU为核心的计算机系统。

(1) 控制器(control unit)是计算机的中枢。按指令(人事先编好的各种命令操作)指挥机器执行各种操作，使之协调一致，共同工作。具体来说包括：控制输入、输出设备；向主存储器存取数据；解释由主存储器中取出的程序指令；决定主存储器和运算器之间的路程，安排操作顺序；控制相应的算术逻辑部件执行指令。

控制器的控制方式有同步控制方式和异步控制方式两种。同步控制方式按一定节拍发出各种控制命令；异步控制方式是一种应答方式，即前一次操作执行完毕后发出回答命令，收到该

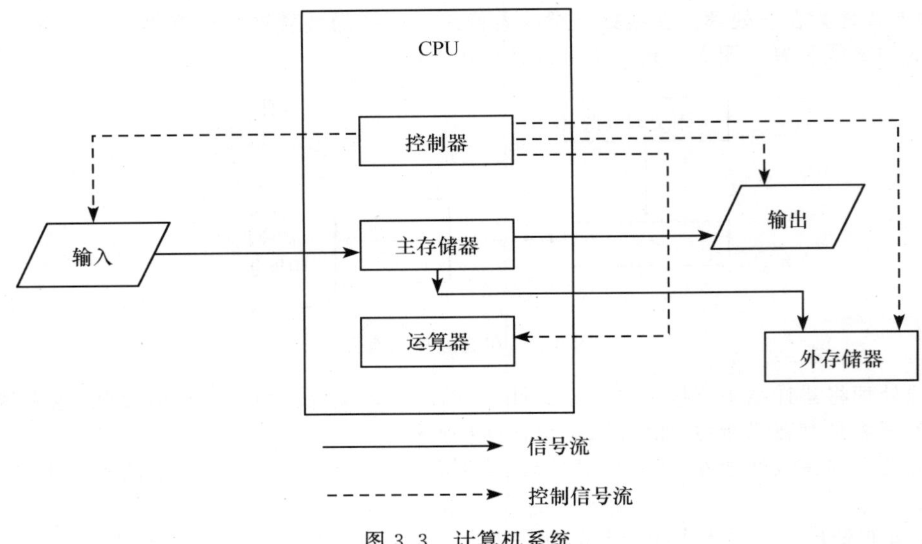

图 3.3　计算机系统

命令后才开始执行下一条命令。

(2) 运算器(arithmetic logic unit,ALU)是进行加、减、乘、除等运算及“与”、“或”、“非”等逻辑运算的设备。它按控制器发出的命令完成各种操作,如取数、送数、相加、移位等。在 ALU 进行一项运算的过程中,经常需要把原始数据、中间结果、最终结果暂时保存起来,暂时存放数据或结果的场所叫寄存器(register)。

(3) 主存储器(main memory unit)存储数据和指令。组成主存储器的元件只有两个状态,分别表示 0 和 1,计算机只能接收处理 0 和 1 两个信息,所有的数据是 0 和 1 的组合,这种组合称为二进制代码。一般以 8 位二进制为单位(1 位为 1 个 bit)表示 1 个字符(1 个字符为 1 个 byte),称作 1 个字节(8 位二进制编码可以表示 $2^8=256$ 种不同符号)。1 个字节为 1 个存储单元,如果把字节比作房间,其编号为地址,一级存储器是一幢由字节组成的大楼,一般以 1 千字节(=1024 个字节)为单位,如内存为 64 千字节=1024×64 字节。1 兆=10^6 字节,大型机内存一般为 32 兆。

3.2.2　存储系统

计算机的存储系统由存储设备、控制和管理所存信息的算法组成。

存储部件有三种类型。

1. 处理机内部存储器

通常由一组高速寄存器构成(1 个寄存器存放 1 个字节),作为临时存放指令与数据的工作寄存器使用。

2. 主存储器

主存储器(一级存储器)是电脑运行期间用来存放程序和数据的规模较大、速度较快的存储器。

1) 工作情况

按其用途将主存储器划分为五个概念区(所谓概念区就是说这些区域不是物理的),用概念区的作用描述其工作情况,如图 3.4 所示。

数据从输入装置(比如终端)进入主存储器,放在输入区;应用程序区的程序是一个指令表,它指示计算机解答一个问题或完成一个任务,应用程序执行必要的计算、逻辑判断、移位等;应用程序把将要转换到输出装置(比如打印机)上的数据和信息放在输出区;大多数程序需要单独的存储区域存放中间结果、常数以及所描绘的特征等,这个单独的存储区域就是工作区;应用程

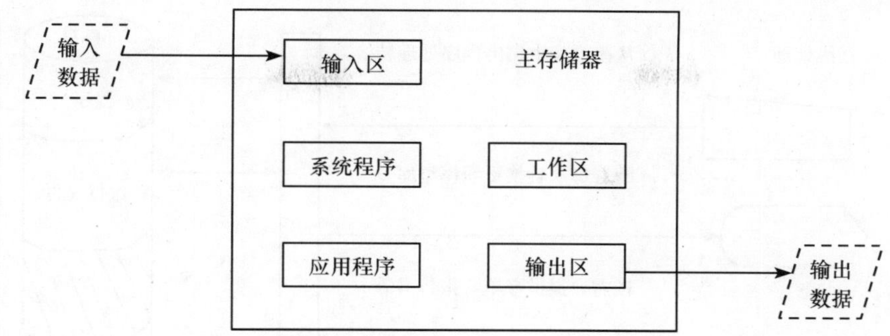

图 3.4　主存储器的五个概念区

序的执行由系统程序区中的一系列管理程序(主要是操作系统)来控制。

2) 主存储器的分类

按功能主存储器可分为两类:随机存储器(random access memory,RAM)和只读存储器(read only memory,ROM)。

3. 二级存储器

二级存储器作为主存储器的扩充,放置在管理信息系统的数据库、软件库中。

(1) 二级存储器的类型:①顺序存储。将记录按其逻辑顺序存放到存储介质上。典型的装置是磁带。②直接存取。将续写指针直接移到读写记录上直接存取。典型的直接存取装置(direct access storage device,DASD)是磁盘。

(2) 二级存储器包括磁带存储器和磁盘存储器。

(3) DASD 在管理信息系统中的作用。DASD 在管理信息系统中的作用是使得管理信息系统能立即得到它所需要的程序和数据。DASD 可以用于批处理、在线处理、实时处理和分布式处理等各种处理方式。它读取迅速,对管理信息系统是有吸引力的。但它的花费也比较昂贵。图 3.5 说明 DASD 对管理信息系统的贡献。

3.2.3　输入、输出系统

管理信息系统的输入、输出系统包括外围设备(I/O 设备)、这些设备的控制器,以及专门为 I/O操作设计的软件。

1. I/O 设备

I/O 设备包括键盘终端机、打印机、磁带机、磁盘机、卡片穿孔机、声音识别器、光学字符识别器、绘图器等,它们分别适应各种输入/输出方式。

数据输入有如下几种方式:

(1) 键驱动机输入。由离线键驱动机对数据进行某种操作,将原数据转换到可读的介质中,如穿孔卡片、磁带、磁盘等,然后接在输入装置上,如卡片可读器、磁带机、盒式磁带和胶片卷可读器、磁盘器、软盘可读器等,把介质上的记录送到 CPU。

(2) 数据自动输入。把原始数据存放在计算机可接收的装置中,如磁性墨水字符识别器(magnetic ink code reader,MICR)和光学字符识别器(optic code reader,OCR),原始数据便可直接进入计算机。

(3) 键盘终端输入。数据由在线的驱动装置(如键盘终端)输进计算机。

(4) 以音响形式输入。让数据进入听得见的装置,如声音识别机,它能识别用户使用的语音符号。

数据输入的四种方式描述在图 3.6 中,阴影部分为输入装置。

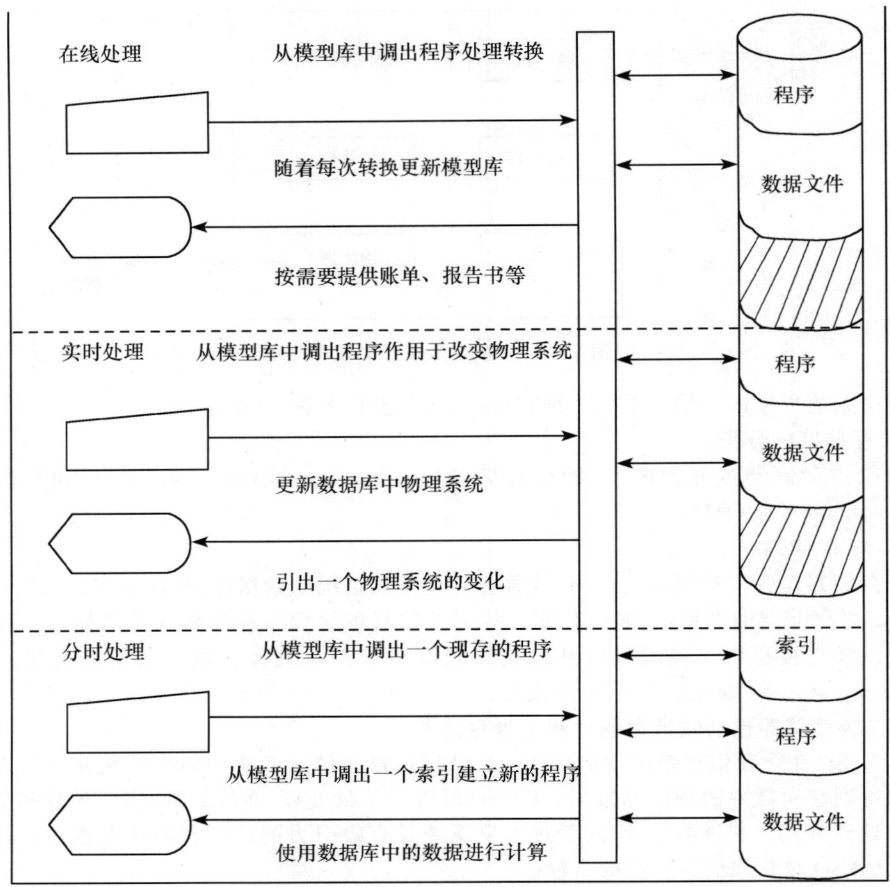

图 3.5　DASD在管理信息系统中的作用

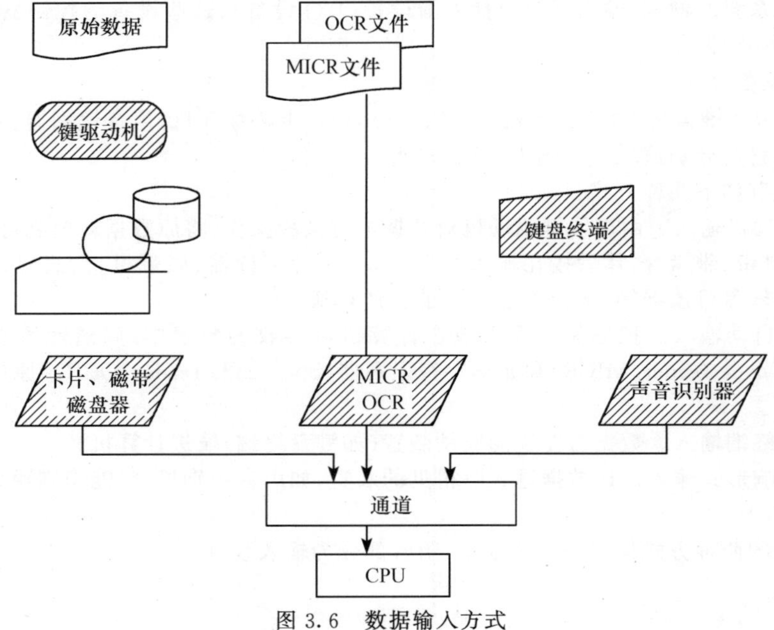

图 3.6　数据输入方式

数据的输出也有几种方式，如图 3.7 所示，阴影部分为输出装置。

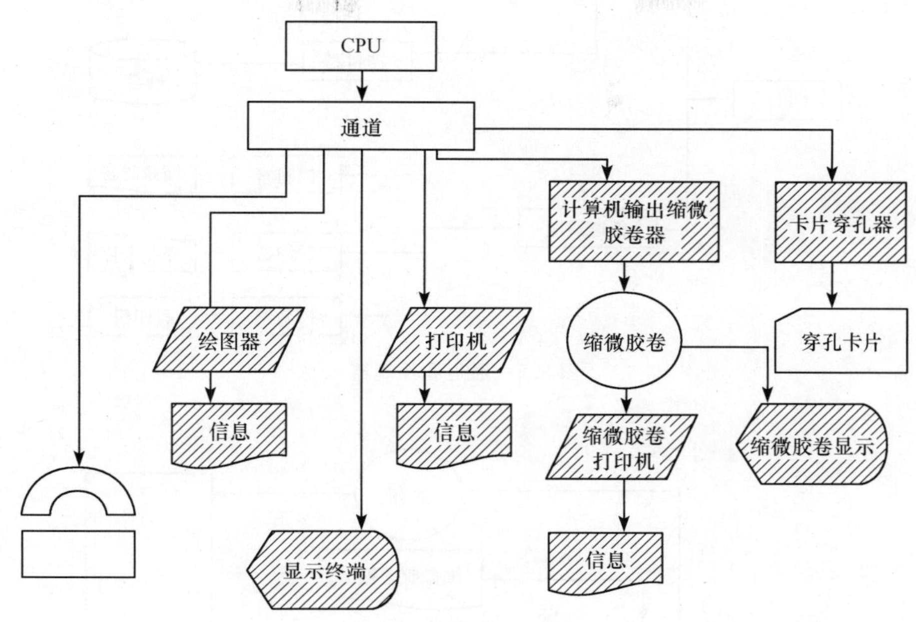

图 3.7　数据输出方式

其中，打印机有行式打印机和直式打印机，前者打印方式为撞击，后者为非撞击；绘图器用作工程设计；计算机输出缩微胶卷器把输出的东西以最小的空间形式保存起来。

2. 通道和控制器

I/O 操作指的是在 I/O 设备到主存储器之间，或者 I/O 设备与 CPU 之间的数据传输。以前 I/O 操作由 CPU 控制，即由 CPU 执行启动、控制以及停止 I/O 操作程序。现在增设了专用的直接存储器和请求 CPU 服务的线路(又叫中断，请求 CPU 执行，为 I/O 设备服务的专用程序)，把 I/O 操作的部分控制权移交到 I/O 系统。这就引进了通道。通道是一种输入/输出处理机，它与中央处理机相似，但功能弱、价格便宜。由于引进通道，主存储器效率大大提高。

另外，由于电子性的中央处理机和存储器的速度比外部设备的机械动作速度要快得多，所以需要协调、平衡它们的速度差，于是在 I/O 设备与通道之间又有一个控制器。控制器含有逻辑线路和 I/O 设备所需要的数据缓冲存储器，根据运算器和输入/输出通道的指示来控制 I/O 设备，进行运算器与 I/O 设备之间的速度调整及编码方式的转换(数据码在输入/输出介质和存储介质的表示方法不同，需自动转换)。

通道含有逻辑线路和几个数据缓冲存储器，提供从 CPU 到控制器的路径，使得外部设备的数据传送和中央处理机的工作能同时进行。

管理信息系统中的各类外围设备通过通道与 CPU 连接、传递数据的情况如图 3.8 所示。

3. I/O 设备在管理信息系统中的作用

I/O 设备对管理信息系统的作用如图 3.9 所示，它提供了经理与公司的联系，也就是提供了一个窗口，经理可以看到整个公司的工作情况。具体来说有三方面的作用：①给公司的物理系统到数据库的数据流提供了一条路径；②在经理与计算机之间提供了双边通信路径；③提供了经理与物理系统的一条通信路径。

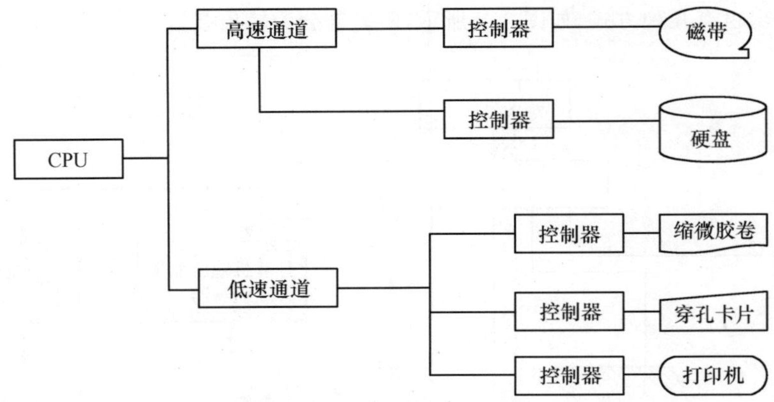

图 3.8　通道和控制器

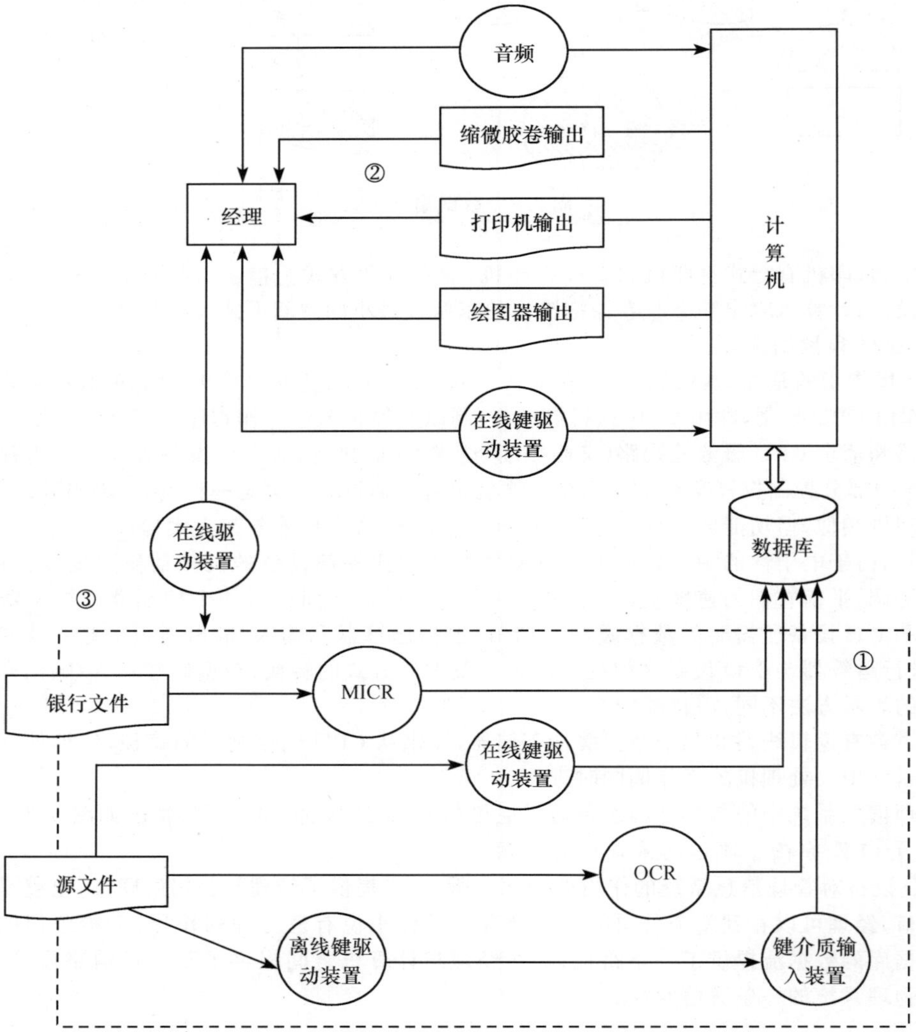

图 3.9　I/O 设备在管理信息系统中的作用

3.2.4 数据通信

数据通信对管理信息系统起着重要作用，利用数据通信可将管理信息系统资源在远距离内有效分配。

1. 数据通信设备

当前有两大类数据通信设备——通道和联系通道的装置(发射器和接收器)。图 3.10 是一个基本的数据通信网络，在 CPU 与终端之间互相通信，即传递一个信息。

图 3.10 基本的数据通信网络

图 3.10 中，前端处理器是一个小型机或微型机，其作用是减轻 CPU 的负担。它具有接通在线通道、编辑从终端收到的数据、存储数据、给信息编码、为一个信息决定一个通道等功能。调制解调器将计算机的数字信号转化成一个类似于电话的信号，即信号转换，同时它可以把类似于电话的信号反过来转换成一个数字信号(信号的反转换)。通道是通信通道，传递类似于电话的信号，由通信公司提供，通道有三种类型：单向通道(只能以一个方向传递)、半双向通道(能在两个方向传递，但在一个时候只能在一个方向传递)、双向通道(可以同时在两个方向上传递)。终端供管理者使用，即用户(经理、办事员)通过与终端的相互作用(如菜单选择、填表、回答问题等)使用计算机，终端的类型很多，最普通的有 CRT 终端(一种电视显示终端)、硬拷贝终端(提供机械打印的终端)、按钮电话终端、销售点终端 POS(point of sale)、数据组织终端(能识别鉴章的终端)和智能(intelligent)终端(可以不依赖于 CPU 独立地完成一定操作，这种终端一般含一个微处理器)。

2. 数据通信网络

数据通信网络有两种形式：

(1) 多滴线。把多个 CPU 或终端接到一个通道上，图 3.11 是一个多滴线的例子。这种通信网络的特点是多个 CPU、终端共用同一个在线前端处理器控制下的通道。

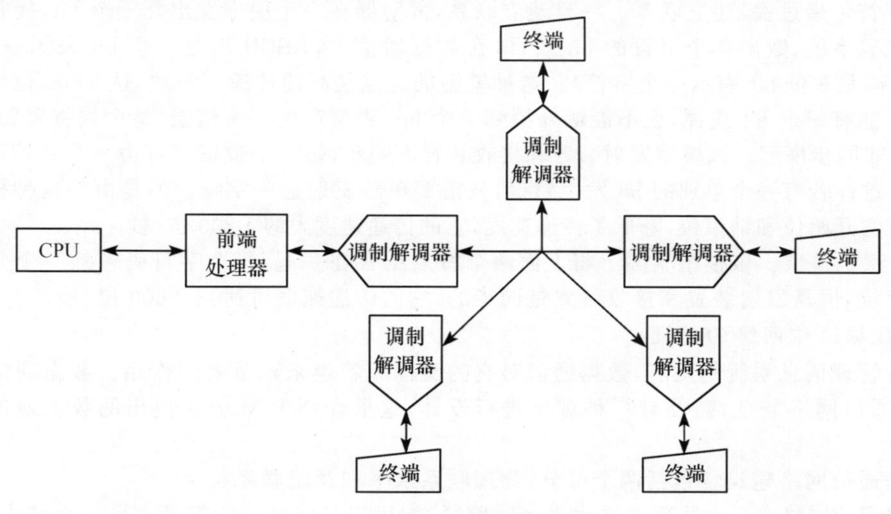

图 3.11 多滴线

(2) 环线。CPU 与终端之间用一个同轴电缆连接在一起，所有的数据以数字代码传递。见图 3.12。实现远程通信的介质有电话线、同轴电缆、微波塔、卫星、激光等。

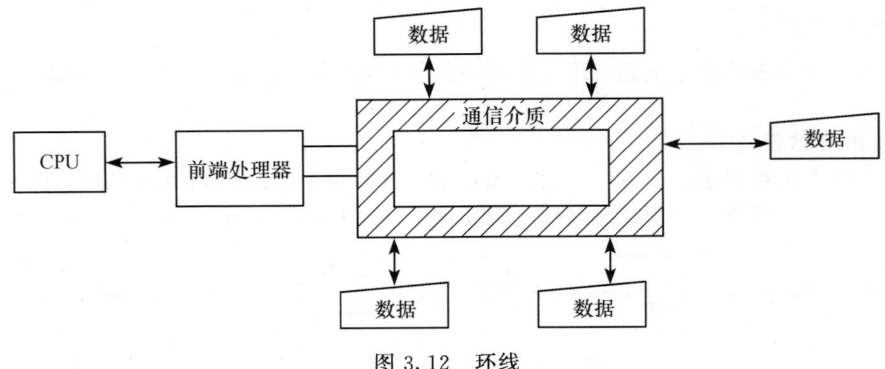

图 3.12 环线

3. 数据传递装置

数据传递装置有：

(1) 多道传递器——能同时传递几个信息的装置称多道传递器。它放在通道一端的前端处理器与调制解调器之间和通道另一端的调制解调器与终端之间。实现多道传递的方法是分频多道传递(按频率分成几个子通道传递)和分时多道传递(将几个字符合并成一个“框架”送到通道传递,在接收端再把字符分开送到各自相应的终端)。

(2) 浓缩器——将来自几个发射器的信息集中成一组传递的装置。它一般是一个小型机或微型机。

(3) 束控制器——把几个不同类型的终端连接到一个通道上的装置。通常是一个小型计算机。

4. 数据传递模型

在数据通信流中,使用两种代码系统——ASCII 和 EBCDIC,数据传递是一个时刻一个 bit 位,用频率表达的 bit 由源产生,由池接收。一个池怎样区别一个字符与另一个字符的 bit 位呢?有三种技术,称之为数据传递模型。

(1) 同步模型。该模型发射装置和接收装置是同步的。它的实现是在传递之前,将一组同步化的字符传递过去、建立联系。一旦建立联系,发射器在一个块中发出几千个 bit,接收器便按使用的代码系统,数出各个字符的 bit 数目(在数据通信中,ASCII 码是 7 个 bit 表示一个字符,EBCDIC 码是 8 位 bit 表示一个字符)。这种模型的优点是高速传递字符块,达 9 600 位/秒以上。缺点是不能有一个 bit 遗掉,也不能额外捡到一个 bit,否型产生一个错误,整个块将重新发射。

(2) 非同步模型。该模型发射装置和接收装置不同步,每一个数据字符由一个开始位和结束位控制。这样若有一个单独的 bit 发生错误,只需要单独发射这一字符。但是由于这种模型要传递非数据的开始位和结束位,降低了传递速度,它的传递速度大约 1 800 位/秒。

(3) 意识模型。该模型实际上将上面两个特点结合在一起,每个字符码包括一个开始位和一个结束位,但是发射装置和接收装置是同步的,它的传递速度可达到 9 600 位/秒。

5. 数据通信网络的建设

随着管理信息系统的发展,数据通信对它的支撑起着越来越重要的作用。数据通信设备众多,数据通信网络复杂,需要有一种观点进行设计,这里介绍 IBM 公司提出的数据通信网络建筑学。

数据通信网络建筑学包括两个部分:物理联系水平和逻辑联系层次。

数据通信网络有三个物理联系水平:链、路径、端用户。将每一个符号表示一个结点,主机和终端为始/终结点。链水平是连接网络中两个或两个以上结点;路径水平是由一个或多个连接始结点和终结点的链组成;端用户水平包括路径及始结点和终结点上的端用户,端用户可以是操作终端,也可以是位于主机、前端处理器、束控制器和智能终端上的应用程序。

三个物理联系水平如图 3.13 所示。

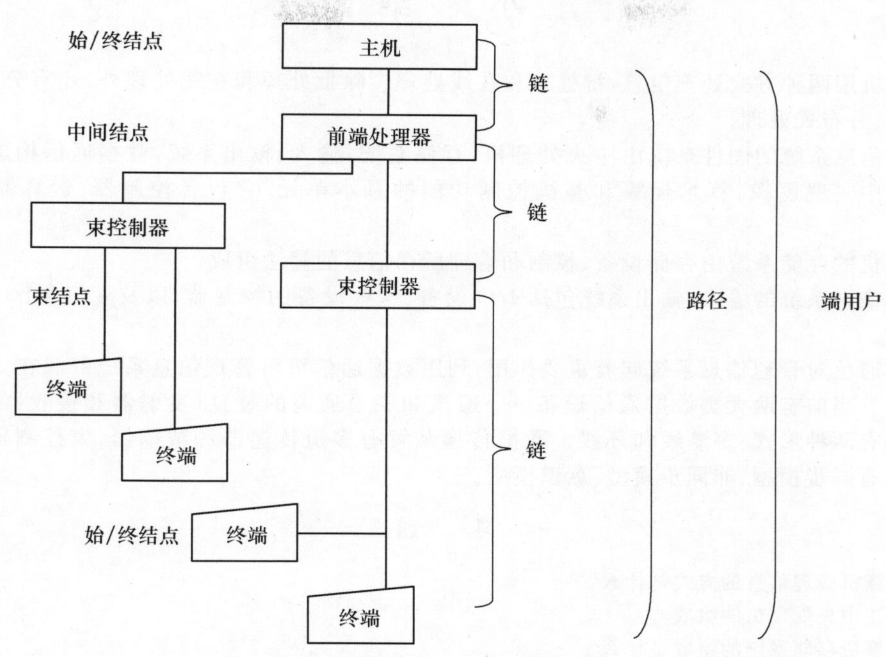

图 3.13　通信网络中的三个物理联系水平

数据通信网络有三个逻辑层次：应用层次、功能管理层次、传递管理层次。应用层次处理用户数据的常规操作，由应用程序（在主机中）或操作者的活动（在终端结点中）来描述。应用层次与功能管理层次接口。功能管理层次把将要通过网络传递的信息编成一种版式，这种版式由主机结点中的数据库管理系统和终端结点中的硬件或软件完成。功能管理层次与传递管理层次接口，出现在与端用户接口的那些结点中。传递管理层次给将要通过网络传递的信息预定线路，传递管理层次完全跨越端用户——端用户水平。应用层次的软件由用户提供，功能管理层次和传递管理层次的软件由计算机设备制造商和软件公司提供。图 3.14 描述了通信网络中的三个逻辑联系层次。

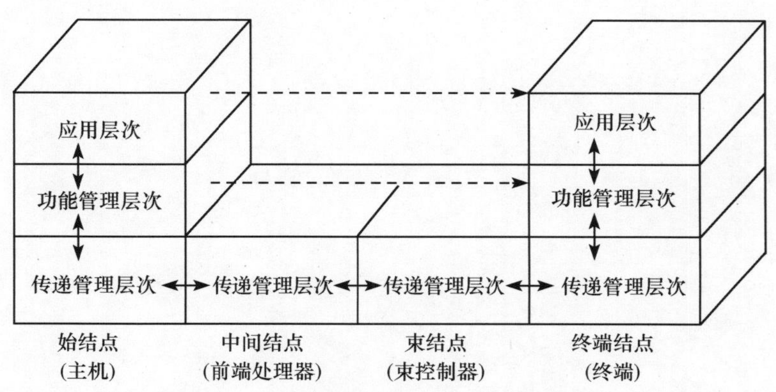

图 3.14　通信网络中的三个逻辑联系层次

小　　结

计算机用两种方式处理信息：批处理和在线处理。除批处理和在线处理外，还有分时处理、实时处理、分布式处理。

管理信息系统的硬件系统由中央处理机，存储系统，输入、输出系统，数据通信构成。CPU是计算机中实现逻辑、算术运算和整机控制功能的基本单元，它包含控制器、运算器和主存储器。

计算机的存储系统由存储设备、控制和管理所存信息的算法组成。

管理信息系统的输入、输出系统包括 I/O 设备、这些设备的控制器，以及专门为I/O操作设计的软件。

数据通信对管理信息系统起着重要作用，利用数据通信可将管理信息系统资源在大距离内有效分配。当前有两大类数据通信设备——通道和联系通道的装置(发射器和接收器)。数据通信网络有两种形式：多滴线和环线。数据传递装置有多道传递器和浓缩器、束控制器。数据传递模型有同步模型、非同步模型、意识模型。

习　　题

1. 计算机处理信息的方式是什么?
2. 简述中央处理机的组成。
3. 计算机存储系统的组成是什么?
4. 简述输入、输出系统。
5. 简述 I/O 设备在管理信息系统中的作用。

第 4 章　管理信息系统的软件系统

4.1　软件系统的结构模式

管理信息系统软件系统的结构模式如图 4.1 所示。

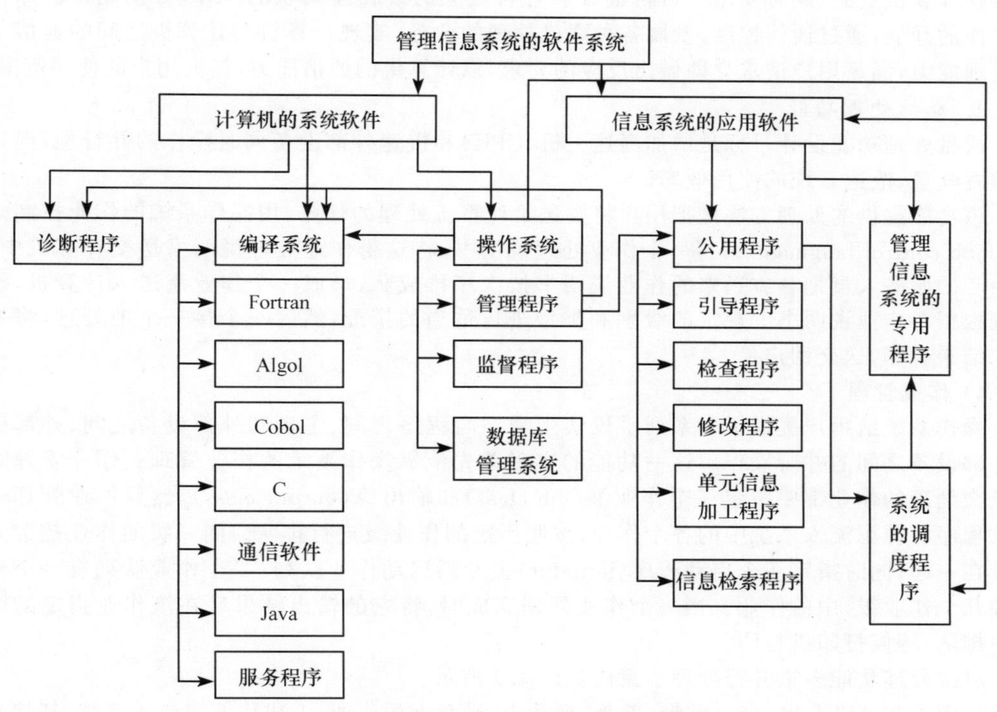

图 4.1　管理信息系统软件系统的结构模式

任何一个管理信息系统都不是某一个或某一类程序可以运行的，而是需要一套完整的软件系统：计算机的系统软件和信息系统的应用软件。

计算机的系统软件由一组面向机器或面向特别要求的专用程序组成，包括操作系统、语言系统、编译系统等。信息系统的应用软件包括公用程序和管理信息系统的专用程序。公用程序是任何信息系统都可使用的标准程序包，完成输入、处理、输出等功能；管理信息系统的专用程序是按各职能子系统进行设计的，直接为管理服务的专用程序。

4.2　操 作 系 统

一个计算机系统，除了它自己所具有的存储部件、运算部件、控制部件以外，还连接了许多外部设备，如读卡机、打印机、磁带机和磁盘机等。程序员如何能从读卡机上读入他所需要的数据，又如何能将所需要的数据放到打印机上去打印；如何使用磁盘机、磁带机等设备进行工作，这些都有专门的程序负责。在计算机使用的初期，这些程序都是由应用程序员自己编写，现在由计算机厂商提供。计算机厂商提供了一系列专门程序，进行计算机自身的系统管理，即控制和管理计算机系统内的资源，这一整套的专门程序称为操作系统(operating system)。

20世纪60年代中期，随着计算机硬件的逐步完善，即计算机通道以及中断处理能力的实现，操作系统逐步完善起来。操作系统的主要目的是管理计算机系统中的软、硬件资源，合理地组织计算机内部的各种活动(工作流程)，使得系统内部的各类组成能够协调一致地工作，从而充分地发挥计算机的作用，为用户提供一个功能强又使用方便的工作环境。

我们仅从使用者的角度来看操作系统的功能，了解操作系统在计算机系统中的地位和作用。

操作系统一般都具有成批处理、分时控制和通信控制等功能。通过成批处理，对许多用户提供各种大批量的数据加工服务，减轻用户负担，加速用户业务的发展；通过分时控制，众多用户共享计算机资源，同时使用一台机器开展各自独立的或相互关联的工作，方便用户。加快业务工作的开展；通过通信控制，发展各种联机处理的业务，实现计算机与计算机之间的通信与联机处理能力，满足用户请求立即做出反应的要求，以计算机的通信能力，扩大用户的使用范围。

1. 成批处理功能

成批处理功能设计目标是增加高速主机(CPU)和慢速外部设备同时操作的并行性，提高系统的吞吐量，改进系统的使用效率。

该功能提供的处理方法是把用户将要送给计算机处理的任务，用操作系统的作业控制语言JCL(job control language)编写一个作业处理说明书，将这份作业处理说明书送交计算机中心，由中心的服务人员把各方送来的作业说明书按次序排成队，形成一个作业流送入计算机，操作系统根据各作业说明书上规定的级别和类型进行适当的搭配，然后一个接一个地处理，将处理后的结果打印，送交用户。

1) 作业管理

操作系统给用户提供了一系列手段实现程序与程序之间、主机和外部设备之间、外部设备与外部设备之间的并行操作。这一功能的实现首先依靠操作系统的作业管理。作业管理对每个送交处理的作业都要指定一个作业级(job class)和输出级(output class)，然后作业管理中的接收程序将源源流入系统中的各个作业，按照指定的作业级进行排队。同一级的作业按进入次序排在一起，同时指定一个启动程序(initiator)去专门启动作业队列(一个作业队列有一个作业级和几个作业级)中的作业。当一个作业处理完成时，将它的输出结果又在该作业指定的输出级中排队，等候打印机打印。

成批处理功能多重并行处理示意图如图4.2所示。

从图4.2可以看出，来自磁带、磁盘、穿孔卡、硬盘上的作业，汇成作业流流入系统；经接收程序接收后，分别按照自己的作业级别，被排到一个特定的队伍中，各个作业级队伍中有若干个作业，如作业级A队列中有三个作业，B队列中有三个作业，C队列中有两个作业，D队列中有一个作业等；启动程序负责处理若干个作业队列，且按优先级处理。例如，启动程序1负责处理A、B、C三个作业队列，它优先处理队列A中的作业，当A空时，才处理B，然后处理C。启动程序2负责处理B、C、D三个作业队列中的作业，并按先B后C再D的规则工作等。处理后的结果，又按照规定，在指定的输出级中排队。例如，A级排了三个结果，B级排了三个结果，C级排了一个结果等。打印机1负责打印A、B两个队列上的作业结果，按先A后B进行；打印机2负责打印B、C两队列结果，按先B后C的顺序进行打印等。

可以看出作为作业输入的外部设备，以及作为打印输出结果的多台打印机已充分地同作业的自身运行并行起来了。同时也可以看到通过启动多个启动程序，也可以使作业处理高度并行了，每一个启动了的启动程序代表一道程序在运行，启动了多个启动程序就意味着有多道应用程序能并行执行。

批处理功能发挥好的关键是作业级的设计。作业级设计得好，每个启动程序所处理的作业级分配得当，在各启动程序之间有一规定的优先次序，就能比较充分地实现程序并行处理。例

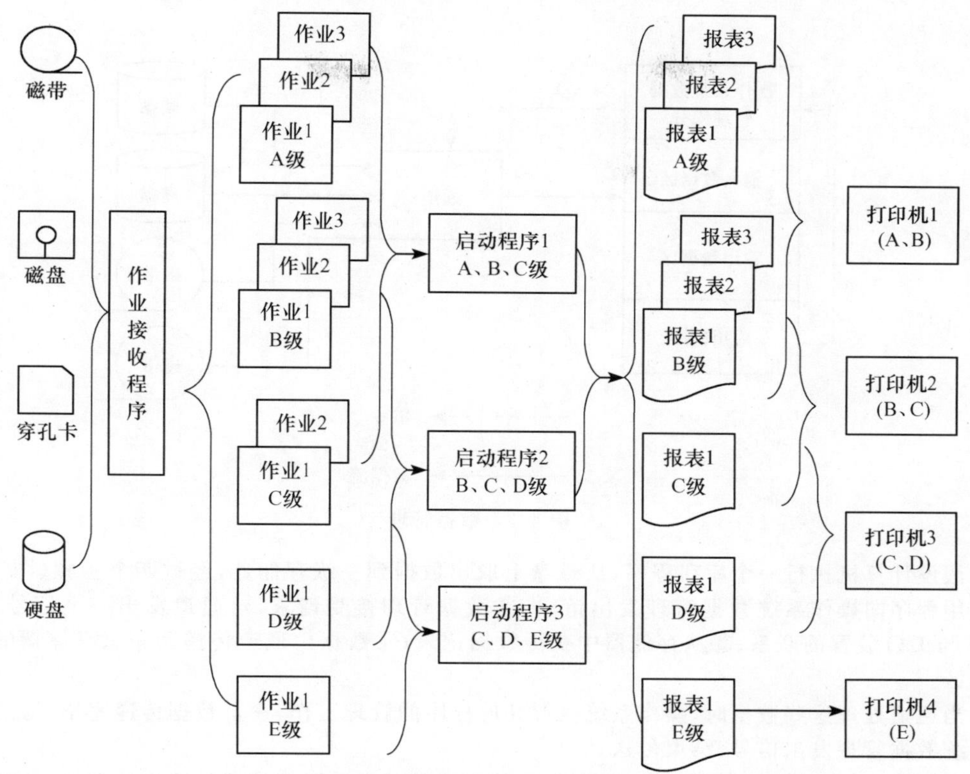

图 4.2　成批处理功能多重并行处理示意图

如,假定我们设置了三个作业级 A、B、C。其定义为:A——需大量进行计算的作业,又称为与中央处理机紧密相连的作业(CPU-bound);B——需大量进行输入、输出操作的作业,又称与输入、输出紧密相连的作业(I/O-bound);C——时间紧迫急需处理的作业。

同时,还指定:启动程序 1 按次序处理 C、B、A 级;启动程序 2 按次序处理 C、A、B 级。

作业级这样安排,保证了 C 级作业永远优先于其他任何队列的作业,两个启动程序仅当 C 级队列为空时,才去处理 A、B 级队列中的作业,当 A、B 两个作业队列中有充分多的作业需处理时,系统中的中央处理机和大量输入、输出操作就能比较好地结合起来,如果 A 队或 B 队作业有一队已空,则这两个启动程序又可以互相支援,这样就把操作系统中的处理功能充分地发挥出来了。

2) 任务管理

实现批处理功能还有任务管理。任务,即进程(process),可以并发执行的程序的执行过程。任务管理即处理机管理。

批处理功能的目标是增加并行性。在多道程序工作环境下,系统的硬、软件资源将由几道作业程序共同使用;系统的某一时刻也有许多并行的活动。于是,处理机、各种外部设备、存储部件将并行地工作;系统的程序活动,也可能有若干个作业程序或同时或穿插在系统中并行运行。任务管理就是合理地调配系统资源,协调与管理多道作业程序的运行,最大限度地提高系统效率。

3) 存储管理

存储管理,即对存储资源(包括内存、主存、辅存)动态地合理分配。存储管理把一、二级存储器有机地组织在一起,扩大存储容量,自动实现一、二级存储器之间的信息传递,用地址变换技术,对多个作业共享的存储器实现动态分配。

4) 数据管理

数据管理是一种存取方法,是将外部设备与一级存储器之间建立数据传递关系,如图 4.3

所示。

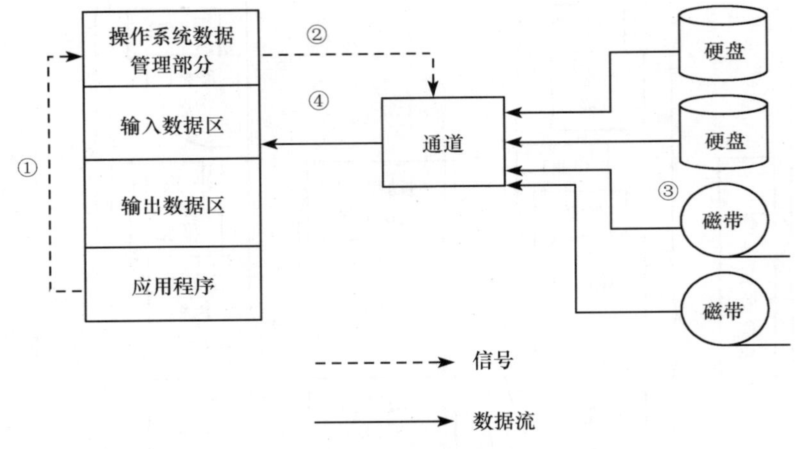

图 4.3　数据管理

假设计算机执行一个库存程序，从磁盘上取出数据到一级存储器，经过四个步骤（图 4.3）：①应用程序向操作系统数据管理发出请求；②数据管理接受请求，对通道发出一个信号，建立 CPU 与 I/O 装置的联系；③从存储器中获得数据记录；④数据由通道传递到一级存储器的输入数据区。

当通道处理这些数据时，操作系统执行其他程序的管理工作，一旦数据传递完毕，通道向操作系统数据管理发出信号，结束传送。

数据输入区的库存数据记录经程序处理后的结果写到一级存储器的输出数据上，并按同样方式请求数据管理打开通道，将数据写在输出装置上。

2. 分时控制功能

将处理机的一段时间分成若干小段（slice），或称时间片。每个作业可以分得一段或几小段时间片，从而实现了在一段时间内处理机中的每个作业都得到了服务。

分时控制功能通常是以一个分时系统的形式提供给用户的。分时系统的硬件环境如图 4.4 所示。

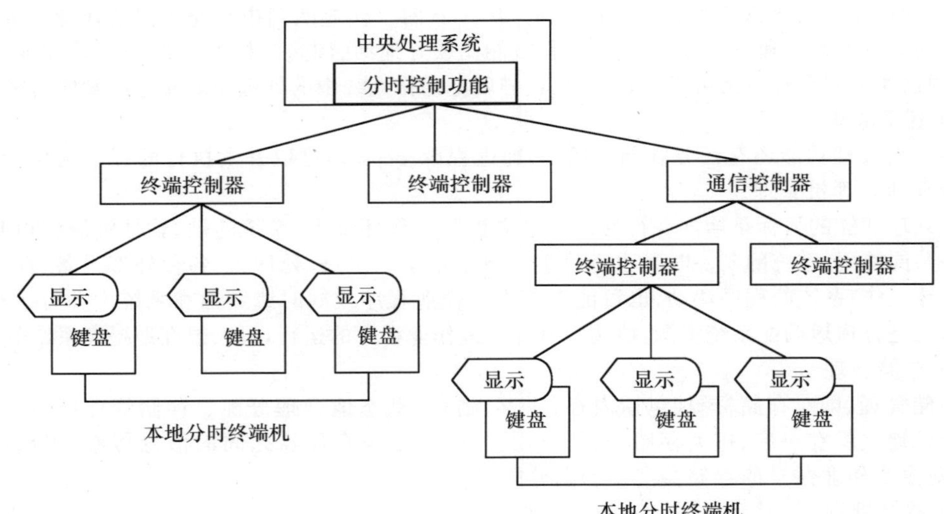

图 4.4　分时系统的硬件环境

分时系统给该系统的用户一个名字(或称标识符),和一个能证实是该系统用户的密码,当你使用系统时,首先在分时系统的终端机上打入你的名字,系统根据打入的名字到系统内部档案中查阅有无此人。若无此人,则拒绝进一步使用;若有,系统会通知你打入密码,核对无误,系统准备接受你的进一步处理要求。

分时系统提供编辑功能,程序员能方便地进行程序的修改、删除、加入、复制、前后搬动等。可以设置路标、输出中间结果,还可以逐条追踪程序运行的路径。

分时系统提供库(源程序库、目标程序库、参数库等)操作功能,如列出库的目录清单、库的空间进行压缩等。

分时控制功能还提供了一种联机操作功能。

3. 通信控制功能

计算机设备之间的通信依赖于操作系统通信控制功能的支持。有了通信控制功能就能远离中心的用户,同中心的用户一样使用计算机中心的资源,分享中心处理能力。远程分时终端通过通信线路、通信控制器连接到计算机中心,而这个终端的工作就依赖于操作系统的通信控制功能支持。

4.3 语言系统

计算机发展到今日,程序语言有几百种,归纳起来有三类。

1. 机器语言

机器语言是以二进制代码 0 和 1 为符号,按一定语法规则组成符号串,用以表示一条指令(instruction)。指令包括操作码(operation code)和操作数(operand)。操作码表示机器执行什么操作;操作数表示参加操作的数本身或操作数所在的地址。这些符号可以直接被计算机识别、执行。在计算机发展的初期,就是用机器的二进制代码编制用户的源程序的。

机器的二进制代码占用内存少、执行速度快、效率高,但源程序的编写太烦琐,容易出错。

2. 汇编语言

汇编语言使用便于人们阅读和记忆的符号(如用英文或它的缩写)表示某种操作(如 ADD 表示加法),而语法仍由机器的逻辑原理制定(即仍然保持一条指令由操作码和操作数组成)。汇编语言仍然是面向机器的语言。但是用汇编语言编制的指令系统还需要进行翻译,机器才能执行。

3. 算法语言

算法语言又称为计算机的高级语言,是用人们易于理解的形式(如英文单词、数学公式),按严格的语法规则、一定的逻辑关系写出的程序集合。

这里介绍几种管理信息系统常用的算法语言。

1) COBOL

COBOL 是一种流行的数据处理语言。产生于商业事务,多用于对数据文件的操作,产生各种报表等。广泛应用于财会、银行的账目、仓库的货物清点等。

2) C 语言

C 语言诞生于 Bell 实验室,后用 C 语言编写 UNIX 操作系统(第 5 版),随着 UNIX 操作系统在国际上的广泛流行,C 语言也举世瞩目了。它的主要特点是硬件控制能力强,因此使它可以完成与汇编语言相同的功能。此外,它使用模块化结构,使它又具有程序结构清晰、表达能力强等优点。同时还具有可移植性。现在愈来愈多的人用它进行管理信息系统专用程序的设计,它成为通用程序设计语言。

3) Lisp 语言

Lisp 语言是一种符号处理语言,应用于非数值处理——人工智能、专家系统等。

4) Logo 语言

Logo 语言具有很强的绘图功能，同时也具有表处理、文字处理及会话的能力。

5) IFPS

IFPS(interactive financial planning system，即交互式财务计划系统)是一种描述财务模型的构造语言。

6) PSL/PSA

PSL(problem statement language，即问题描述语言)和 PSA(problem statement analyzer，即问题描述分析器)是一种信息系统开发工具，专门用于系统分析和系统设计。

这种语言以 PSL 为工具，对系统开发过程进行描述，然后将这些描述记录在数据库里，再用 PSA 对数据库里的描述进行分析，产生许多不同报告。目前这方面研究很活跃。

7) APL 语言

APL(a programming language)语言是一种用作决策支持系统开发工具的高级紧凑型的功能较强的代数语言。它具有容易学、编程快、仅用几条语句就能完成复杂的数学运算等特点。

4.4 编译系统

计算机只能识别用机器语言编写的程序，而不能识别汇编语言和高级语言编写的程序，那么这些程序要在计算机上执行，必须用语言处理程序把它翻译成机器能识别的机器语言程序，这些语言处理程序——汇编程序、编译程序、解释程序组成了计算机的编译系统。

1. 汇编程序

把汇编语言编写的源程序翻译成计算机能执行的机器语言程序的过程称为汇编，从事汇编的翻译程序是汇编程序。使用汇编语言的工作过程见图 4.5。

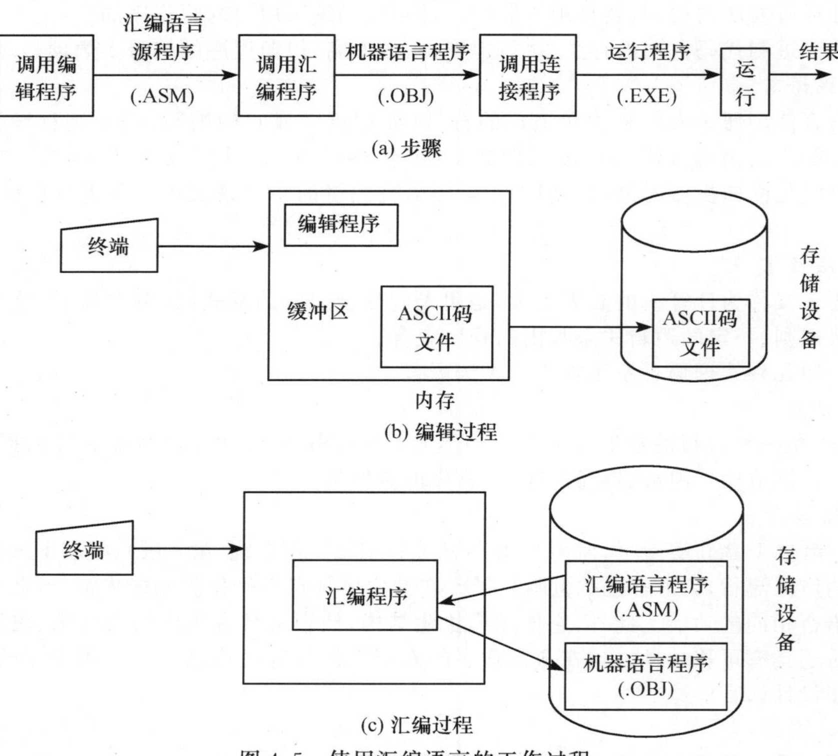

(a) 步骤

(b) 编辑过程

(c) 汇编过程

图 4.5 使用汇编语言的工作过程

2. 编译程序

把高级语言编写的源程序从头到尾完整地翻译成目标程序的过程称为编译，这种翻译方式称为编译方式，为完成按编译方式进行翻译所编写的程序通常叫编译程序。这里目标程序与源程序所描述的内容是一样的，区别是描述所用的语言符号不同，目标程序是机器语言符号，源程序是高级语言符号。

编译方式最大的好处是：翻译的结果是一个完整的目标程序，可以存储起来（而且可以存于外存），需要时再调用，节省了再翻译的时间。

3. 解释程序

对源程序的语句边翻译边执行，即翻译一句，执行一句，这种翻译方式称为解释方式。这类翻译过程为解释。从事解释的翻译程序是解释程序。

编译程序和解释程序都是对源程序进行翻译，生成计算机本身确定的机器代码，它们的区别是编译程序把源程序的执行过程分为编译阶段和运行阶段；解释程序则是把两个阶段合并为一个阶段，边解释边执行。使用高级语言的工作过程见图 4.6。

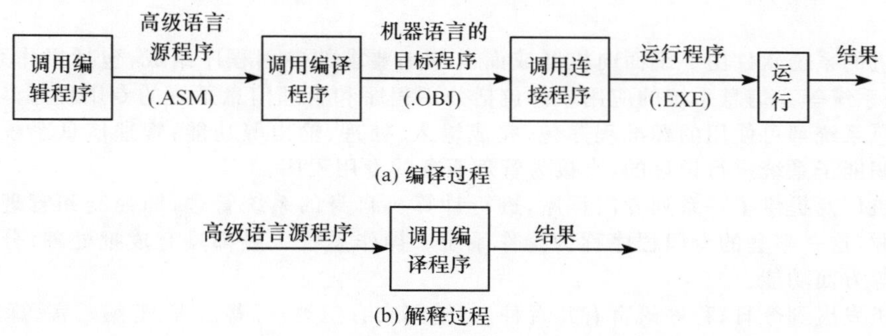

图 4.6　使用高级语言工作过程

早期的编译程序和解释程序是用机器语言编写的，现代多用汇编语言编写。

4.5 公 用 程 序

公用程序是任何信息系统都可使用的标准程序包，由软件公司提供，管理信息系统的设计者可按需要进行配置。本节将介绍八种常见的公用程序。

1. 数据输入程序

数据输入程序用来处理数据的录入及存储，这类程序具有对数据录入格式和存储结构进行描述的功能，有对录入数据进行算术运算和逻辑检查并输出错误的功能。

2. 报表生成程序

报表生成程序可根据输入文件和输出报表格式和内容的要求，自动生成各种报表。这类程序有对数据进行简单加工的功能，如求算术和、平均数、百分比等。

3. 字处理程序

字处理程序用来对文字叙述性材料进行输入、输出、存储和编辑。这类程序的编辑功能包括：对文件格式的安排；对存储文字资料的修改、删除、增加；对文字资料的某些内容的移位、复制等。

4. 绘图程序

绘图程序用来处理图形的输入、输出及图形的简单几何变换（如放大、缩小、平移等），还可根据数据文件产生各种图形。

5. 排序分类程序

排序分类程序可根据文件中的项目,按一定要求进行分类或整理成逻辑序列。这类程序具有对一级存储器、二级存储器(磁带、磁盘)中的数据进行分类、排序的功能。

6. 数理统计程序

数理统计程序用来对数据进行分布特征值的计算、各种统计假设的检验、回归分析、列联表分析等各种基本的数理统计。

7. 经济数学模型程序

经济数学模型程序用不同类型的模型及求解方法提供决策分析和决策支持。这里的经济数学模型有结构模型和模拟模型,有数值模型和非数值模型,它们都有不同的程序包。

8. 数值分析模型程序

数值分析模型程序用来进行矩阵运算、线性方程求解、数值计算等。

小　结

计算机的系统软件由一组面向机器或面向特别要求的专用程序组成,包括操作系统、语言系统、编译系统等。信息系统的应用软件包括公用程序和管理信息系统的专用程序。公用程序是任何信息系统都可使用的标准程序包,完成输入、处理、输出等功能;管理信息系统的专用程序是按各职能子系统进行设计的,直接为管理服务的专用程序。

计算机厂商提供了一系列专门程序,进行计算机自身的系统管理,即控制和管理计算机系统内的资源,这一整套的专门程序称为操作系统。操作系统一般都具有成批处理、分时控制和通信控制等方面功能。

计算机发展到今日,程序语言有几百种,归纳起来有三类:机器语言、汇编语言、算法语言。

计算机只能识别用机器语言编写的程序,而不能识别汇编语言和高级语言编写的程序,那么这些程序要在计算机上执行,必须用语言处理程序把它翻译成机器能识别的机器语言程序,这些语言处理程序——汇编程序、编译程序、解释程序组成了计算机的编译系统。

公用程序是任何信息系统都可使用的标准程序包,由软件公司提供,管理信息系统的设计者可按需要进行配置,本章介绍了八种常见的公用程序。

习　题

1. 简述软件系统的结构模式。
2. 操作系统的功能是什么?
3. 简述几种常用的操作系统。
4. 简述计算机的编译系统。
5. 简述八种常见的公用程序。

第5章 数据库技术

由于管理模型日益增大、数据量也急剧增加，因而对数据共享的要求越来越高，不仅要适应于多种应用目的，还要满足多种语言相互覆盖的共享数据集合，这就需要数据库技术。

5.1 预数据库方法

在计算机应用于管理的初期，都是用预数据库方法。这种方法的特点是：①文件只考虑了一个应用系统，即一个文件只是属于某个特殊程序的实体。②文件的组织是物理的。

我们来看一个例子：

一个公司有一个顾客信用卡文件，记录形式如表5.1所示。

表5.1 顾客信用卡文件记录形式

顾客号	顾客姓名	地址	信用卡代码	信用卡限度

有一个顾客管理文件，记录形式如表5.2所示。

表5.2 顾客管理文件记录形式

顾客号	顾客姓名	地址	销售地区号	销售营业员号	顾客等级	运输工具号	今年累计销售	去年累计销售

有一个应收款文件，记录形式如表5.3所示。

表5.3 应收款文件记录形式

顾客号	顾客姓名	地址	第一张发票数据			……	第 n 张发票数据		
			发票号码	时间	总量		发票号码	时间	总量

每个文件都有一个或多个目的：①顾客信用卡文件用于顾客订货（有信用卡的顾客方能订货）；②顾客管理文件用于给顾客开票；③应收款文件用于通知顾客应付给公司的金额。

我们先看预数据库方法中文件的应用情况。本例的三个文件在预数据库方法中的使用情况，如图5.1所示。

图5.1中阴影部分是三个管理文件，其他两个文件是中间文件。接收订单文件是由信用卡的订单组成的文件；账单文件是订货与库存货物匹配、有价格的订单组成的文件。中间文件的作用是简单地从一个系统到另一个系统运送数据。

这里我们看到了冗余，三个管理文件都含有顾客号、顾客姓名和地址，这是其一；从文件使用来看，由于三个管理文件分别保持独立，如果改动一个顾客，则三个文件姓名和地址都必须更新，这是其二。如此冗余，不仅使得重复的数据浪费存储空间，也增加了处理时间，还增加了错误的可能性。

下面再看预数据库应用程序的使用情况。假定销售经理想看一个报告，告诉他营业员的应收款总额，另外，若公司的顾客还没有把他们的钱及时送来。经理还想知道是哪个营业员疏忽没有追回过期的款项，这个特殊报告的数据来自于四个数据文件，描述于表5.4中。

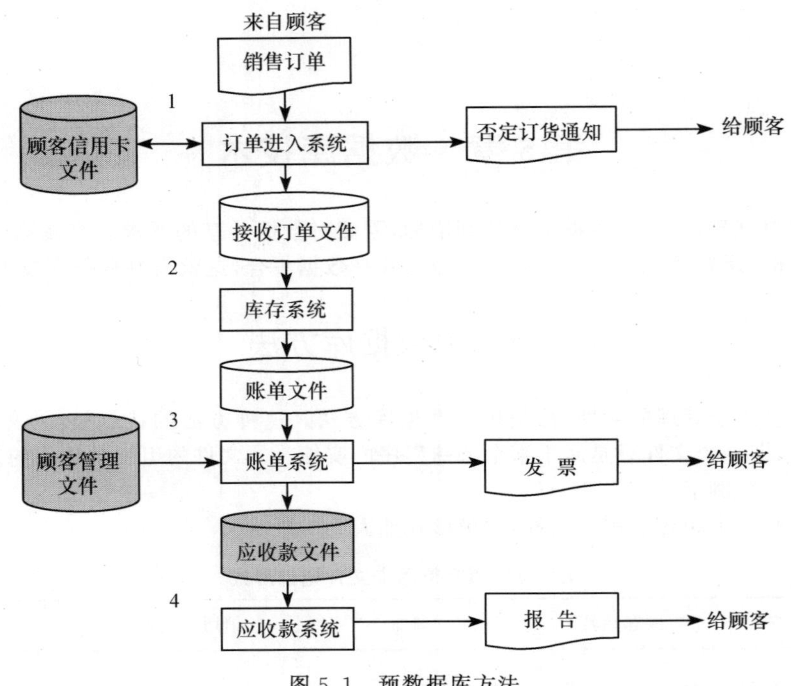

图 5.1　预数据库方法

表 5.4　来自管理文件的报告数据

报告数据	顾客信用卡文件	顾客管理文件	应收款文件	营业员管理文件
营业员号		*		
营业员名				*
顾客号		*		
顾客名		*		
信用卡号码	*			
今年累计销售		*		
应收款总量			*	

注:表中“*”表示数据属于相应文件。

报告将要列出营业员服务的每个顾客。产生这个报告的工作如图 5.2 所示。

图 5.2 中,应用程序Ⅰ:从按顾客号、顺序号存款的三个文件中选择报告所需数据(除营业员名外)产生中间文件 1;应用程序Ⅱ:将中间文件按营业员号排序,产生中间文件 2;应用程序Ⅲ:使用营业员管理文件,选择营业员的名字产生报告。Ⅰ和Ⅲ是为特殊需要写的程序。从应用程序使用情况来看,由于数据的组织是物理的而不是逻辑的,也就是说数据是按计算机的观点,而不是按用户的观点进行组织,而经理想得到的信息,即特殊报告是呈现在用户面前的方式(即用户的观点),所以应用程序的使用是在数据流不容易利用的形式下,这样查找就浪费时间。另外,这种数据组织方法,有时为了满足经理对信息的特殊需求,还需编写一个特殊程序,编写程序花了很多时间,但仅使用一次。所以预数据库方法对程序的使用效率也是很低的。为此,提出数据库方法。

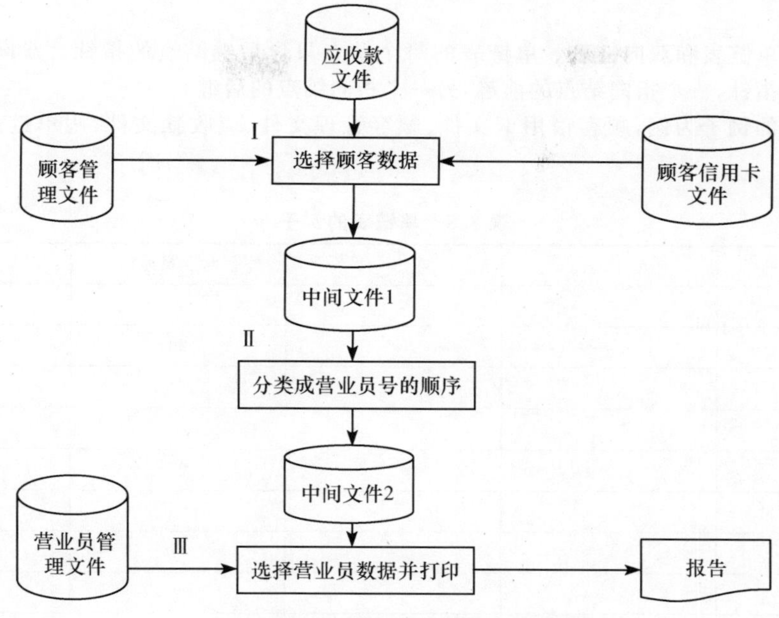

图 5.2　特殊报告的预数据库准备

5.2　数据库方法

数据库方法最主要的特点是按逻辑方法组织文件，以满足组织对信息的需求，这种思想使文件的内容尽量减少冗余、重复，从而容易查找。

在上文的例子中，经理想知道的信息通过直接查询数据库便可得到，如图 5.3 所示。

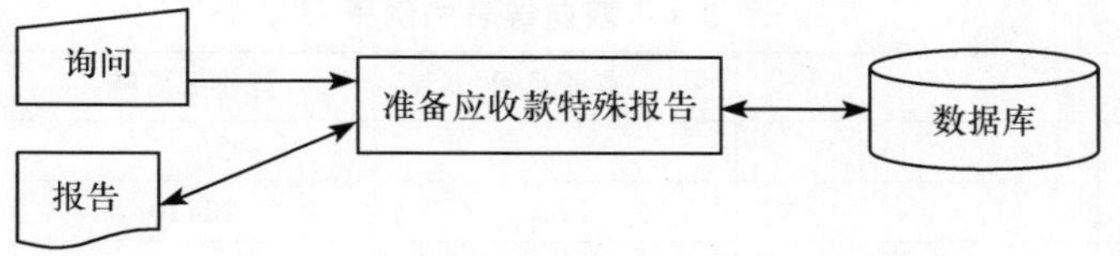

图 5.3　特殊报告的数据库准备

这个过程是：经理在终端键盘输入要求，数据马上在各个文件中被查询，并以一个适当的模式组合，报告立即被打印出来，而不需要特殊程序。

为什么能这样呢？这是因为数据库方法是按逻辑组织方式组织数据；同时有一个数据库管理系统(data base management system，DBMS)。

5.2.1　文件的逻辑组织

1. 逻辑组织的分类

文件的逻辑组织主要有两种方法：键表及倒排文件。在介绍组织方法前，先介绍结点、指针、链的基本概念。

结点，即独立的信息，是数据的基本单位，通常有两类域：数据域(存放结点本身的信息)、指针域(链接结点的地址)。

指针，即地址，指针域中存储的是地址。

链，为指针的集合。

1) 链表

链表分为单链表和双向链表。单链表的每个结点只含后继结点的指针。双向链表的每个结点含有两个指针,一个指向结点的前趋,另一个指向结点的后继。

以上文中的例子为例,顾客信用卡文件、顾客管理文件、应收款文件,用单链表存储,如表5.5所示。

表 5.5　单链表的例子

顾客号			营业员号	指　针
22504				
23694			23	25410
24782				
25409				
25410			23	30102
26713				
28914				
30004				
30102			23	30111
30111			23	
30417				
31715				

若想知道23号营业员的销售总额,找到23号营业员服务的第一个顾客后,顺着链搜索,可把23号营业员服务的所有顾客的记录全部找到。双向链表的存储如表5.6所示。

表 5.6　双向链表的例子

顾客号		营业员号	营业员后链	营业员前链
22504				
23694		23	23410	30111
24782				
25409				
25410		23	30102	23694
26713				
28914				
30004				
30102		23	30111	25410
30111		23	23694	30102
30417				
31715				

2) 倒排文件

倒排文件的组织方法是按不同于原来排列顺序建立的一个索引,即例排表。

例如,在上例中,经理若想得到一个关于营业员销售收入的特殊报告,可建立一个按营业员顺序的倒排顾客文件,见表5.7。要知道23号营业员的经销总额,可通过在23号营业员中的顾客号找到相应的顾客记录。

表 5.7 倒排文件的例子

营业员号	营业员名	顾客 1	顾客 2	顾客 3	……	顾客 n
16		17042	21096		…	
20		41854			…	
23		23694	25410	30102	…	30111
31		31002			…	
56		34107	13109		…	
92		20842			…	
98		61634			…	
104		10974			…	
110		61342	64210	61263	…	41782

2. 逻辑组织的示例

在上例中打印关于营业员销售总额的报告。我们可以将链表与倒排文件技术结合，即用指针与索引结合的方式组织文件，如图 5.4 所示。

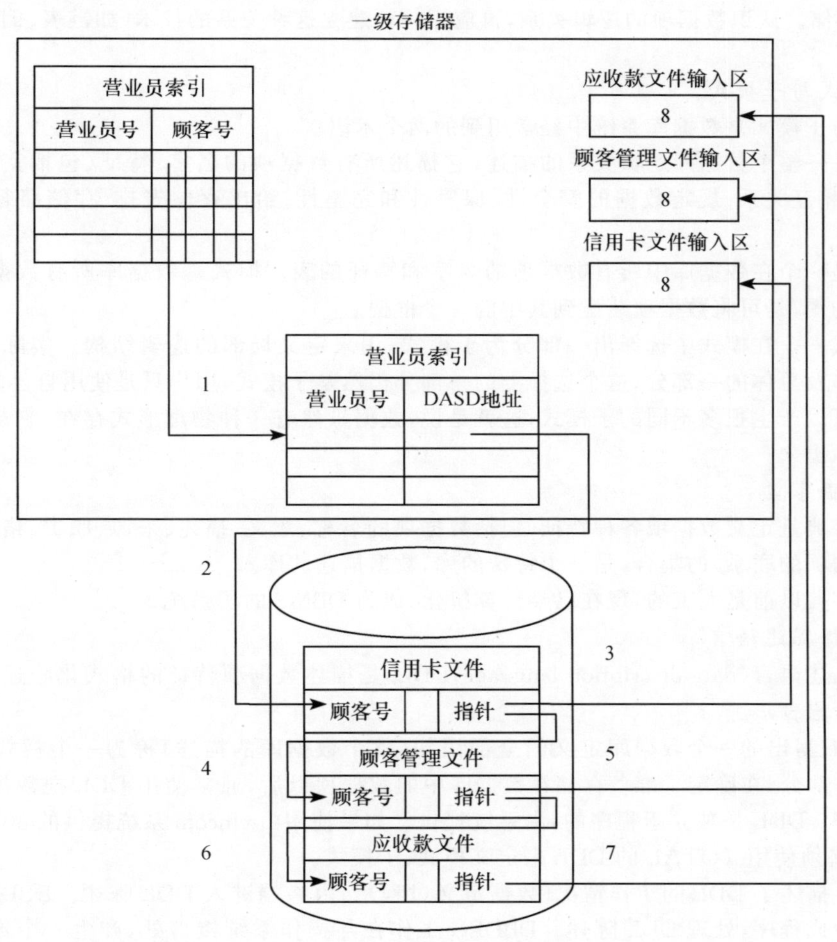

图 5.4 链表与倒排文件结合组织文件

其工作情况是:①用营业员号作为关键字,查找营业员索引,找到第一个(下一个)顾客号;②用顾客号作为关键字,查找顾客索引,找到信用卡记录在 DASD 上的地址;③把这个顾客号的信用卡记录读入一级存储器;④由信用卡记录上的指针,将驱动器移到顾客管理记录在 DASD 上的位置;⑤把顾客记录读入一级存储器;⑥由顾客管理记录上的指针,将驱动器移到应收款记录在 DASD 上的位置;⑦读入应收款记录到一级存储器;⑧组织报告所需的数据;这些数据的得到,几乎都是直接的,所以速度快,提高了计算机的效率。

5.2.2 DBMS

1. DBMS 的功能

DBMS 是一个软件系统,它的目的是帮助用户控制、搜索、储存数据源,这是主要的数据库管理功能。

(1) 控制。首先认可一个数据的使用,然后再监督这种使用。控制功能的实现是这样进行的:数据字典按照数据名称和属性来定义数据库的内容;数据描述语言把这种定义传递给 DBMS;索引帮助认识允许使用这个系统的用户(被认可的用户可以使用程序资源,进行数据操作);当用户从数据库中取出数据时,DBMS 使用索引甄别用户要求。归纳起来,控制过程是:定义(由数据字典)—传给 DBMS(由数据描述语言)—认识用户(由索引)—甄别(由索引)。

(2) 搜索。由数据执行语言向操作系统发布命令来完成。

(3) 存储。认识数据项的逻辑关系,再应用一种建立这种关系的技术(如链表、倒排文件)来完成。

2. 模式与子模式

模式与子模式是数据库系统中经常用到的两个术语。

模式——整个数据库逻辑关系的描述,它描述所有数据项的名字、特征(包括宽度、数据类型等)及其相互关系;规定数据的安全性、保密性和完整性;给出存储安排、存储路径等方面的信息。

模式是一个在数据库中所有数据项的名字和特征的表。模式是数据库所有数据元素类型的一个结构图,是可将数据项装配到其中的一个框架。

子模式——在模式中选择出一部分为子模式,用来定义局部的逻辑结构。实际上,每个程序仅仅是涉及总体的一部分,这个选择上的一部分仍然是子模式,用户只是使用自己的子模式。

模式可以产生很多不同的子模式,这就是说,数据虽然有一种物理形式存在,它却可以有多种形式表示出来。

3. 数据字典

数据字典是定义数据项各种特征(包括数据项的名称、意义、描述、来源、职责、格式、用途及与其他数据项的联系)的集合,是一个特殊的库,数据描述的库。

数据字典以前是人工的,现在已经计算机化,成为 DBMS 的子系统。

4. 数据描述语言

数据描述语言(data discription language,DDL)是描述数据项特征的格式化陈述语言(不同于程序设计语言)。

用 DDL 写出的一个数据库定义的全部语句(整个数据库的描述)称为一个模式。DDL 是 DBMS 的一部分,在确定了准备存储在数据库中的数据项以后,通常使用 DDL 把数据项的特征告诉 DBMS。DDL 是独立于程序的,由系统提供。如果使用由 cincom 系统提供的 80TOTAL 的 DBMS,就必须使用 TOTAL 的 DDL 来定义模式、子模式。

图 5.5 描述了 DDL 的工作情况(数据定义过程)。由终端键入 DDL 陈述。DBDEG 器是一个数据库生成程序,处理 DDL 陈述。DBDEG 工作在与操作系统接口处,产生一个数据库描述(即数据库描述库),同时打印错误诊断和数据库图。数据库图把 DASD 中的记录物理块与特殊

文件和记录联系起来。

5. 数据执行语言

数据执行语言(data manipulation language, DML)用来操作、处理数据库内容。这些操作包括检索、修改、存储和从数据库中移出数据。

通常DML嵌入主语言——高级语言,如COBOL、FORTRAN和PL/L写的程序中,DML为宿语言。也有一些特殊的数据库语言,像MARK-Ⅳ,由一组在数据库中处理数据的一切必要指令组成,称为自含语言,又叫查询语言。

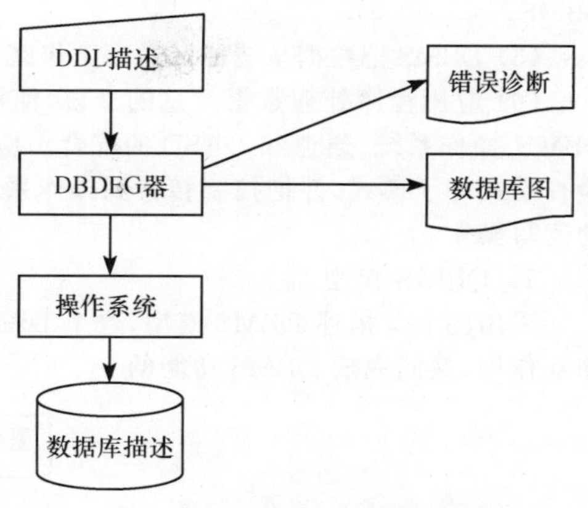

图5.5 数据定义过程流程图

6. DBMS的应用

DBMS的主要方式就是利用模式使得在数据库中的所有数据项可以逻辑地发生关系,以致被选定的部分(子模式)可以对某一过程进行检索。

这一方式是这样进行的:用数据字典方法定义组成数据库的数据项、用DDL的方式传递给DBMS,用DML使DBMS执行所需要的过程。

假设数据已经存储在数据库中,现在来看DBMS管理信息的情况,如图5.6所示。

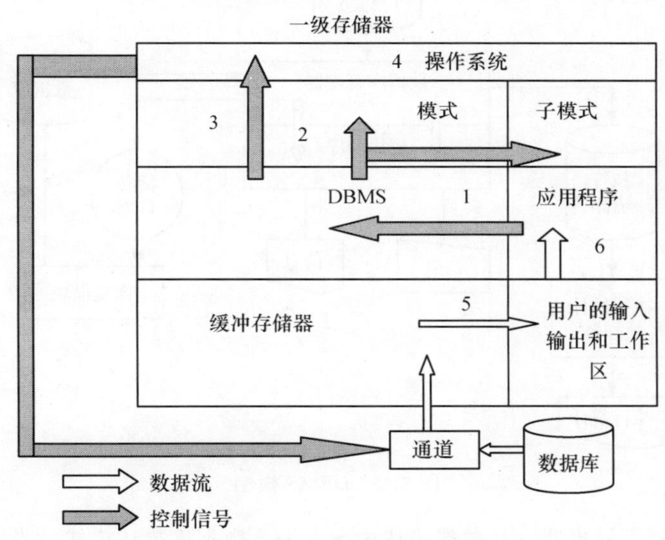

图5.6 DBMS应用的例子

(1) 应用程序(如本例中的付款程序)开始执行,向DBMS发出读取数据的请求。应用程序需要从数据库中得到数据和含有需要检索数据项的命令(由DML写)。CPU控制按顺序执行应用程序的每一条指令,当DML指令到达时,控制把应用程序传递给DBMS,向DBMS发出读取数据的请求。

(2) DBMS利用模式和子模式进行分析。首先证实应用程序所需要的数据已经事先定义在模式和子模式中;然后DBMS从逻辑上确定所有读取数据的类型及位置;再利用各种索引来确定查找的第一项在DASD上的地址,使得用户使用子模式。

(3) DBMS向操作系统发出选取数据的请求,要求操作系统执行一条输入操作。

(4) 操作系统给通道发出产生一个输入操作的信号,启动二级存储器,数据由存储设备经通道传送到一级存储器的缓冲区(它是DBMS使用的特殊的缓冲区)。控制由操作系统转到

DBMS。

(5) DBMS把数据从缓冲区送到工作区。它是通过应用程序A把数据送到程序A的缓冲区。

(6) 应用程序处理数据。总的来说,使用DBMS在数据库中搜索和存储数据需要应用程序、DBMS、操作系统、通道和DASD的配合。应用程序认识数据库文件、记录所涉及的项目;DBMS检查模式与子模式,并把控制转移到操作系统;操作系统向通道发布命令,通道引起在DASD上的读写操作。

7. DBMS模型

采用图5.7描述DBMS模型,这个DBMS模型图表明了DBMS的组成,说明了它们是怎样相互作用,共同完成DBMS功能的。

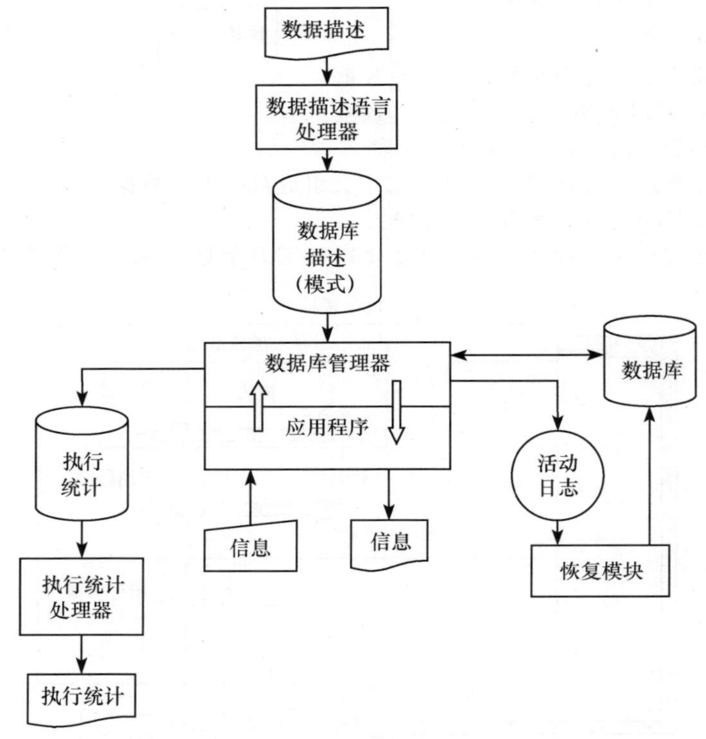

图5.7 DBMS模型

(1) 数据描述语言处理器。从数据描述中建立一个数据库描述模式。当要建立和更新模式时,这个软件从二级存储器调进一级存储器。

(2) 数据库管理器(也叫数据监督器)。位于一级存储器,用来处理来自应用程序的要求。这个部分也用来产生执行统计和数据库活动日志。

(3) 执行统计处理器。从执行统计中产生一个数据库应用报告。执行统计是用来鉴别哪一个数据准备使用、谁去使用它。这个部分用来监测数据库活动。产生报告时,执行统计处理器进入一级存储器。

(4) 恢复模块。在发生意外时,用来重建数据库。当数据库更新时,将描述的变化登记在活动日志上,用这些登记,再加上原数据库的拷贝,得到一个新的数据库。

DBMS用来管理数据库,使数据库能够达到数据共享、减少冗余、快速响应。

随着DBMS的发展,市场上已出现商用DBMS。尽管市场上DBMS有很多种,但大多数模型基本上由上述四个部分组成。它们的不同之处主要在于如何执行这些功能。

5.3 数据模型

数据库的数据模型是指具有外部逻辑关系的数据结构。根据实体间的联系方式，通常有三种数据模型。

1. 层次模型

采用层次（或树形）结构表示实体之间联系的模型叫层次模型。这种结构反映了实体之间的一对多的联系。对于多对多的关系，必须设法分解为一对多的关系，这是层次模型的局限性。图5.8是层次模型的例子。

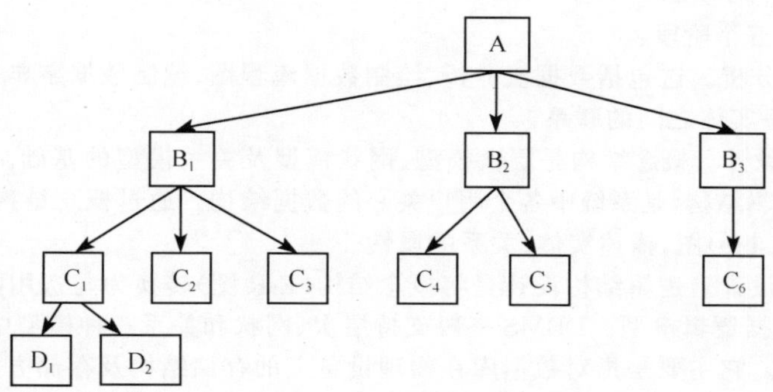

图5.8 层次模型

采用层次模型的数据库叫层次数据库（系统），流行的有IDS、IMS、SYSTEM2000等。

2. 网状模型

用网络表示实体之间联系的模型叫网状模型。网状模型描述的是实体之间多对多的关系。图5.9是网状模型的例子。

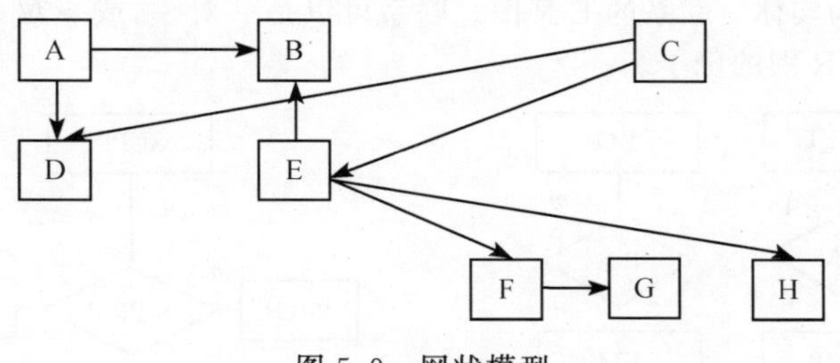

图5.9 网状模型

3. 关系模型

关系模型是建立在数学概念上的。在关系代数中称二维表格为“关系”（relation），于是我们把采用二维表格形式的数据模型叫关系模型。在关系模型中，把数据看成一个二维表。表中的一列是一个属性，相当于记录中的一个数据项，一行称为一个元组。记录值的集合构成一个二维表，称为关系。实体间的联系仍用关系来表示。例如，学校管理中有学生登记表、课程表、学生选课表。学生和课程之间的关系是*m-n*关系，学生选课表表示了学生和课程两个实体之间的关系。表5.8、表5.9、表5.10是关系模型的例子。流行的关系数据库有dBase、FoxBase、Foxpro等。

表 5.8　学生登记表

学号	姓名	班级
94001	王斌	94-1
94002	刘燕	94-1
94003	张辉	94-1
⋮	⋮	⋮

表 5.9　课程表

课程号	课程名	讲课教师
010101	英语	王辉
020202	数学	张忠
⋮	⋮	⋮

表 5.10　学生选课表

学号	课程号	成绩
94001	010101	优
94002	010101	良
94003	020202	良
⋮	⋮	⋮

5.4　数据库设计

1. *数据库设计的步骤*

数据库设计分五个阶段：

(1) 数据需求分析。这包括数据流分析、绘制数据流程图、编制数据字典等。通过数据需求分析，提供了实体—实体之间的联系。

(2) 概念结构设计。概念结构是层次模型、网状模型及关系模型的基础。它是独立于机器、DBMS、数据库的逻辑结构，是系统中各个用户关心的数据结构。通过概念结构设计，得到了一个E-R(entity-relationship)图，描述实体、关系的属性。

(3) 逻辑结构设计。逻辑结构设计是将概念结构(E-R 图)转换为与选用的 DBMS 所支持的数据模型相符的数据逻辑模型。DBMS 一般支持层次、网状和关系三种模型中的一种。

(4) 物理设计。它主要是指对数据库在物理设备上的存储结构及存储方法的设计。物理设计以逻辑设计为输入，结合具体的 DBMS 功能、它所提供的物理环境和工具以及具体的存储设备进行数据组织。

(5) 数据库的实施与维护。对数据库的物理设计进行评价，若符合用户要求则转入物理实施。即用 DDL 严格描述，再组织数据入库。维护主要是指数据安全性、完整性的控制。

2. *E-R 方法*

1) E-R 模型的图解法

以矩形表示实体，框内写上实体名；以菱形表示联系，框内写上联系名，用线将菱形分别与有关的实体连接，成为实体—联系的 E-R 图。联系可以是一对一，或一对 n，或 m 对一，或 m 对 n。图 5.10 是一个 E-R 图的例子。

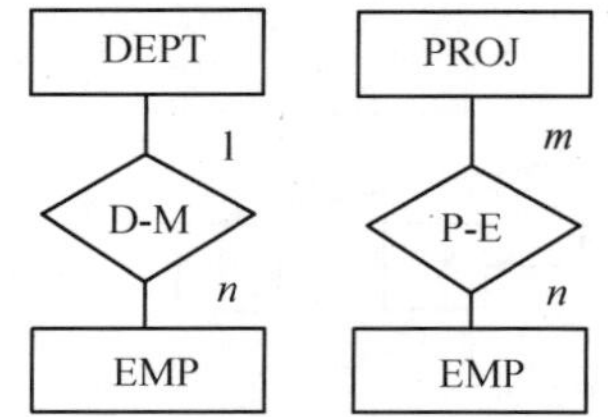

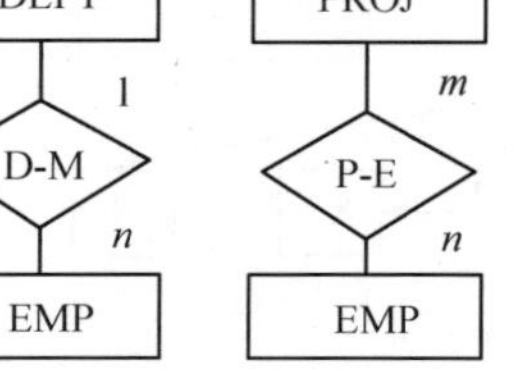

(a) 两个实体间一对多或多对多的联系

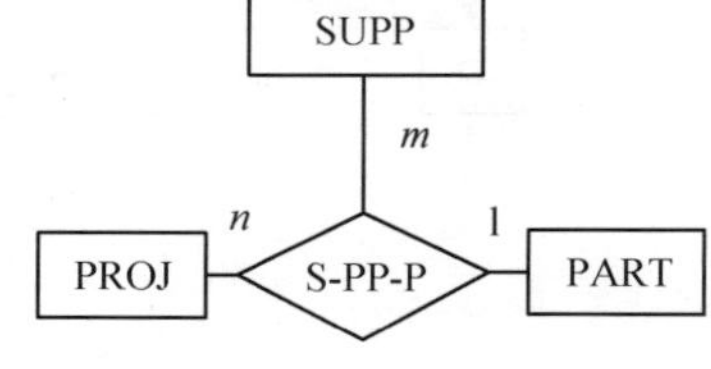

(b) 两个以上实体间多对多的联系

图 5.10　E-R 图的例子

注：DEPT 表示部门；PROJ 表示项目；EMP 表示职工；SUPP 表示部件供应者；PART 表示部件

以椭圆表示属性，图 5.11 是实体与属性的联系。

2) E-R 图的设计

E-R 图的设计分三步：分 E-R 图，单用户的概念结构；初步 E-R 图，总体概念结构；基本 E-R 图，消除冗余的数据和实体间的联系。

下面用一个例子说明 E-R 图设计步骤。设有一个工厂，需要对技术部门和供应部门建立数据库。

(1) 分 E-R 图的设计。这一步骤需要划分和确定实体类型，划分和确定实体和实体之间的联系，确定属性。基本准则是：作为属性的事物与它所描述的实体之间的联系只能是一对多的，而作为属性的“事物”不能再具有需要描述的性质或与其他事物具有联系。

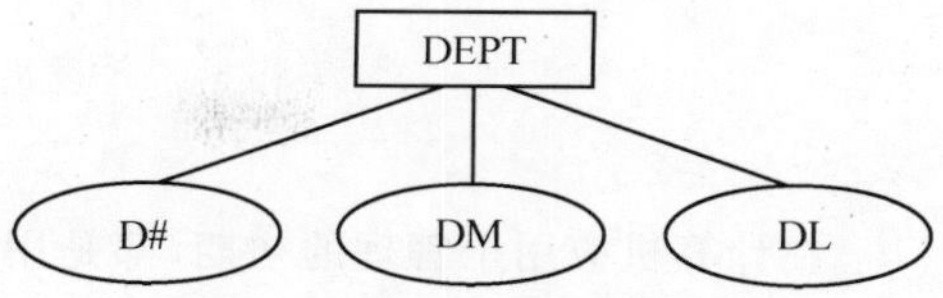

图 5.11　实体与属性的联系

注：DEPT 表示部门；D# 表示部门号；DM 表示部分负责人；DL 表示部门地址

在这个例子中，对于技术部门来讲，产品是一个实体，产品号和性能参数是其属性；零件是另一实体，它具有三个属性：材料名、耗用量、零件号。产品由多种零件组成，一种零件可参与组成多种产品，于是技术部门的分 E-R 图如图 5.12 所示。

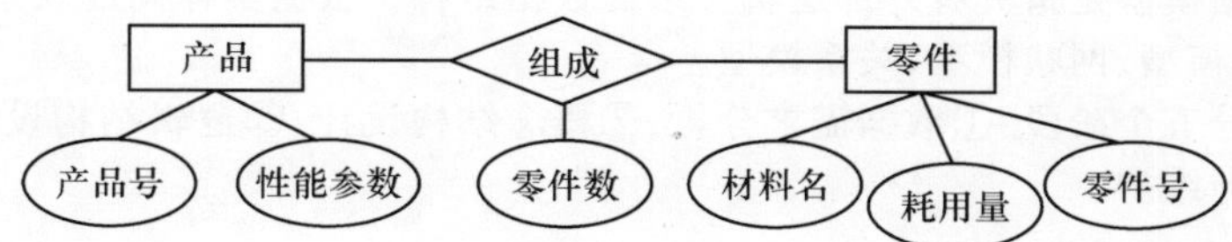

图 5.12　技术部门的分 E-R 图

同样，供应部门的分 E-R 图见图 5.13。

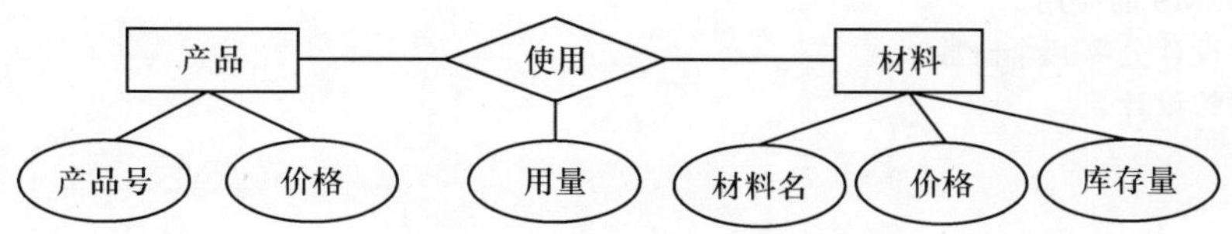

图 5.13　供应部门的分 E-R 图

(2) 初步 E-R 图。集中各用户视图，把各分 E-R 图综合起来，得到代表总体概念结构的初步 E-R 图。在本例中，综合图 5.12 和图 5.13，得到图 5.14。

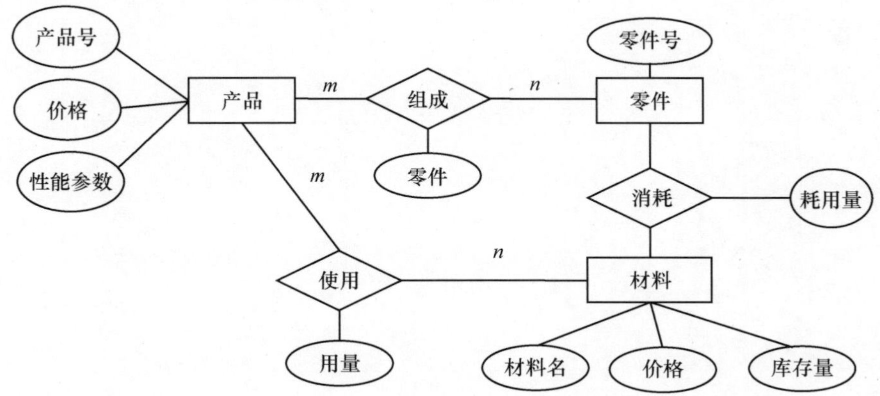

图 5.14　初步 E-R 图

(3) 基本 E-R 图。初步 E-R 图是把代表各用户视图的分 E-R 图集中起来，没有考虑冗余，因此可能存在冗余的数据和联系。而本步骤就是要去掉初步 E-R 图中的冗余。具体做法是利用数据流程图及规范理论中的函数依赖关系，对初步 E-R 图中的冗余联系进行判别，然后消去。由此形成基本 E-R 图。

小　　结

在计算机应用于管理的初期,都是用预数据库方法。这种方法的特点是:①文件只考虑了一个应用系统,即一个文件只是属于某个特殊程序的实体;②文件的组织是物理的。

数据库方法最主要的特点是按逻辑方法组织文件,以满足组织对信息的需求,这种思想使文件的内容尽量减少冗余、重复,从而容易查找。

文件的逻辑组织主要有两种方法:键表及倒排文件。

DBMS是一个软件系统,它的目的是帮助用户控制、搜索、储存数据源,这是主要的数据库管理功能。

数据库的数据模型是指具有外部逻辑关系的数据结构。根据实体间的联系方式,通常有三种数据模型:层次模型、网状模型、关系模型。

数据库设计分五个阶段:①数据需求分析;②概念结构设计;③逻辑结构设计;④物理设计;⑤数据库的实施与维护。

习　　题

1. 文件的逻辑组织方法。
2. 简述模式与子模式。
3. 简述 DBMS 的应用。
4. 数据库设计分哪几个阶段?
5. E-R 图的设计。

第6章 计算机网络

随着计算机通信网络的发展及其在管理信息系统中的广泛应用,用户对网络提出了更高要求,希望共享网络内的计算机资源或使用网络内几个计算机系统共同完成某项工作,这就形成了以共享资源为主要目的的计算机网络。计算机网络就是将分散在不同地点的计算机和计算机网络系统,通过通信设备和通信介质连接起来,在网络软件(即网络通信协议、信息交换方式及网络操作系统等)的支持下进行数据通信,以实现资源共享的计算机系统。

6.1 计算机网络的形成与发展

计算机网络的形成与发展经历了三个阶段。

1. 面向终端的计算机通信网

早在20世纪50年代初,美国建立的半自动地面防空系统就是将远距离的雷达和其他测量控制设备的信息通过通信线路汇集到一台中心计算机并进行处理,开创了计算机技术和通信技术相结合的先例。一台计算机可以通过多重控制器与许多远程终端连接,随着计算机用户的增加,多重线路控制器逐渐被通信处理机(又称前端处理机,FEP)取代。有时为了节省费用,在远程终端的集中处,加一个集中器(concentrator),它的一端和高速的计算机线路相连,另一端与低速的终端线路相连。这就是第一代计算机“网络”。

2. 以通信子网为中心的计算机网络

由于计算机和各种终端的传输速度很不一样,在采用线路交换时,不同类型、不同速率、不同规格的终端很难互相通信,加上计算机的数据是突发式出现,占用通信线路的时间长,造成了资源极大的浪费。为此,美国国防部远景规划局(DARPA)研究的分组交换网ARPANET使计算机网络的概念发生根本变化,它改变了以单机为中心的面向终端的网络结构,实现了以通信子网为中心、以主机和用户终端构成资源子网的新的体系结构。有人称它是以网络为中心的第二代计算机网络。

3. 遵循国际标准化协议的第三代计算机网络

计算机网络是一个非常复杂的系统。相互通信的两个计算机系统必须对信息的表现形式、信息内容的理解,以及各种情况下的应答信号保持高度协调一致,或者说,它们必须遵守一个协议(protocol)的共同约定。在ARPA网中,将协议按功能分成若干层次,每层中采用具体的协议实现通信。层和协议的集合,就是网络的体系结构。

1974年,IBM公司按分层的方法研制了系统网络体系结构的SNA(system network architecture),随后的一些公司也相继推出了自己不同的体系结构。为了使不同厂家生产的计算机都能互联,国际标准化组织ISO于1977年成立了专门机构研究该问题,并提出了开放系统互联基本参考模型,这就是著名的七层协议,由此开始了第三代计算机网络的新纪元。

目前世界上运行的网络都是根据既成事实的标准建立的。使众多网络实现互联的协议是TCP/IP,就是一个既成事实的协议。展望未来,一个类似于公共电话系统和邮政系统那样的世界范围内标准化的计算机网络时代的到来指日可待。

6.2 计算机网络的分类

常用的分类方法有按网络覆盖的地理范围分类、按拓扑结构分类、按采用的网络协议分类、按使用的网络操作系统分类等方法。

1. 按网络覆盖的地理范围分类

按照计算机网络覆盖的地理范围将其分为三类：局域网、城域网和广域网。

(1) 局域网(local area network，LAN)：是小范围的网络，一般将有限范围内(一个学校、一栋大楼或一个单位)的各种计算机、终端和外围设备互联起来共享资源的网络。局域网受到地理范围的限制，一般不超过 10 公里的距离。

(2) 城域网(metropolitan area network，MAN)：是覆盖几十公里范围内的企业、单位的多个局域网互联而成的网络。它是介于局域网和广域网之间的一种高速公路，其作用距离大约在 5～50 公里。

(3) 广域网(wide area net work，WAN)：又被称为远程网。它覆盖几十公里到几千公里的范围，即覆盖一个国家、地区或几个洲的国际性远程网。广域网通信一般通过公共通信线路，如公用电话线路。

2. 按拓扑结构分类

组成网络的各个节点之间的连接方式称为拓扑结构，计算机网络的拓扑结构主要有下列五种：

(1) 总线结构。采用一条开环，以双绞线或同轴电缆作为传输介质，通过接口把所有的计算机设备连接在一起，形成一条公共的多路访问总线。总线上的机器是平等的，每个节点发送的信号其他节点均可接收，但在同一时间内只能允许一个节点发送信号。其特点是网络结构简单、增减设备容易、扩充性好，缺点是总线本身的故障将导致整个网络瘫痪。

(2) 环形结构。在环形结构中，各个节点首位相接构成一个封闭的环，信号通常是顺着一个方向从一台主机传到另一台主机，环上每个节点都是平等的，均可向其他节点发送信息。环行拓扑结构简单，传输时延确定。但是网络的可靠性较差，环中任何一个节点出现故障，都可能造成网络瘫痪。为保证环的正常工作，需要较复杂的环管理和环维护。增加环节点和撤出环节点都比较复杂。

(3) 星形结构。在星型拓扑结构中，每个节点通过点到点通信线路与中心节点相连。中心节点控制全网的通信，任何两节点之间的通信必须通过中心节点。一个节点在传送数据之前，首先向中央节点发出请求，要求与目的站建立连接，只有建立连接以后，该站才能向目的站发送数据。这种结构采用集中式访问控制策略，所有通信均由中央节点控制，中央节点必须建立和维持多条并行的数据通信线路。因此，中央节点的结构显得非常复杂。而每个站所负担的通信处理任务很轻，其结构也比较简单，易于实现，便于管理，但是网络可靠性较差，中心节点的故障可能造成全网的瘫痪。

(4) 树型结构。树型拓扑结构是总线型拓扑结构的另一种形式，传输介质是不封闭的分支电缆。和总线型结构一样，树型拓扑结构中一个站发送的数据，能被其他站接收。

总线型和树型结构都是采用多点式或广播式的传播方式，所有的站点共享一条传输链路，一次只允许一个站发送数据，其他站对接收到的数据进行地址识别。如果地址符合，则将数据保留下来；否则，将该数据丢弃。通常也是采用一种分布式控制策略来控制各个站点对传输介质的访问节点按照层次进行连接，信息交换主要在上、下两节点之间进行，相邻及同层节点之间一般不进行数据交换或数据交换量小。树型拓扑网络适用于汇集信息的应用要求。

(5) 网络结构。在网络拓扑结构中，结点之间的连接是任意、没有规律的。网状型拓扑的主要优点是系统可靠性高，但是结构复杂，必须采用路由选择算法与流量控制方法。目前，广域网基本上都是采用网状拓扑结构。

3. 按采用的网络协议分类

要实现计算机之间的通信必须遵循一定的通信规则，这些规则就是通常所说的网络协议。按网络协议可把计算机网络分为 Ethernet 网络(以太网)、Token Ring 网络(令牌网)、FDDI 网络、X.25 分组交换网络、TCP/IP 网络、SNA 网络、ATM(异步传输模式)网络等。

4. 按使用的网络操作系统分类

根据网络所使用的网络操作系统的不同可对网络进行分类,如 Novell 公司的 NetWare 网络、3COM 公司的 3＋SHARE 和 3＋OPEN 网络、Microsoft 公司的 LAN Manager 网络和 Windows NT 网络、Banyan 公司的 VINES 网络和 UNIX 网络等。这种分类是以不同公司的不同操作系统为标志的。

6.3 计算机网络的介质

网络传输介质是信息传输的物理通道,传输介质根据其物理形态可分为有线介质和无线介质两大类。有线介质可分为光纤、双绞线、同轴电缆等;无线介质可分为无线电、微波、红外线等。

1. 有线介质

有线介质具有可靠性高、铺设方便等特点,已有的绝大多数的局域网都选择了有线介质。

(1) 光纤。光纤是一种由导光性极好的玻璃纤维和塑料纤维制成的介质,其核心的玻璃纤维是光波的通道。光纤分为两类,即单模光纤和多模光纤。单模光纤以直线方式前进,频率单一。多模光纤以波浪方式传输,多种频率共存,在发送端将电信号变为光信号送入光纤中,而在接收端则将接收的光信号检测出来,重新变为电信号,在发送端和接收端都有相应的光电或电光转换设备。与其他网络传输介质相比,光纤是效率最高的一种。

(2) 双绞线。双绞线由两根有绝缘材料而相互绞在一起的多股导线组成,绞在一起是为了抗干扰。目前局域网使用的双绞线有无屏蔽双绞线(UTP)和屏蔽双绞线(STP)两类,在以太网中常用第 3～5 类非屏蔽线。

(3) 同轴电缆。同轴电缆由一根金属屏蔽层所包围的导线组成。同轴电缆比双绞线有更好的抗干扰作用,且具有更长的连接距离,同轴电缆按其直径分为粗缆和细缆两种,粗缆直径为 10 毫米,细缆直径为 5 毫米。

2. 无线介质

无线传输是用电磁波为介质,主要用于运动对象或一些不能铺设电缆的环境中。使用无线传输介质时需要配置相应的无线发射和接收设备。按照不同频率的电磁波,无线介质可以分为无线电、微波、红外线、激光、卫星等。

6.4 计算机网络的组成

计算机网络要完成数据处理与数据通信两大功能,从结构上可分为两个部分:资源子网和通信子网。

1. 资源子网

资源子网由主计算机系统、终端、终端控制器、联网外设、各种软件资源组成。

(1) 主计算机。主计算机是资源子网中的主体,在主机中除装有本地操作系统以外,还应配有网络操作系统。此外,主机中还装有各种用户软件、网络数据库和各种工具软件。主机为本地用户访问网络其他主计算机设备共享资源提供服务,同时为网络中其他用户共享本地资源提供服务。它通过高速通信线路与通信子网的通信控制处理机相连。联网主机的规模可以小至微型机、大至巨型机。

(2) 终端。终端是用户访问网络的界面。终端可以是仅具有简单输入和输出功能的哑终端,也可以是带有微处理器的智能终端。它可以通过主机联入网中,也可以直接同通信处理器相连接接入网中。

2. 通信子网

通信子网包括传输介质与通信设备，传输介质既可以是专用的双绞线、同轴电缆及光纤等，也可以是公用通信线路，如电话线等。通信设备是指通信处理、交换、调制解调设备以及用于卫星通信的地面站、微波站等。通信子网由网络通信控制处理机、通信线路与其他通信设备组成。

(1) 通信控制处理机。通信控制处理机(communication control processor，CCP)又称前端处理机或节点处理机，它是一种专用计算机，一般由小型机或微型机配置通信控制硬件和软件组成。通信控制处理机在网络拓扑中被称为网络节点，其主要功能有以下几方面：网络接口实现资源子网和通信子网的接口协议；接收/发送用户信息；存储/转发实现对报文分组的接收、校验、存储、转发功能；网络控制对进网信息提供路径选择、网络流量控制等。

局域网中，集线器成为了一种典型的通信控制处理机，而广域网中使用较多的通信控制处理机是路由器。

(2) 通信线路。通信线路为微通信控制处理机之间、通信控制处理机与主计算机之间提供通信信道。它可以是架空明线、双绞线、同轴电缆、光纤等有线线路，也可以是微波、无线信道和卫星信道等。

6.5 计算机网络的功能

随着计算机通信网络的发展及其在管理信息系统中的广泛应用，用户对网络提出了更高要求，希望共享网络内的计算机资源或使用网络内几个计算机系统共同完成某项工作，这就形成了以共享资源为主要目的的计算机网络。计算机网络不同于数据通信网络，数据通信网络是以传输信息为主要目的，用通信线路将各主机系统连接起来。

1. 计算机网络的基本功能

(1) 远程终端访问。在计算机网络中，一台计算机的终端可以通过网络访问另一台计算机。由于终端设备种类繁多，性能各不相同，为了适应不同终端的特性，计算机网络采用虚拟终端协议。虚拟终端是一个反映实际终端状况的数据结构，计算机网络通过虚拟终端协议保持双方数据结构内容一致，使其终端与计算机之间能交换信息。

(2) 文件传送。文件传送是在计算机系统之间传递文件，实现数据共享。为了实现异种计算机的资源共享，计算机网络采用一个虚拟的文件系统为标准格式，在从源地址的文件系统读出文件传递到目标地址计算机时，文件传送按标准格式对文件格式进行转换。再写入目标地址计算机系统。

(3) 电子邮件。计算机网络提供了一个电子邮件系统支持用户编写和阅读电子邮件。电子邮件有固定的格式，由电子邮件协议定义。网络上的用户打开自己的邮箱，按格式编写邮件并发送邮件，邮件被快速地传递到接收者邮箱，接收者打开邮箱，查阅收到的邮件。

(4) 远程执行命令。在计算机网络中，可以用执行远程计算机命令的方式实现共享计算机处理能力和外部设备。

2. 其他服务功能

(1) 新闻与公告类服务。网络的魅力不仅表现在为用户提供丰富的信息资源上，还表现在能与分布在世界各地的网络用户进行通信，并针对某个话题展开讨论。在网络上讨论的话题涉及工作与生活的各个方面。用户既可以发表自己的意见，也可以参考别人的见解。常用的有网络新闻组、电子公告牌等。

(2) 电子商务。电子商务是一个发展潜力巨大的市场，具有诱人的发展前景。电子商务将打破时空界限，改变贸易形态，大大加速整个社会的商品流通，有效地降低企业生产成本，提高企业的竞争力，同时也为消费者提供更多的选择机会，使消费者得到更多的实惠。

当今的电子商务技术多集中于信息发布、商品管理和购货结算等方面，这些由传统的计算机及网络技术所提供的服务远远不能满足电子商务的需求，电子商务越来越期待智能化信息服务技术的引入。

(3) 搜索引擎。网络是信息的海洋，搜索引擎能帮助用户准确、有效、及时地从网络上得到所需信息。常用的搜索引擎有雅虎、谷歌、百度、搜狐等。

6.6 计算机网络的协议

由于计算机网络以网络上的资源共享为主要目的，为实现共享必须有一些约定，因此在计算机网络中有一个重要的概念，那就是网络协议。

在计算机网络中，处在不同地理位置上的计算机的信息交换，必须按照通信双方预先共同约定好的规程进行，这些约定和规程叫做协议。网络协议由三部分组成，即语义、语法和定时关系。语义是规定通信双方彼此“讲什么”，即确定协议的类型；语法规定通信双方“如何讲”，即确定协议的格式；定时是规定通信件的执行顺序。

计算机网络是一个极为复杂的系统，为了简化其设计采用一种层次结构的方法。国际标准组织提出了一个开放系统互连参考模型(reference model of open systems interconnection)，即 ISO/OSI 参考模型。它把网络协议按作用分为七层，如图 6.1 所示。

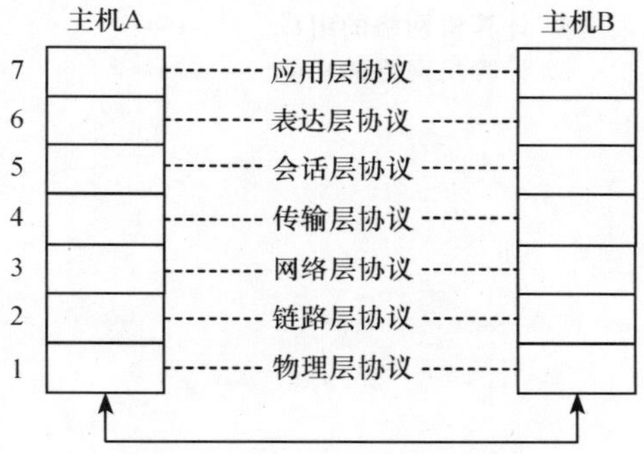

图 6.1 七层通信协议

第 1 层是物理层协议。对通信介质、调制技术、传输速率等通信的物理参数做出规定，实现网络内两实体间的物理连接，传递 bit 位代码。

第 2 层是链路层协议。指出信息在通信线路中传递的规则，建立相邻结点之间的数据链路传送。

第 3 层是网络层协议。为处理的信息作路径选择(路径包括从发送站经由中间一些工作站到达接收站)，在通信子网中传输格式化的信息组。

第 4 层是传输层协议。建立网内两实体间端—端通信信道，用来传输信息或报文。

第 5 层是会话层协议。提供两实体间建立、管理和拆除会话的方法。

第 6 层是表达层协议。把数据从一种代码和格式转换为另一种代码和格式，完成不同文件、不同文件格式的转换；不同类型的计算机、终端、数据库之间的数据格式转换。

第 7 层是应用层协议。负责管理和分配网络资源，建立应用程序软件包。

需要指出的是上述的各相应层之间的协议通信是虚通信，实际上数据流并不在两个同等层之间直接流动，而是在相同机器上相邻的两层间流动。只在第 1 层才通过介质将数据发送给对方。以 ISO/OSI 参考模型为例，数据流的流动方向是用户(进程)数据进入第 7 层，装上第 7 层协议控制信息后作为第 6 层数据送给第 6 层，在第 6 层上装上第 6 层协议控制信息后送给下层，直到第 1 层装上第 1 层协议控制信息后，直接通过介质发送给对方机器。对方机器接收到数据后，先将第 1 层的协议控制信息去掉后作为第 2 层数据，向上送给第 2 层，第 2 层又去掉第 2 层的协议控制信息向上送给第 3 层，依次进行下去，直到第 7 层，去掉第 7 层协议控制信息，将原用户数据送给该机器的用户(进程)。

小 结

计算机网络的形成与发展经历了三个阶段：①面向终端的计算机通信网；②以通信子网为

中心的计算机网络；③遵循国际标准化协议的第三代计算机网络。

计算机网络的分类方法较多。从不同的角度对计算机网络进行不同的分类，常用的分类方法有按网络覆盖的地理范围分类、按拓扑结构分类、按采用的网络协议分类、按使用的网络操作系统分类等方法。

网络传输介质是信息传输的物理通道，传输介质根据其物理形态可分为有线介质和无线介质两大类。有线介质可分为光纤、双绞线、同轴电缆等；无线介质可分为无线电、微波、红外线等。

计算机网络要完成数据处理与数据通信两大功能，从结构上可分为两个部分：资源子网和通信子网。

计算机网络的功能包括基本功能和其他服务功能。

习　题

1. 计算机网络的形成与发展的三个阶段。
2. 计算机网络的分类方法。
3. 简述计算机网络的传输介质。
4. 计算机网络的组成。
5. 计算机网络的功能。

第三编　信息系统结构

信息系统结构是组成信息系统的部件及它们之间的关系。我们从三个不同的角度来分析信息系统结构。从用户的角度，信息系统由市场信息系统、生产信息系统、财务信息系统和人力资源信息系统等组成。从计算机专家的角度，信息系统由硬件系统和软件系统组成，数据和程序是它的两大支柱，信息系统结构主要是数据库与处理模块之间的关系。从系统工程的角度，信息系统分为开环结构和闭环结构，也可以是集中式和分散式或集散式。这三种角度构成了信息系统的三维结构空间，是对管理信息系统的一个完整的描述。

第7章　市场信息系统

市场信息系统是企业管理信息系统的第一个职能信息系统，负责以各种方式从企业内部和环境收集市场数据，产生包括产品、价格、广告与人员推销、分销渠道与实体分配等的市场信息，为管理者提供决策支持。

7.1　市场信息系统模型

1. 市场

市场又称市场营销，围绕将产品从生产者销售到用户手中的整个过程所开展的各项活动。这些活动包括：市场营销调查，产品开发与管理，广告，人员推销、销售渠道管理，实体分配，制定价格，订货管理，收集市场情报等。

2. 市场组合

市场组合（marketing mix）是指，企业根据市场需求，全面考虑企业的任务、目标、资源以及外部环境，对企业可控因素——产品（product）、价格（price）、促销（promotion）、分销渠道（place）的最佳组合。

3. 市场决策

市场决策包括对产品、价格、促销、分销渠道四方面的决策。产品是指企业提供给市场的货物和服务。产品决策包括新产品的选择，产品质量标准的确定，衰落产品的淘汰，以及商标策略和包装策略等。价格是指产品的销售价格和价格策略。价格决策包括定价原则、定价方法、具体价格，以及提价、降价等变更价格的决策。促销是指企业促进销售的种种活动。促销决策包括促销办法，如广告、人员推销决策、时机和强度。分销渠道，指产品从生产企业向最终用户移动过程中所经过的各种经营机构及物理环节。分销渠道决策包括流通渠道的选择、渠道中经营机构的选择、运输路线和存储地点的选择。

4. 市场决策信息

市场决策需要各种组合要素的信息和组合信息。市场决策信息主要包括：用户订货信息，市场竞争者信息，当前的消费倾向和消费结构信息，各产品的市场需求预测信息，销售渠道的选择与实体运输方案的信息，广告效果和推销人员工作绩效的信息，销售计划及完成情况的信息等。

5. 市场信息系统的模型

市场信息系统的模型采取以市场组合要素为基础的市场信息系统研究方法，因而模型中设置四个与市场组合要素相对应的输出子系统，一个市场组合输出子系统。这些输出子系统所需要的数据资源来自于企业内部及环境，根据市场学权威菲利浦·康特勒(Philip Keter)对数据来源的鉴别，建立三个输入子系统。市场信息系统模型见图 7.1。

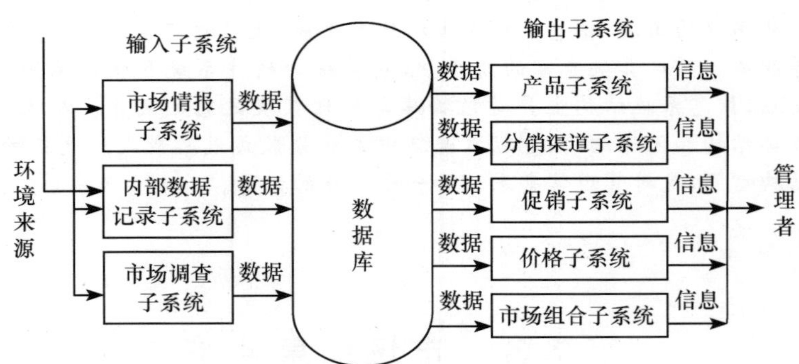

图 7.1 市场信息系统的模型

7.2 市场情报子系统

用于向管理人员提供外部环境的“变化资料”，以便提醒管理者注意市场发展的新趋势，促使他们了解新技术进步及竞争者的动态。该子系统的输入数据来自于环境，这些数据的使用是面向未来，如制订新产品的开发计划。

1. 市场情报

市场情报的内容很广泛，按内容分为四类：

(1) 市场开发方面的情报。各子市场(按一定条件将用户划分成的用户群)的布局、规模、发展变化趋势、潜力等。

(2) 竞争者方面的情报。国内外同行业的规模、地理位置、技术现状、新产品开发、设备更新、促销方式、分销方法等，同类产品的性能、质量、价格、成本、利润、流通渠道等。

(3) 用户方面的情报。最终用户使用产品的目的、使用环境和使用条件，他们对产品功能、可靠性、安全性、寿命、造型、体积、色彩等方面的要求，对售前和售后服务的要求，对产品价格的要求，对配件供应的要求。

(4) 新产品开发的情报。有关领域中新科学、新技术、新材料、新设备的科研成果、专利以及发展动向。

2. 系统功能

依靠推销人员、售后服务人员、政府文件(国家下达的各种文件，如税收政策、物价政策、销售政策、劳动力政策等)及媒体(如商业性报纸、杂志、电视、广告、展览会、展销会等)收集企业环境的各种市场情报，按上述四类进行整理、建立各类市场情报文件，如同类产品文件(记载了各同行业所生产产品的名称、规格、产量、质量、价格等数据)；同行业文件(记载了各同行业的厂址、规模、利润、销售额、销售范围、销售方式、销售策略、广告费等数据)等。

3. 市场情报子系统模型

市场情报子系统模型如图 7.2 所示。

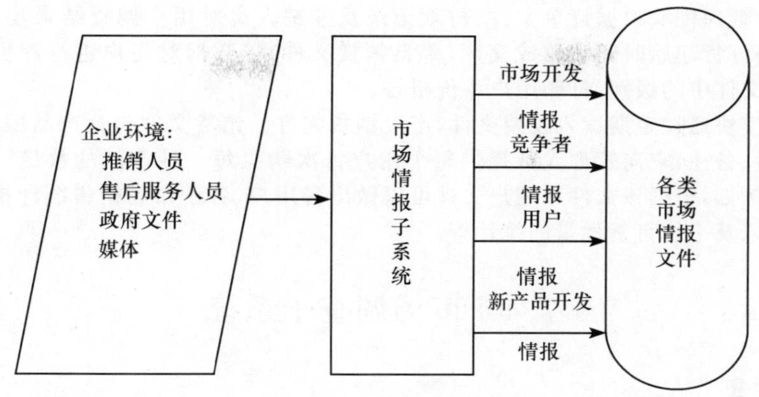

图 7.2　市场情报子系统模型

7.3　内部数据记录子系统

1. 系统功能

收集来自企业内部各项活动的数据及外部环境的数据，建立订单文件、用户文件和销货文件。

其中订单文件根据用户订单数据建立。用户文件根据订单文件、用户付款记录、用户财务情况建立。销货文件根据发票文件（发票文件是销货发票数据文件，用以记录已销产品数据）和用户文件建立。用户文件反映用户情况，包括用户名、编号、地址、用户级别[分重点用户（必须保证供给的）、主要用户（购买历史和数量达到一定数额的）、一般用户和新用户]、用户类型（为批发商、零售商、最终用户等）、用户特点（为综合批发、专业批发）、订货起始时间等。用户文件产生用户评价报告，提供销售策略分析。销货文件则产生各种销售统计分析报告。

2. 内部数据记录子系统模型

系统结构如图 7.3 所示。

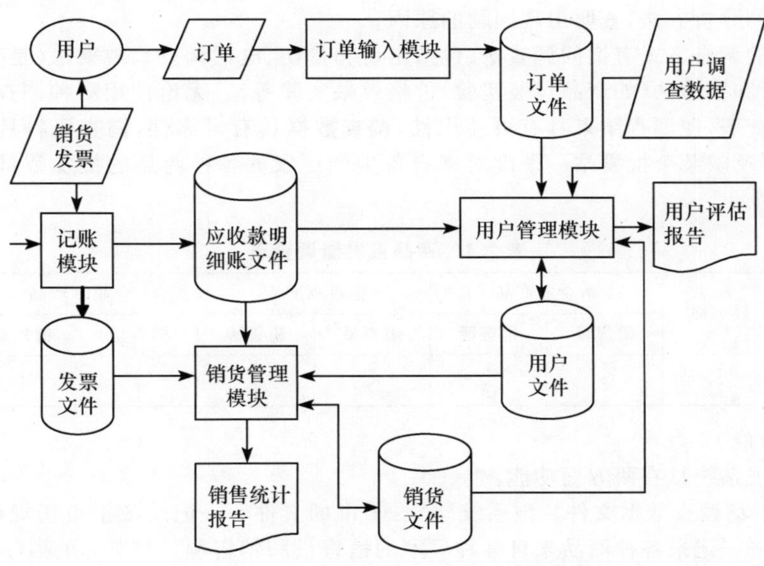

图 7.3　内部数据记录子系统模型

其中,用户管理模块根据订单文件、付款记录及推销人员对用户调查结果建立和更新用户文件;且还根据订货起始时间和总成交额(来自销货文件)等数据对用户进行评价,并根据评价结果修改用户文件中的级别,打印用户评价报告。

销货管理模块通过定期读入发票文件,产生销货文件。销货文件包括产品编号、用户编号、日期、销售数量、备注,它向管理人员提供每个用户每次购买每一种产品的数量,且做出各种销售统计报告。例如,根据该文件和用户文件可以做出各用户、各子市场销售统计报告,做出各用户的订货次数以及平均订货批量的统计等。

7.4 市场调查子系统

1. 市场调查

上文中的市场情报主要针对竞争者,是随机获取的。而市场调查主要针对用户,是有计划进行的。市场调查即市场调研,是企业针对营销活动中反映的问题,自觉地、有计划地和集中地收集有关资料,取得数据。其目的在于了解用户,特别是潜在用户的某些方面的需求,从而寻求、发现新的市场营销组合,同时通过对资料、数据进行营销分析,找出问题的原因,指导企业改进经营管理。

市场调查的内容主要围绕两方面进行:一是用户需要哪些产品,欢迎哪些营销策略。其包括用户的收支情况,用户的购买动机,各类用户对产品的不同需求,各种广告、展览和推销人员对用户的感染力。二是用户对各类产品的需要量。其包括用户在一定时期、一定地区内从所有企业可能购买各类产品的总量和在各种价格政策下、各种分销渠道方式下、各种广告促进下可能购买本企业产品的数量,目的是摸清在各种市场组合策略下的可能销售量。

市场调查分四个阶段:

(1) 准备阶段:分析已掌握的资料,明确问题,确定调查目标、范围和方法。

(2) 调查阶段:通过各种调查方式,从用户那里取得所需的数据。

(3) 资料输入阶段:将来源不一、性质各异的调查数据,进行编辑、整理、分类、综合,输入计算机,建立各种市场调查数据文件。

(4) 分析阶段:对调查数据做出各种统计,产生各类报表;利用时间序列分析、相关分析、回归分析等一系列分析方法,查明出现问题的原因。

通常采用的调查方式有询问调查法(包括走访和信访、电话调查)、观察法(是直接与事实接触观察的方法)和实验法(如产品包装实验、价格效果实验等)。无论使用哪种调查方法,都要精心设计一种调查表,使调查结果具有可使用性,调查数据具有可靠性,调查资料具有可分析性。例如,我们需要反映某个批发站一季度对来自各生产厂家的各种商品的批发数量和金额,设计的调查表见表 7.1。

表 7.1 商品批发量调查表

商品名称	规 格	本企业产品		企业 A 产品		企业 B 产品		……
		销售量	销售额	销售量	销售额	销售量	销售额	
⋮	⋮	⋮	⋮	⋮	⋮	⋮	⋮	⋮

2. 系统功能

市场调查子系统具有两方面功能:

(1) 建立市场调查数据文件。该系统建立:①市场文件——记录各子市场规模、特点;②批发商销货文件——记录各种商品来自各种厂家的销售量和销售额。例如,由表 7.1 的商品批发量调查表生成的批发商销货文件,如表 7.2 所示。

表 7.2　批发商销货文件

产品编号	批发站编号	本企业产品销售量	本企业产品销售额	企业 A 产品销售量	企业 A 产品销售额	企业 B 产品销售量	企业 B 产品销售额	……
⋮	⋮	⋮	⋮	⋮	⋮	⋮	⋮	⋮

(2) 进行各种分析、统计。该系统利用统计方法,完成部分统计汇总工作;利用查询软件获得市场分析结果,如市场占有率的分析。某种产品在某个范围内的市场占有率,可由批发销货文件进行计算得出结果,以分析表形式显示,如表 7.3 所示。

表 7.3　市场占有率分析表

批发站名称	总营业额/10³ 元	本企业产品		企业 A 产品		企业 B 产品		……
		销售额/10³	占有率/%	销售额/10³	占有率/%	销售额/10³	占有率/%	
⋮	⋮	⋮	⋮	⋮	⋮	⋮	⋮	⋮

7.5　产品子系统

产品是市场组合中最先考虑的因素,特别在当今,市场广告和价格在竞争中的效果越来越小,用户更多的要求是提供新的高质量的产品,因而产品因素对市场竞争起着越来越大的作用。

7.5.1　系统功能

依据输入子系统提供的数据文件,产品子系统将产生新产品开发方案报告、产品剔除报告等。以对新产品开发,淘汰某种衰落产品提供决策支持。

1. 新产品开发方案报告

在产品引入前,根据企业生产能力方面的文件、企业推销能力方面的文件、同行业及同类产品文件等,依靠新产品评价模块,综合评价企业可以开发哪些产品,预期利润风险如何,给企业带来多大利益。

2. 产品剔除报告

依据产品文件、销货文件和市场调查建立的有关文件,使用产品鉴别模块,分析现有产品哪些进入成长期,哪些进入成熟期,哪些产品已有衰落迹象,提出应剔除哪些产品。

7.5.2　分析方法

该子系统为实现其功能,使用产品生命周期模型、新产品开发评价方法、新产品开发的层次分析法、新产品开发中的风险决策分析。

1. 产品生命周期模型

产品生命周期模型帮助了解产品的发展趋势,它描绘了各种产品的生命周期;引入期、成长期、成熟期、衰落期的销售额和利润额增长、下降情况,及时做出产品引入、产品改进和产品剔除的决策。产品生命周期模型见图 7.4。

判断产品属于生命周期的哪一个阶段,通常采用销售年增长率来衡量。设产品销售量的年增长率为 η,则

$$\eta = \Delta t \sqrt{\frac{Q_{t+\Delta t}}{Q_t}} - 1 \tag{7.1}$$

其中,Q_t、$Q_{t+\Delta t}$分别为 t、$t+\Delta t$ 时刻的销售量;Δt 为年数。

若 $\eta<10\%$,产品处于投入期;$\eta>10\%$,产品处于成长期;$0.1\%<\eta<10\%$,产品处于成熟期;$\eta<0$,产品处于衰落期。

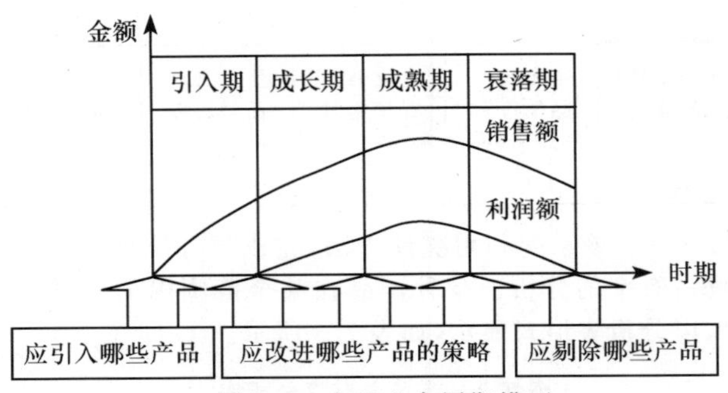

图 7.4 产品生命周期模型

2. 新产品开发评价方法

新产品开发评价方法帮助企业对新产品进行综合评价,以选择能给企业带来效益的某项新产品进行开发。新产品开发评价方法利用权重及评分方法,建立新产品开发的评价模型。

考虑企业在面临许多新产品开发机会的选择时,应挑选能最大限度的发挥企业优势的新产品作为开发对象。所谓优势就是本企业比竞争者具有更多的有利条件,企业优势可以从两方面衡量:生产资源利用方面,即产品的生产特性与企业生产能力的适应程度;市场资源利用方面,即产品的使用、销售特性与市场需求和企业推销能力的适应程度。新产品开发评价模型基于两个方面:生产资源利用和市场资源利用。新产品开发评价模型具体步骤如下:

步骤 1:根据管理者的经验和有关需要,确定生产资源利用权重、市场资源利用权重。

步骤 2:根据企业知识确定生产资源利用、市场资源利用的各因素并确定各因素所占的权重。

步骤 3:根据企业现状评价各个因素。先确定评分级别及各级别的分数,例如,分为五个级别:非常好(10 分)、好(8 分)、一般(6 分)、差(4 分)、非常差(2 分)。再看每个因素的现状属于哪个级别的可能性(记为 P)。通常由专家小组,根据市场调查和市场情报子系统提供的营销数据以及内部数据记录子系统和生产信息系统的有关子系统提供的生产能力数据确定。

步骤 4:将 P 与每个级别上的相应分数相乘,得到期望值(记为 EV),将各期望值相加得合计期望值。

步骤 5:合计期望值与该项因素的权重相乘得到每个因素的“标准评分”。

步骤 6:将各生产因素的标准评分相加得到生产资源利用总分,将各市场因素的标准评分相加得到市场资源利用总分。

步骤 7:分别将生产资源利用总分、市场资源利用总分乘以生产资源利用权重和市场资源利用权重得到生产资源权重分和市场资源权重分;再将两者相加得到企业资源利用总分。

系统利用新产品开发评价模型,对不同产品进行评价后,选择企业资源利用总分最高的作为新产品开发对象。

表 7.4 是某一新产品的开发评价模型的例子。该模型在生产资源方面考虑的因素有企业生产能力、工人技术能力、工程技术能力、设备可利用性、原材料供应;在市场资源方面考虑的因素有产品适应能力、销售知识、分销能力及市场长期需求。

表 7.4 某一新产品评价模型

新产品 J505

生产资源利用	权重	非常好(10 分)		好(8 分)		一般(6 分)		差(4 分)		非常差(2 分)		期望值	标准评分
		P	EV	P	EV	P	EV	P	EV	P	EV		
企业生产能力	0.2	0.2	2.0	0.6	4.8	0.2	1.2	0	0	0	0	8	1.6
工人技术能力	0.3	0.2	2.0	0.7	5.6	0.1	0.6	0	0	0	0	8.2	2.46

续表

生产资源利用	权重	非常好(10 分)		好(8 分)		一般(6 分)		差(4 分)		非常差(2 分)		期望值	标准评分
		P	EV	P	EV	P	EV	P	EV	P	EV		
工程技术能力	0.3	0	0.2	0.2	1.6	0.2	1.2	0.6	2.4	0	0	5.2	1.56
设备可利用性	0.1	0	0	0	0	0.7	4.2	0.3	1.2	0	0	5.4	0.54
原材料供应	0.1	0	0	0	0	0.1	0.6	3.6	2.4	0.3	0.6	3.6	0.36
生产资源利用总分													6.52
市场资源利用	权重	非常好(10 分)		好(8 分)		一般(6 分)		差(4 分)		非常差(2 分)		期望值	标准评分
		P	EV	P	EV	P	EV	P	EV	P	EV		
产品适应能力	0.2	0	0	0.2	1.6	0.5	3	0.2	0.8	0.1	0.2	5.6	1.12
销售知识	0.2	0.1	1	0.5	4	0.3	1.8	0.1	0.4	0	0	7.2	1.44
产品分销能力	0.3	0.3	3	0.5	4	0.2	1.2	0	0	0	0	8.2	2.46
市场长期需求	0.3	0	0	0.2	1.6	0.6	3.6	0.2	0.8	0	0	6	1.8
市场资源利用总分													6.82

资　源	评　分	权　重	权重分
生产	6.52	0.4	2.61
市场	6.82	0.6	4.09
企业资源利用总分			6.7

使用这种方法的前提是必须将一系列主观标准用数据准确地表达出来，如各因素的评分级别的确定、各项因素的权重的确定、各项因素的可能性分布等。确定这一系列数据，并使之尽量符合实际，这是比较困难的。现在也探讨了许多方法，这里仅以确定每个因素属于每个级别的可能性为例，介绍两种具体方法：

(1) 投票统计法。在上例中假设有 10 个人参加投票，有 2 个人认为企业工人技术能力“非常好”，有 7 个人认为“好”，1 个人认为“一般”，于是工人技术能力属于“非常好”的可能性为 0.2. 属于“好”的可能性为 0.7. 属于一般的可能性为 0.1。

(2) 实际分析法。如上例中，现有工人的 80%可以非常好地完成该种产品的生产，20%只能较好地完成，则工人技术能力属于“非常好”的可能性为 0.8，属于好的可能性为 0.2。

3. *新产品开发的层次分析法*

新产品开发的层次分析法是一种定性定量结合的分析方法。首先对新产品开发的各项指标进行层次分析，建立产品重点评价层次结构模型；再将人们的思维判断构造成两两比较的判断矩阵；在此基础上，计算各产品的相对权重。权值最大的产品作为最有希望入选的产品。具体方法步骤如下：

步骤 1：建立层次结构模型。分析影响产品评价的各因素及其支配关系，建立产品重点评价层次结构模型。图 7.5 是关于五种可开发产品的重点评价层次结构模型。

步骤 2：构造判断矩阵。比较同层各元素间的相对重要性，构造判断矩阵。判断矩阵的形式如表 7.5 所示。

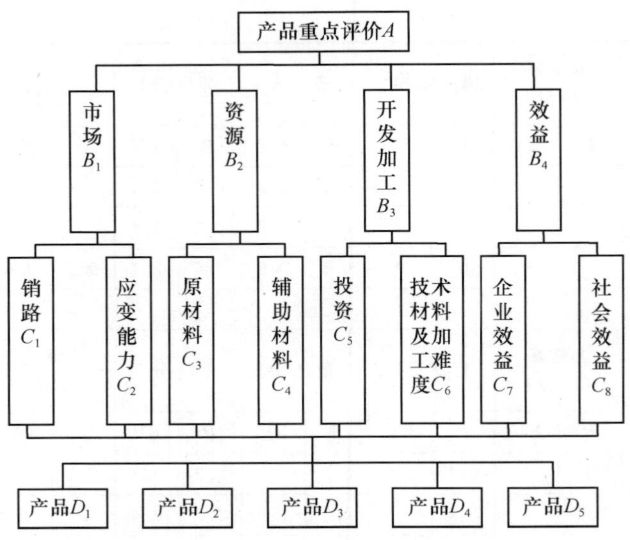

图 7.5 产品重点评价层次结构模型

表 7.5 判断矩形的形式

A_K	B_1	B_2	…	B_n
B_1	b_{11}	b_{12}	…	b_{1n}
B_2	b_{21}	b_{22}	…	b_{2n}
⋮	⋮	⋮	⋮	⋮
B_n	b_{n1}	b_{n2}	…	b_{nn}

该判断矩阵是将人的判断思维数学化。假若对上一层次的某元素 A_k，本层次有元素 B_1，…，B_9，B_i，B_i 对 B_j 的相对重要性为 b_{ij}，其值为 1～9(标度)及其倒数，1～9 标度的含义是：1 表示 B_i 与 B_j 同等重要，3 表示 B_i 比 B_j 略微重要，5 表示 B_i 比 B_j 明显重要，7 表示 B_i 比 B_j 重要许多，9 表示 B_i 比 B_j 重要得多；2、4、6、8 为上述相邻判断的中值。表 7.5 中，$b_{ij}>0$，$b_{ij}=b_{ij}^{-1}$，$b_{ij}=1$。

例如，图 7.5 的 A-B 判断矩阵(对 A 而言，B_1、B_2、B_3、B_4 的比较)如表 7.6 所示。

表 7.6 *A-B* 判断矩阵

A_1	B_1	B_1	B_1	B_1	相对权重
B_1	1	2	4	1	0.363 6
B_1	1/2	1	2	1/2	0.181 6
B_1	1/4	1/2	1	1/4	0.090 9
B_1	1	2	4	1	0.363 6

对 $B_j(j=1,\cdots,4)$ 而言，$C_j(j=1,\cdots,8)$ 的相对权重见表 7.7。

表 7.7 *B-C* 相对权重

B_i	B_1		B_2		B_3		B_4	
评价指标	C_1	C_2	C_3	C_4	C_5	C_6	C_7	C_8
相对权重	0.5	0.5	0.7	0.3	0.6	0.4	0.6	0.4

对 $C_j(j=1,\cdots,8)$ 而言各产品的比较见表 7.8～表 7.15。

表 7.8　C_1-D 判断矩阵

C_1	D_1	D_2	D_3	D_4	D_5	相对权重
D_1	1	3	4	3	6	0.503 3
D_2	1/3	1	4/3	1	2	0.167 8
D_3	1/4	3/4	1	3/4	6/4	0.077 3
D_4	1/3	1	4/3	1	2	0.167 8
D_5	1/6	1/2	4/6	1/2	1	0.083 8

表 7.9　C_2-D 判断矩阵

C_2	D_1	D_2	D_3	D_4	D_5	相对权重
D_1	1	1/2	2	5/2	3/2	0.219 0
D_2	2	1	4	5	3	0.438 0
D_3	1/2	1/4	1	5/4	3/4	0.109 5
D_4	2/5	1/5	4/5	1	3/5	0.087 6
D_5	2/3	1/3	4/3	5/3	1	0.145 9

表 7.10　C_3-D 判断矩阵

C_3	D_1	D_2	D_3	D_4	D_5	相对权重
D_1	1	5/2	2	1/2	3	0.263 2
D_2	2/5	1	4/5	1/5	6/5	0.094 5
D_3	1/2	5/4	1	1/4	6/4	0.118 1
D_4	2	5	4	1	6	0.475 2
D_5	1/3	5/6	4/6	1/6	1	0.078 7

表 7.11　C_4-D 判断矩阵

C_4	D_1	D_2	D_3	D_4	D_5	相对权重
D_1	1	3/6	1/6	2/6	4/6	0.111 1
D_2	2	1	1/3	2/3	4/3	0.222 2
D_3	6	3	1	2	4	0.666 7
D_4	3	3/2	1/2	1	2	0.333 3
D_5	6/4	3/4	1/4	1/2	1	0.166 7

表 7.12　C_5-D 判断矩阵

C_5	D_1	D_2	D_3	D_4	D_5	相对权重
D_1	1	1	5/3	2	1/3	0.159 8
D_2	1	1	5/3	2	1/3	0.159 8
D_3	3/5	3/5	1	6/5	1/5	0.095 9
D_4	1/2	2	5/6	1	1/6	0.105 4
D_5	3	3	5	6	1	0.479 1

表 7.13 C_6-D 判断矩阵

C_6	D_1	D_2	D_3	D_4	D_5	相对权重
D_1	1	2	6	3	3	0.428 6
D_2	1/2	1	3	3/2	3/2	0.214 3
D_3	1/6	1/3	1	1/2	1/2	0.071 4
D_4	1/3	2/3	2	1	1	0.142 9
D_5	1/3	2/3	2	1	1	0.142 8

表 7.14 C_7-D 判断矩阵

C_7	D_1	D_2	D_3	D_4	D_5	相对权重
D_1	1	1	1/4	1/2	1/2	0.100 0
D_2	1	1	1/4	1/2	1/2	0.100 0
D_3	4	4	1	2	2	0.400 0
D_4	2	2	1/2	1	1	0.200 0
D_5	2	2	1/2	1	1	0.200 0

表 7.15 C_8-D 判断矩阵

C_8	D_1	D_2	D_3	D_4	D_5	相对权重
D_1	1	5/2	3/2	2	1/2	0.219 0
D_2	2/5	1	3/5	4/5	1/5	0.087 6
D_3	2/3	5/3	1	4/3	1/3	0.146 0
D_4	1/2	5/4	3/4	1	1/4	0.109 5
D_5	2	5	3	4	1	0.439 9

表中判断值(标度)可用专家评比法、德尔菲法得到。

步骤 3:计算权重,确定优先次序。根据判断矩阵及各层次上评价指标的相对权重计算各产品的相对权重并确定其优先次序。

例如,对图 7.5 具体计算如下:

$$\begin{aligned}\text{产品 } D_1 =& (0.503\,3\times 0.5+0.219\,0\times 0.5)\times 0.363\,6\\ &+(0.236\,2\times 0.7+0.111\,1\times 0.3)\times 0.181\,9\\ &+(0.159\,8\times 0.6+0.428\,6\times 0.4)\times 0.090\,9\\ &+(0.100\,0\times 0.6+0.219\,0\times 0.4)\times 0.363\,6\\ =&0.131\,3+0.036\,1+0.024\,2+0.053\,7=0.245\,4\end{aligned}$$

同样的方法计算出

$$\text{产品 } D_2=0.185\,4$$
$$\text{产品 } D_3=0.201\,7$$
$$\text{产品 } D_4=0.195\,3$$
$$\text{产品 } D_5=0.199\,5$$

排出优先次序为:D_1,D_3,D_5,D_4,D_2。

4. 新产品开发中的风险决策分析

对已选出的新产品采用风险型决策模型、进行风险度分析,帮助企业选择最优方案。风险型决策问题的数学模型为

$$a_{ij}=f(A_i,Q_j),\quad i=1,2,\cdots,m$$

$$P_{ij} = g(A_i, Q_j), \quad j = 1,2,\cdots,n$$

$$E(A_i) = \sum_{j=1}^{n} a_{ij} \cdot P_{ij} \tag{7.2}$$

$$\text{ED}(A_i) = \sum \{(a_{ij} - E(A_i))^2\}$$

其中，a_{ij} 为第 i 个行动方案在第 j 个客观状态下的收益；Q_j 为第 j 个客观状态；P_{ij} 为第 i 个行动方案对应第 j 个客观状态出现的概率；$E(A_i)$ 为行动方案 A_i 的期望值；$\text{ED}(A_i)$ 为期望标准差（体现 j 在客观状态作用下的收益与期望值的偏离程度）。

该数学模型反映了行动方案所冒的风险程度，即 $\text{ED}(A_i)$ 越大，则方案 A_i 所冒的风险越大。使用数学模型式 7.2，具体决策步骤如下：

步骤 1：选出期望值达到最大和期望标准差达到最小的方案。设 $\bar{A}_E$ 为期望值达到最大的方案集合，$\bar{A}_D$ 为期望标准差达到最小的方案集合：

$$\bar{A}_E = \{A_k \mid E(A_k) = \max_{\text{所有}i} E(A_i)\} \tag{7.3}$$

$$\bar{A}_D = \{A_k \mid \text{ED}(A_k) = \max_{\text{所有}i} \text{ED}(A_i)\} \tag{7.4}$$

步骤 2：如果 $\bar{A} = \bar{A}_E \cap \bar{A}_D \neq \varnothing$，则 $\bar{A}$ 中所有方案均为最优方案；若 $\bar{A} = \varnothing$，则进行步骤 3。

步骤 3：取 A_t 和 A_s 两方案，其中

$$A_t = \{A_t \mid \bar{A}_E \supset A_t, \text{且 } \text{ED}(A_t) = \min_{\bar{A}_E} \text{ED}(A_t)\} \tag{7.5}$$

$$A_s = \{A_s \mid \bar{A}_D \supset A_s, \text{且 } E(A_s) = \min_{\bar{A}_D} E(A_s)\} \tag{7.6}$$

步骤 4：从 A_t 和 A_s 中选取一个基准方案。方法是：不失一般性，设 A_t 是基准方案，把 A_s 的某项指标变到与 A_t 同一指标的相同数值上，计算出另项指标相应的变化量，将变化后的指标与基准方案 A_t 的同一性质指标比较，选出最优方案。

举一个例子：某企业准备从新研制成功的产品中选出一种投入生产，调查资料如表 7.16 所示。

表 7.16　各种行动方案的有关数据

状况概率及收益 \ 客观条件 \ 行动方案	市场销路								收益期望值 $E(A_i)/(10^2$ 元/件)	期望标准差 $\text{ED}(A_i)$ /$(10^2$ 元/件)^2
	畅销		一般		较差		滞销			
	概率	收益	概率	收益	概率	收益	概率	收益		
A_1	0.20	100	0.35	65	0.35	4.57	0.10	−45	36.65	2 345.34
A_2	0.70	40	0.10	25	0.10	20	0.10	5	33.00	136.00
A_3	0.40	70	0.25	45	0.10	24	0.25	−20	36.65	1 280.53
A_4	0.60	55	0.10	22	0.10	10	0.20	−5	35.20	639.36
A_5	0.35	63	0.20	40	0.35	17	0.10	6.50	36.65	471.30

由表 7.16 知

$$\bar{A}_E = \{A_1, A_3, A_5\}$$

$$\bar{A}_D = \{A_2\}$$

由于 $\bar{A}_E \cap \bar{A}_D = \varnothing$，因为 $A_5 \subset \bar{A}_E$，且

$$\text{ED}(A_5) = \min\{\text{ED}(A_1), \text{ED}(A_3), \text{ED}(A_5)\}$$

所以选出两个方案 A_5、A_2。下面在 A_5、A_2 中选取一个基准方案。从 A_2 的角度，用两种方法分析：

方法 1:改变 $E(A_2)$,让

$$\Delta E(A_2) = E(A_5) - E(A_2) = 365 \text{ 元}$$

求出 $\mathrm{ED}(A_2)$随之产生的变化量。使用公式:

$$\Delta E(A_i) = \max_{j=1,\cdots,n} \{2(a_{ij} - E(A_i)) \cdot \Delta E(A_i) + (P_{ij}^{-1} - 1) \cdot (\Delta E(A_i))\}$$

得

$$\Delta \mathrm{ED}(A_2) = 614\ 800 \text{ 元}^2$$

于是变化后的期望标准差为

$$\mathrm{ED}(A_2) = 13\ 600 + 6\ 148 = 1\ 974\ 800 \text{ 元}^2 < \mathrm{ED}(A_5)$$

方法 2:让 $\mathrm{ED}(A_2)$增加到 $\mathrm{ED}(A_5)$,即

$$\Delta \mathrm{ED}(A_2) = \mathrm{ED}(A_5) - \mathrm{ED}(A_2) = 3\ 353\ 000 \text{ 元}^2$$

求出 $E(A_2)$随之变化的量,使用公式:

$$\Delta E(A_i) = \min_{j=1,\cdots,n} \left\{ \frac{E(A_i) - a_{ij} \quad \sqrt{(a_{ij} - E(A_i))^2 + (P_{ij}^{-1} - 1)\Delta \mathrm{ED}(A_i)}}{P_{ij}^{-1} - 1} \right\}$$

得

$$\Delta E(A_2) = 710 \text{ 元}$$

于是变化后的期望值

$$E(A_2) = 3\ 300 + 710 = 4\ 010 \text{ 元} > E(A_5)$$

说明选出 A_2 为基准方案较好。从 A_5 的角度可作同样分析,将得到相同的结果。

7.5.3 系统结构

产品子系统系统结构如图 7.6 所示。

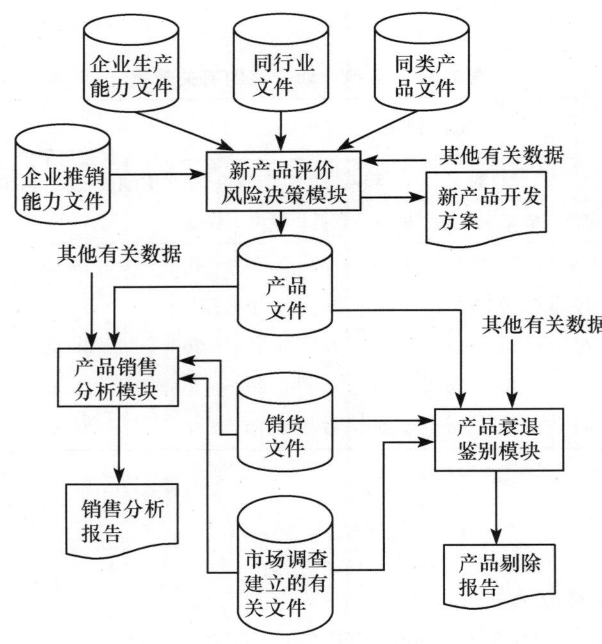

图 7.6 产品子系统系统结构

7.6　分销渠道子系统

分销渠道是指产品从生产企业转移到最终使用者的途径。它包括逻辑分销渠道和实体分销渠道。逻辑分销渠道由参与产品流通过程的各种类型机构(如生产者、代理商、批发商、零售商等)组成;实体分销渠道是指产品从生产企业到最终用的中实体移动过程,即所经过的包装、运输、装卸、存储等物理过程。

1. 系统功能

1）逻辑分销渠道选择

系统通过因素分析方法,计算出各种销售渠道的可能利润,并进行比较,产生各种产品使用各种渠道获得利润的比较表。进一步考虑市场范围、产品特点、各批发商(或零售商)的销售能力和对该类产品的知识与本企业合作时间、合作绩效确定具体的分销渠道。通常有三种典型的分销渠道,如图 7.7 所示。

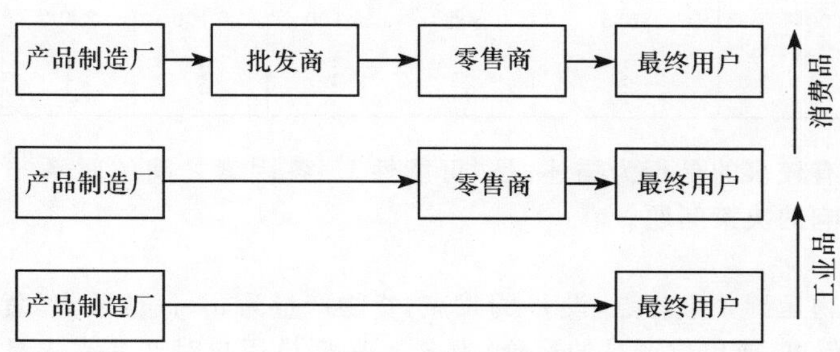

图 7.7　三种类型的分销渠道

2）实体分销渠道决策

系统借助于运筹学如利用线性规划模型决定从多个制造分厂或联营企业发运产品到多个批发站的发货量;使用排队论模型,决定企业成品仓库存放货物的区域大小等。辅助确定调运方案,选择运输方式、确定发货时间和发货批量。

2. 分析方法

1）因素分析法

在选择分销渠道形式时,首先考虑四种因素。

因素 1:对该类产品作市场分析后,若市场分散,需要中间商;若市场集中,自销可带来较好收入。

因素 2:技术性较强的产品、新产品、制造成本和销售价格之间差异较大的产品、易变质的产品,均适合于自销。

因素 3:若企业缺乏进行直接市场营销的技术,如缺乏市场方面的知识,缺乏广告、推销、运输和存储方面的技术和设备,则需批发商和零售商。

因素 4:这是指企业支付市场营销过程中的各项费用的能力,根据这种能力选择分销渠道。然后对各种渠道形式可能获得的利润进行比较。计算利润的过程如下:

根据历年销售记录、产品特征、市场分布等数据,利用预测模型,对各种渠道形式下的销售量进行预测得到预计销售量。再根据各种渠道形式下的售价及成本计算出各种渠道形式下的利润。表 7.17 是某种产品各种销售渠道利润比较的例子。

表 7.17 某种产品各种销售渠道利润比较

渠道类型	预计销售量/件	单价/元	成本/元	利润/元
自销	10 000	12.00	10.50	15 000.00
通过批发商销售	10 000	10.00	8.00	20 000.00
通过零售商销售	10 000	11.00	9.20	18 000.00

最后在上述因素允许的条件下，选择利润最高的渠道形式。如果决定选择通过批发商销售，还要进一步作决策，选择哪些批发商（或零售商），系统还将为具体批发商的选择，产生批发商综合比较报告，如表 7.18 所示。表中的购买量、销售量反映了批发商的营销能力。

表 7.18 批发商综合比较报告

批发商名称	子市场编号	开始合作时间	经营特点	产品 L403		产品 L404		……
				购买量	销售量	购买量	销售量	
批发商 1	002	82.11	综合	7 000	7 000	4 000	3 500	……
批发商 2	004	86.5	专业	6 100	6 100	2 600	2 000	……
⋮	⋮	⋮	⋮	⋮	⋮	⋮	⋮	⋮

因素分析法中有较多的是行为描述，是“可能性”。各因素之间的联系非常复杂和模糊，是定性和定量互相影响的决策问题。

2）问题模型

m 个发点的货物运到 n 个收点，设 i^* 为发点，货物产量为 a_i，j^* 为收点，货物需求量为 b_j，从 i^* 至 j^* 的运费（或距离，或单位产品的运价）为 c_{ij}。在满足用户对产品需求量的条件下，采用哪种运输方案，才能使得总运费最省。

设 x_{ij} 为从 i^* 到 j^* 的货物量。则运输问题的模型描述为

$$\min f = \sum_{i=1}^{m}\sum_{j=1}^{n} c_{ij}x_{ij}$$

约束条件：

$$\begin{aligned}
&\sum_{j=1}^{n} x_{ij} \leqslant a_i, i = 1,2,\cdots,m \\
&\sum_{i=1}^{m} x_{ij} \leqslant b_j, j = 1,2,\cdots,n \\
&x_{ij} > 0
\end{aligned} \tag{7.7}$$

在确定调运方案时，只需向系统输入各分厂（联营企业）的产量和各用户的需求量，以及每个分厂到每个用户的距离（或单位产品的运价），系统将利用运输问题模型式（7.7）打印出总费用最省的调运方案。

在选择运输方案时，利用运输模型，输入目的地各种运输方式的运价，可产生运输方式的选择。

3. 系统结构

分销渠道子系统系统结构见图 7.8。

其中，产品-渠道、单价、成本文件表示各种产品利用各种渠道的可能售价和成本；产品-渠道利润文件表示各种产品在各种渠道下所获利润。产品-可能渠道文件表示各种产品在各因素允许的条件下可能的渠道方式。产品-渠道文件表示各种产品选择的渠道形式。

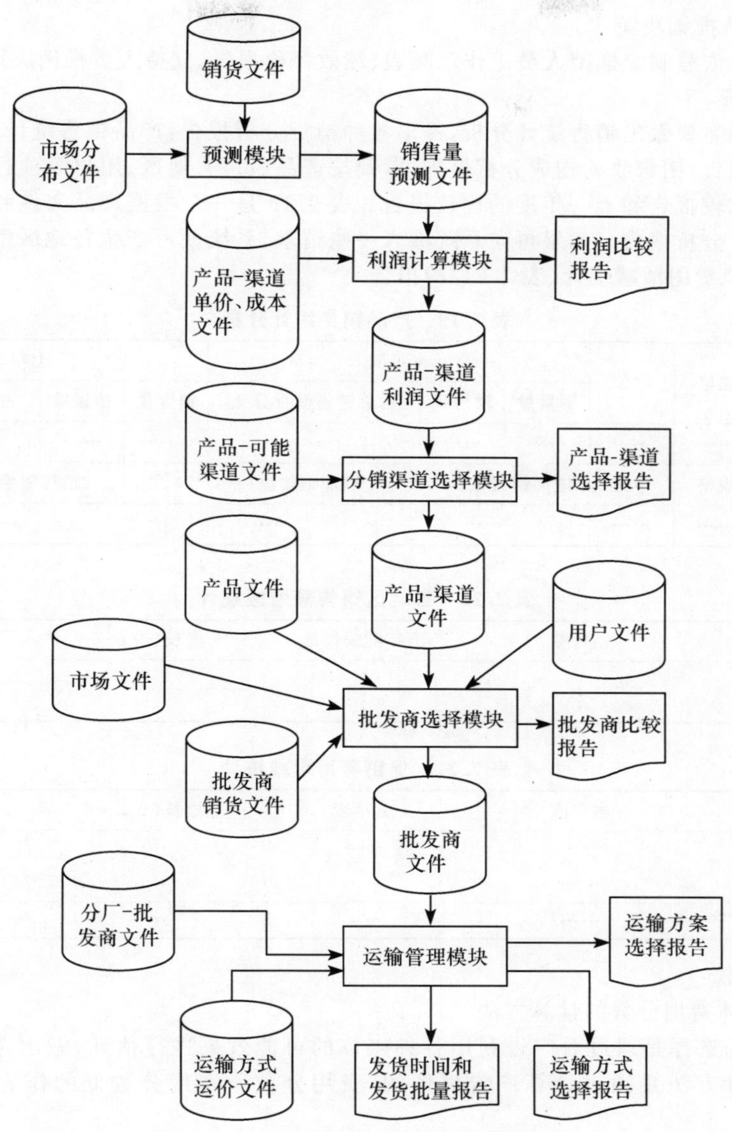

图 7.8　分销渠道子系统系统结构

7.7　促销子系统

企业为扩大产品销售和获取较高利润，需要采用各种促销办法，促销子系统支持广告、人员推销、销售分析等方面决策。

1. 系统功能

1) 支持广告决策

该系统主要从广告媒体的选择、广告费用预算、广告效果评价方面支持广告决策。

2）支持人员推销决策

该系统主要依靠制定推销人员工作定额表、绩效评价报告，支持人员推销决策。

3）销售分析

系统能按照需要做出销售统计分析，提出各种销货分析报告：产品销售统计分析报告，销售市场构成分析报告，销售收入构成分析报告，以及按产品、市场、地区、用户等项目统计的当年销售额与计划的比较报告和上一年度的比较报告。表 7.19 是一个根据产品文件和销货文件产生的产品销售统计分析报告。如果再向系统输入一些请求，系统便可产生各地区销售额增减统计（表 7.20）和促销费用增减统计（表 7.21）的报告。

表 7.19　产品销售统计分析

<table>
<tr><th rowspan="2">产品名称</th><th rowspan="2">规格</th><th rowspan="2">单位</th><th colspan="3">本年度</th><th colspan="3">上年度</th></tr>
<tr><th>销售量</th><th>销售额</th><th>占总销售额百分比</th><th>销售量</th><th>销售额</th><th>占总销售额百分比</th></tr>
<tr><td>……</td><td>……</td><td>……</td><td>……</td><td>……</td><td>……</td><td>……</td><td>……</td><td>……</td></tr>
<tr><td>产品名称</td><td>规格</td><td>单位</td><td colspan="2">增加销售量（+，-）</td><td colspan="2">增加销售额（+，-）</td><td colspan="2">销售额增加百分比</td></tr>
<tr><td>……</td><td>……</td><td>……</td><td colspan="2">……</td><td colspan="2">……</td><td colspan="2">……</td></tr>
</table>

表 7.20　各地区销售额增减统计

地区名称	销售额	上年度销售额	增长（+，-）	增长百分比
⋮	⋮	⋮	⋮	⋮

表 7.21　促销费用增减统计

促销费	本年度	上年度	增长（+，-）	增长百分比
广告费	……	……	……	……
人员推销费	……	……	……	……
合计	……	……	……	……

2. 分析方法

1）广告媒体费用分数的计算方法

广告媒体的选择是通过对广告利用各种媒体的可能效果进行估计，做出选择。一种广告媒体效果的估计方法是通过计算广告媒体的“费用分数”，费用分数低的作为该产品的广告媒体。

费用分数的计算：首先计算平均到某种媒体上的广告费用，即单位费用；然后计算平均到每位目标用户的广告费用，即目标用户广告费用；再将两项广告费用分别乘以其相应的权重（市场管理者根据广告目标规定的）后相加，得到费用分数。广告媒体费用分数计算的例子，如表 7.22 所示。

表 7.22　广告媒体费用分数计算方法

杂志名称	一页彩色广告费/元	发行量/册	单位广告费/元	生产企业订户数/户	目标用户广告费/元	费用分数/%
A	5 000	100 000	0.05	10 000	0.5	0.32
B	6 000	60 000	0.1	20 000	0.2	0.52
⋮	⋮	⋮	⋮	⋮	⋮	⋮

注：单位广告费的权重为 0.4，目标用户广告费的权重为 0.6

2）广告费用预算方法

系统依据企业历年销售额与广告费的比例及计划年度的销售额，预算广告费用。具体做法是用一元回归模型对企业历年广告费用的销售额进行分析，将分析结果描述在一坐标系中，横坐标表示广告费用，纵坐标表示销售额，各点为广告费和销售额的对应关系，如图 7.9 所示。系统根据两者的对应关系用一种模拟方法作一条直线 l，使坐标系中所有点到 l 的距离之和最短。系统再利用直线 l 做出广告费预算，即根据计划销售量求出相对应的横坐标——广告费。

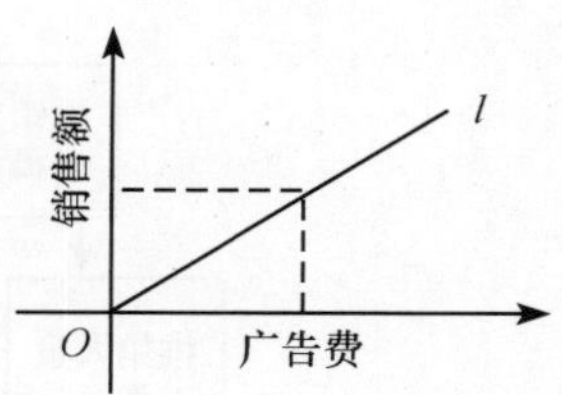

图 7.9　广告费用预算方案

3）推销人员评估模型

推销人员评估模型包括计划、评价两方面，即系统根据销售计划及各销售人员的销售区域特征，为每个推销人员制定出一系列定额指标。例如，销售人员所处的销售区域潜在用户多，竞争对手较弱，销售额一般定得较高；再如，若销售人员所处地区有大批量的购买者，订单平均批量一般定得较高。由于推销人员所处的区域情况不一样，因此为评价推销人员工作绩效，系统采用多定额指标对推销人员工作绩效做出综合评价。表 7.23 就是系统用三项定额指标综合评估推销人员工作业绩的评价报告。

表 7.23　推销人员评估模型

项　目		推销员甲	推销员乙	推销员丙
销售额	权重	5	5	5
	定额/元	300 000	200 000	400 000
	完成/元	270 000	160 000	360 000
	效率	0.9	0.8	0.9
	绩效水平	4.5	4	4.5
订单平均批量	权重	3	3	3
	定额/元	500	400	300
	完成/元	400	300	270
	效率	0.8	0.75	0.9
	绩效水平	2.4	2.25	2.7
每月平均访问次数	权重	2	2	2
	定额	20	25	40
	完成	13	22	26
	效率	0.65	0.88	0.9
	绩效水平	1.3	1.76	1.8
综合绩效		8.2	8.01	9.0

3. 系统结构

促销子系统系统结构如图 7.10 所示。

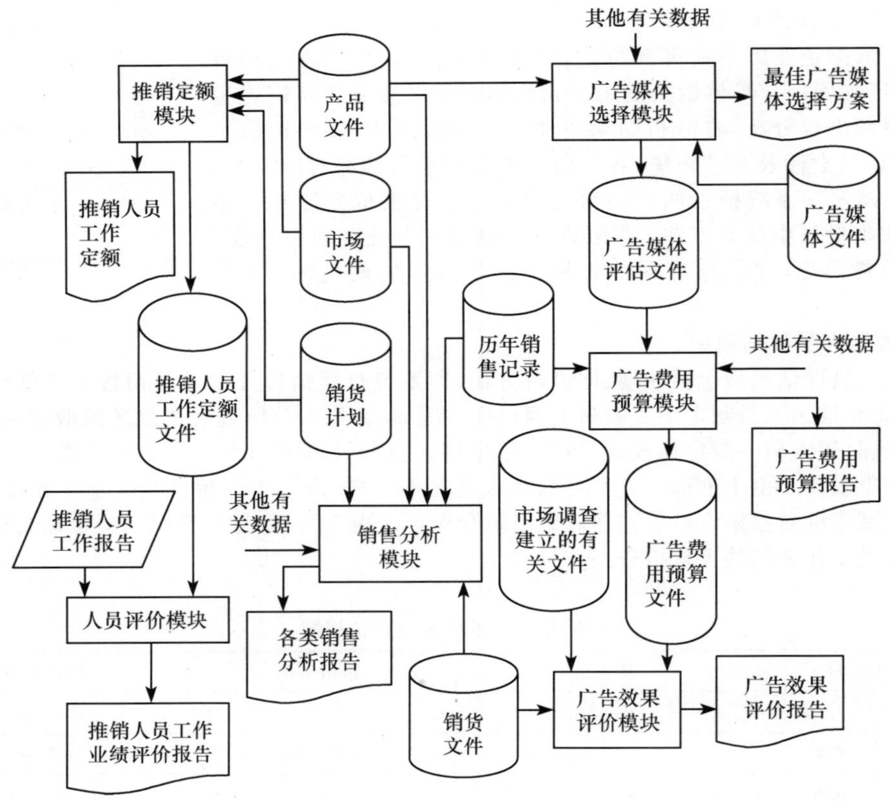

图 7.10 促销子系统系统结构

7.8 价格子系统

价格决策是市场营销组合的重要组成因素，也是唯一必要的市场营销组合因素，它在很大程度上影响着企业的销售额和利润。

1. 系统功能

价格子系统可以进行各种价格分析，如边际收入分析、利润分析、价格弹性分析等。

2. 分析方法

(1) 边际收入分析。这是指某种产品对各种价格每增加一个单位的需求量给总收入带来的变动情况的分析。

由价格需求文件提供的某种产品在一系列价格下用户可能购买的数量，系统将它描绘出一条需求曲线；系统进一步由价格需求文件提供的数据产生边际收入计算表。该表用各种价格乘以相应的需求量得到各种价格下的总收入，然后求出产品每增加一个单位的需求且给总收入带来的变动，求出边际收入。表 7.24 是一个边际收入计算表。

表 7.24 边际收入计算表

价格/元	需求量/个	总收入/元	边际收入/元
20	1	20	20
18	2	36	16

续表

价格/元	需求量/个	总收入/元	边际收入/元
16	3	48	12
14	4	56	8
12	5	60	4
10	6	60	0
8	7	56	－4
6	8	48	－8
4	9	26	－12
2	10	20	－16

(2) 利润分析。这是指某种产品在各种价格下,可能获得的利润额(单位利润和总利润)。

系统利用边际分析文件产生利润计算表,该表主要利用边际收入与边际成本(每增加一个单位产品需求量所发生的总成本变化额)计算利润。表 7.25 是一个利润计算表。同时系统给出边际收入曲线、边际成本曲线,如图 7.11 所示。

表 7.25　利润计算表

价格(1)/元	需求量(2)/个	边际收入(3)/元	边际成本(4)/元	单位利润(3)－(4)/元	总利润/元
20	1	20	18	2	2
18	2	16	12	4	6
16	3	12	6	6	12
14	4	8	4	4	16
12	5	4	0	4	20
10	6	0	8	－8	12
8	7	－4	15	－19	－7
6	8	－8	17	－25	－32
4	9	－12	19	－31	－63
2	10	－16	21	－37	－100

(3) 价格弹性分析。这是指价格变化引起的需求量变化的程度,即需求量的灵敏程度。

价格子系统根据不同价格下需求量的变化情况,利用价格弹性系数公式计算出价格弹性系数。即

$$EC=\frac{需求量变化百分比}{价格变化百分比} \tag{7.8}$$

例如,某产品价格在 10 元时,需求量为 40;某产品 9 元时需求量为 80。

价格从 10 元降到 9 元,$EC=\frac{(80-40)/40}{(10-9)/10}=\frac{100}{10}=10$,需求量的变化是价格变化的 10 倍;价格从 9 元提到 10 元,$EC=\frac{(80-40)/80}{(10-9)/10}=\frac{50}{11}=4.55$,需求量减少约 5%。

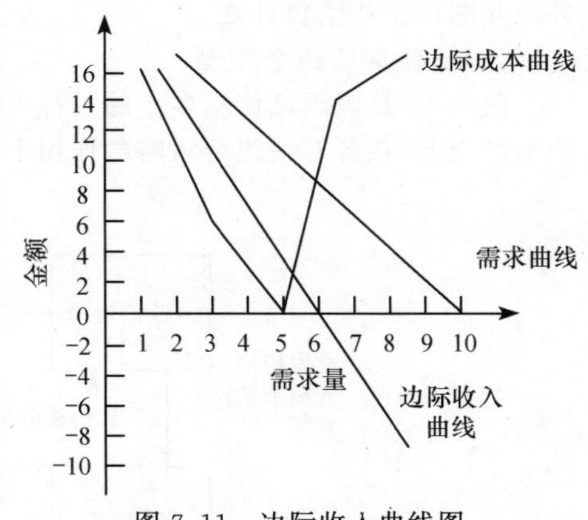

图 7.11　边际收入曲线图

系统在做出上述弹性分析后,可对价格做出决策。当弹性系数大于 1 时,证明产品的价格有弹性,降低价格可以使企业增加收入;当弹性系数小于 1 时,证明产品的价格缺乏弹性,这时应该提高价格,因为提高价格可以给企业带来收入的增加。

3. 价格决策系统模型

图 7.12 是一个价格决策系统模型,它通过影响价格的企业内、外部因素的分析,利用“试价”

方法寻找具有最高利润的价格。

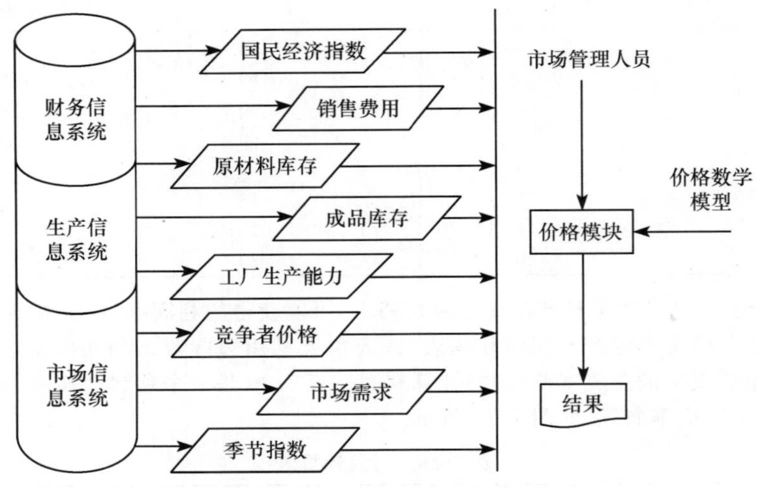

图 7.12 价格决策系统模型

用户向系统输入各种价格，系统将显示销售收入、销售成本、税和税后利润，在不断的试价中，用户可以找出一个具有最高利润的价格。

7.9 市场组合子系统

1. 系统功能

利用一定的数学模型，根据市场调查、市场情报和市场预测数据，综合分析各市场营销因素的各种可能的组合，得出在每个特定时期、特定市场、销售特定产品的具有最佳效果的组合策略并由此制订企业销售计划。

2. 一种市场组合模型

图 7.13 是美国已使用多年的一种市场组合模型。该模型模拟了一个利用零售商分销产品的生产企业，在各有关组合策略的作用下销售额的变动趋势。

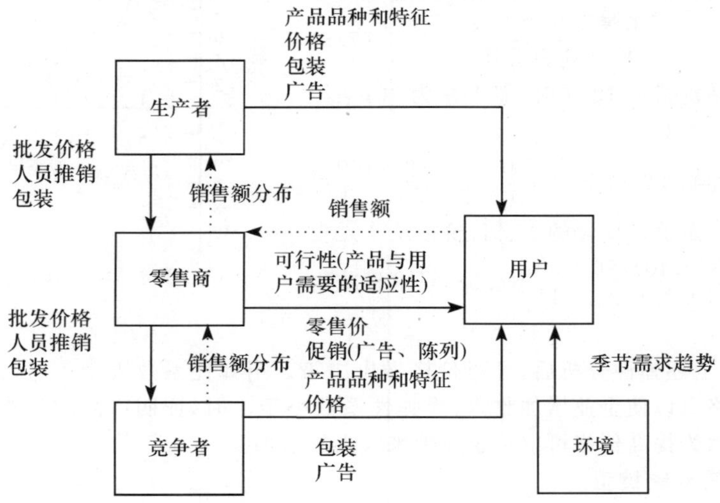

图 7.13 一种市场组合模型

由图 7.13 可以看出市场组合模型把影响销售额的因素归为四个方面：生产者、零售商、竞争者、环境。其中生产者方面的因素变量有产品品种、特征、价格、包装广告、人员推销，这些有的影响用户、有的影响零售商。零售商方面的因素变量有可行性（产品与用户需要的适应性）、零售价、促销，这些变量将对用户的购买力产生影响。竞争者方面的因素变量与生产者一样，也将会对用户产生作用，特别是它的营销策略对零售商、生产者都将产生影响（图 7.13 的虚线部分）。环境方面的因素变量有季节性需求趋势，也会影响用户水平。系统利用这个模型分析生产者、零售商、竞争者和环境的各因素变量对企业销售额的影响，并进行调整，使之达到最佳组合。

3. 销售计划

销售计划是根据国家的计划要求、市场需求预测以及用户签订的经济合同编制的。

销售计划编制的步骤如下：

步骤 1：由国家计划指标、用户订货合同文件，确定产品的品种与基本数量。

步骤 2：由市场调查子系统的市场文件、内部数据记录子系统的历年销售记录，预测在计划年度中，各种特定市场组合条件下的销售量。

步骤 3：依据对历年来的分销渠道、促销方法和价格策略的优缺点的分析，并由市场情报子系统提供的竞争者的竞争强度、环境变化等，确定计划年度的分销渠道、促销方法、价格策略。

步骤 4：根据步骤 1 至步骤 3 确定各个时期、各种产品在各类渠道中的销售量和售价。

小　结

市场信息系统是企业管理信息系统的第一个职能信息系统，负责以各种方式从企业内部和环境收集市场数据，产生包括产品、价格、广告与人员推销、分销渠道与实体分配等的市场信息，为管理者提供决策支持。

市场信息系统模型采取以市场组合要素为基础的市场信息系统研究方法，因而模型中设置了四个与市场组合要素相对应的输出子系统，即产品子系统、分销渠道子系统、促销子系统、价格子系统，以及一个市场组合输出子系统。这些输出子系统所需要的数据资源来自于企业内部及外部环境，包括三个输入子系统，即内部数据记录子系统、市场调查子系统、市场情报子系统。

习　题

1. 什么是市场营销、市场组合？
2. 什么是市场信息系统？
3. 市场信息系统模型包括哪些输入子系统？
4. 市场信息系统模型包括哪些输出子系统？
5. 各子系统有什么功能？

第 8 章　生产信息系统

生产信息系统为生产管理者提供各类信息，帮助生产管理者做出进度控制决策、成本控制决策、库存控制决策、质量控制决策等各类生产控制决策。

8.1　生产信息系统模型

在研究物理生产系统的基础上，提出生产信息系统模型。它有五个输出子系统：生产计划子系统，做出各个层次、各个部门的各类生产计划；生产控制子系统，监督生产计划的落实和执行；库存子系统，根据库存数量和库存控制指标提出各类采购需求；质量控制子系统，分析从原材料到成品的质量水平；成本控制子系统，向管理者提供生产各阶段的实际成本与计划的偏差。这五个输出子系统需要的数据来自于三个输入子系统：工艺标准子系统，收集企业内部有关生产工艺、技术标准、效率和生产能力方面的数据；内部数据记录子系统，收集正在发生的所有生产方面的数据；生产情报子系统，从环境中收集与生产资源有关的数据，主要是原材料供应厂家和劳动力市场方面的数据。

生产信息系统模型如图 8.1 所示。

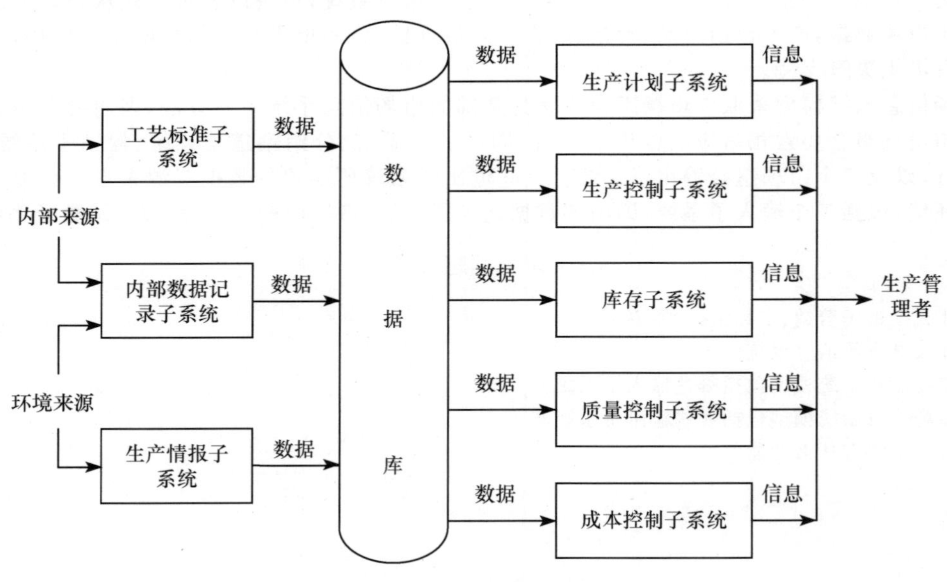

图 8.1　生产信息系统模型

8.2　生产情报子系统

以下两项是生产情报子系统的系统功能。

1. 收集数据

原材料(包括设备)供应厂方面的数据为物理生产系统提供原材料资源，它们来自于采购人员、质量检验人员及用户服务部门。

劳动人员各单位的有关数据为物理生产系统提供劳务资源，它们来自于职业介绍所、安置办公室、大专院校和技校等。

2. 建立两类文件

分别是供应厂文件和人力资源文件。供应厂文件反映原材料供应厂各方面的情况，以适应不同标准下选择的需要。通常，企业都需要购买多种原材料，每种原材料又以多个供应厂作为供应源。企业选择供应厂订购原材料，既要考虑供应厂的基本情况、财务情况，还要考虑原材料质量、交货速度、价格等。因此为帮助企业选择厂家，供应厂文件除反映供应厂规模、年销售额、年利润等情况外，还要反映供应厂产品的情况。为此供应厂文件包括供应厂主文件和供应厂产品文件，其文件形式如表 8.1 和表 8.2 所示。

表 8.1 供应厂主文件

供应厂名称	供应厂编号	厂址	年销售额 /10^3 元	年利润 /10^3 元	类型	职工人数	账号	电话	……
⋮	⋮	⋮	⋮	⋮	⋮	⋮	⋮	⋮	⋮

注：表中“类型”包括部属、省属、市属等

表 8.2 供应厂产品文件

供应厂编号	产品名称	规格	单位	价格	质量	交货周期/天	备件服务	……
⋮	⋮	⋮	⋮	⋮	⋮	⋮	⋮	⋮

注：表中“质量”为省优、部优等；“备件服务”为好、较好等

管理人员可利用系统的查询软件，获得某种产品各供应厂家的规模、销售情况、产品质量、交货速度、价格等信息，同时分析与本企业的成交额占其总销售额的比例，以选择合适的厂家订购。

人力资源文件反映劳动人力资源情况，以帮助企业挑选人才。文件形式如表 8.3 所示。

表 8.3 劳动人力资源文件

单位名	单位号	地址	输入人才数	专业	技能	特长	学历	经历	业绩	……
⋮	⋮	⋮	⋮	⋮	⋮	⋮	⋮	⋮	⋮	⋮

8.3 工艺标准子系统

工艺标准子系统是实现管理科学化的关键。其主要功能是建立提供产品生产工艺、生产效率和生产能力等方面的文件。这些文件描述了每一件产品的构成及加工步骤，各道工序的工时定额和经济生产批量，现有职工及设备情况等。它是制订各类生产计划和财务计划的根据，也是生产控制、质量控制、成本控制、库存控制的标准。工艺标准子系统需要建立产品结构文件、工艺流程文件、定额文件、期量标准文件、资源文件。

1. 产品结构文件

产品结构文件由产品结构图产生。产品结构图描述了产品组成部件及其组成部件之间的结构关系，是一个如图 8.2 所示的层次型结构。

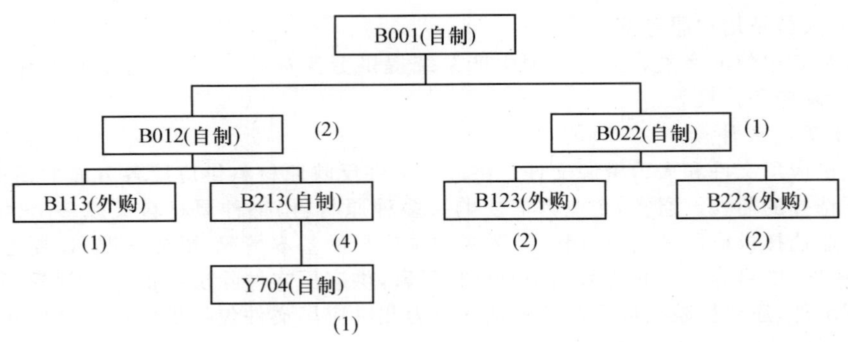

图 8.2　产品结构示意图

注:方框旁的数字表示部件的数量

由图 8.2,产品结构文件可描述为表 8.4。

表 8.4　产品结构文件示例

上层部件号	本层部件号	数　量	获得方式
B001	B012	2	自制
B001	B022	1	自制
B012	B113	1	外购
B012	B213	4	自制
B022	B123	2	外购
B022	B223	2	外购
B213	Y704	1	外购

2. 工艺流程文件

工艺流程文件描述某种成品(或零部件)由原材料投入到生产出产品的整个生产过程。表 8.5 是一个工艺流程文件的示例,描述的是产品 B213 的工艺流程。

表 8.5　工艺流程文件示例

工序号	工序名称	材料号	产品号	车间号	设备名称	设备号	工　种
B213-1	锻造	Y704	D	1	锻床	D614	锻工
B213-2	粗车加工	B213D	Z	3	车床	C331	车工
B213-3	精车加工	B213Z	J	3	车床	C264	车工
B213-4	热处理	B213J	R	2	热处理炉	RW－01	热处理工
B213-5	磨光	B213R	B213	3	磨床	M621	磨工

3. 定额文件

定额是在生产经营活动中,对人力、物力的利用或消耗规定应遵守或达到的标准,如工时定额是指生产单位产品或完成单位生产任务的时间消耗标准量。工艺标准子系统中的定额文件有工时定额文件、材料消耗定额文件、固定资产利用定额文件。这些定额文件是生产管理人员安排生产进度、控制材料成本和人工成本的重要依据。

4. 期量标准文件

期量标准是指生产作业计划中的生产期限和生产数量经过科学计算得到的一套标准数据。期量标准是编制生产计划的依据。

工艺标准子系统建立了生产批量文件、生产间隔期文件、生产周期文件等期量标准文件。

生产批量文件记录了每种产品(包括成品和在制品)的经济生产批量。确定生产批量大小

需考虑两点：有利于提高生产效率、减小流动资金的占用。于是生产批量的最佳值

$$Q=\sqrt{\frac{2N\times a}{C\times b}} \tag{8.1}$$

其中，N为全年计划产量；C为单位产品成本；a为一次的设备调用费；b为一年的存货保管费。生产间隔文件记录了前后两批相同制品投入间隔的时间。生产周期文件记录了各种产品从原材料投入生产到成品生产出为止的生产时间。

5. 资源文件

工艺标准子系统建立了职工文件、固定资产文件等资源文件。

职工文件用于进行作业分配、计算产品成本和发放工资等。职工文件如表8.6所示。

表8.6　职工文件示例

职工号	姓　名	性　别	出生年月	工作部门	文化程度	职　别	工　种	工　资	……
⋮	⋮	⋮	⋮	⋮	⋮	⋮	⋮	⋮	⋮

固定资产文件用于生产信息系统估算最大生产能力负荷，编制生产计划；也用于财务信息系统计算折旧额和核算成本。固定资产文件如表8.7所示。

表8.7　固定资产文件示例

职工号	设备名称	出厂号	制造厂	出厂日期	原始价值	开始使用时间	使用单位	每周最大负荷/小时	折旧率	……
⋮	⋮	⋮	⋮	⋮	⋮	⋮	⋮	⋮	⋮	⋮

8.4　内部数据记录子系统

内部数据记录子系统是一个生产状态记录系统，它利用数据收集网（数据收集网是由一台主机、若干台现场计算机加上终端组成的联机分布系统，见图8.3）产生有关三大资源（原材料、设备、人员）利用情况的数据，如原材料到货、职工出勤、设备使用、产量统计等。经过编辑、组织，产生各种暂时文件及统计文件。

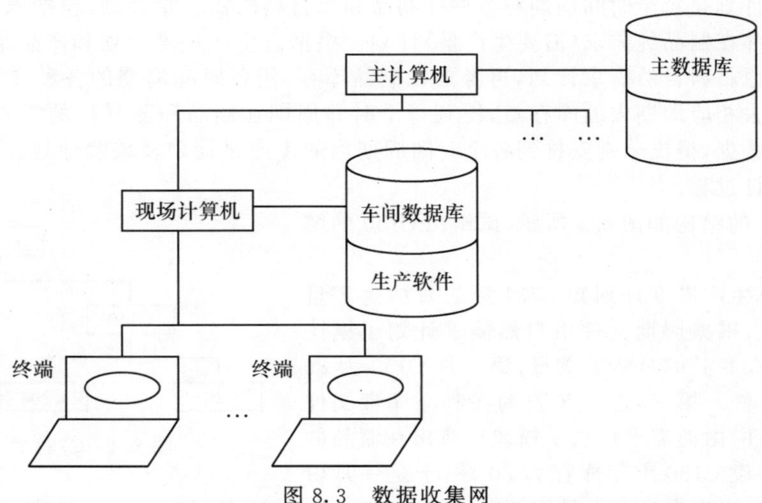

图8.3　数据收集网

该系统产生的暂存文件有原材料当日内入库文件、原材料当日内出库文件、当日内产量报告文件等。表8.8是一个原材料当日内出库文件，记录了原材料仓库一天内出库情况。

表 8.8 原材料当日内出库记录

原材料号	出库量	领取单位	领取人	仓库管理员	仓库送货员	出库单编号	……
⋮	⋮	⋮	⋮	⋮	⋮	⋮	⋮

表 8.9 是一个当日内产量报告文件，来自于生产车间各工作岗位终端的成品和在制品产量数据。

表 8.9 当日内产量报告文件(一车间) ×月×日

职工号	产品号	使用设备号	合格品数量	不合格数量	在产数量
⋮	⋮	⋮	⋮	⋮	⋮

表 8.10 月人工工时统计文件

职工号	正常工时	加班工时
⋮	⋮	⋮

统计文件包括月人工工时统计文件、月产品工时统计文件、月产量统计文件、月出勤统计文件等。表 8.10 是一个月人工工时统计文件。系统根据这一系列的统计文件计算出各类综合分析指标，如根据月人工工时统计文件和月出勤统计文件，计算出勤利用率、工时损失率等。

8.5 生产计划子系统

1. 系统功能

该子系统具有编制和调整总生产进度计划、材料需求计划、生产能力需求计划、生产作业计划的能力。

1) 总生产进度计划

总生产进度计划是按某种时间周期(月或周)对一年内的各种产成品的生产数量予以安排。它是由工艺标准子系统建立的有关文件，根据销售计划(由市场信息系统的市场组合子系统制订)，考虑生产的平稳性、生产批量、资源限制、成品库存等约束因素，在管理人员参与下制订出的。总生产进度计划尽量满足销售计划。

2) 材料需求计划

材料需求计划是每个时间周期对各种在制品和原材料的需求量计划，包括原材料自然需求(需要量)计划和在制品纯需求(需要生产量)计划。根据总生产进度计划和产品结构文件、生产周期文件产生原材料自然需求计划，再考虑在制品库存，用各时间周期的各种在制品和原材料的自然需求减去相应周期内的库存量，得到每个时间周期在制品和原材料的需要生产量，进而根据生产批量数据，得出分别安排到各个时间周期内的生产量计划及采购计划。下面举例说明纯需求计划制订过程。

产品 C731 的结构如图 8.4 所示，试给出 C150 的纯需求计划。

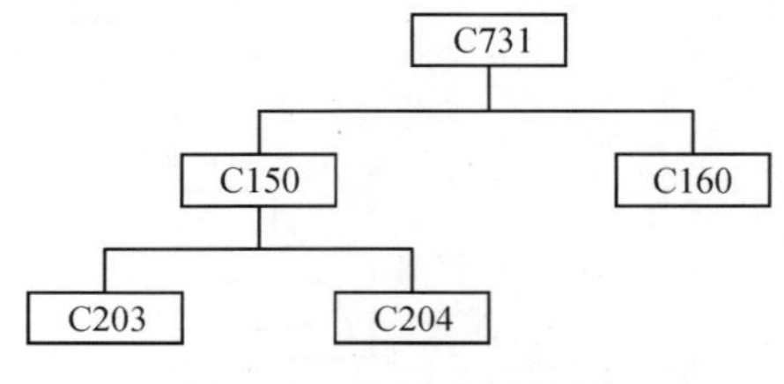

图 8.4 C731 产品结构

第一，由总生产进度计划知 C731 第二月的生产量为 40 件。第二，根据周期文件由自然需求计划子模块计算出第一层在制品的自然需求量；第一月 C150 为 80 件，C160 为 40 件。第三，进一步查询在制品库存文件和生产批量文件，由纯需求计划子模块计算出在制品的纯需求计划；假设 C150 上年库存为 30 件，于是一月份只需生产 50 件；再根据生产批量作调整，假设生产批量为 90 件，则 C150 的纯需求计划为 90 件。

3) 生产能力需求计划

生产能力需求计划是对机器设备和直接劳动人员的需求计划。由工艺流程文件、定额文件确定出各类在制品和成品的纯需求计划所必需的人员和设备，即初始能力需求计划；再根据固定资产文件和职工文件提供现有设备的人员情况，制订出在现有生产能力允许条件下的生产能力需求计划。

4）生产作业计划

生产作业计划是企业在短时期内组织生产活动的具体执行计划。它规定每个车间的每个工人和每台设备在每个时间周期（旬、周、日）内的生产任务。生产作业计划以材料需求计划和生产能力需求计划为基础，依据职工文件、固定资产文件、定额文件等制定。

2. 系统结构

生产计划子系统的系统结构如图 8.5 所示。

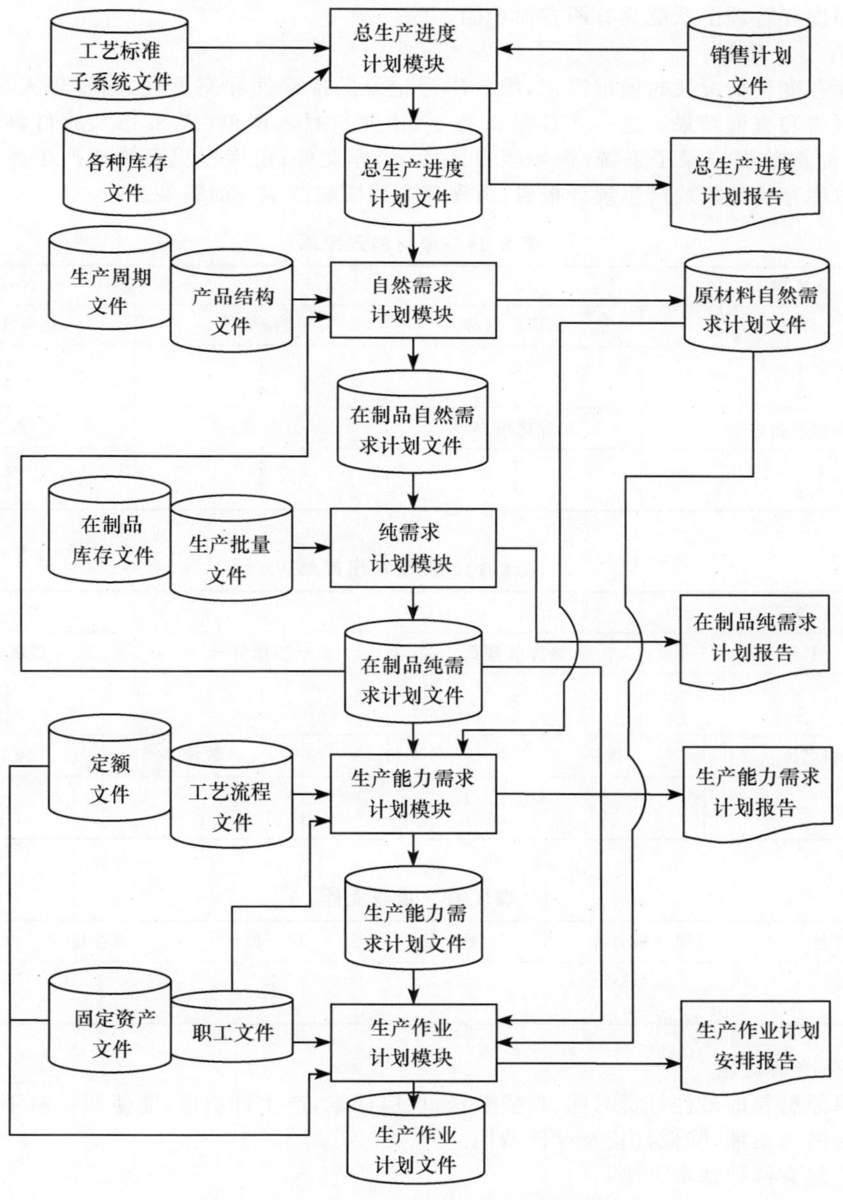

图 8.5　生产计划子系统系统结构

8.6 库存子系统

库存子系统提供:原材料库存管理,即选择最佳订货时间和订货数量,在保证生产需求的同时降低库存管理费;在制品库存管理,即合理制定储备定额,以使前后两个车间或两道工序之间既有缓冲余地,又避免积压;成品库存管理,即在满足销售计划的基础上合理地调节市场需求与生产平稳性间的差异。

本节仅介绍原材料库存管理子系统。

1. 系统功能

原材料库存管理子系统具有两方面功能。

1) 库存会计功能

能对库存变化情况及时做出簿记,维护库存记录的准确性和完整性,向管理人员提供各种库存统计报告和查询结果。这一工作的流程是:由原材料入库单(表 8.11)、原材料出库单(表 8.12)进入内部数据记录子系统,产生当日入库、出库文件;由库存更新模块产生库存文件(表 8.13);再由库存统计模块产生统计报告;由库存查询模块产生查询结果。

表 8.11 原材料入库单

入库单			No. ···
日期	供应厂名称	质检单号	仓库管理员
⋮	⋮	⋮	⋮
原材料名称	规格	单位	数量
⋮	⋮	⋮	⋮

表 8.12 原材料出库单

出库单			No. ···
日期	仓库管理员	仓库送货号	领取单位
⋮	⋮	⋮	⋮

原材料名称	规格	单位	数量	领取人
⋮	⋮	⋮	⋮	⋮

表 8.13 库存文件

原材料号	原材料名称	规 格	单 位	库存量	……
⋮	⋮	⋮	⋮	⋮	⋮

2) 库存控制功能

能选择原材料的最佳订货时间、订货数量、供应厂家,产生订货单;能使原材料不缺不压,降低流动资金的占用额,降低订货及存储费用。

库存控制有两种基本方法:

方法 1:定量库存控制法。该方法运用订货点公式,即

$$订货点 = 备运时间需求量 + 安全库存 \tag{8.2}$$

其中,备运时间需求量是指在正常情况下从订货到原材料进厂的这段时间内的需求量;安全库存是为应付备运时间内需求量的变动和运达误期以及材料因不合要求而退货所建立的储备。

方法 2:定期库存控制法。它是以固定的订货周期为基础的一种库存控制方法。该方法使用订货量公式提出订货。订货量公式如下:

$$订货量 = 订货周期需求量 + 备运时间需要量 + 安全库存 - 实际库存 \tag{8.3}$$

其中,订货周期需求量是指两次订货间隔时间的需要量;备运时间需要量与式(8.2)相同;安全库存包括备运时间内需要量的变动及整个订购周期内需要量的变动。

该系统采用定量库存控制方法。由三个模块实现库存控制功能:

(1) 订货量模块。利用 EOQ(经济订购批量)模型,确定每一种原材料的订货量:

$$\mathrm{EOQ} = \sqrt{\frac{2 \times 年订购总量 \times 一次存储费用率}{原材料单价 \times 年存储费用率}} \tag{8.4}$$

其中,年订购总量可根据原材料自然需求计划和库存文件计算出;一次存储费用率和原材料单价从供应厂文件中获得;年存储费用率一般为平均库存价值的 20%～25%。

(2) 订货点模块。

利用订货点公式求出订货点。首先由供应厂文件选择适宜的供应厂,并根据该供应厂的备运时间和平均交货误期天数计算出安全库存量;然后由原材料自然需求计划提供的备运时间内的需要量,使用式(8.2)计算出订货点。将订货点和库存文件提供的实际库存进行对比,倘若库存量低于订货点时,便发出订货申请。

(3) 订货单模块。

该模块主要是产生订货单。表 8.14 是一个订货单示例。订货单中的原材料名称和需用日期由订货申请提供。订货数量由订货量文件提供(也可结合具体情况,由管理人员参考确定)。其他数据来自于供应厂文件。同时还产生已发订单文件,用来检验各供应厂是否按时交货。已发订单文件如表 8.15 所示。

表 8.14　订货单

<table>
<tr><td colspan="5">订货单</td><td>No. …
×年×月×日</td></tr>
<tr><td>厂址</td><td>联系人</td><td>开户银行</td><td>账号</td><td>电话</td><td>需用时间</td></tr>
<tr><td>⋮</td><td>⋮</td><td>⋮</td><td>⋮</td><td>⋮</td><td>×年×月×日</td></tr>
<tr><td>品名</td><td>规格</td><td>单位</td><td>订货数量</td><td colspan="2">备注</td></tr>
<tr><td>⋮</td><td>⋮</td><td>⋮</td><td>⋮</td><td colspan="2">⋮</td></tr>
</table>

表 8.15　已发订单文件

订单号	原材料号	单　位	订货数量	订货日期	要求交货日期	供应厂号
⋮	⋮	⋮	⋮	⋮	⋮	⋮

2. 系统结构

库存子系统系统结构如图 8.6 所示。

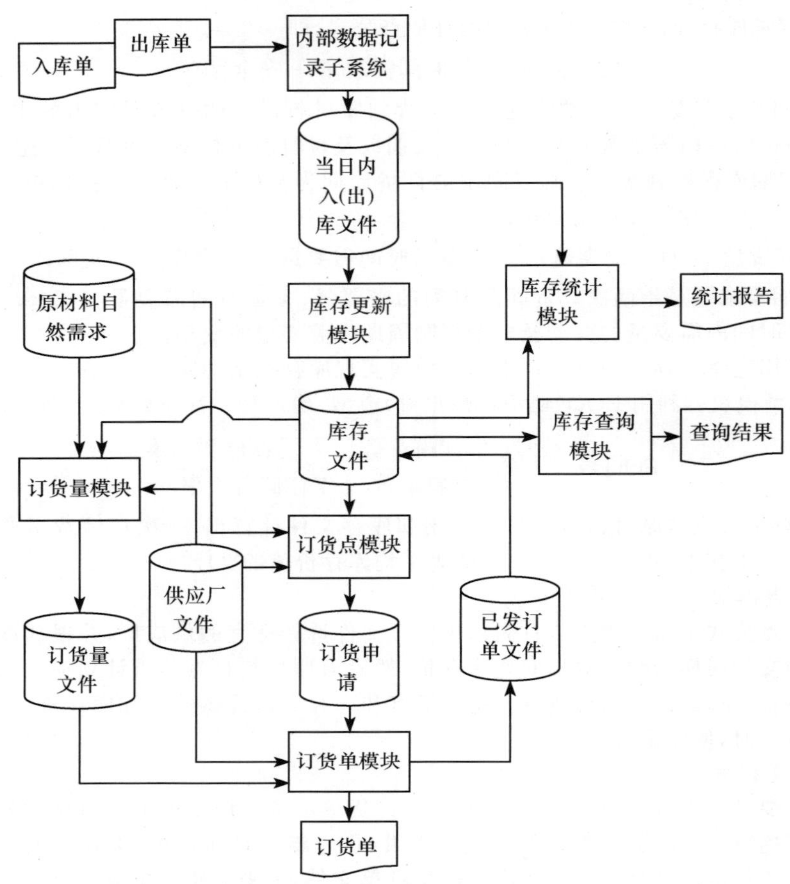

图 8.6　库存子系统系统结构

8.7　生产控制子系统

1. 系统功能

生产控制是指从投入原材料开始到生产出成品为止的整个生产过程的各个阶段的日常作业分配、进度检查和生产调度。生产控制子系统的功能是提供作业分配(根据生产作业计划确定当天的生产作业安排,即给工人派工)、进度检查(用来检查实际与计划的差异)、生产调度(用来调整作业进度或修改生产作业计划)。

生产控制子系统是一个实时控制系统,为实现上述功能,它由三个模块构成:

(1) 作业分配模块。这是指从生产作业计划中取出当天的作业计划,结合设备现状及人员情况,做出当天生产作业安排,包括工人当天承担的任务、使用设备的编号、使用的原材料及工艺等方面的要求。工人上班后,待识别卡插入本岗终端,终端即显示如表 8.16 所示的派工命令,这是该工人当天的生产任务。同时该子系统还向库存子系统发出材料申请。

表 8.16　终端下达的派工命令

职工号　0082　　　　×年×月×日

工作号	使用设备号	材料号	产品号	单　位	产　量	所用图纸编号	标准工时/分
01	D614	Y704	B213D	件	15	J-24	144
02	D614	Y703	C630	件	10	J-25	150

(2) 作业评价模块。这是指根据内部数据记录子系统提供的数据，随时显示按产品、人员或设备情况统计的生产状态报告；利用当日产量报告、工时统计及生产作业安排，按天做出实际进度与生产计划的比较报告。

(3) 作业调度模块。这是指将采取一定措施(如重新分配计划，又如安排加班或调整计划等)把实际生产与计划之间的偏差限制在最低限度。

2. 系统结构

生产控制子系统的系统结构如图 8.7 所示。

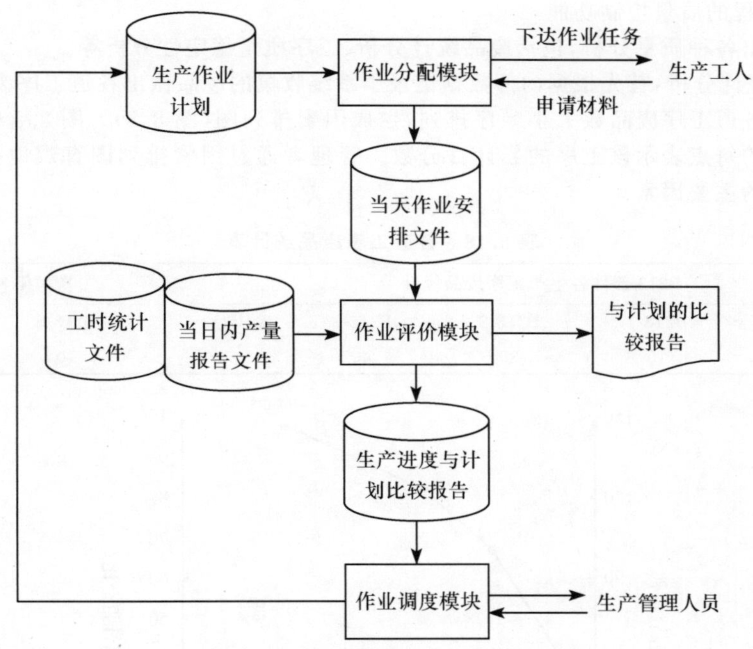

图 8.7　生产控制子系统系统结构

8.8　质量控制子系统

1. 系统功能

质量控制子系统实现从物质供应，经历生产过程，最后延伸到用户使用过程的每个环节的质量控制。该子系统提供了三方面功能。

1) 原材料质量控制功能

该功能主要是订货前对供应厂进行质量评价，提交供应厂质量分析报告。评价方法是依据以下两个指标：

$$\text{材料质量指标} = \frac{\text{接收订货次数(合乎质量要求)}}{\text{订货总次数}}$$

$$\text{交货速度指标} = \frac{\text{按期交货次数}}{\text{订货总次数}}$$

再按企业管理者对这两个指标的重视程度规定两个相应的权数，给各供应厂评分。假设两个指标的权数分别为 60 和 40，于是

$$\text{供应厂分数} = 60 \times \text{材料质量指标} + 40 \times \text{交货速度指标}$$

系统产生供应厂质量分析报告，如表 8.17 所示。

表 8.17 供应厂质量分析报告

原材料名称：		×××	
供应厂名称	订货总次数	成交额/10^3 元	分数
标准件一厂	10	8	92
标准件二厂	28	87	89.7
⋮	⋮	⋮	⋮

2）生产过程的质量控制功能

该功能做出各种质量分析，包括废品统计分析、工序质量稳定性分析等。

(1) 废品统计分析：首先根据内部数据记录子系统收集的废品做出各道工序废品统计表（表 8.18）；然后按各道工序废品数大小顺序排列，生成因素排列图（图 8.8）。图 8.8 中曲线为巴特雷曲线。曲线的每点表示该工序的累计百分数。管理者通过因素排列图直观地找出该时间周期内引起废品的主要因素。

表 8.18 各道工序废品统计表

B213 部件各生产工序废品统计					××年×月×日	
工序号	B213-1	B213-2	B213-3	B213-4	B213-5	合计
废品数/件	10	30	60	10	40	150

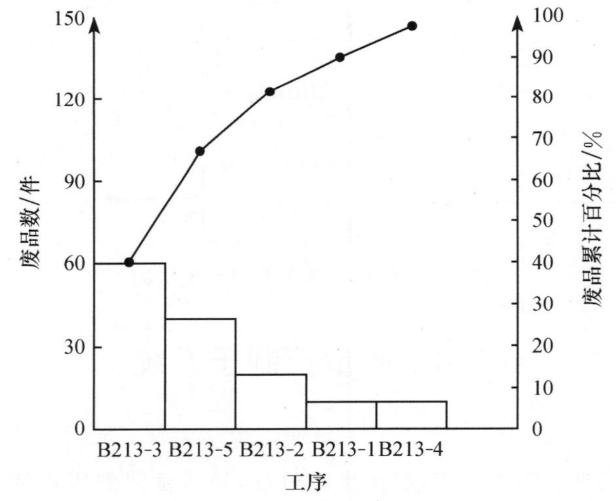

图 8.8 因素排列图

(2) 工序质量稳定性分析：用质量控制图方法分析和判断工序质量的稳定性。具体步骤是：首先根据内部数据记录子系统提供的一些工序的定期抽样数据，计算出控制图的上、下控制界限和中心线；然后按时间顺序将收集的检验数据用点表示出来。图 8.9 是某工序质量控制图的例子。

3）使用过程中的质量控制功能

产品质量归根到底是满足用户需求的程度，系统为了不断改进产品、赢得更大的市场占有率，必须进行使用过程中的质量控制。该功能根据用户反馈文件，通过质量报警模块，产生报警报告；根据用户反馈文件、服务部门统计文件，通过归纳统计模块，产生用户使用效果和改进要求报告。

2. 系统结构

质量控制子系统的系统结构如图 8.10 所示。

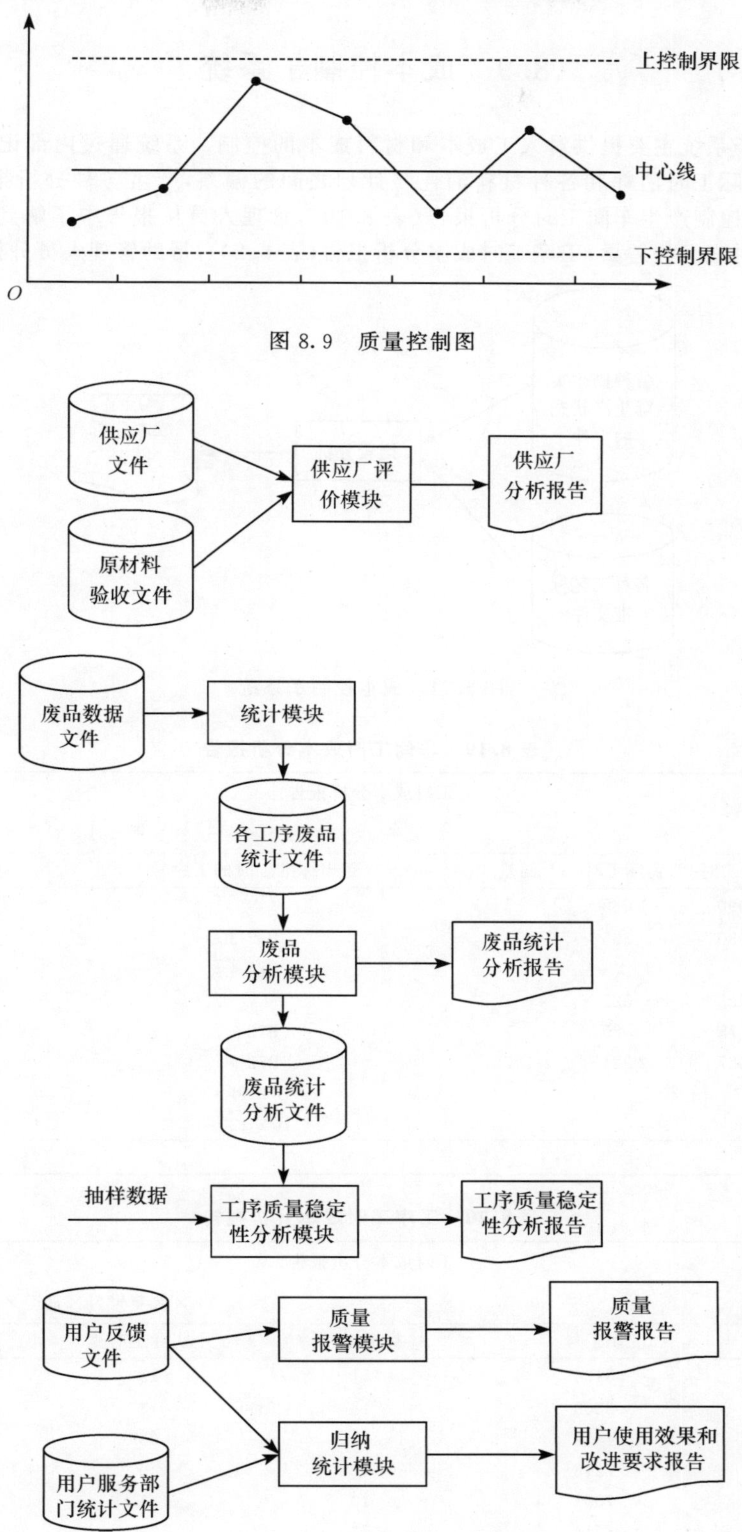

图 8.9　质量控制图

图 8.10　质量控制子系统系统结构

8.9　成本控制子系统

成本控制子系统主要提供对人工成本和材料成本的控制。系统通过内部记录子系统提供的数据，计算实际工时消耗和各种材料消耗与计划之间的偏差，产生各种分析报告（图 8.11）。例如，人工成本控制产生车间工时分析报告（表 8.19），管理人员从报告中了解到每个车间实际工时和标准工时之间的差异；工序工时成本分析报告（表 8.20），帮助管理人员分析原因。

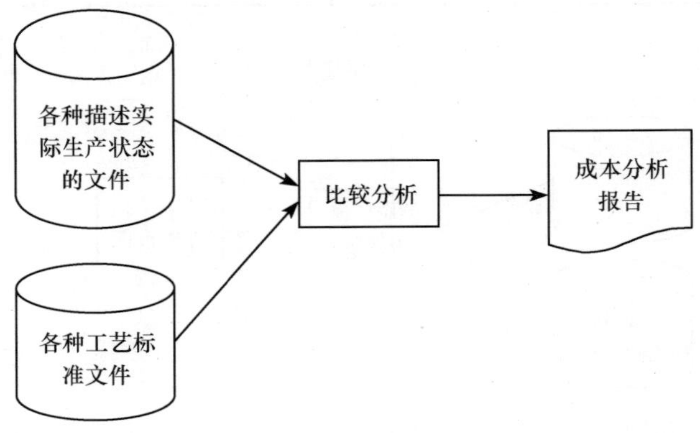

图 8.11　成本控制子系统

表 8.19　车间工时成本分析报告

工时成本分析报告

××年×月×日至××年×月×日

车间号	标准工时	实际工时	偏差	超出标准工时的工序号	超出标准工时数
1	1 090	1 085	−5		
2	330	365	35	B72-3	10
				B72-4	25
3	523	522	−1		
4	78	85	7	B72-7	7
5	2 027	2 224	197	B72-9	23
				B72-11	127
				B72-12	47
合计					239

表 8.20　工序工时成本分析报告

工时成本分析报告

车间号 2　　××年×月×日至××年×月×日

工序号	职工号	标准工时	实际工时	偏差
B72-3	3124	11	13	2
	3309	18	18	0
	4419	62	65	3
	7218	42	40	−2
	7301	10	11	1
	8514	73	79	6
合计				10

小　　结

生产信息系统为生产管理者提供各类信息，帮助生产管理者做出进度控制决策、成本控制决策、库存控制决策、质量控制决策等各类生产控制决策。

生产信息系统模型有五个输出子系统，即：生产计划子系统，做出各个层次、各个部门的各类生产计划；生产控制子系统，监督生产计划的落实和执行；库存子系统，根据库存数量和库存控制指标提出各类采购需求；质量控制子系统，分析从原材料到成品的质量水平；成本控制子系统，向管理者提供生产各阶段的实际成本与计划的偏差。这五个输出子系统需要的数据来源于三个输入子系统：工艺标准子系统，收集企业内部有关生产工艺、技术标准、效率和生产能力方面的数据；内部数据记录子系统，收集正在发生的所有生产方面的数据；生产情报子系统，从环境中收集与生产资源有关的数据，主要是原材料供应厂家和劳动力市场方面的数据。

习　题

1. 什么是生产信息系统？
2. 生产信息系统模型包括哪些输入子系统？
3. 各输入子系统有何功能？
4. 生产信息系统模型包括哪些输出子系统？
5. 各输出子系统有何功能？

第 9 章　财务信息系统

9.1　财务信息系统模型

现代企业都是生产经营型的企业，它们的财务管理是以财务为中心(传统生产型企业的财务管理以会计为中心)，即以发展生产、降低成本、增加盈利为目的，对资金从形成到补偿做了预测、计划、监督、控制，因此财务信息系统整体功能是合理计划、监督、核算和控制资金以支持生产和销售。让我们首先了解企业资金的运动过程。

资金是财务管理的对象，资金流是一个通过资金的筹集、使用、耗费、收回、分配等活动，连续不断的运动过程。企业的资金来源通常是政府拨款、银行贷款、企业自筹资金(投资者的投资、发行股票等)，是以货币形态表现的资金——货币资金。货币资金一部分用于购买设备，这是固定资金；另一部分用于购进原材料、支付工资和管理费，这是流动资金。企业为生产产品不断耗费流动资金(产品成本)，产品销售后实现资金回收，资金耗费得到了补偿。销售收入支付耗费后的剩余部分要缴纳税金，余下的净收入可进行资金分配。企业资金运动过程如图 9.1 所示。

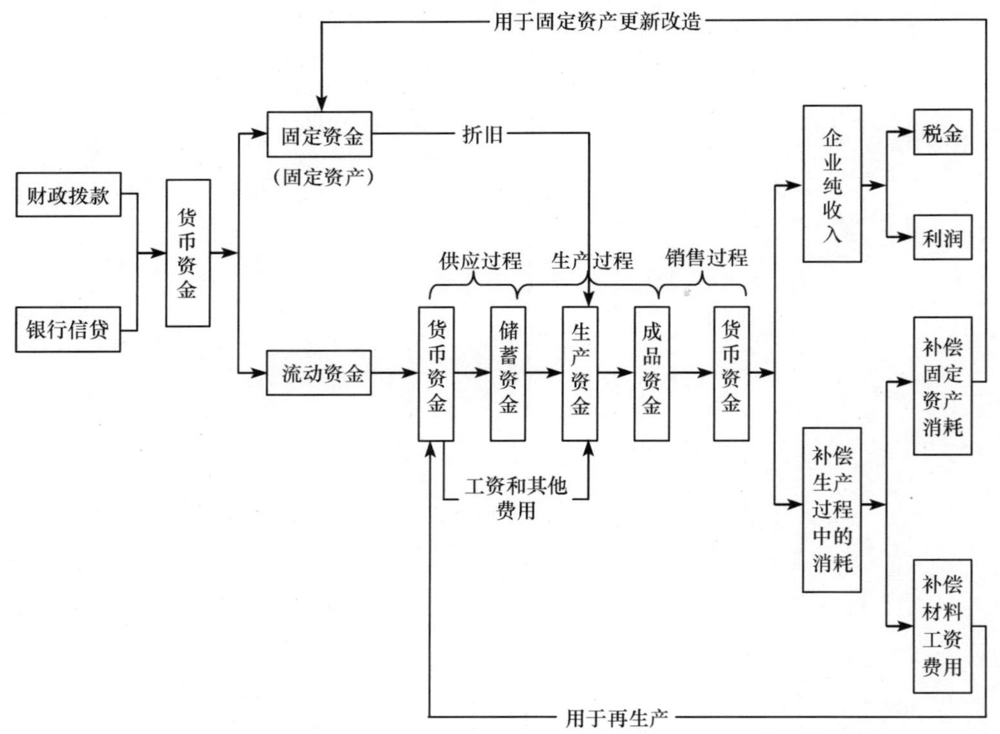

图 9.1　企业资金运动过程

财务信息系统是对资金流的描述和控制的系统，具有预测资金需用量、计划资金使用、管理资金收支、核算成本和利润、控制资金消耗等功能。其包括两个输出子系统以及四个输出子系统：

内部数据记录子系统——它将充当一名会计，接收来自环境中的各种会计单据，采用会计方法将它们记入数据库中的"账簿"；

财务情报子系统——主要是收集来自银行、政府部门、资金币市场等有关资金来源和投资机会的数据，形成各种文件，以实现财务控制。

财务计划子系统——主要是财务预算，编制流动资金计划、固定资金计划、成本计划、利润计划、财务收支计划等一整套财务计划；

资金管理子系统——提供企业近期资金流的估价报告，分析资金盈余和短缺现象，制定出一种能最大限度地发挥现有资金作用的策略；

会计核算子系统——建立"账簿"，核算收入、成本和利润，打印各种会计报表，如资金平衡表、成本计算表、利润计算表；

财务控制子系统——对资金的使用进行审核、控制和分析。

财务信息系统模型如图 9.2 所示。

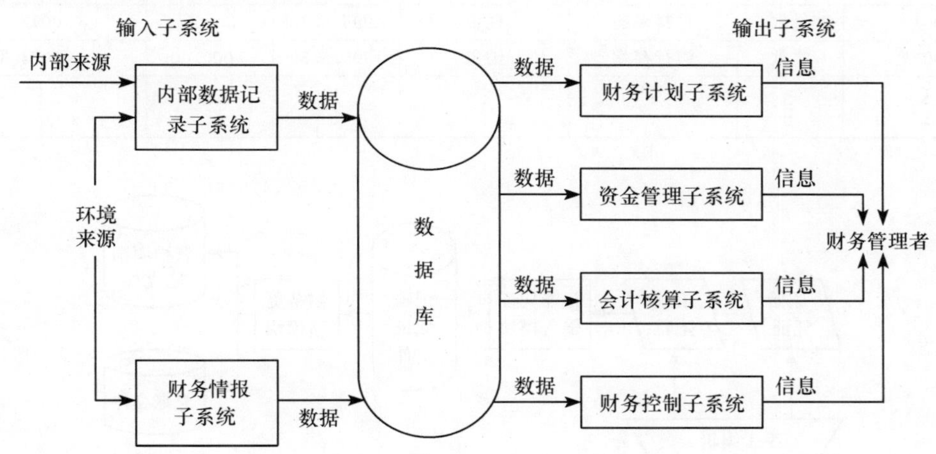

图 9.2　财务信息系统模型

9.2　财务情报子系统

财务情报子系统从环境中收集两方面财务数据：资金的供应，即为筹集资金而收集的资金来源数据，这些数据作为筹集资金的向导，以保证企业获得资金；资金的有效发放，即为确保资金的最合理的利用而收集的投资机会数据，这些数据作为制定投资决策的依据，以使企业正确选择投资目标。

由于一个企业的资金来源有多种渠道，如国家财政拨款、银行贷款、企业自筹(合资的投资者的投资、筹借资金、发行股票等)，那么利用哪种渠道、哪种筹资方式获得资金最佳呢？财务情报子系统将提供大量对资金筹集有重要意义的信息，以帮助选择最佳投资方案。

此外，企业需要把企业内部提取的资金或从特定渠道获得的资金(拨款和借款)不断进行投资，如设备改造、引进新技术、开发新产品等，以提高企业生产技术水平，发展生产，提高经济效益。为此该系统将提供投资机会方面的数据，如各种投资目标、每个目标的各种投资备选方案以及各备选方案的投资效果等方面的数据，以帮助企业确定最佳投资目标。

9.3　内部数据记录子系统

内部数据记录子系统的功能主要是收集企业经营活动中发生的会计方面的数据，为各输出子系统提供各类账务记录。具体来说具有两方面功能：账务处理和用户订货处理。

1. 账务处理

将来自各账户的收款、付款、转账的原始凭证，由会计人员进行审核，编制成收款、付款、转账三种记账凭证输入系统；系统建立记账凭证文件，如表 9.1 所示；并根据记账凭证文件中的数据，建立和更新明细账文件，明细账文件包括原材料明细账文件、产品明细账文件、应收款明细账文件、应付款明细账文件等，以及总账文件。账务处理过程如图 9.3 所示。

表 9.1　记账凭证文件

记账凭证编号	类　别	借方科目	贷方科目	日　期	发生额	原始凭证编号
001	付款	材料采购	现金	1995.6.25	50.00	0072
003	收款	银行存款	销售	1995.6.30	5 000.00	0084
⋮	⋮	⋮	⋮	⋮	⋮	⋮

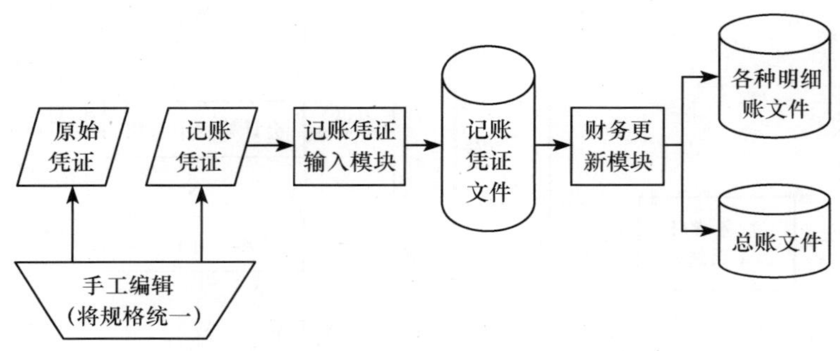

图 9.3　财务处理

2. 用户订货处理

用户订货处理主要是给用户开销货发票、催款单。系统首先将用户的订单做成订单文件；查询库存决定销货，开出销货发票给用户；再根据应收款文件开出催款单给用户，这一过程可描述为图 9.4。

其中订单文件记录了各订单的订单号、用户号、所定产品号、数量、订货日期、交货日期等数据；记账文件记录了订单中可以满足供应的项目及数量；应收款明细账文件记录着用户应付的各款项的款数和发票号等。订单输入模块给订单编号；检查用户信用状况(用户的欠账情况、付款能力)；决定是赊销还是预付款，对可以赊销接收订货的订单建立订单文件。库存查询模块(属生产信息系统中的库存子系统中的模块)根据每个订单项目检索成品库存库文件，以确定是否有足够的库存量满足订货需求。若有，便登入“记账文件”；否则，登入“等货订货文件”。记账模块根据记账文件及产品价格做出销货发票(表 9.2)，并更新应收款明细账文件。应收款账户模块检查应收款明细账文件，对欠款时间过期的用户打印催款单，同时评价用户信誉。

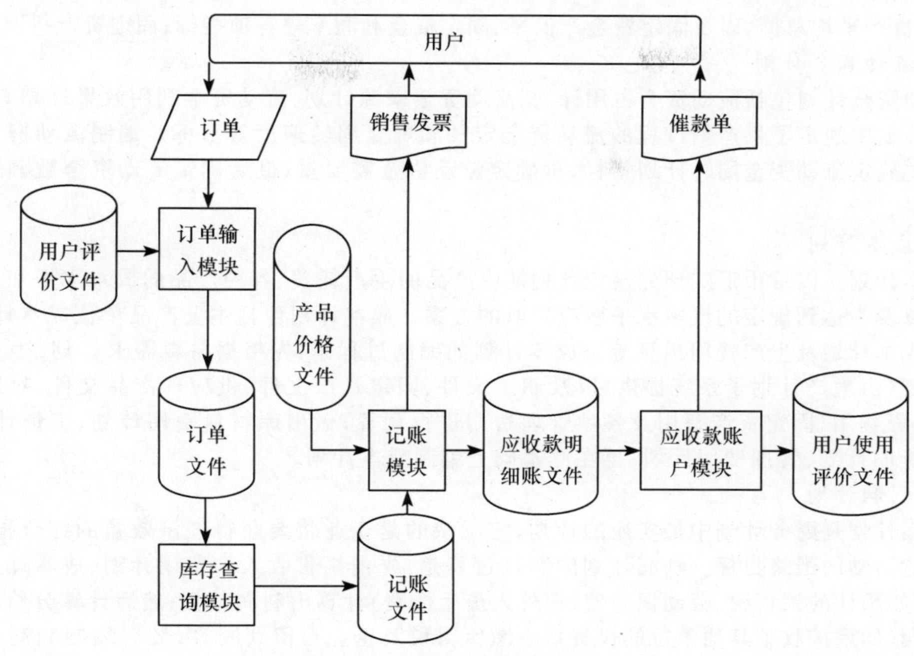

图 9.4　用户订货处理

表 9.2　销货发票示例

销货发票　　　　No. ××××

用户名称　×××　　　　××年×月×日

用户订单号　×××　　　　订单日期××年×月×日

品　名	规　格	单　位	订货数量	发运数量	单　价	金　额
备注					合计	

单位名称　×××

9.4　财务计划子系统

财务计划是用货币形式反映企业在计划期内财务活动应达到的目标。它从整个企业的盈亏情况出发,协调各个部门实现各项生产经营指标。财务计划子系统以市场信息系统的销售计划和生产信息系统提供的生产计划为基础,对销售收入、生产成本及其他各项收支进行全面预算,制订财务计划。

该系统的功能是编制固定资金计划、流动资金计划、成本计划、利润计划等一整套财务计划,并以各种预见性报表形式打印出来。

1. 固定资金计划

固定资金计划是企业在计划年度内,根据固定资金预测结果,对固定资产增加、减少、使用、损耗做出具体安排。它主要包括:固定资金利用效果计划,该计划确定计划年度的固定资产总值、固定资产平均总值，以及固定资金产值率、固定资金利润率等各项指标；固定资产折旧计划。

2. 流动资金计划

流动资金计划包括流动资金占用计划、流动资金来源计划、流动资金利用效果计划等内容，在这些计划中规定了供产销过程的流动资金定额和资金周转速度等目标。编制流动资金计划过程是先确定流动资金周转计划指标，再确定流动资金需要量，最后确定流动资金数额来源和使用效果。

3. 成本计划

成本计划是以货币形式预先规定计划期内产品的生产耗费、各种产品的成本水平和成本降低任务以及为达到规定的成本水平所应采取的方案。成本计划包括主要产品单位成本计划、商品产品成本计划及生产费用预算等。成本计划的编制过程是：先根据材料需求计划、生产能力需求计划（由生产计划子系统提供）以及职工文件、固定资产文件、供应厂产品文件，对原材料费用、工资费用、固定资产费用及各项管理费用进行预算，做出原材料费用计划、工资计划、固定资产折旧计划、管理费用计划；再在此基础上编制成本计划。

4. 利润计划

利润计划是财务计划中最实质的计划，它反映的是企业将要获得经济效益的综合指标，是企业经营活动的最终目标。利润计划的制订过程是：先由销售收入和费用计划、成本计划及有关数据（如预计的销售税、劳动保险费、编外人员生活费）计算出利润总额；然后计算分给其他单位的利润（如果接收了其他单位的投资）、应缴所得税及企业自留利润等；最后编制利润计划并打印利润计划表。其中，销售收入和费用计划（产品预期销售收入和销售过程中的包装、运输、广告等销售费用）由销售计划、产品文件的“出厂价”（各种产品销售数量分别乘以相应销售价格）及其他有关数据通过对产品的售价进行量、本、利分析，和利用回归模型对销售费用进行预测制定。利润计划的编制如图 9.5 所示。

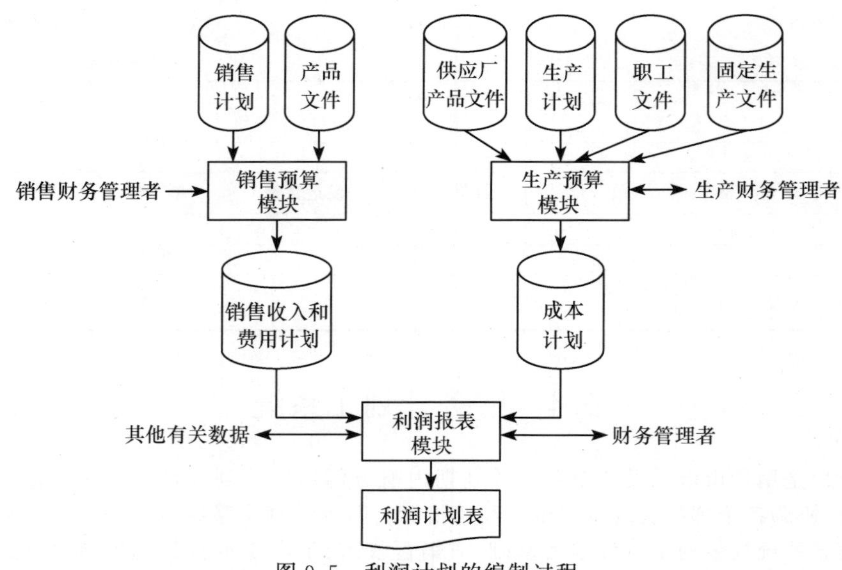

图 9.5 利润计划的编制过程

9.5 资金管理子系统

1. 系统功能

企业有一个资金流的流动过程。首先，货币资金由国家财政拨款、银行贷款或其他渠道进入企业，然后以购买厂房、设备、原材料和支付工资等形式转换为储备资金、生产资金或成品资金，随着企业产品的销售，货币资金再度形成，用以偿还贷款、缴纳税金、购买原材料、固定资产投资，又转换成不同资金形式，这便形成企业的资金流。有效地管理资金流，是使企业保持良好经营状态的关键。

资金管理子系统的主要功能是固定资金管理、流动资金管理、专用资金管理。

本节主要介绍系统的流动资金管理功能。流动资金管理是通过分析货币资金的收入和支出，制定组织货币收支活动的策略。企业的货币资金流动受多种因素影响，如购买材料是否允许赊账、产品销售后是否能立即收到款项、生产过程的长短、职工人数的多少、原材料成本占总成本的比例、产品销售量所受季节因素的影响等。系统将分析这些影响，求出资金最佳利用率。

2. 模拟法

资金管理子系统采用模拟的方法，根据不同策略，模拟全年度货币资金收支曲线，找出使货币资金收支最为平衡的策略。

下面介绍具体做法：首先系统根据全年度货币资金收支计划表，将每个月的销售收入情况绘出销售收入曲线；再由工资、原材料和其他费用计算出生产性支出，并将生产性支出绘出生产性支出曲线；再将销售费和管理费绘出销售费、管理费支出曲线。图 9.6 显示了模拟的货币资金流。

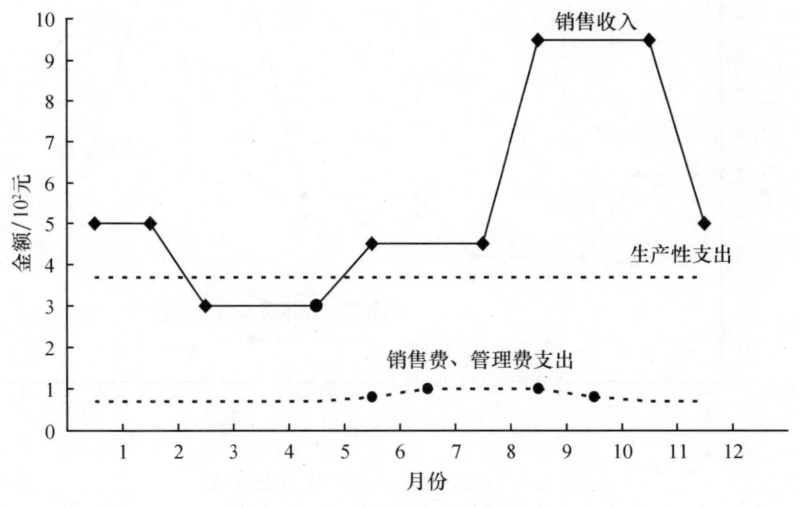

图 9.6 模拟的货币资金流

图 9.6 中显现 3～5 月份赤字。

由此提出几种方案：①春季开发新产品，增加盈利；②改变生产进度；③改变支出时间。

采用方案一开发新产品，在春季盈利的策略，已来不及，于是采用方案二，改变生产进度，假设每个月的生产量为下个月的销售量。模拟方案二对货币资金流带来的变化如图 9.7 所示。

图 9.7 表明这种方案并不理想，5～8 月份又出现赤字，生产高峰期正是销售的淡季。

于是再采用方案三改变付款时间，即实行原材料延期付款。模拟这个方案对货币资金流带来的变化如图 9.8 所示。

从图 9.8 看出，实行原材料延期付款，使每个月的货币收入基本上都大于支出，只有 6～7 月有少量的负流。这个策略还是比较好的。当然，如果不满意还可以提出新的策略再模拟。

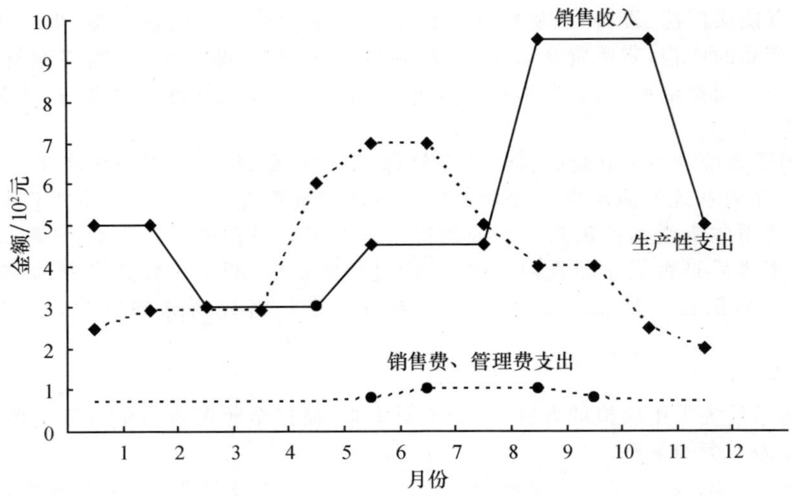

图 9.7　改变生产进度后的货币资金流

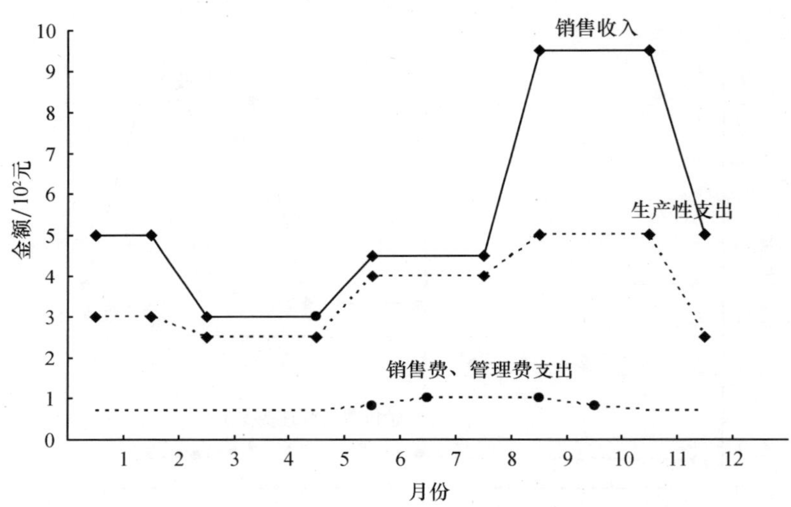

图 9.8　改变付款时间的货币资金流

9.6　会计核算子系统

会计核算子系统是财务信息系统不可缺少的,它包括所有会计职能。

会计核算子系统具有如下功能:将有关各类会计数据记录到有关明细账、总账文件上,进行固定资产核算、工资核算、原材料费用核算、成本核算以及利润核算。

1. 固定资产核算

固定资产核算使用固定资产核算模块计算企业固定资产的年、月折旧额,产生固定资产折旧核算表。折旧额计算方法有以下几种:

(1) 使用年限法。根据固定资产的使用年限,用平均的方法计算折旧。计算公式如下:$D=$

$\frac{V-V_n}{n}$，其中，D 为折旧额；V 为固定资产原始价值；V_n 为固定资产预计净残值；n 为固定资产预计使用年限。

(2) 工作时间法。将固定资产的折旧总额$(V-V_n)$除以工作时间总量 n，计算出单位工作时间的折旧额 R，然后乘以各年份所使用的工作时间数 h_t，得出各年的折旧额 D_t。计算公式如下：$R=\frac{V-V_n}{n}$，$D_t=h_t\times R$。

(3) 生产数量法。以固定资产使用时间的生产总量去除固定资产的折旧总额，求出单位生产数量折旧额，然后乘以各年份的生产数量，得出各年的折旧额。计算公式如下：$r=\frac{V-V_n}{P}$，$D_t=P_t\times r$。

(4) 余额递减法。以年初折余价值为基础，按照一定的折旧率对固定资产折旧。计算公式如下：$R=1-\sqrt[n]{V_n/V}$。

(5) 年数总和法。以应计折旧额为计提基数，在预计使用年限内固定不变，而折旧率则随着使用年份逐年更动。其计算公式如下：$R_t=\frac{(n-t)+1}{n(n+1)/2}$，$D_t=(V-V_n)\times R_t$。

固定资产核算过程如图 9.9 所示。

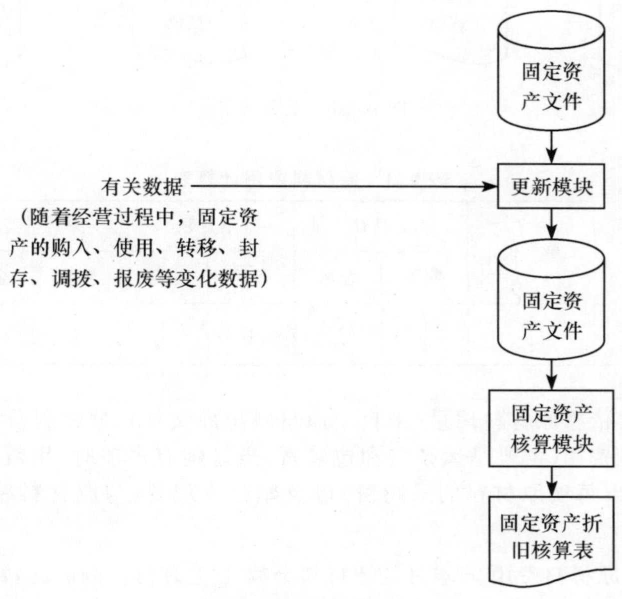

图 9.9　固定资产核算

2. 工资核算

工资核算用来计算工资、更新工资总账文件和工资明细账文件。由三个子模块组成：工资主文件子模块建立工资主文件；扣款子模块建立扣款文件；计算打印子模块，计算每个职工的实发工资，并逐级汇总，打印工资结算单和工资汇总单，同时更新总账文件和工资明细账文件。工资核算过程如图 9.10 所示。

3. 原材料费用核算

原材料费用核算产生原材料费用计算表，如表 9.3 所示。

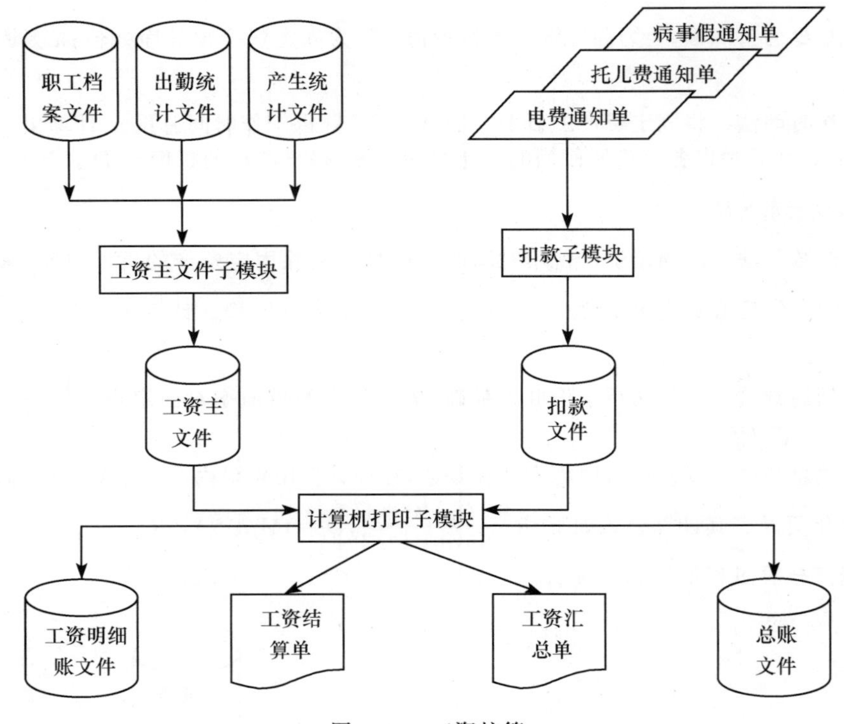

图 9.10　工资核算

表 9.3　原材料费用计算表

名　称	规　格	单　位	上月存		本月领		原材料实存		原材料入库	
			数量	金额	数量	金额	数量	金额	数量	金额
⋮	⋮	⋮	⋮	⋮	⋮	⋮	⋮	⋮	⋮	⋮

原材料费用主要依据原材料用量(来自于原材料出库文件)、原材料价格(来自于供应厂发票文件)、原材料采购费用(主要是运杂费和包装费,当订购有多项时,用数量、重量或金额作为权数进行分摊,计算出每项原材料的采购费)以及库存管理费(与原材料库存价值有关)产生。其计算公式如下:

本月原材料费用 =本月的原材料金额 + 上月留存的原材料金额
－本月剩下的原材料金额

其中,本月的原材料金额来自于本月原材料出库文件,上月留存的原材料金额来自于上月原材料费用文件,本月剩下的原材料金额来自于产量月报文件。

原材料费用计算如图 9.11 所示。

4. 成本核算

成本核算是按照产品和成本项目,汇总企业在生产经营过程中所发生的各种费用,核算产品的单位成本和各成本项目的费用总额。系统输出工厂成本计算表。一个产品的工厂成本项目主要包括原材料费用、辅助材料和包装材料费用、工人的工资和福利、车间经费和企业管理费。表 9.4 是工厂成本计算表。

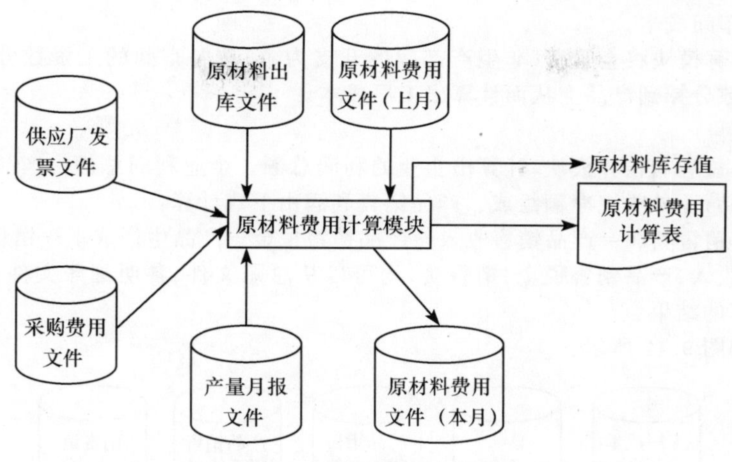

图 9.11　原材料费用核算

表 9.4　工厂成本计算表

产品名称	规格	单位	产量	工时	原材料	包装材料	工资	职工福利	燃动力	车间经费	车间成本	企管费	工厂成本	单位成本
⋮	⋮	⋮	⋮	⋮	⋮	⋮	⋮	⋮	⋮	⋮	⋮	⋮	⋮	⋮

其计算方法:①原材料:根据各种原材料消耗定额和计划单价计算。②燃动力:根据各种燃料和动力消耗定额和计划单价计算。③职工福利:先用计划期生产工人工资及福利费总额除以计划期各种产品定额工时总数,求得平均每小时的生产工人工资和福利费;然后再乘以计划期产品的工时定额,求出生产工人工资及福利费。④车间经费:先按规定的明细项目计算出车间经费总额,然后按照产品定额工时或其他分配标准分摊给各种产品,再除以该产品的计划产量,即得到单位产品的车间经费。

工厂成本核算过程如图 9.12 所示。

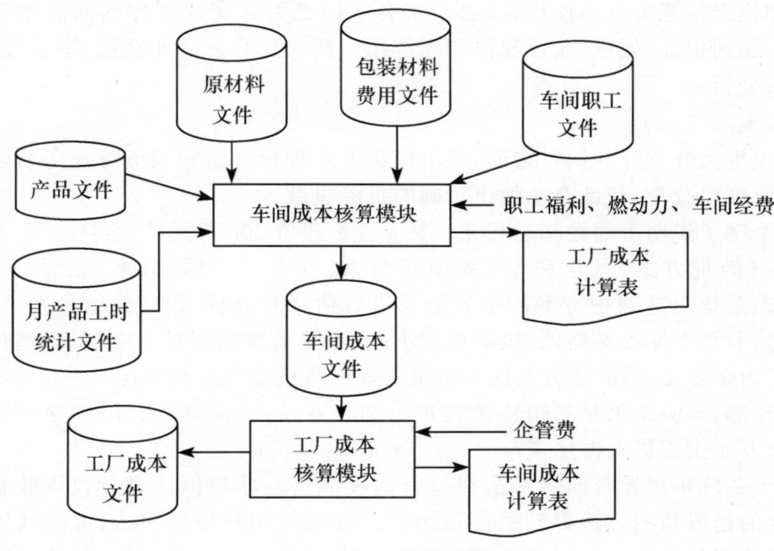

图 9.12　成本核算

图 9.12 中,车间成本核算模块将各车间职工福利、燃动力、车间经费按工时分摊到各种产品

上，从而计算出车间成本。

工厂成本核算模块将企管费(非生产部门的开支为主)按各车间的工资数分摊到各生产车间，然后按工时数分摊到产品上从而计算出工厂成本。

5. 利润核算

利润核算通过利润核算模块，计算出企业的利润总额。企业利润总额由产品销售利润加上其他销售利润和营业外收支净额组成。产品销售利润由下式计算：

产品销售利润＝产品销售收入－产品销售税金－产品生产成本－销售费

其中，产品销售收入、产品销售税金、销售费，均可以从总账文件、各明细账文件获得，产品生产成本是成本核算的结果。

利润核算如图 9.13 所示。

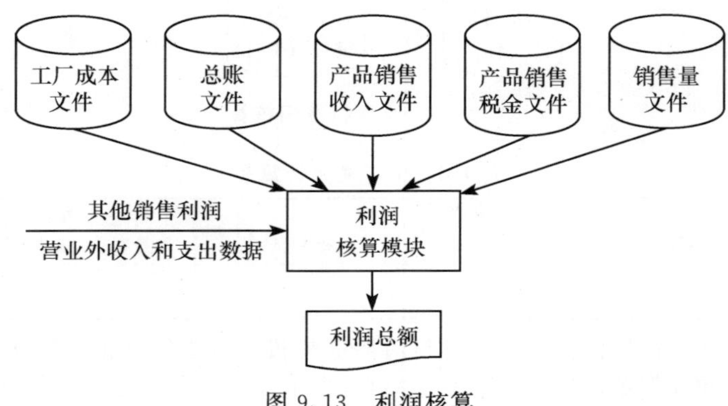

图 9.13　利润核算

9.7　财务控制子系统

财务控制子系统监督企业的财务情况，对企业财务活动进行约束和调节，使之按预定目标运行，如研究和检查每笔资金的使用情况、了解各部门是否在完成工作的同时把资金消耗控制在预算之内等，起到保证、促进、监督和协调的作用。其主要有三方面功能：事前控制、计划过程中的控制、事后分析。

1. 事前控制

在企业各项重大开支计划执行之前，采用投资方案评价方法和预测方法等科学方法对开支的合理性和效果做出分析，帮助企业做出正确的投资决策。

我们用一个例子说明事前控制过程元。某企业欲投资 300 万元扩大再生产。资金获得有两种方案：方案一(借贷方案)是年利 5%的银行贷款；方案二(股票方案)是发行 40 元的股票 75 000 张。首先系统对这两种方案的预期结果进行估计及分析，得到的结论是：①借贷方案收益高，风险也高；股票方案收益略低，风险也较小；②当年销售额超过 200 万元，则借贷方案优于股票方案；低于 200 万元，则股票方案优于借贷方案。然后管理人员再运行系统中的预测模型进一步进行销售预测，预测结果是年销售额将超过 200 万元，于是财务部门领导决定采用借贷方案，即借贷 300 万元投资扩大再生产。

财务控制子系统采用投资回收期法和投资回收率法及净现值法进行投资收益分析。采用定性、定量结合的销售预测方法得到销售预测值。首先使用趋势预测法，即时间序列预测法得到预测值；然后使用德尔菲法及专家小组的预测结果；再将两者结合，确定未来一定时间的预测值。具体做法是：首先，确定时间序列趋势变动类型，即长期趋势变动、季节性变动、周期性变动等；然后，采用指数平滑法，即

$$F_t = \alpha A_{t-1} + (1-\alpha)F_{t-1}$$

其中，F_{t-1} 为上期销售量预测值；A_{t-1} 为基期实际销售量；α 为平滑系数(加权因子)；F_t 为本期销售量预测值。再变动加权因子，得若干预测值。接着，利用专家知识和专家经验，实行群体询问、回答，得到一些预测结果。最后，利用中位数法或四点法，从定性、定量分析的预测结果中挑选一些预测值，该预测值为未来一定时期的销售预测值。

2. 计划过程中的控制

计划过程中的控制是指系统根据财务计划的各项指标，对各项开支情况进行定期检查，如利用流动资金，检查原材料、在制品、成品的储备情况；利用成本指标，检查生产中人力、物力的消耗情况等，产生各种财务分析报告提供给管理人员，以便采取相应措施。财务分析报表有：①财务状况分析报表，包括资产配置状况分析、资产运用效率分析、企业偿债能力分析；②成本费用分析报表，包括生产费用分析、全部产品成本计划完成情况分析、可比产品成本降低任务完成情况分析、主要产品单位成本分析；③产品销售和利润分析报表，包括产品销售分析、一般分析、产品销售利润分析以及利润串分析。

3. 事后分析

运用各种经济指标(常常是一些比率数)对企业一定时间周期内的经济活动过程进行分析。其包括生产经营成果分析、生产经营消耗效果分析、生产经营资金占用效果分析以及综合经济效益分析。以帮助管理人员揭露问题、发现差距、挖掘潜力和评价企业的整个经济活动。常用的比率有销售利润率和定额流动资金利润率。销售利润率表明单位销售收入所获得的利润额，是一种经营成果指标。

$$\text{销售利润率} = \frac{\text{销售利润总额}}{\text{销售收入总额}}$$

定额流动资金利润率反映定额流动资金提供销售利润的水平，是衡量经营资金占用效果的指标。

$$\begin{aligned}\text{定额流动资金利润率} &= \text{产品销售利润串} \times \text{定额流动资金周转率} \\ &= \frac{\text{产品销售利润}}{\text{定额流动资金平均占用额}}\end{aligned}$$

财务控制子系统提供的一系列经济活动分析指标是企业经营决策十分宝贵的依据。

小 结

财务信息系统是对资金流的描述和控制的系统，具有预测资金需用量、计划资金使用、管理资金收支、核算成本和利润、控制资金消耗等功能。其含有两个输入子系统以及四个输出子系统：

内部数据记录子系统——它将充当一名会计，接收来自环境中的各种会计单据，采用会计方法将它们记入数据库中的“账簿”；

财务情报子系统——主要是收集来自银行、政府部门、资金币市场等有关资金来源和投资机会的数据，形成各种文件，以实现财务控制。

财务计划子系统——主要是财务预算，编制流动资金计划、固定资金计划、成本计划、利润计划、财务收支计划等一整套财务计划；

资金管理子系统——提供企业近期资金流的估价报告，分析资金盈余和短缺现象，制定出一种能最大限度地发挥现有资金作用的策略；

会计核算子系统——建立“账簿”，核算收入、成本和利润，打印各种会计报表，如资金平衡表、成本计算表、利润计算表。

财务控制子系统——对资金的使用进行审核、控制和分析。

习　题

1. 简述企业资金运动过程。
2. 什么是财务信息系统？
3. 财务信息系统模型包括哪些输入子系统？
4. 财务信息系统模型包括哪些输出子系统？
5. 各子系统有什么功能？

第 10 章　人力资源信息系统

10.1　人力资源信息系统模型

1. 人力资源信息系统概述

人力资源信息系统(human resources information system,HRIS)是指组织或社会团体运用系统学理论方法,对企业人力资源管理的方方面面进行分析、规划、实施、调整的信息系统,旨在提高企业人力资源管理水平,使人力资源更有效地服务于组织或团体目标。

人力资源信息系统所提供的信息主要包括以下特点:

(1) 时效性。这种信息必须是最新的信息,而且要在需要的前提下及时提供给管理者和人力资源计划者。

(2) 准确性。这种信息必须是真实可靠的准确信息,主要包括信息来源要真实可靠、信息处理要真实准确、信息提供要符合要求。

(3) 全面性。这种信息不能只是片面和部分的信息,应该是全面的、完整的信息。

(4) 相关性。这种相关性主要表现在信息要相互关联、相互印证,信息提供要符合管理者的需要等。

人力资源信息系统的基本职能可细分为以下几个方面:

(1) 储存和提供常规信息。组织中的常规信息主要是按时间进度汇总的数据资料。一般来说,每周和月度的人力资源信息数据要送达经理,而季度的数据可能要送达最高管理层。

(2) 储存和提供例外信息。这种例外信息主要是指非常规的人力资源信息,包括组织外部环境、内部条件的变化对企业人力资源工作提出的新要求,是否需要招聘和选拔新员工,是否需要对员工进行新的培训等。

(3) 储存和提供所需信息。有时,组织的管理者有自己特殊的需要,要求有关方面提供特殊的人力信息。比如,管理者需要了解具有五年以上工作经验能熟练使用英语交流的工程师的数量,这时人力资源信息系统能及时提供这样的报表。

(4) 进行人力资源预测。人力资源预测主要是人力资源计划者的任务,但是有一些人力资源预测任务也可以由人力资源信息系统完成,人力资源信息系统可以根据企业产品的市场需求来预测所需员工的数量、质量和类型等。

企业要想做好内部人力资源供给的预测,首先必须要对整个企业的人力资源现状有详细、系统的了解。建立一个企业人力资源的信息系统是内部人力资源供给预测的基础和关键。人力资源信息系统有很多种,这个系统可以用人工的方式进行搜集整理,也可以是一个计算机信息系统。在现代企业,计算机信息系统已被越来越多地采用,使用计算机档案管理方法可以做到更全面、更便捷。更重要的是,它不仅仅是一个信息的集合体,还可以利用它将各种不同的数据联系起来进行综合处理。这样它就可以为不同的部门提供所需的不同信息,为企业的晋升、奖励或调动等人力资源活动提供依据,大大减轻了人力资源管理工作的负担,保证了企业内部人力资源供给的有效性和合理性。但应注意的是,计算机化的信息系统存在着比较大的泄密风险,所以,做好敏感信息的保密工作也是一个不容忽视的方面。

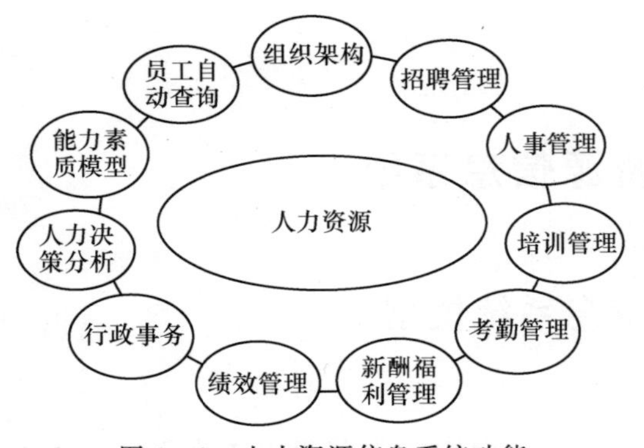

图 10.1 人力资源信息系统功能

2. 人力资源信息系统功能

人力资源信息系统除了应具有人力资源的核心工作模块外，还应整合行政事务等相关的功能，使企业人事行政管理形成一体化。其主要包括的功能有组织管理、招聘管理、人事管理、培训管理、考勤管理、薪酬福利管理、绩效管理、事务管理、人力分析和辅助决策、领导查询和员工自助等。人力资源信息系统功能图如图 10.1 所示。

3. 人力资源信息系统模型

人力资源信息系统模型如图 10.2 所示。

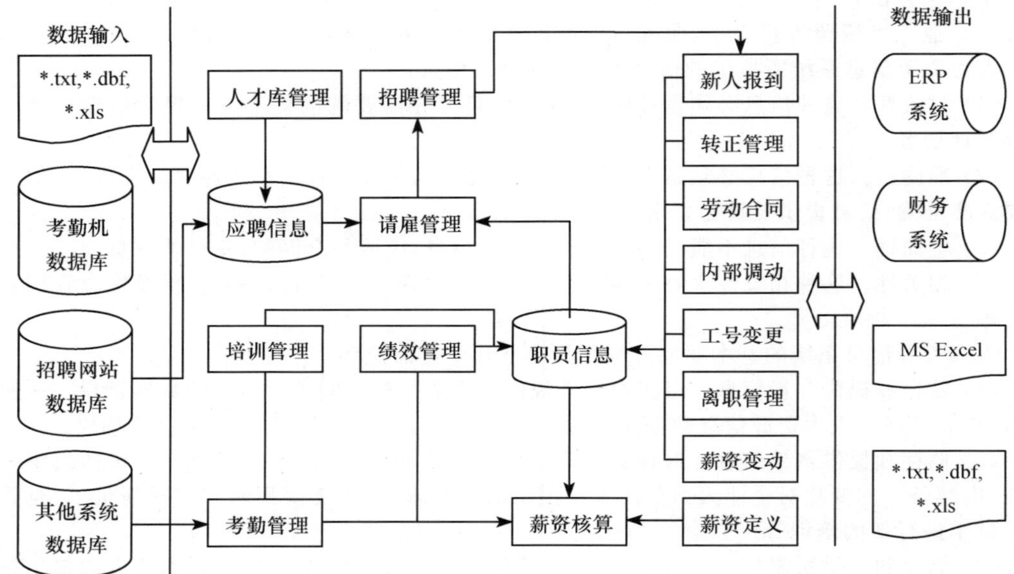

图 10.2 人力资源信息系统模型

从大的方面划分，人力资源信息系统一般包括人事管理子系统、薪资管理子系统、招聘管理子系统、培训管理子系统、考勤管理子系统、绩效管理子系统。

10.2 人事管理子系统

人事管理子系统是人力资源信息系统的基础和核心部分，包括人事档案管理和事务管理两部分内容。

人事档案管理包括对个人的基本档案管理、异动管理、家庭关系、学习经历、工作经历、奖惩管理、教育训练、大事记录、员工技能、计生档案、社保查询、员工合同管理、证件管理、个人职业规划等内容。通过详细的个人基础信息可以了解到个人详细信息，个人职业规划，即时把握员工个人职业发展方向，对企业留住员工、发掘员工潜力做辅助。

事务管理包括图书管理、奖惩记录、劳保用品、保险管理、医疗管理、公司法文法规、总经理信箱、合理化建议、每日提醒功能、差旅费管理、公司内部通知。通过上述功能员工能够即时了解到公司动态信息、提高对公司管理的参与度，使其提升主人翁精神、增强归属感，提高企业凝聚力。

人事管理子系统如图 10.3 所示。

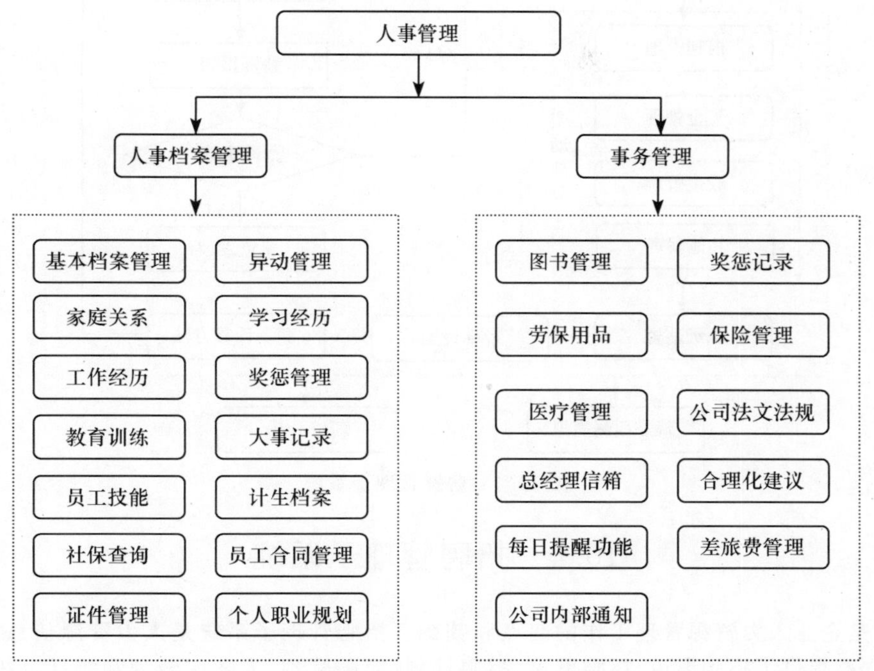

图 10.3　人事管理子系统

10.3　薪资管理子系统

薪资管理子系统可以根据企业的薪资制度、薪资结构设置企业的薪资标准体系，在发生人事变动或薪资标准调整时执行调资处理，记入员工薪资档案作为工资核算的依据；根据不同企业的需要设计工资项目、计算公式，更加方便地输入、修改各种工资数据和资料；自动计算、汇总工资数据，对形成工资、福利费等各项费用进行月末、年末账务处理，并通过转账方式向总账系统传输会计凭证，向成本管理系统传输工资费用数据。齐全的工资报表形式、简便的工资资料查询方式、健全的核算体系，为企业多层次、多角度的工资管理提供了方便。

薪资管理子系统实现企业工资核算、工资发放、工资费用分摊、工资统计分析和个人所得税核算功能。未来可以与总账系统联合使用，可以将工资凭证传输到总账系统中，与成本管理系统联合使用，可以为成本管理系统提供人员的人工费用。

薪资管理包括固定薪资、变动薪资（计时、计件工资）、职级薪资结构、税率设置、薪资结算、薪资报表、薪资实验设计。可以准确、方便地设计计算员工的保险、个人所得税，多种津贴、多种奖金、各种补贴等，灵活的薪资计算方法，完全根据企业的实际情况进行自定义，操作维护简便。并能跟其他子系统连接起来根据员工的出勤情况结合薪资计算出员工每月工资，输出各种工资报表，并可以直接导入银行系统通过银行发放工资。税率设置根据国家税收政策进行调整，通过薪资实验设计检验将要采取的薪资制度，对新的薪资制度进行准确的评估，减少企业推行新的薪资制度的风险，从而形成一个吸引人才、留住人才、激励人才的科学合理的薪资体系。

薪资管理子系统如图 10.4 所示。

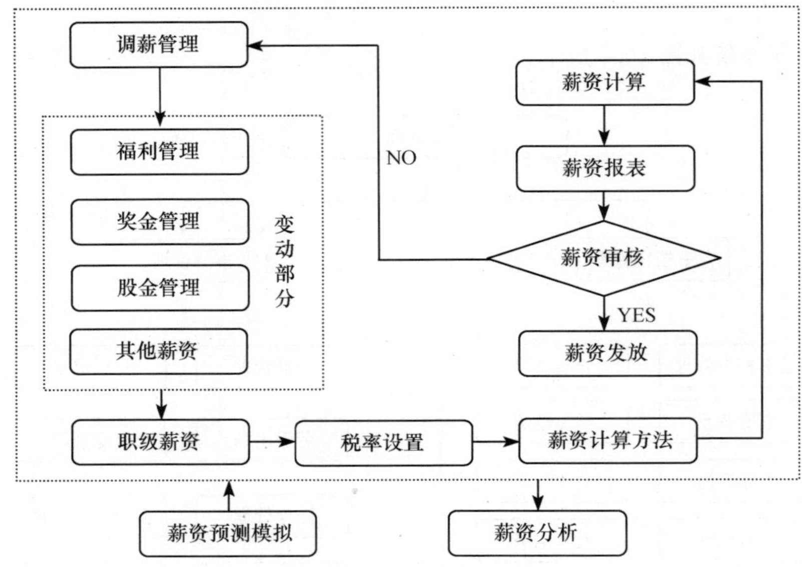

图 10.4　薪资管理子系统

10.4　招聘管理子系统

招聘是企业人力资源管理工作的起点和基础。招聘管理子系统是人力资源信息系统的重要组成部分，提供了招聘渠道、招聘需求、招聘计划、应聘管理、人才库管理和统计分析等功能，以帮助用户提高招聘工作的效率、改进招聘工作质量。

招聘管理子系统包括人才库的管理与查询、增补人员申请单、制订招聘计划、招聘计划审批、招聘信息发布、招聘简历管理、招聘面试管理、招聘录用管理、招聘成本分析等功能。通过人才储备库可以及时了解到企业内外部储备人才信息，减少招聘成本及缓解人才空缺对企业造成的危机，从战略角度为企业提供新鲜血液。

招聘管理子系统如图 10.5 所示。

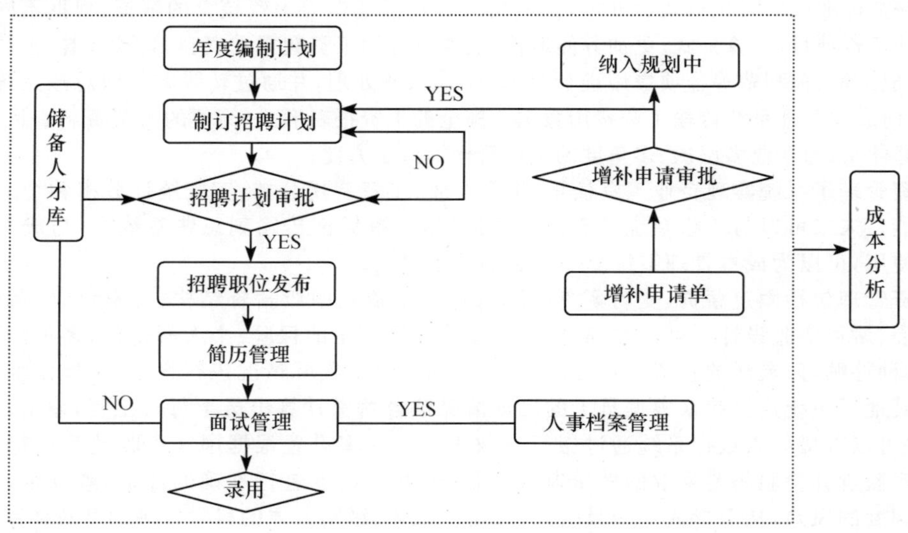

图 10.5　招聘管理子系统

10.5 培训管理子系统

培训管理包括培训需求、培训计划、培训实施、培训评估。对整个培训的流程进行跟踪管理，能够分析每次培训的投入费用，评估每次培训效果，为以后的培训提供参考，为员工理解整个企业文化和提高员工工作技能提供强有力的保障，形成企业的向心力及提高企业的竞争力。

培训管理子系统如图10.6所示。

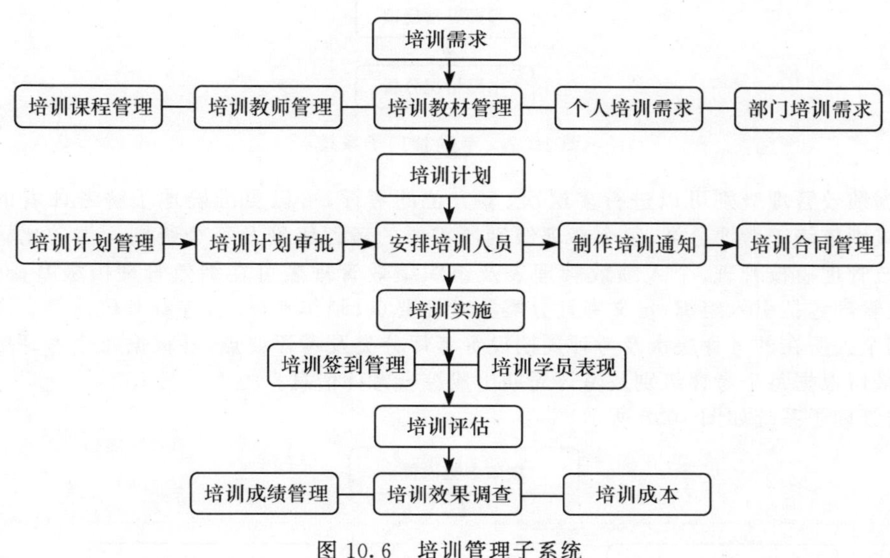

图10.6 培训管理子系统

10.6 考勤管理子系统

考勤管理子系统是人力资源信息系统的重要组成部分。该子系统用于企业进行考勤管理，并与薪资管理子系统整合，将考勤结果传递到薪资管理子系统，以便核算加班费、缺勤扣款、出差补贴、夜班津贴等薪资项目。提供考勤机接口直接导入考勤机打卡数据，通过对考勤管理子系统的配置，满足企业的考勤要求。

考勤管理用于企业员工出勤管理，它是依据企业的考勤管理制度对比员工上下班时进行设定；并可以提供任意接口的打卡数据导入；提供异地或本地的请假、加班申请与审核管理，提高企业管理效率；可以即时反馈考勤中出现的异常情况，对异常情况进行处理。考勤、请假、加班数据可以直接导入到薪酬福利系统进行计算。

考勤管理子系统如图10.7所示。

10.7 绩效管理子系统

绩效管理包括绩效参数设置、组织绩效管理、个人绩效管理、考核申诉。绩效参数设置包括：绩效指标管理，绩效指标可以根据职位绩效指标引入绩效管理指标，并可在此基础上进行增加修改；绩效周期设置；绩效层次设置，每个绩效层次有相应的绩效变量及职位；绩效管理级别

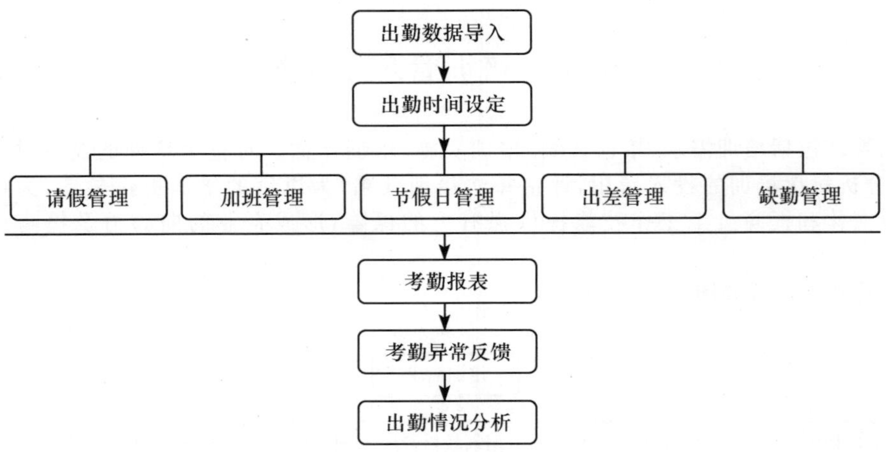

图 10.7　考勤管理子系统

管理，根据绩效管理级别可以进行多层次、多方位的考评，可以更准确地了解考评者的绩效状况，考评级别依赖于考评分类，每个考评级别所需要的考评级别及每个级别所占的比重是不一样的；绩效管理模板管理，个人绩效管理表及组织绩效管理表可在绩效管理模板基础上生成。组织绩效管理包括引入组织、定义考评分类及考评要点、制作考评表，查看考核信息。个人绩效管理根据个人所在的考评层次及考评周期设置考评分类及考评要点，并根据每个考评级别制作考评表，最后根据每个考评级别及考评周期生成综合考评信息。

绩效管理子系统如图 10.8 所示。

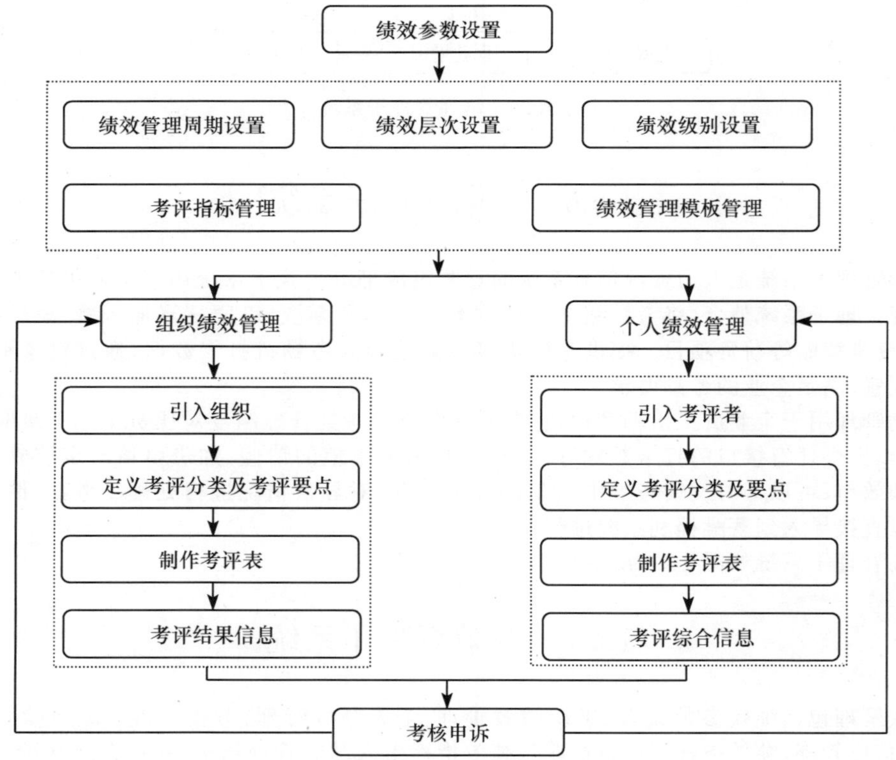

图 10.8　绩效管理子系统

小　　结

人力资源信息系统是指组织或社会团体运用系统学理论方法，对企业人力资源管理的方方面面进行分析、规划、实施、调整的信息系统，旨在提高企业人力资源管理水平，使人力资源更有效地服务于组织或团体目标。

人力资源信息系统所提供的信息具有时效性、准确性、全面性、相关性等特点。

人力资源信息系统的基本职能包括储存和提供常规信息、储存和提供例外信息、储存和提供所需信息、进行人力资源预测。

人力资源信息系统除了应具有人力资源的核心工作模块外，还应整合行政事务等相关的功能，使企业人事行政管理形成一体化，主要包括的功能有组织管理、招聘管理、人事管理、培训管理、考勤管理、薪酬福利管理、绩效管理、事务管理、人力分析和辅助决策、领导查询和员工自助等。从大的方面划分，人力资源信息系统一般包括人事管理子系统、薪资管理子系统、招聘管理子系统、培训管理子系统、考勤管理子系统、绩效管理子系统。

习　　题

1. 什么是人力资源信息系统？
2. 人力资源信息系统所提供的信息具有什么特点？
3. 人力资源信息系统经历了怎样的发展过程？
4. 人力资源信息系统一般包括哪几个子系统？
5. 人力资源信息系统每个子系统的功能有哪些？

第四编　信息系统实例

第 11 章　电子商务系统

11.1　电子商务系统概述

11.1.1　电子商务系统的概念

电子商务是通过电子方式实现商务活动,这种非直接接触的模式改变了我们的传统商务模式。同时,电子商务是一个系统工程,不仅仅只是由计算机的软硬件所组成,还需要电子商务系统来实现其相关的功能。

电子商务系统从广义上来讲,是利用计算机网络技术全面实现在线交易电子活动的全部过程,包括供应商、客户、银行或金融机构、信息公司或证券公司以及政府等。该系统由多个子系统组成,包括企业前端客户关系管理系统(CRM)、企业交易流程中的供应链管理系统(SCM)、企业后台的资源计划系统(ERP)、企业的门户电子商务交易(EC)系统等。

电子商务系统从狭义上看,是指在 Internet 和其他的网络基础上,以实现企业电子商务活动为目标,满足企业生产、销售、服务等生产和管理的需要,支持企业的对外业务协作,从运作、管理和决策等层次全面提高企业信息化水平,为企业提供商业智能的计算机系统。

11.1.2　电子商务系统的框架结构

电子商务系统的框架结构主要由四个层次组成,四个层次之上是电子商务应用层,如图 11.1 所示。

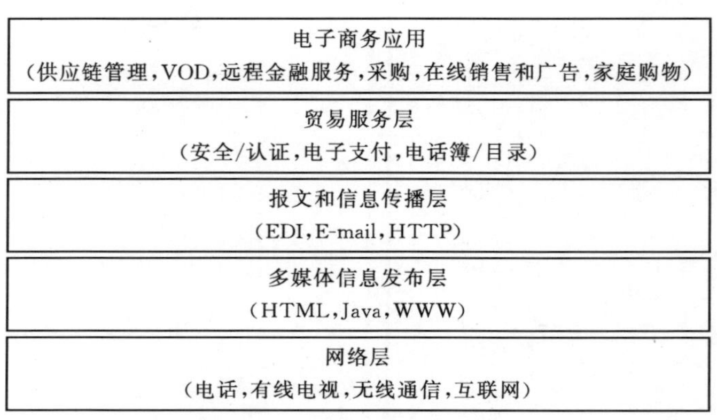

图 11.1　电子商务系统结构图

其中,四个层次指网络层、多媒体信息发布层、报文和信息传播层、贸易服务层。

(1) 网络层。网络层是实现电子商务的最低层的硬件基础设施,进行电子商务的前提条件是要能通过若干方式接入计算机网络,它由骨干网、城域网、局域网层层搭建从而使得任何一台联网的计算机能够随时同这个世界连为一体。信息可能是通过电话线传播的,也可能是通过无线电波的方式传递。

(2) 多媒体信息发布层。网络层提供了信息传输的线路，线路上传输的最复杂的信息就是多媒体信息，它是文本、声音、图像的综合。最常用的信息发布应用就是 WWW，用 HTML 或 Java 将多媒体内容发布在 Web 服务器上，然后通过一些传输协议将发布的信息传送到接收者。

(3) 报文和信息传播层。报文和信息传播工具提供了不同的数据交流方式：非格式化的数据交流可以通过 FAX、E-mail 来完成，而 EDI 可以将订单、发票、装运单生成标准的数据格式进行传输。HTTP 是 Internet 上通用的信息传播工具，它以统一的显示方式，在多种环境下显示出非格式化的多媒体信息。目前，大量网民在各种终端和操作系统下通过 HTTP 用统一资源定位器(URL)找到需要的信息，进而这些用超文本链接语言展示的信息还能够容易地连接到其他所需要的信息上去。

(4) 贸易服务层。提供网上电子交易所需要的通用业务服务——基础服务，包括安全和认证、电子支付、商品目录和价目表服务等；供货体系服务；客户关系解决方案。

四个层次之上是电子商务应用层，这也是电子商务的基本功能，即电子邮件、网上广告宣传、网上信息收集、网上采购、网上营销、网络银行与网上电子账户、网上在线支付。

电子商务系统除了上述四个层次以外，还会受到外部环境的影响，需要与外界进行沟通与交流，因而包括了公共政策和法律及技术标准两大支柱。

(1) 公共政策和法律。政策包括围绕电子商务的税收制度、信息的定价、信息访问的收费、信息传输成本、隐私保护问题等，需要政府制定政策。其中税务制度如何制定是一个至关重要的问题。

法律法规维系着商务活动的正常动作，违规活动必须受到法律制裁。网上商务活动有其独特性，如果没有一个成熟的、统一的法律系统进行仲裁，纠纷就不可能解决。知识产权问题在电子商务活动中尤显突出。如何保证授权商品交易的顺利进行，如何有效遏制侵权商品或仿冒商品的销售，如何打击侵权行为，这些都是现在制定电子商务法律时应该考虑的问题。法律制定的成功与否关系电子商务活动能否顺利开展。

(2) 技术标准。技术标准主要用于定义用户接口、传输协议、信息发布标准等技术细节，来保障兼容性、通用性和一致性。

11.1.3　电子商务系统的特点

电子商务系统是一个以电子数据处理、计算机网络、数据交换和在线支付为基础，集订货、发货、运输、保管、保险、商检和银行结算为一体的综合商务信息处理系统。该系统的实现，不但大大地简化了商务业务的手续，同时加速了业务活动的开展，而且规范了整个商务业务的发生、发展和结算全过程，因而成为企业竞相发展的一种新模式。

电子商务系统是一个基于计算机网络和电子数据交换系统，并且专门围绕商贸业务而展开的一个信息系统发展分支。这一分支所涉及的领域专业性和针对性都较强，故逐步形成了这一系统区别于其他分支的独特之处。其特点具体如下：

(1) 电子商务系统是专门针对商贸领域中的业务发生过程和数据处理过程的。它在应用范围上与其他分支相比有较大的针对性。电子商务系统主要实现电子商务的功能，因而与办公自动化系统、企业资源计划、传统的管理信息系统在功能上有一定的区别。

(2) 系统以网络通信和电子数据交换为基础，因此在技术上对通信网络与数据交换协议具有较大的依赖性。

(3) 系统涉及面广(如买方、卖方、中间商、承运商、海关、税务、安检、保险、银行、政府、认证机构等)，覆盖区域大，以互联网为基础使它能为各国的用户提供服务。

(4) 电子商务网站是电子商务系统的核心。电子商务中的信息流、资金流、商流都可以通过电子商务网站来进行。电子商务网站起着承上启下的关键作用。它可以通过发布信息、进行产品展示、与客户进行沟通等为客户服务，同时，在后台可以和企业的信息管理系统进行对接，进行企业运营、流程管理、客户分析等工作，电子商务网站的作用至关重要。

(5) 电子商务系统对系统安全要求较高。虽然几乎所有的信息系统在安全方面都有需求，例如，强调操作系统的安全等级、数据的安全、主机设备的备份等，但是相对而言，电子商务系统在安全方面的要求更高一些。其原因在于：第一，电子商务系统一般处理的是与企业交易活动相关的数据，因此业务数据涉及企业的敏感数据，自然对安全等级的要求很高；第二，电子商务系统依托于网络，尤其是因特网，是在一种开放的、公共的网络环境中运行，而且 TCP/IP 协议本身就存在漏洞，因此这种开放环境相对于封闭系统而言存在着不安全的因素，所以需要强调安全措施来降低风险；第三，企业传统的商务活动是在法律保护下开展的，企业的交易行为通过契约、合同的形式得到法律保障，开展电子商务活动时，有形的纸质合同转变为电子契约，而电子契约存在的公共密钥体系本身就有很高的安全规范。

通常，电子商务系统与企业既有的信息系统之间在硬件与网络资源、数据、应用之间存在密切的联系，两者之间通过数据共享、应用的互操作形成紧密联系的整体。因而要求在电子商务系统的设计和开发时，不能脱离企业既有信息资源，应综合考虑如何通过网络帮助企业开展商务活动。

11.2　电子商务系统的设计原则

电子商务系统建设是企业应用电子商务的重要环节，是一个包括商务、技术、支付、物流、安全等许多要素的系统工程。在开始建设电子商务系统之前，必须充分研究涉及电子商务系统的所有因素，全面分析、统筹规划，形成尽可能完善的电子商务系统设计方案，在此基础上有条不紊地进行电子商务系统建设。电子商务系统由多个不同但相互联系的要素构成，其主要任务是帮助企业及用户实现电子商务的功能，在电子商务的系统建设过程中基本流程与方法与管理信息系统类似，需要多个不同的阶段、不同的人员共同完成，而电子商务系统自身的特点也决定了其建设过程与一般的系统存在着差别，现就电子商务系统的设计原则进行分析。

1. 以商务为中心

电子商务归根结底是计算机网络技术在商务中的应用。在进行电子商务系统设计时，应该以商务为主、以技术为辅，将技术作为满足商务需求、实现商务目标的手段。就企业而言，要立足企业的业务需求，着眼企业的未来发展，紧密配合企业发展战略，最终要落实到企业效益的增长上面。电子商务系统的模块、子系统及实现的功能均要以商务为核心，通过网络技术来实现。

2. 以需求为引导

目前，各种新颖的电子商务模式、先进的应用软件、完善的解决方案和网络平台层出不穷，但电子商务的需求分析仍是重要的一环。弄清企业自身的需求，通过电子商务系统来实现什么功能才是最主要的。

3. 运用系统观念

企业电子商务系统的建设，是一项包括商务和技术的许多环节、要素在内的系统工程，与企业本身的各个部分、环节也有着密不可分的关联。在电子商务系统的规划设计过程中，必须充分考虑可能与拟建企业电子商务系统相关联的所有方面，制订尽可能周全完善的企业电子商务系统规划设计方案。必要的时候，应该设立专门机构，统一负责企业电子商务系统的建设工作，以及建成以后的系统运作管理。

4. 考虑技术因素

电子商务是通过现代信息技术来实现商务活动，采用何种技术对于实现预订的电子商务系统的功能至关重要，如果在系统设计时未考虑到技术因素，那将会对企业电子商务的竞争能力产生不利的影响。

现在的电子商务技术发展一日千里，选择什么样的技术是企业建设电子商务系统应该考虑的一个问题。在选择时应当尽可能地选择主流、有代表性的产品，以便系统日后的升级与维护，这样才能保证未来的系统具有生命力。

5. 注重系统的安全性

电子商务系统是基于计算机网络，特别是 Internet 来进行信息传输、客户交互及资金支付等流程，对于安全性而言比一般的信息系统要求更高。

安全性是指保证系统物理实体（主机、网络、存储等）及交易过程具有抗攻击、不受侵害的能力。在系统设计时，至少应该从两个方面考虑系统的安全，即一方面从物理实体安全方面考虑主机系统、操作系统、网络、数据存储与备份等安全问题，另一方面从便于交易方面考虑身份认证、数据加密等安全措施。因而对于电子商务系统的安全设计，要综合采用加密技术、密钥管理技术、数字签名技术、入侵检测与防范技术、身份认证技术、病毒防治技术、防火墙技术等来保证电子商务系统的安全。

11.3　电子商务系统实例

电子商务系统包括诸多要素及功能各异的子系统，其建设完成需要系统地考虑与周密的安排，以下通过一个具体的电子商务模拟系统实例来进行说明。

11.3.1　系统总体结构

该电子商务应用系统的总体结构如图 11.2 所示。

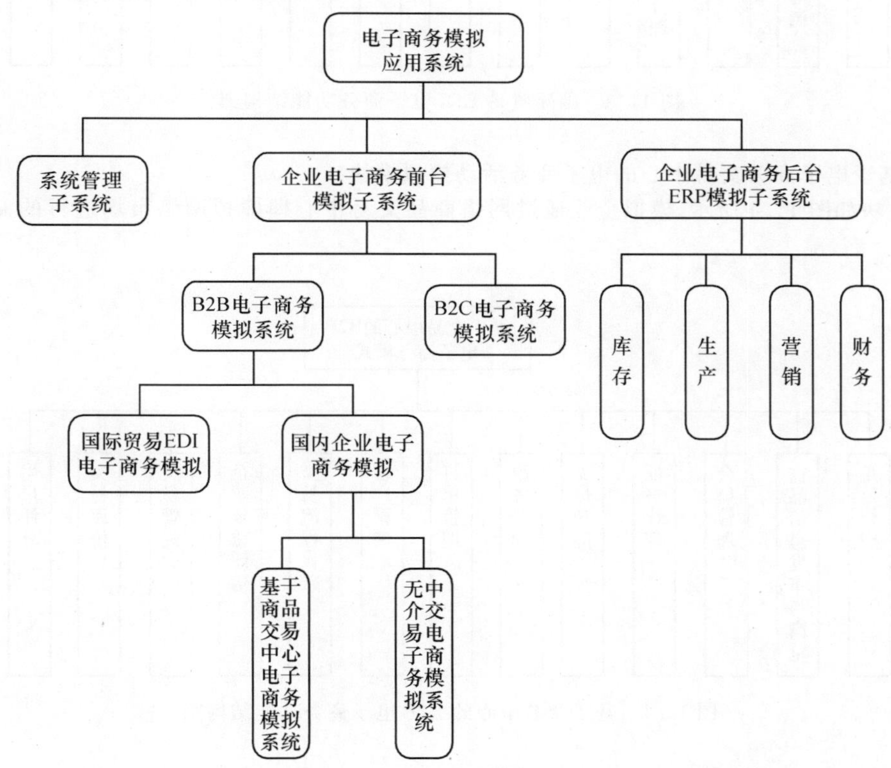

图 11.2　系统总体结构图

11.3.2　系统的功能

根据电子商务系统的应用模式，将系统划分为企业电子商务前台模拟子系统、企业电子商务后台 ERP 模拟子系统和系统管理子系统。

1. 企业电子商务前台模拟子系统功能设计

企业电子商务前台模拟子系统主要包括以下几个模块。

1）国际贸易 EDI 电子商务活动模拟模块

该模块逼真模拟国际间的企业与企业电子商务活动的全过程，包括谈判、支付、运输、报关各个阶段。贸易过程中的各种商贸活动以电子单证的形式进行，贸易单证严格符合 UN/EDIFACT 国际标准。

该模块的主要功能如图 11.3 所示。

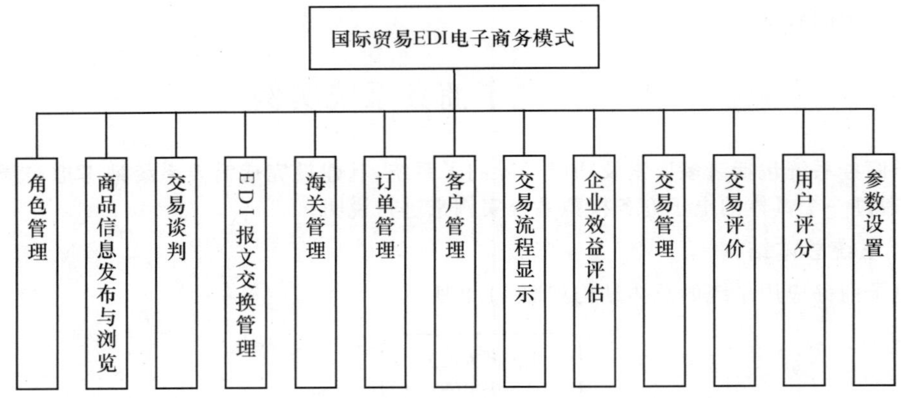

图 11.3　国际贸易 EDI 电子商务功能结构图

2）基于电子商务交易中心的电子商务活动模拟模块

该模块如图 11.4 所示，模拟企业通过网络商品交易中心即虚拟网络市场进行的商品交易活动。

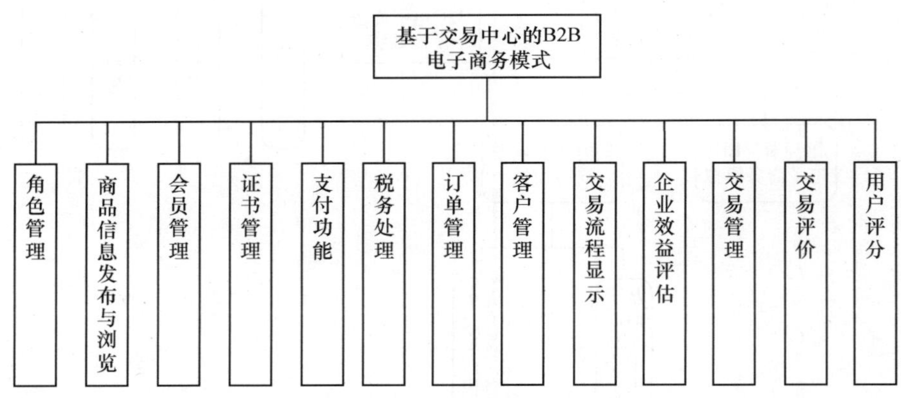

图 11.4　基于交易中心的 B2B 电子商务功能结构图

3）无中介交易的电子商务活动模拟模块

该模块模拟网络商品直销模式的企业间电子商务活动。该模块的主要功能如图 11.5 所示。

4）B2C 的电子商务活动模拟模块

该模块反映了企业与消费者之间的电子商务活动。模块的主要功能如图 11.6 所示。

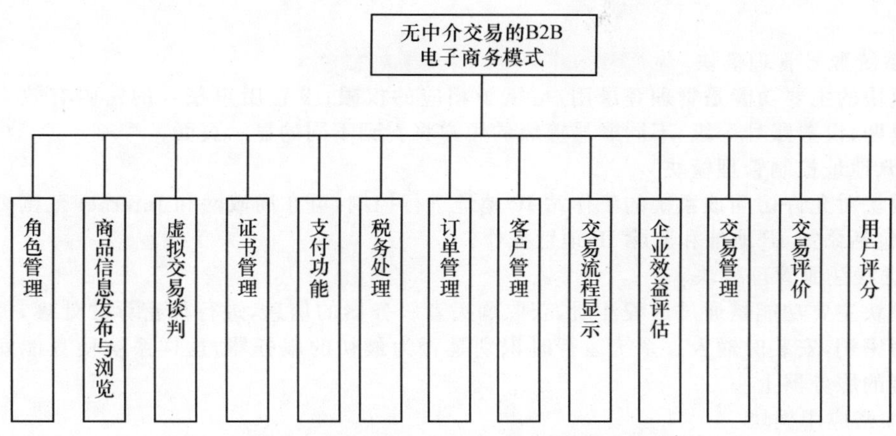

图 11.5　无中介交易的 B2B 电子商务功能结构图

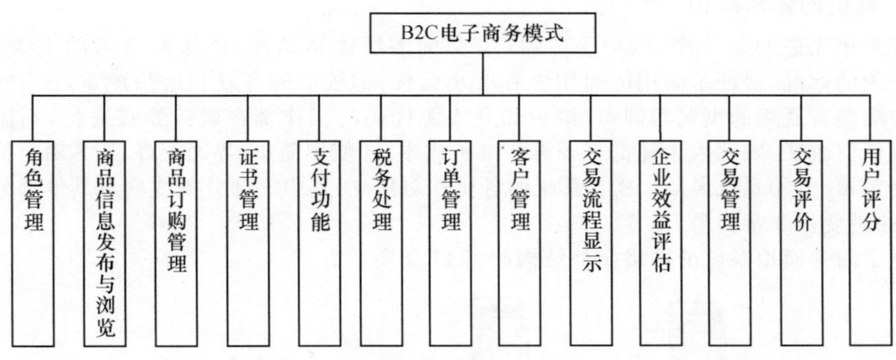

图 11.6　B2C 电子商务模式功能结构图

2. 企业电子商务后台 ERP 模拟子系统功能设计

企业电子商务后台 ERP 模拟子系统有营销管理模块、生产管理模块、库存管理模块和财务管理模块，与企业前台电子商务物流、信息流、资金流统一起来。所有 ERP 信息保存在一个后台数据库中。

各模块的功能详细描述如下：

(1) 营销管理模块。模块功能包括：记录企业购买和销售信息，对营销状况进行查询，图形显示统计结果报表；建立商务活动支付清单列表，查询详细显示购买和支付情况；根据获得的销售和当前订单信息以及库存信息，进行销售预测。

(2) 生产管理模块。根据企业的库存状态，产品需求状况制订相应的生产计划，包括产品的类别、数量、完成日期。具体功能包括：产品配置，根据顾客的需要进行某种产品的生产；生产状态查询，提供当前生产能力的状态。

(3) 库存管理模块。仿真模拟企业的库存管理，图形显示库存状态。具体功能包括商品库存量的增减，即根据订单及进货清单自动进行库存量计算；库存状态查询，即对当前库存情况查询以及库存变动查询；库存预警设置，即设置库存预警值，达到该值时，系统提供相应的决策；入库、出库信息查询。

(4) 财务管理模块。该模块提供日常账务管理，包括账务系统、应收账和应付账管理功能。根据销售清单、采购入库单自动生成会计凭证。

3. 系统管理子系统功能设计

该子系统包括系统账号管理模块、IP 地址控制管理模块、远程注册管理模块和加密应用模块。

1) 系统账号管理模块

该模块的主要功能是管理登录用户,赋予相应的权限;设置用户账号的密码有效天数和账号的有效期;设置账号等级,不同账号等级的用户将看到不同的显示页面。

2) IP 地址控制管理模块

该模块对允许访问该系统的工作站 IP 地址进行控制,可在局域网和 Internet 范围内进行管理控制,包括添加 IP 地址和删除 IP 地址操作。

3) 远程注册管理模块

该模块主要功能是通过远程注册,获取购买者服务器的信息,进行加密算法处理,返回给购买者作为密钥,安装时输入。系统运行时识别是否为最初的服务器,这样系统便只能安装在一台购买者的服务器上。

4) 加密应用模块

该模块实现保障交易和信息传输安全性的模拟。在登录过程中建立基于动态密钥的会话。

11.3.3 系统的体系结构

系统采用先进的基于浏览器/服务器(B/S)的多层体系结构,该体系结构的主要优点是:①采用开放的标准,保证了应用的通用性和跨平台性;②较低的开发和维护成本,B/S的应用只需在客户端装有通用的浏览器即可,维护和升级源代码的工作都在服务器端进行,不需要对客户端进行任何改变,因此大大降低了开发和维护成本;③使用简单,界面友好,B/S 用户的界面都统一在浏览器上;④系统灵活。B/S 系统的各层相对独立,其中一部分的改变对其他部分没有影响,系统改进变得非常容易。

该电子商务模拟系统的网络拓扑结构如图 11.7 所示。

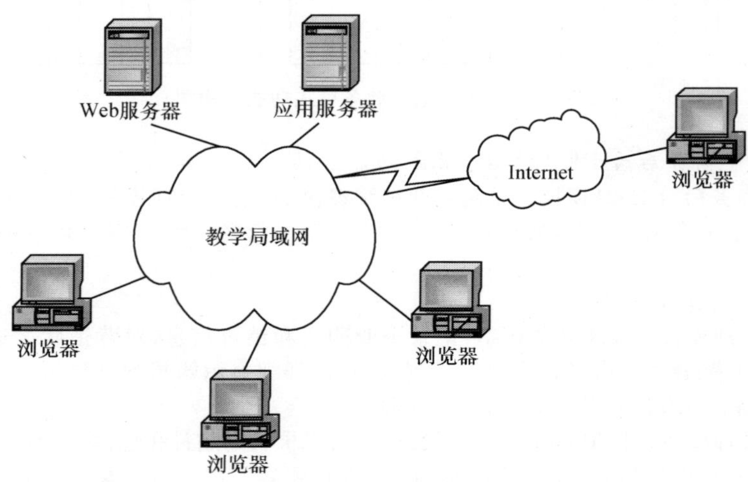

图 11.7 电子商务系统网络拓扑结构图

该电子商务系统的体系结构具有开放性,它既可以在一个局域网环境中运行,也可以在 Internet 环境中运行。

小　　结

(1) 电子商务的发展经历了三个阶段:基于电子通信工具的电子商务、基于 EDI 的电子商务和基于 Internet 的电子商务。我国的电子商务近年来飞速发展,网民数量居全球第一位,使用电子商务的用户也有较大增长。

(2) 电子商务系统从广义上来讲，是利用计算机网络技术全面实现在线交易电子活动的全部过程，包括供应商、客户、银行或金融机构、信息公司或证券公司以及政府等。该系统由多个子系统组成。电子商务系统的框架结构由四个层次、两个支柱组成，四个层次之上是电子商务应用层。

(3) 电子商务系统因其使用范围及功能要求与其他信息系统相比具有其自身的特点。建设电子商务系统是一个系统工程，需要结合企业的实际情况综合分析。

(4) 电子商务系统的模块较多，功能实现较复杂，电子商务网站是企业电子商务系统的核心，它起到了承上启下的作用。

习　题

1. 什么是电子商务？如何看待电子商务中技术与商务之间的关系？
2. 通过网络收集我国电子商务发展现状的资料。
3. 什么是电子商务系统？它的框架结构如何构成？
4. 电子商务系统设计的原则有哪些？
5. 案例分析：

石家庄电瓷厂电子商务的应用

一、公司概况

石家庄电瓷有限责任公司(原石家庄市电瓷厂)，位于石家庄市石获北路，始建于 1985 年，是华北地区最大的一家生产高低压电路绝缘子的专业厂家。已有 40 多年的生产历史，系原机械工业部电瓷产品的定点生产厂家。

石瓷公司具有雄厚的技术实力和综合实力，公司下设销售部、财务部、企管部、生产运行部、事业发展部以及技术开发质量部和党政工团办公室，此外精干高效的管理队伍，确保了公司的正常运行。

二、发展背景

石家庄电瓷有限责任公司起步较早，已有 40 多年的历史，建厂 40 多年来，该公司坚持走科技兴企之路，不断加大科技投入，积累了丰富的生产经验和雄厚的技术力量。该公司具有完备的先进的计量、检测手段，拥有各类机械电器设备 83 台(套)，充分保证了生产、检验和试验的各项需求。现可以生产符合国家标准要求的高低压线电瓷、电站电瓷、电器瓷套以及避雷器、熔断器、高城市隔离开关、有机复合绝缘子系列产品(35 千伏、110 千伏线路绝缘子)和电器产品，销往河北省各地及全国 20 多个省、市、自治区。另外，该公司与多个铁路局和铁路工程局保持着良好的合作关系。

三、系统目标

石家庄电瓷有限责任公司电子商务系统是建立在互联网基础之上的，其主要目标有以下几个方面：

(1) 构建一体化的业务运作平台。通过电子商务系统，将原有的销售管理系统、采购管理系统、物流管理系统、财务管理系统、库存管理系统、客户关系管理系统、决策支持系统等各子系统实现有机地整合，并将企业的上游供应商、下游经销商一起整合到企业的经营系统中。

(2) 建立分销管理系统。整合烟草生产、销售、配送的各个环节，将原来集中管理的资金流、物流和信息流进行单独管理，以加强公司的控制力度，降低生产、销售成本。

(3) 建立客户服务中心系统。增加客户的接触渠道，加强公司与客户的联系，提升客户的满意度和忠诚度，并通过客户服务中心采集客户反馈的信息，再对这些数据进行分析，以更好地掌握客户的现实和潜在需求。

(4) 建设辅助决策支持系统。借助于辅助决策支持系统为公司的市场开发、产品设计、广告宣传提供可靠的分析数据，以便更准确地预测市场、提高市场的控制能为、提高企业适应市场和参与竞争的能力。

(5) 建立财务系统。建设基于互联网的全省网上结算系统，充分利用集团公司的优势，使资金的周转效率和利用程度达到最大化。

(6) 建设电瓷厂 ERP 系统。以系统化的管理思想,建成现代企业的运行模式,同时使电瓷厂能与上游的供应商实现物流、信息流和资金流的集成。

(7) 建设电子化的人力资源管理系统。通过网络技术的应用,实现公司人事档案管理、员工培训、人员调配等职能的电子化。

石家庄电瓷有限责任公司电子商务系统的最终目标是要建成以电子商务平台为纽带的物流、资金流、信息流"三流"畅通又相互连贯的企业信息系统,并且发展成为跨地域、跨行业的电子商务公共交易平台。

四、设计原则

石家庄电瓷有限责任公司电子商务系统的设计原则主要包括以下几个方面:

(1) 安全性。保证网上资金流转和信用卡密码等重要信息的安全,防止非法的侵入和恶意的破坏。

(2) 先进性。采用世界上较为先进、性能较为稳定的产品与技术,在技术和设计等层面保持同行业内领先的地步。

(3) 开放性。采用国际通用的标准协议,以及开放式的互联系统模型,有利于系统的升级、改造以及与其他系统的兼容性。

(4) 统一性。系统内部采用统一的数据库,防止系统发生冲突,方便领导进行经营决策以及财务结算、销售查询、库存管理等工作。

五、系统方案

石家庄电瓷有限责任公司电子商务系统从整体上说涵盖了从企业上游的原辅料供应商到其本身,再到下游的零售户,直至终端消费者的一系列业务过程和资源信息的管理,在这一系统中,互联网起到了极为重要的作用,它承载着信息的双向流转、资金的网上流动以及物流信息的网上传递等功能,图 11.8 为这一系统"三流"(信息流、资金流和物流)运作的关系图。

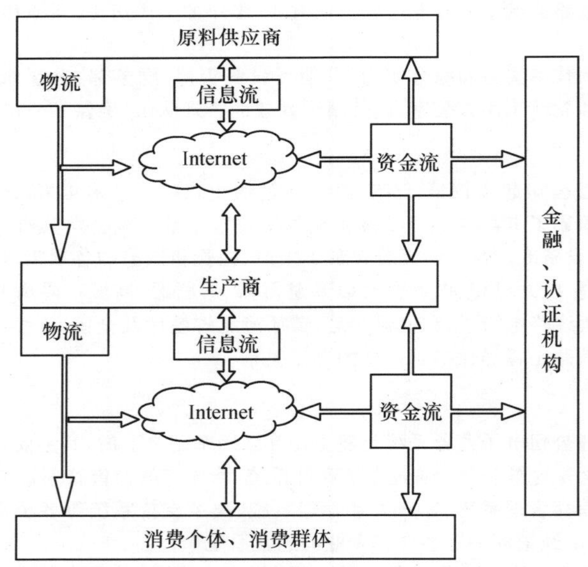

图 11.8　"三流"运作关系图

在电子商务系统的运作过程中,首先要考虑的是企业内外部物流、资金流和信息流流转的畅通。因此,电子商务系统在设计过程中,充分考虑以互联网的供应链管理、企业资源管理以及客户关系管理等先进的管理思想和理念为基础,通过建立企业的互联网数据中心,形成行业多方交易平台,以实现对相关资源和过程进行集中、有序和高效的管理。

整个系统的设计采取的是从整体着手再分步实施的策略,系统的设计对供应商、生产制造商、经销商、物流服务提供商进行了进一步的优化,以减少中间冗余环节、降低库存、减少运行成本、提高运行效率。

六、系统结构

石家庄电瓷有限责任公司电子商务系统采用以三层结构的 B/S 的技术路线，B/S 的技术应用使得企业只要用通用浏览器就能实现原来复杂专用软件才能实现的强大功能，可以大大节约系统开发的成本。系统的拓扑结构如图 11.9 所示。

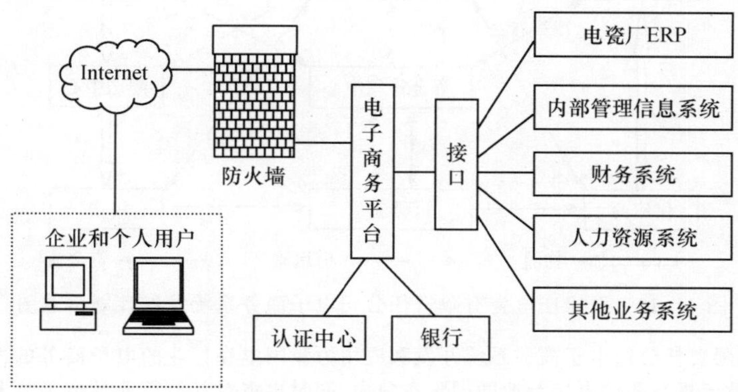

图 11.9　系统拓扑结构图

这一系统采用了基于 J2EE 体系结构的 Java 语言进行开发，使系统具有了良好的跨平台性。客户端采用高版本的浏览器，中间平台采用 IBM Websphere Application Server4.5，数据库采用 Oracle9i。在客户端的框架采用了东软公司的 Uni-EAP 开发框架平台，在应用服务器的事务处理层，采用的是 Enterprise-JavaBean 技术。

由于采用了基于 J2EE 的应用程序，系统不再依赖任何特定的操作系统、中间件和硬件，只需开发一次就可部署到各种平台，系统的运行性能和安全性等方面得到了可靠的保证。

在物流和资金流方面，该系统也得到了较好的解决。因为电瓷行业本身就具有较为庞大而完善的销售网络和配送体系，通过电子商务的应用，不但可以满足自身的物流配送需求，而且还可以向与之相类似的其他零售行业进行扩展。通过与农业银行和工商银行的业务集成，现已真正实现了网上调拨和资金的网上结算。

七、系统实施

由于石家庄电瓷有限责任公司电子商务系统牵涉面广，业务系统复杂，因此在建立这样一个复杂系统的时候，公司并没有要求做到一步到位，而是采用分步实施的方式进行的。这一项目的总体实施过程包括以下几个环节：

(1) 电子商务平台建设。建设电子商务平台主要是为了对各业务过程进行数字化处理和交互式传递，使行业内各级用户可通过该平台实现网上交易、电子结算、内部调拨、计划管理等功能，并进一步对行业内的调拨管理、库存管理、销售管理以及客户资源管理信息通过电子商务系统的接口进行收集和汇总，为决策管理者提供统一的数据信息平台和方便可靠的基础辅助支持系统。

(2) 整合物流配送体系。在建成电子商务平台的基础上，建成基于客户关系管理的物流配送系统和零售管理系统，并将商业企业的营销网络的调拨业务需求和工业企业的生产供应进行集成。初步建立石家庄电瓷有限责任公司行业的数据仓库或集市，即将所有与业务和行业管理相关的业务数据进行抽取、转换和装载，并应用先进的数据分析工具，完成各类综合报表和查询，同时基于产品品牌、区域、网点、零售户、时间段、收益等进行挖掘和深度分析。

(3) 逐步实现供应链管理和 B2C 电子商务。供应链管理和 B2C 电子商务主要侧重于对卷烟生产企业的上游供应商进行;供应链管理，完成基于供应链的网上原辅物料的采购功能，之后将逐步实现烟草面向最终消费者的 B2C 电子商务业务，在完善省内专业网站的基础上逐步向全国推广，并最终成为综合性、多功能的公共电子商务交易网站。

按照公司的部署，最终建成后的石家庄电瓷有限责任公司电子商务系统可用图 11.10 表示，在这一阶段，石家庄电瓷有限责任公司整个业务系统中的信息流、资金流和物流将通过电子商务系统实现高度的集成与融合，使公司的各项业务运作进入到一个全新的阶段。

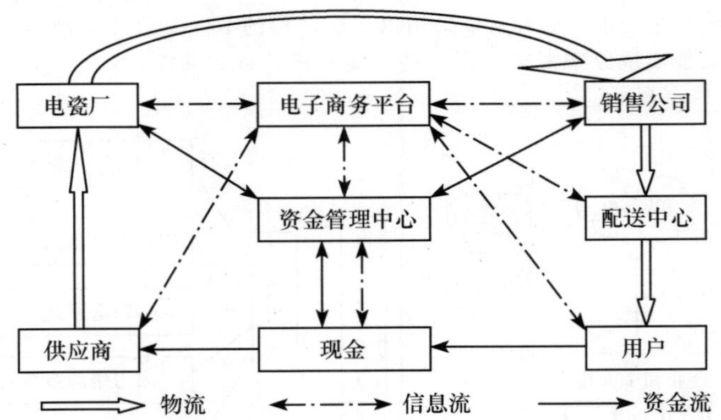

图 11.10　石家庄电瓷有限责任公司电子商务系统发展计划示意图

石家庄电瓷有限责任公司电子商务系统开发和应用为我国电瓷行业的电子商务的发展积累了极为有益的经验，必将有助于提高我国电瓷行业的国际竞争力，同时也将对其他行业的电子商务的发展起到一定的借鉴作用。

案例分析题

1. 石家庄电瓷有限责任公司为什么要建立电子商务系统？
2. 石家庄电瓷有限责任公司电子商务系统的功能有哪些？
3. 该公司成功实现电子商务系统的成功因素是什么？

第12章 物流与供应链系统

12.1 物流信息系统

12.1.1 物流信息系统的概念

物流系统中的相互衔接是通过信息予以沟通的，基本资源的调度也是通过信息共享来实现的，因此，组织物流活动必须以信息为基本。为了使物流活动正常而有规律地进行，必须保证物流信息畅通。物流信息的网络化就是要将物流信息通过现代信息技术使其在企业内、企业间乃至全球达到共享的一种方式。

物流信息系统(logistics information system，LIS)作为企业信息系统中的一类，是通过对与物流相关信息的加工处理来达到对物流、资金流的有效控制和管理，并为企业提供信息分析和决策支持的人机系统。它具有实时化、网络化、系统化、规模化、专业化、集成化、智能化等特点。物流信息系统以物流信息传递的标准化和实时化、存储的数字化、物流信息处理的计算机化等为基本内容。

从广义上来说，物流信息系统应包括物流过程的各个领域的信息系统，包括在运输、仓储、海关、码头、堆场等，是一个由计算机、应用软件及其他高科技的设备通过全球通信网络连接起来的纵横交错的立体的动态互动的系统。而从狭义上说，物流信息系统只是管理信息系统在某一涉及物流的企业中的应用，即某一企业(物流企业或非物流企业)用于管理物流的系统。

因而物流信息系统，是由多个既互相区别又互相联系的单元结合起来，以物资为工作对象，以完成物资物质实体流动为目的的有机结合体。最基本的物流信息系统由包装、装卸、运输、储存、加工及信息处理等子系统中的一个或几个有机地结合而成；每个子系统又可以往下分成更小的子系统；物流系统本身又处在更大的系统之中。

物流信息系统区别于一般系统的特点，是它的特定功能或系统的目的，即以物资为工作对象，以完成物资物质实体流动为目的。任何一个系统，只要它是以物资为工作对象，以完成物资实体流动为目的，则都是一个物流系统。

现代物流管理以信息为基础，因而建立物流信息系统越来越具有战略意义。企业为确保物流竞争优势，建立将企业内部的销售信息系统、物流信息系统、生产供应信息综合起来的信息系统势在必行。另外，现在各企业之间的关系日益紧密。如何与企业外部销售渠道的信息系统、采购系统中的信息系统，以及运输信息系统连接起来，将成为今后重点研究解决的课题。

12.1.2 物流信息系统的分类

由于供应链上不同的环节、部门所面对的物流的功能都不尽相同，所以在设计物流信息系统时要根据企业在供应链中所处的位置来设计系统的功能。一般可以将物流信息系统大致分成四类。

1. 面向制造企业的物流管理信息系统

制造企业位于供应链的起点或中间结点，制造企业的物流管理一方面是制造企业顺利进行生产，对原材料、物料、日常耗用品等的采购时间、路线、存储和对产成品的销售时间、存储以及送至用户的路线等进行计划、管理、控制的外部物流系统；另一方面是对制造企业采购来的物资在生产过程中的包装、搬运、存储等进行设计、计划、管理等的内部物流系统。制造企业根据企业的销售情况确定生产计划后，就必须对需要的物资制订采购计划以配合生产进度。同时储备一定数量的产成品以供应销售。当企业的生产管理系统将生产计划、采购计划、销售计划制定出来后转入物流系统,物流系统将采购计划、销售计划分解,设计成物流计划,然后对物流计划进行执行、监督,直至生产、销售完成,这样的过程循环往复、交替出现、相互重叠。

2. 面向零售商、中间商、供应商的物流管理信息系统

零售商、中间商、供应商本身不生产商品,但它为用户提供商品、为制造商提供销售渠道,是用户与制造商的中介。专业零售商为客户提供同一类型的商品,综合性的零售商如超市、百货商店为人们提供不同种类的商品,这样的企业的经营有商品种类多、生产地点分散、消费者群体极其分散的特点。面向零售商、中间商、供应商的物流信息系统是对不同商品的进、销、存进行管理的系统。

3. 面向第三方物流企业的物流管理信息系统

第三方物流服务是本身不拥有货物,而为其外部客户的物流作业提供管理、控制和专业化作业服务的公司和企业。在供应链活动中,第三方物流企业提供配送、运输、仓储等物流活动。第三方物流供应商必须准确、及时、高效地捕捉各种信息,并进行处理,才能科学地指导现代物流的高效运转。

4. 面向供应链中某一环节的企业的物流管理信息系统

这种管理信息系统主要面向供应链中某一环节的企业,如轮船公司、拖车公司、仓储公司、码头的系统,与第三方物流企业不同的是,这种管理信息系统只提供供应链上的某一项服务,面向这些公司的管理信息系统又分为基于仓储物流管理信息系统、基于海运的系统、基于汽车运输的系统、基于铁路运输的系统等。

12.1.3 物流信息系统的特点

物流信息系统具有一般管理信息系统的结构,在开发过程等方面也比较相似。物流产生的一个重要原因就是降低成本,而物流的跨度比较大,涉及的关系方比较多,信息含量比较大,这就要求物流信息系统必须具备如下几个特点。

1. 可得性

物流信息系统必须具有容易而又始终如一的可得性。即在需要的时候能方便及时地获得有关信息和数据,并且以数字化的形式获得。迅速的可得性对于客户的响应以及改进管理决策是有必要的。因为客户不断地需要存货和订货状态方面的信息,所以这一点是至关重要的。可得性的另一个方面是存取所需信息的能力,如订货信息的存取能力,无论是管理上需要的或消费者需要的,还是产品订货位置方面的信息。物流作业分散化要求对信息具有较强的存取能力,并且能从国内甚至世界范围内的任何地方能方便地对信息进行更新,以便可借助于较强的信息可得性来减少作业上和制订计划上的不确定性。

2. 准确性

物流信息必须精确地反映当前的状况和定期活动状态,以衡量顾客订货和存货的水平。准确性可以解释为物流信息系统的报告与实际状况相比的差异程度。例如,平稳的物流作业要求实际的存货与物流信息系统报告的存货相吻合的精确性最好在99%以上。当实际存货和信息系统存货之间存在较低的一致性时,就有必要采取缓冲存货或安全存货的方式来适应这种不确定性。正如信息可得性那样,增加信息的精确性,也就可以减少不确定性,进而减少为安全存货而增加的需要量。

3. 及时性

物流信息系统的及时性指系统状态(诸如存货水平)以及管理控制(诸如每天或每周的功能记录)的及时响应。所谓及时的管理控制是在还有时间采取正确的行动或使损失减少到最低程度的时候提供及时的信息支持。概括地说,及时的信息减少了不确定性,并帮助识别各种问题,由此,减少了存货需要量,并增加了决策的精确性。

物流信息必须及时地提供快速的管理反馈。及时性就是指一种活动的发生与该活动在信息系统内的反应之间所存在的时间差。例如，在某些情况下，系统要花费几个小时或者几天才能将一个新的订货看做是实际的需求，因为该订货往往并不能及时地直接进入现行的需求数据库。结果，在认识实际需求量的时候就出现了耽搁，这种耽搁会使计划制订的有效性减少，而使存货量增加。

又如当产品从“在制品”进入“制成品”状态时存货量的更新的及时性。尽管实际存在着连续的产品流，但是，信息系统的存货状况也许是按每小时、按每工班，甚至是按每天进行更新的。显然，相比之下，采取实时更新或立即更新则更具及时性，但是它们将会导致记账工作量的增加。编制条码、扫描和 EDI 有助于及时而有效地更新记录。

4. 以异常情况为基础

物流信息系统必须以异常情况为基础，突出物流状态的问题和可能提供的机会。物流运作过程通常要与大量的顾客、产品、供应商和服务公司发生关系，及时响应各种需求。为此，必须定期检查物流的状态变化，以便发现问题。例如，在库存管理中，必须定期检查每一个产品的存货状况，以便于制订补充订货计划。典型的检查需要检查大量的产品或补充订货。通常，这种检查过程涉及两个问题。第一个问题是对产品或补充订货是否采取任何行动。如果第一个问题的答案是肯定的，那么，第二个问题就涉及应该采取哪一种行动。许多物流信息系统要求手工完成检查，尽管这类检查正越来越趋向于自动化。但是，仍然有许多检查使用手工处理的方式，其原因是有许多决策在结构上是不确定的，而且往往需要经过用户的参与才能做出判断。具有较高水平的物流信息系统则结合了决策规则，并能识别需要做出决策的“异常”情况。于是，计划人员或经理人员就能够把他们的精力集中在最需要引起注意的情况或者能提供的最佳机会来改善服务或降低成本的情况。

5. 灵活性

物流信息系统必须具有灵活性，以满足系统用户和顾客两个方面的需求。信息系统必须有能力提供能迎合特定顾客需要的数据。例如，有些顾客也许想要把订货发货票跨越地理或部门的界限进行汇总。例如，零售商 A 也许想要每一个店的单独的发票，而零售商 B 却可能需要所有的商店汇总的总发票。一个灵活的物流信息系统必须有能力处理这两类要求。

12.1.4　物流信息系统的构成

1. 物流信息系统的构成要素

从系统的观点，构成物流企业信息系统的主要组成要素有硬件、软件、数据库与数据仓库、相关人员以及物流企业管理理念、管理制度等。

1) 硬件

硬件包括计算机、必要的通信设施等，如计算机主机、外存、打印机、服务器、通信电缆、通信设施。它是物流信息系统的物理设备、硬件资源，是实现物流信息系统的基础，它构成系统运行的硬件平台。

2) 软件

在物流信息系统中，软件一般包括系统软件、实用软件和应用软件。

系统软件主要有操作系统、网络操作系统(network operation system，NOS)等。它控制、协调硬件资源，是物流信息系统必不可少的软件。

实用软件的种类很多，对于物流信息系统，主要有数据库管理系统、计算机语言、各种开发工具、国际互联网上的浏览器、群件等，主要用于开发应用软件、管理数据资源、实现通信等。

应用软件是面向问题的软件，与物流企业业务运作相关，实现辅助企业管理的功能。不同的企业可以根据应用的要求，来开发或购买软件。

3）数据库与数据仓库

数据库与数据仓库用来存放和应用相关的数据，是实现辅助企业管理和支持决策的数据基础，目前大量的数据存放在数据库中。

4）相关人员

系统的开发涉及多方面的人员，有专业人员，有领导，还有终端用户，如企业高层的领导、信息主管、中层管理人员、业务主管、业务人员，系统分析员、系统设计员、程序设计员、系统维护人员等是从事企业物流信息资源管理的专业人员。

5）物流企业管理理念、管理制度等

物流企业管理理念、管理制度等是物流信息系统成功开发和运行的管理基础和保障，是构造物流信息系统模型的主要参考依据，制约着系统硬件平台的结构、系统计算模式、应用软件的功能。

表 12.1 物流信息系统的总体结构

应用软件
实用软件
系统软件
数据库
管理思想与理念、管理制度及规范
硬件

2. 物流信息系统的总体结构

表 12.1 描述了物流信息系统的总体结构。不同的物流企业，当采取不同的管理理念时，其物流信息系统的应用软件会不同。以机械制造业为例，管理理念由库存控制、制造资源管理发展到企业资源管理，其业务层的企业信息系统应用软件随之发生了从 MRP、MRP Ⅱ 到 ERP 的变化，从注重内部效率的提高到注重客户服务，其业务层的企业信息系统应用软件从以财务为中心发展到以客户为中心。

12.2 物流信息系统的开发与建设

12.2.1 物流信息系统的开发步骤

物流信息系统仍然属于信息系统的范畴，运用系统的理论和方法，按照系统开发的生命周期可以将信息系统的开发过程分为如下十个阶段来进行。

1. 可行性分析阶段

确定所需开发的物流信息系统的总体目标，完成可行性分析或者可行性研究。按照各种有效的方法和工作程序，对拟建项目在技术上的先进性、可行性，经济上的合理性、营利性，以及项目实施等方面进行深入的分析，确定目标，提出问题，制订方案和项目评估，从而为决策提供科学的依据。可行性研究的目的是为了避免盲目投资，减少不必要的损失。这个阶段的总结性成果是可行性报告，报告中所阐述的可行性分析内容要经过充分论证之后方可进行下一阶段的工作。

2. 系统规划阶段

系统规划阶段的任务是根据组织的战略目标和用户提出的需求，从用户的现状出发，经过调查，对所要开发物流信息系统的技术方案、实施过程、阶段划分、开发组织和开发队伍、投资规模、资金来源及工作进度，用系统的、科学的、发展的观点进行全面规划。

3. 系统分析阶段

系统分析阶段的任务是按照总体规划的要求，对系统规划中所确定的各组成部分进行详细的分析。其分析包含两个方面的内容，一方面要分析各个组成部分内部的信息需求。除了要分析内部对主题数据库的需求外，还要分析为完成管理人员对该部分所要求的功能而必须建立的一些专用数据库。分析之后要定义出数据库的结构，建立数据字典。另一方面还要进行功能分析，即详细分析各部分如何对各类信息进行加工处理，以实现用户所提出的各类功能需求。

4. 系统设计阶段

系统设计阶段的任务是根据系统分析的结果，结合计算机的具体实现，设计各个组成部分在计算机系统里的结构。即采用一定的标准和原则,考虑模块应该由哪些程序块组成,它们之间的联系如何,进行模块结构图设计。同时要进行系统的编码设计、输入输出设计、做出 IPO 表等。

5. 系统开发实施阶段

系统开发实施阶段的任务有两个方面,一方面是应用软件的程序设计;另一方面是系统硬件设备的购置与安装。程序设计是根据系统设计阶段的成果,遵循一定的设计原则来进行的,其最终的阶段性成果是大量的程序清单(程序源代码)及系统使用说明书。

6. 系统测试阶段

系统测试是保证信息系统质量的重要手段。程序设计工作的完成并不标志系统开发的结束,在程序设计结束时必须采用一定的系统测试方式进行测试。系统测试是从总体出发,测试系统应用软件的总体效益及系统各个组成部分的功能完成情况,测试系统的运行效率、系统的可靠性等。

7. 系统安装调试阶段

系统测试工作的结束表明信息系统开发已粗具规模,这时必须投入大量的人力从事系统安装、数据加载等系统运行前的工作。一旦系统安装完成,便可对计算机硬件和软件系统进行系统的联合调试。

8. 系统试运行阶段

系统调试结束进入到系统运行阶段,首先要完成数据的整理与录入,然后完成系统切换任务。一般来说,在系统正式运行之前要进行一段时间的试运行。因为信息系统是整个企业或组织的协调系统,如果不经过一段时间的实际检验就将系统投入运行状态,一旦出现问题可能会导致整个系统的瘫痪,进而造成严重的经济损失。

9. 系统运行维护阶段

系统开发工作完成准备进入试运行阶段之前,除了要做好管理人员的培训工作外,还要制定一系列管理规则和制度。在这些规则和制度的约束下进行新系统的各项运行操作,如系统的备份、数据库的恢复、运行日志的建立、系统功能的修改与增加、数据库操作权限的更改等。在这一阶段着重要做好人员的各项管理和系统的维护工作,以保证系统处于可用状态。同时要定期对系统进行评审,经过评审后一旦认为这个信息系统已经不能满足现代管理的需求,就应该考虑进入下一个阶段。

10. 系统更新阶段

企业需求会随时发生变化,信息系统的技术发展也一日千里。旧的信息系统可能在使用一段时间后已经不再适应市场的变化和企业的实际需求,这时就需要考虑对系统进行更新。该阶段的主要任务就是要在上一阶段提出更新需求后,对信息系统进行充分的论证,提出信息系统的建设目标和功能需求,准备进入信息系统的一个崭新的开发周期,可能会包括软件和硬件系统的更新与升级。

12.2.2　构建物流信息系统的要求

物流信息系统在功能、结构上与其他的信息系统存在相应的差别,这也要求在创建物流信息系统时需要结合物流信息的特点及物流信息系统的模块来综合考虑,其要求有以下几方面内容。

1. 开放性

为实现物流企业管理的一体化和资源的共享,物流管理信息系统应具备可与公司内部其他系统如财务、人事等管理系统相连接的性能。且系统不仅要在企业内部实现数据的整合和顺畅流通,还应具备与企业外部的供应链的各个环节进行数据交换的能力,实现各方面连接的紧密。

尤其在中国加入 WTO 后,系统还需考虑未来与国际通行的标准接轨的需要。目前国际上在运输领域已推行一系列 EDI 标准,物流系统应具备可与这些标准接入的开放性。

2. 可扩展性、灵活性

物流信息系统应具备随着企业发展而发展的能力。在建设物流信息系统时,应充分考虑企业未来的管理及业务发展的需求，以便在原有的系统基础上建立更高层次的管理模块。

现在整个社会经济发展非常快，企业的管理及业务的变化也很快，这就要求系统能跟着企业的变革而变革。如物流企业进行了流程再造，采用了新的流程，原先的系统不能适应新的流程了，企业还需再进行投资，重新对新的流程进行管理信息系统的建设，就会造成资源的极大浪费。这就需要在建设物流管理信息系统时应考虑系统的灵活性。

3. 安全性

广域网的建立、互联网的接入使物流企业触角延伸更远、数据更集中，但安全性的问题也随之而来。在系统开发的初期，这个问题往往被人们所忽略，但随着系统开发的深入，特别是网上支付的实现、电子单证的使用，安全性便成为物流管理信息系统的首要问题。

1）内部的安全性问题

资料的输入、修改、查询等功能应根据实际需要赋予不同部门的人适当的权限，如资料被没有权限的人看到或修改容易造成企业商业机密的泄露或数据的不稳定。如公司的客户资料被内部非业务员的其他员工看到并泄露给企业的竞争对手；又如运费等费用被别有用心的员工篡改，都会对企业造成极大的损失。这可通过对不同的用户授予不同的权限、设置操作人员进入系统的密码、对操作人员的操作进行记录等方法来加以控制。

2）外部安全性问题

系统在接入 Internet 后，将面临遭受病毒、黑客或未经授权的非法用户等攻击而导致系统瘫痪的威胁，也可能遭受外来的非法用户的入侵并窃取公司的机密，甚至数据在打包通信时在通信链路上遭截获等，因此系统应具备足够的安全性以防止这些外来的侵入。可通过对数据通信链路进行加密、监听，设置 Internet 与 Intranet 之间的防火墙等措施实现。

4. 协同性

协同性包括以下几个方面：一是与客户的协同，系统应可以与客户的 ERP 系统或库存管理系统实现连接。系统可定期给客户发送各种物流信息，如库存信息、船期信息、催款提示等。二是与内部各部门之间的协同，如业务人员可将客户、货物的数据输入系统，并实时提供商务制作发票、报表，财务人员可根据业务人员输入的数据进行记账、控制等处理。三是与供应链上的其他环节的协同。如第三方物流应与船舶公司、拖车公司、仓储、铁路、公路等企业通过网络实现信息传输。四是与社会各部门的协同，即通过网络与银行、海关、税务机关等实现信息即时传输。与银行联网，可以实现网上支付和网上结算，还可查询企业的资金信息；与海关联网，可实现网上报关、报税。

5. 动态性

系统反映的数据应是动态的，可随着物流的变化而变化，能实时地反映货物流的各种状况，支持客户、公司员工等用户的在线动态查询。这就需要公司内部与外部数据通信的及时、顺畅。

6. 快速反应

系统应能对用户、客户的在线查询、修改、输入等操作做出快速和及时的反应。在市场信息千变万化的今天，企业需要跟上市场的变化才可在激烈的市场竞争中生存。物流管理信息系统是物流企业的数字神经系统，系统的每一神经元渗入到供应链的每一末梢，每一末梢受到的刺激都能引起系统的快速、适当的反应。

7. 信息的集成性

物流过程涉及的环节多、分布广，信息随着物流在供应链上的流动而流动，信息在地理上往往具有分散性、范围广、量大等特点，信息的管理应高度集成，同样的信息只需一次输入，以实现资源共享、减少重复操作，减少差错。目前大型的关系数据仓库通过建立数据之间的关联可帮助实现这一点。

8. 支持远程处理

物流过程往往包括的范围广，涉及不同的部门并跨越不同的地区。在网络时代，企业间、企业同客户间的物理距离都将变成鼠标距离。物流管理信息系统应支持远程的业务查询、输入、人机对话等事务处理。

9. 检测、预警、纠错能力

为保证数据的准确性和稳定性，系统应在每个模块中设置一些检测小模块，对输入的数据进行检测，以把一些无效的数据排斥在外。如集装箱箱号在编制时有一定的编码规则（如前四位是字母，最后一位是检测码等），在输入集装箱箱号时，系统可根据这些规则设置检测模块，提醒并避免操作人员输入错误信息。又如许多公司提单号不允许重复，系统可在操作人员输入重复提单号时发出警示并锁定进一步的操作。

12.2.3　构建物流信息管理系统的基本原则

1. 完整性原则

物流的不同层次通过信息流紧密地结合起来，在物流系统中，存在对物流信息进行采集、传输、存储、处理、显示和分析的信息系统。基本功能包括数据的收集和录入、信息的存储、信息的传播、信息的处理、信息的输出等。因此，物流信息管理系统应该具有功能的完整性，就是根据企业物流管理的实际需要，制定的系统能全面、完整覆盖物流管理的信息化要求。建立信息系统，而不是单项数据处理的简单组合，必须要有系统规划。这是范围广、协调性强、人机结合紧密的系统工程。它是系统开发的最重要的环节，有了好的规划，就可以按照数据处理系统的分析和设计，持续到实现系统的整个运作。因此，物流信息管理要保证系统开发的完整性，制定出相应的管理规范，如开发文档的管理规范、数据格式规范、报表文件规范，保证系统开发和操作的完整性和可持续性。

2. 可靠性原则

系统在正常情况下是可靠运行的，实际就是要求系统的准确性和稳定性。系统的准确性依赖于物流信息的精确性和及时性，物流信息必须精确地、及时地反映企业当前的状况和定期活动，以衡量顾客的订货和存货水平。信息精确性的含义既包含了信息本身由书面信息转化为电子信息时的准确性，同时也包含了信息系统上所显示的存量信息与实际存货的一致性。信息的及时性要求一种活动发生时与该活动在信息系统内可见时的时间间隔应尽可能的小，并要求及时地更新系统内的信息。系统稳定性除了依赖于系统的准确性外，还依赖于系统所存储的信息必须具有容易且持之以恒的可得性。一个可靠的物流信息系统要能在正常情况下达到系统设计的预期精度要求，不管输入的数据多么复杂，只要是在系统设计要求的范围内，都能输出可靠结果。非正常情况下的可靠性，指系统在软、硬件环境发生故障的情况下仍能部分使用和运行，一个优秀的系统也是一个灵活的系统，在设计时就必须针对一些紧急情况做出应对措施。因此，物流信息系统必须以处理异常情况为基础，依托系统来突出问题和机会，管理者通过信息系统能够集中精力关注最重要的情况，以便及时做出相应的危机公关决策。

3. 经济性原则

企业是趋利性组织，追逐经济利益是其活动的最终目的，所以每一次投入它都会考虑产出，所以在系统的投入中也要做到最小投入、最大效益。所以软件的开发费用必须在保证质量的情况下尽量地压缩。一个经济实用的物流信息系统必须层次结构分明，不同层次上的部门和人员，要的可能是不同类型的信息。一个完善的物流信息系统，要有以下层次：战略层次、决策支持、管理控制、业务操作。另外，物流信息系统必须是友善和易于操作的，这是为了使管理者便于使用操作，同时也可以提升工作效率。系统界面要求提供的物流信息要有正确的结构和顺序，能有效地向决策者提供所有相关的信息，避免管理者通过复杂操作才能达到相应的要求。系统投入运行后，还必须保持较低的运行维护费用，减少不必要的管理费用。

12.2.4　物流信息系统的体系

按照管理金字塔的基本结构，其决策支持、管理控制和交易处理分别对应物流信息系统中的战略管理层的计划管理系统、管理控制层的协调控制系统以及业务层的业务处理系统。

物流信息系统体包括面向企业决策层，进行计划制订和调整的计划管理系统；面向企业管理层，维护企业数据和业务数据，并协调和监督业务活动的协调控制系统；面向企业业务层和客户，对各项业务进行管理和处理的业务处理系统；面向企业信息管理组织，支撑企业信息化运作的企业信息平台；面向整个信息系统，提供信息平台建设的企业信息资源基础设施。

1. 计划管理系统

计划管理系统包含战略计划组件、能力计划组件、物流计划组件、制造计划组件和采购计划组件，主要功能是制定营销战略目标、营销目标、功能目标和金融战略目标，进行高层决策，同时对企业资源提出要求。

计划管理系统功能是针对企业现有资源确定能力需求、物流需求、制造需求、采购需求，并与战略计划相协调；制定指标体系、搜集业务系统运行情况的各项数据指标，对服务水平、物流系统的可得性、信息的精确性和及时性进行量化，为决策分析提供所需数据。

计划管理系统在物流管理信息系统中表现了信息系统对战略计划的制订、高层战略、业务计划及重组计划的支持能力；同时也表现了物流企业战略规划和作业计划对信息系统建设的要求和影响。计划管理系统输入与计划相关的实际业务数据的数据类型、名称、量值，向协调控制系统提出与计划相关的数据要求。

2. 协调控制系统

协调控制系统包括企业数据组件、业务数据组件、预测组件、存货管理组件和存货控制组件。

协调控制系统的功能是确定制订计划所需的各项企业数据指标；响应业务处理系统组件的要求和变更，对业务处理系统的其他组件提出业务数据要求；按计划管理系统建立的指标体系搜集业务处理系统运行情况的各项数据指标，对服务水平、物流系统的可得性、信息的精确性和及时性进行量化，为决策分析提供所需数据。

协调控制系统在物流管理信息系统中的意义在于强调计划管理系统各组件与业务处理系统各组件需求和能力的协调，共同预测，防止产生过剩的制造库存和物留库存；协调和指导各项业务活动，确保服务质量、信息的准确性，提高物流系统的可得性；有效调节业务处理系统变更对应用系统的影响，应用系统可通过它对业务系统提供柔性的支持。

协调控制系统输出为企业计划管理组件提供与计划要求相关的各数据类型、名称、量值；对业务组件提供与各业务流程相关的各数据类型、名称、量值；对业务组件提出与各计划组件相关的各数据类型、名称、量值的要求。

输入从计划管理组件获取与计划相关的各数据类型、名称、量值的要求；接收计划管理组件提出数据挖掘的条件；接收业务组件提供的业务数据；接收某一业务组件对其他组件提出的数据要求。

3. 业务处理系统

业务处理系统包括接收、处理、装运顾客订货和协调采购订货人入库所需的各种信息活动。作业系统包括订货管理、订货处理、配送作业、运输和装船、采购。

业务处理系统功能是建立和完善协调统一的物流作业模式，从协调控制组件中获取需要数据，以提高各业务过程的计划能力及衡量表现的能力。实现各作业组件之间信息共享，确定各作业组件的信息需求和对企业信息基础设施的要求。

业务处理系统意义在于协调一体化的物流作业流程可使整个企业的顾客订货和补充订货信息顺利并一致，查看当前各业务流程的运行状态，同时能减少延迟、错误和人员需求。业务处理系统与其他系统的联系在于接收协作控制系统提出的数据要求；接收客户的订货要求；向协作管理控制系统提供各项业务的基础数据；向企业信息基础设施提出资源需求申请。

4. 企业信息平台

企业信息平台的功能在于接收来自计划管理系统、业务处理系统和协作控制系统提出的信息资源基础设施的申请要求，对所有请求进行分解并重新组合，合理分配和使用企业信息资源基础设施，创建企业信息系统的平台。

企业信息平台的意义在于从企业全局进行考虑，对上一层系统的资源请求进行分解和再组合，确保资源请求的合理和资源支持的有效。企业信息平台输入包括接收来自计划系统的管理基础设施和技术基础设施的要求；接收来自协调控制系统的信息基础设施和技术基础设施的请求；接收来自业务系统的技术基础设施的请求。

输出包括对信息基础设施提出资源要求，并对其他系统提供以下资源的支持：服务器、终端设备、存储设备和网络通信设备；系统软件、支持型软件组成；通信协议和数据交换协议；企业组织结构；信息资源设施管理人员的分工。

5. 企业信息资源基础设施

企业信息资源基础设施是指根据物流企业当前业务和可预见的发展趋势，以及对信息采集、处理、存储和流通的要求，构筑由信息设备、通信网络、数据库、系统软件和支持性软件等组成的环境。信息基础设施可分为技术基础设施、信息资源设施和管理基础设施。

技术基础设施包括硬件、软件、协议三部分。硬件由服务器、终端设备、存储设备和网络通信设备组成；软件由系统软件和支持性软件组成；协议由通信协议和数据交换协议组成。

信息资源设施包括数据和信息本身、电子数据交换的形式和标准、信息处理方法。管理基础设施包括物流企业中信息系统部门的组织结构、信息资源设施管理人员的分工、技术基础设施和信息资源设施的管理方法和规章制度等。企业信息基础设施的功能是接收上一层系统对信息基础设施的要求，从信息设备、通信网络、数据库、系统软件和支持性软件等各种计算资源对企业业务进行支持。其在整个物流信息系统中的意义在于对企业信息系统提供最基础的信息技术支持，按照各系统对企业信息基础的要求，对企业信息基础设施进行统一的协调、规划和建设。图 12.1 是一个物流管理信息系统的构成及其模块。

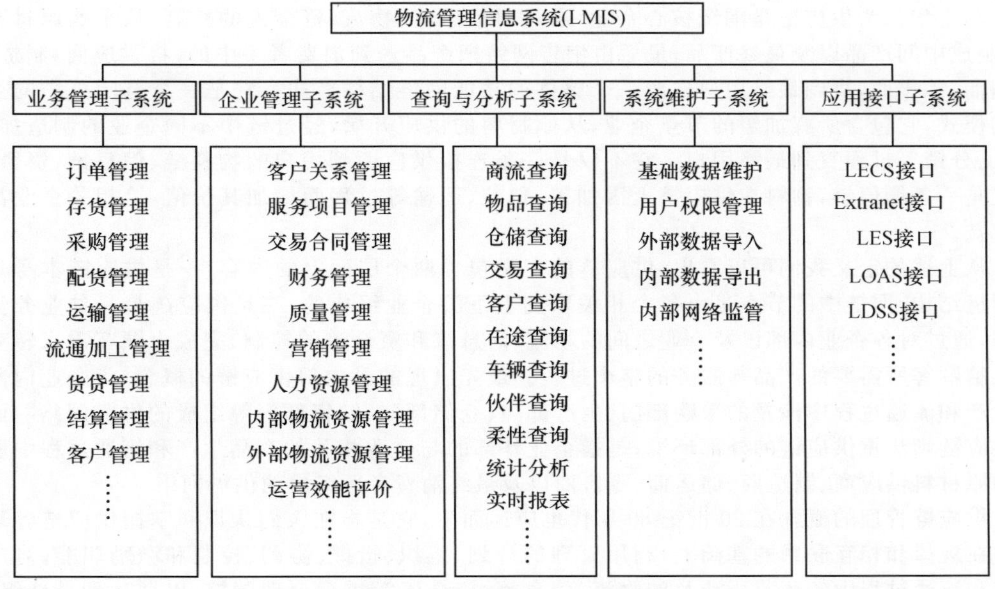

图 12.1　物流管理信息系统的模块

12.3 供应链管理系统

12.3.1 供应链的概念

计算机网络的发展进一步推动了企业的全球化、网络化过程。虚拟制造、动态联盟等制造模式的出现，更加迫切地需要新的管理模式与之相适应。传统的企业组织中的采购(物资供应)、加工制造(生产)、销售等看似整体，但却是缺乏系统性和综合性的企业运作模式。已经无法适应网络化竞争的社会发展需要，而那种“大而全”、“小而全”的企业自我封闭的管理体制，更无法适应网络化竞争的发展需要。在这种背景下，供应链的概念产生了。在当前全球制造、全球竞争加剧的环境下，对供应链的理解不应仅仅是一条简单地从供应商到用户的链，而是一个范围更广阔的网链结构模式，包含所有加盟的节点企业；供应链不仅是一条连接供应商到用户的物料链、信息链、资金链，而且还是一条增值链，物料在供应链上因加工、包装、运输等过程而增加其价值，给相关企业带来收益。

以下介绍一些主流学术机构及学者对供应链的定义。

我国于2001年发布实施的《物流术语》国家标准对供应链的定义是：生产及流通过程中涉及将产品或服务提供给最终用户活动的上游和下游企业所形成的网链结构。供应链管理定义为利用计算机网络技术全面规划供应链中的商流、物流、信息流、资金流等，并进行计划组织、协调与控制。

美国供应链协会认为：供应链涉及从供应商到顾客的最终产品生产与交付的一切努力。供应链管理包括贯穿于整个渠道来管理供应与需求、原材料与零部件采购、制造与装配、仓储与存货跟踪、订单录入与管理、分销，以及向顾客交货。

哈理森(Harrison)将供应链定义为：“供应链是执行采购原材料、将它们转换为中间产品和成品、并且将成品销售到用户的功能网。”菲利浦(Phillip)和温德尔(Wendell)认为供应链中战略伙伴关系是很重要的，通过建立战略伙伴关系，可以与重要的供应商和用户更有效地开展工作。

马士华认为供应链是围绕核心企业，通过对信息流、物流、资金流的控制，从采购原材料开始，制成中间产品以及最终产品，最后由销售网络把产品送到消费者手中的，将供应商、制造商、分销商、零售商，直到最终用户连成一个整体的功能网链结构模式。它是一个范围更广的企业结构模式，它包含所有加盟的节点企业，从原材料的供应开始，经过链中不同企业的制造加工、组装、分销等过程直到最终用户。它不仅是一条连接供应商到用户的物料链、信息链、资金链，而且是一条增值链，物料在供应链上因加工、包装、运输等过程而增加其价值，给相关企业都带来收益。

从上述的定义我们可以看出，供应链的定义包含两个层面上的内容：一是供应链本身是一个网链结构，网链中的节点是由各个相关联的上下游企业组成的；二是供应链是一种业务流程模型，通过对各企业内部以及企业之间的物流、信息流和资金流的控制，完成由顾客需求转变到提供给顾客所需要的产品与服务的整个过程。最先出现的是内部供应链的概念，指企业内部产品生产和流通过程中涉及的采购部门、生产部门、仓储部门、销售部门等组成的供需网络。而外部供应链则注重供应链的外部环境，是指企业外部的与企业相关的产品生产和流通过程中所涉及的原材料供应商、制造商、储运商、零售商以及最终消费者所组成的供需网络。

供应链管理的概念在20世纪80年代也应运而生，它是指在人们认识和掌握供应链各环节的内在规律和相互联系的基础上，利用管理的计划、组织、指挥、协调、控制和激励职能，对产品生产和流通过程中各环节所涉及的物流、信息流、资金流等进行合理调控，以期达到最佳组合，发挥最高效率，以最小成本为客户提供最大附加值。供应链管理从建立合作机制或战略伙伴关系的新思维出发，从全局和整体的角度考虑产品的竞争力，使供应链从一种运作型的竞争工具上升为一种管理型的方法体系。供应链管理是一种集成的管理思想和方法,它执行供应链中从供应商到最终用户的物流的计划和控制等职能。供应链管理是一种新的管理策略,它把不同企业集成起来以增加整个供应链的效率,注重企业之间的合作。

12.3.2　供应链的结构模型

根据供应链的定义,其结构可以简单地归纳为图 12.2 的模型。

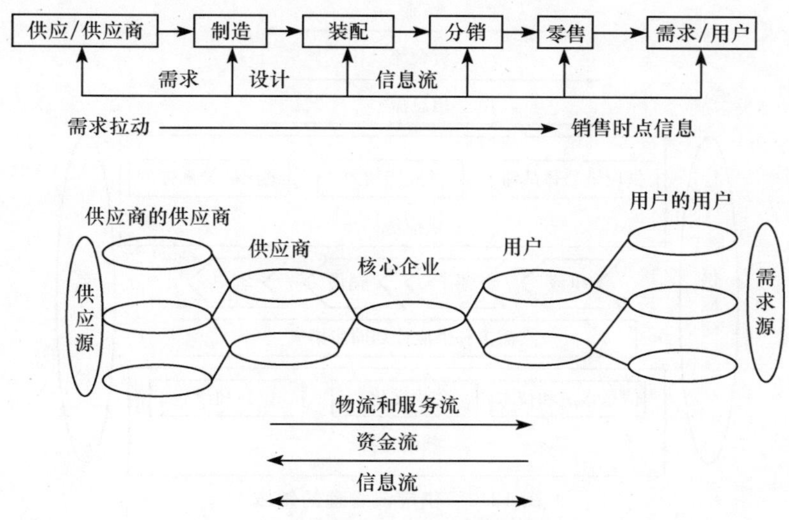

图 12.2　供应链结构模型

从图 12.2 中可以看出,供应链由所有加盟的节点企业组成,其中一般有一个核心企业(可以是产品制造企业,也可以是大型零售企业),节点企业在需求信息的驱动下,通过供应链的职能分工与合作(生产、分销、零售等),以资金流、物流和服务流为媒介实现整个供应链的不断增值。

12.3.3　供应链的特征

从供应链的结构模型可以看出,供应链是一个网链结构,节点企业和节点企业之间是一种需求与供应的关系。供应链主要具有以下几项特征。

1. 复杂性

因为供应链节点企业组成的跨度(层次)不同,供应链往往由多个、多类型甚至多国企业构成,所以供应链结构模式比一般单个企业的结构模式更为复杂。

2. 动态性

供应链管理因企业战略和适应市场需求变化的需要,其中节点企业需要动态地更新,这就使得供应链具有明显的动态性。

3. 面向用户需求

供应链的形成、存在、重构,都是基于一定的市场需求而发生的,并且在供应链的运作过程中,用户的需求拉动是供应链中信息流、产品/服务流、资金流运作的驱动源。

4. 交叉性

节点企业可以既是这个供应链的成员,同时又是另一个供应链的成员,众多的供应链形成交叉结构,增加了协调管理的难度。

12.3.4　供应链管理的内容

从业务环节上划分,供应链管理主要涉及四个职能领域:供应管理、生产管理、销售管理、客户关系管理(图 12.3)。而连接这些管理环节的纽带就是企业内部与企业之间的信息流、资金流和物流。物流与信息流、资合流在形式和传递方式上都存在本质上的区别，在实际运作中一般可以借助信息网络和中间机构(如银行)实现信息的交换和资金的流动，但物流却是表现为商品实体在时间和空间上的移动，受自身性质的约束，其实施的成本和难度相对很高，成为供应链快速、有效运行的主要障碍。特别在电子商务快速发展，客户个性化需求日益增多的情况下，物流“瓶颈”问题越来越突出。

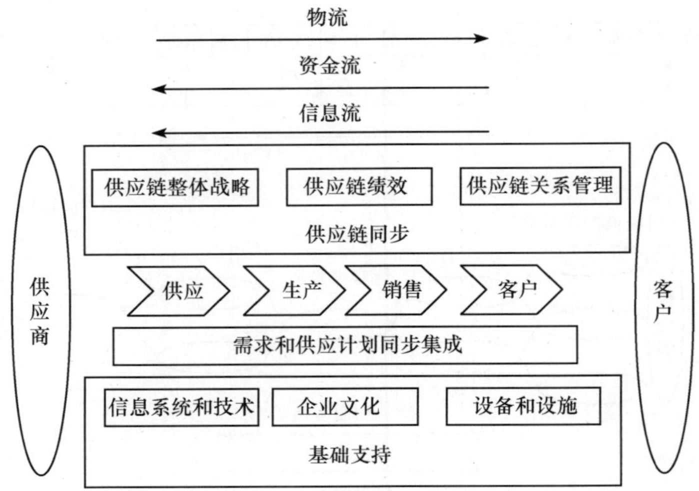

图 12.3　供应链管理的领域

在供应链各项业务领域的基础上，可以将供应链管理细分为职能领域和辅助领域。职能领域主要包括采购管理、生产控制、仓储管理、库存控制、分销管理、客户关系管理等。而辅助领域主要包括人力资源、会计核算、市场营销等。由此可见，供应链管理关心的并不仅仅是物料实体在供应链中的流动，除了企业内部与企业之间的运输生产问题和实物分销以外，供应链管理还包括以下内容：供应链战略性企业合作关系管理、供应链决策制定与计划优化、快速反应和实时控制、虚拟企业协同管理、全程信息一体化和可视化、产品预测和需求计划、企业内部与企业之间物料供应与需求管理、基于供应链管理的产品设计与制造管理、生产集成化计划、跟踪和控制、基于供应链的用户服务和物流管理、企业间资金流管理、供应链绩效评价、供应链财务绩效评价等。

12.3.5　供应链管理系统的定义

任何系统都是管理思想的体现。供应链管理既然是一种新的管理思想，供应链管理系统就会因各种管理流派对供应链管理的理解不同而不同。在此，我们将仅包含供应链规划和实施功能的供应链管理系统称为狭义的供应链管理系统，将“供应链规划＋供应链实施＋进销存系统”称之为广义的供应链管理系统。

其中，广义的供应链管理系统，按照过程进行供应链组织间的计划、安排进度表和供应链计划的执行与控制，着重于整个供应链和供应网络的优化以及贯穿于整个供应链计划的实现。好的供应链管理系统软件供应商提供的套件，包括了从订单输入到产品交付等并行于制造业务流程的全部业务过程，其中包括预测、供应链和生产计划、需求和分销管理、运输计划以及各种形式的业务智能。

狭义的供应链管理系统是以下各个系统的综合运用，通常能在供应链中跨越阶段发挥作用，它们被当做一整套紧密结合的不同的供应链工具。

1. *原料获取和原料编目系统*

获取和编目工具着眼于供应商和制造商之间的关系以及它们之间的原料获取过程。尽管这种工具多种多样,但着眼于供应商的工具,其基本目标是使原材料获取过程效率更高,取代供应商的目录,记录配件、特征、价格、过程及供应商本身。供应商管理系统能帮助购买者在供应商和供应商之间、配件和配件之间进行比较,以便决定向谁购买以及购买什么。

2. 高级计划和安排

高级计划和安排(APS)已经成为分析工具中增长最快的领域。高级计划和安排系统安排生产什么、在何时何地进行生产,以及当考虑到原料短缺、生产能力和其他商业目标时如何进行生产。高级计划和安排还可以涵盖以下功能:供应链战略规划、库存计划和承诺的供给水平。这些系统使用复杂的运算工具,如线性规划和因子分析,具有高度的分析能力。高级计划和安排系统还可以用于生产中的详细生产安排、运行生产计划以及供应链计划,以便很好的运用生产、分销和运输资源来满足需求。高级计划和安排系统要求输入遗存系统或企业资源规划系统提供的具体交易数据或信息。高级计划和安排是 ERP 开发商已经进入的领域,他们进入的方法是在企业资源规划系统中添加具有高级计划和安排功能的软件元。

3. 运输计划和货物系统

运输计划和货物系统的功能是,分析决定在何时何地运输多大量的货物。运用此系统可以在不同承运人、不同运输方式、不同运输线路之间进行比较并制订货运计划。

4. 需求计划和收益管理

需求计划和收益管理工具帮助公司运用专利性分析工具预测产品的市场需求。这类系统将历史资料和有关未来需求的信息作为数据输入,并提出了对过去的销售做出解释的模型,在此基础上预测未来的需求。优良的系统不仅考虑未来的需求变动趋势和季节性因素,还依据促销状况对未来需求的预测进行修改。收益管理这一观念通常置于需求计划这一框架下进行考虑。这种观念已经在航空领域得到大量的运用,此外宾馆和汽车租赁业也已经引入了这一理念。

5. 客户关系管理和销售自动化

客户关系管理和销售自动化(SFA)工具通过提供产品和价格信息,实现了销售人员和客户之间关系的自动化。它们还实时提供客户和产品信息,以便销售人员朝着自己合适的方向努力,而客户自己也能量身订货。

广义的供应链管理系统在狭义的供应链管理系统基础上还包括了传统的进销存系统,同时涵盖了以下一些子系统:①库存管理系统,该系统可以检测需求类型,要输入的数据包括需求预测、成本、利润及服务水平,然后会提出一项库存决策。它们的最大用处就在于,能在库存成本和清仓成本之间做出权衡。②生产执行系统,该系统的分析能力不及高级计划和安排系统,而类似于关注运营层次的 ERP 系统,但它只集中于关注某个生产设施内部的生产执行情况。一个生产执行系统通常运用其分析能力提出短期生产安排并配置资源。先进的生产执行软件来自企业资源规划系统开发公司以及一些专注开发生产执行系统的公司。③运输执行系统,它与生产执行及高级计划和安排系统的关系相似,运输执行系统完成运输计划的任务。它们的分析能力不及高级计划系统,而是作为计划工具与操作相联系的环节。④仓库管理系统,它类似于运输执行系统,它执行库存计划的指令并管理着仓库的日常运营。当然,这类系统也记录仓库中的库存状况。

12.3.6　供应链管理信息系统的设计原则

在供应链的设计过程中,应当遵循一些基本原则,以保证供应链的设计和重建能满足供应链思想得以实施和贯彻的要求。

1. 开放性原则

供应链管理中,信息起主导作用,并通过对信息的共享和使用来减少市场交易成本和企业管理成本,产生经济效益。因此企业管理信息系统不仅局限于企业内部的信息管理,而且是一个能够通过互联网和信息技术与合作伙伴企业或上、下游企业进行信息共享和无缝连接的开放的信息系统。开放性要求现代物流管理信息系统的网络结构、数据库结构、软件系统的体系结构要采用标准化、模块化技术，要满足与其他信息系统的互联和系统扩展的需要。

2. 可重构性原则

供应链管理中为了应对快速多变的市场需求，可以运用合作、战略联盟等虚拟规模扩张形式产生规模效应。物流管理信息系统的结构要满足企业的组织变动，以及业务重组和新业务开拓的需要。可重构性要求软件系统设计时采用先进的软件体系结构分析和设计方法、先进的开发工具，用软件组件工程方法开发一组高质量的业务组件、共用组件、综合分析组件、中间件组件、装配组件、框架集成组件等组成的应用软件。根据市场和管理的需要装配成柔性结构的应用系统。

3. 集成性原则

供应链管理是以系统整体最优为目的的，通过对物流供需链的整个物流过程的最优化实现整个价值链的增值。物流管理过程中采用的是订单驱动的数字化运作方式，要求企业内部的作业运作、职能管理、组织机构进行有效的集成；要求物流管理信息系统实现内部数据库的无缝连接；要求用 Web、中间件技术将企业电子商务应用系统及网站数据库与企业管理信息系统和内部数据库集成。实现企业与外部的信息沟通和信息共享；要求用Extranet等技术将合作伙伴企业共同控制和协调的分布数据库（如库存信息、供需信息、运输计划等）进行集成，以实现分布的作业协同、控制与管理。

4. 人性化与智能化原则

供应链管理以顾客满意为第一目标，信息系统的应用软件设计要考虑人性化与智能化的特征。要实现顾客服务的快速准确反应，主要体现在订单管理的接单方式与界面、客户关系管理中顾客投诉处理、货物运输跟踪的查询、客户库存决策、作业优化调度、物流成本预算与控制等子系统的设计中。因此，现代物流信息系统既是一个为物流公司提供决策支持，又是为物流服务的顾客提供决策支持的信息系统。

5. 安全性原则

基于互联网技术的管理信息系统必须具备抵御黑客攻击及预防信息泄露等安全防范功能。安全性要求将信息系统的安全防护控制技术融入系统设计，可以运用身份识别、权限控制、数据加密、防火墙、虚拟专用网络等安全保密技术构建一个有安全保障功能的供应链管理信息系统。

6. 创新性原则

创新设计是系统设计的重要原则，没有创新性思维，就不可能有创新的管理模式，因此在供应链的设计过程中，创新性是很重要的一个原则。要产生一个创新的系统，就要敢于打破各种陈旧的思维束缚、用新的角度、视野审视原有的管理模式和体系，进行大胆地创新设计。

进行创新设计要注意几点：一是创新必须在企业总体目标和战略的指导下进行，并与战略目标保持一致；二是要从市场需求的角度出发，综合运用企业的能力和优势；三是发挥企业各类人员的创造性，集思广益，并与其他企业共同协作，发挥供应链整体优势；四是建立科学的供应链和项目评价体系及组织管理系统，进行技术经济分析和可行性论证。

7. 战略性原则

供应链的建模应有战略性观点，通过战略的观点考虑减少不确定影响。从供应链的战略管理的角度考虑，我们认为供应链建模的战略性原则还体现在供应链发展的长远规划和预见性上，供应链的系统结构发展应和企业的战略规划保持一致，并在企业战略指导下进行。

供应链的管理已成为制约企业生存与发展的核心要素，日益突显。其中，如何有效地运用企业的物流采购供应链及其资源是现代企业面临的重大难题之一，并且在企业经营战略中占有置关重要的地位，是全面改善和大力提升企业整体管理水平的重要环节。因此，进行供应链信息系统的构建及与原有系统的整合是很多企业急需解决的问题。

小　结

(1) 物流被称为企业的“第三利润源泉”,在现代化的经营环境下物流已经成为企业降低运营成本、增强竞争优势的重要因素。物流有广义和狭义之分,其功能是通过信息、运输、仓储等的协调以及材料搬运、包装、流通加工、配送等活动来实现的。

(2) 物流信息是反映物流各种活动内容的知识、资料、图像、数据和文件的总称。物流信息包括物流系统内信息和物流系统外信息两部分。

(3) 物流信息系统广泛运用在运输、仓储、海关、码头、堆场等,是一个由计算机、应用软件及其他高科技的设备通过全球通信网络连接起来的纵横交错的立体的、动态的、互动的系统。物流信息系统有其自身的特点、结构及功能。

(4) 供应链包括内部供应链与外部供应链,供应链管理是指在人们认识和掌握供应链各环节的内在规律和相互联系的基础上,利用管理的计划、组织、指挥、协调、控制和激励职能,对产品生产和流通过程中各环节所涉及的物流、信息流、资金流等进行合理调控,以期达到最佳组合,发挥最高效率,以最小成本为客户提供最大附加值。

(5) 供应链信息系统包括了从订单输入到产品交付等并行于制造业务流程的全部业务过程,其中包括预测、供应链和生产计划、需求和分销管理、运输计划以及各种形式的业务智能。供应链系统与企业原有系统的整合是企业实现供应链管理所需解决的重要问题。

习　题

1. 简述物流的概念及其功能。
2. 什么是物流信息,它包括哪些内容?
3. 物流信息系统是如何构成的?
4. 熟悉某物流信息系统软件,它的基本模块有哪些?
5. 什么是供应链,为什么要进行供应链管理?
6. 了解某企业的供应链管理系统,说明它的基本功能和体系结构。
7. 案例分析:

“可的”连锁便利店信息系统的建设

上海“可的”连锁便利店有限公司的前身是上海可的食品公司,集中了上海牛奶公司下属各部门和工厂的“三产”。创业时仅具备连锁经营的外形,有数十家分散的门店网点,1996 年做出了从事便利店业态的战略决策,走上了便利店连锁经营道路。

一、原信息系统的状况

1. 信息系统的情况

由于门店的网点增多,“可的”的计算机部每天平均要为 65 家门店打单,工作量很大。仓库规定每天中午 12:00 前,各门店的要货单必须送到仓库,大部分门店集中在上午 10:30～11:30 传真,而有的门店则超过中午 12:00 还没传真,给货物调配工作带来一定的难度。

此外,由于网点的增多,直供商品及供应商的数量也比较多;计算机在结报过程中相当繁忙,为了在结报过程中少出错,对门店月底结报提出要求:直供商品的结算期以上月 18 日至当月 17 日为一个周期;门店在 21 日左右将各种直供商品分类结算好(进价和零售价),最好与供应商核对一下;门店在 21～23 日将直接供应品种按不同供应商进行分类汇总,然后将零售情报到计算机部。

2. 物流信息运行过程

“可的”便利店经营的商品从物流的角度来分,可以分为直接供应和总部配送应两种。

(1) 门店长根据总部提供的书面商品目录,分别向总部和供应商订货。商品目录大致是 3 个月更换一次,期间引进的新产品和淘汰的旧产品以及价格变动以书面通知的方式补充。

(2) 门店长每天巡视商品的货架和内仓的库存，决定要货商品的种类和数量，并记录在要货单上。这种手工作业的过程，全靠店长的直观判断，对店长的要求非常高；工作量大，完成一次要货需要3～4小时，店长难以保证在规定时间内确定要货种类和数量。

(3) 总部收到门店要货传真后，将传真数据输入计算机系统，根据计算机库存生成对门店配货的配送单，还要进行手工对账作业。当时门店每次要货的品种约为60多种，但是仓库无法全部满足。仓库与门店之间缺乏信息沟通，仓库商品断货和到货情况门店无法知道，对于好销的商品，门店为了防止断货，会加大要货量；而对于销路一般的商品，门店很容易忘记要货，一旦要货，要货量又偏大，因此门店的库存量总是偏大。由于门店的传真要货单是手写的，很难保证格式统一，经常发生编码、名称、数量的错误，同时人工打单也增加了出错的机会。

(4) 当初门店配备的是第二代POS机，销售时收银员按商品上的金额输入，POS机只能完成销售金额的汇总。总部每天上午由专人通过电话接收门店前一天的销售金额，形成销售日报，但是由于POS机的功能所限，总部无法知道门店的销售结构；同时由于要货是手工作业，配送金额难以准确反映销售情况，因此不利于总部对商品的管理。

(5) 总部要求门店建立台账，在结报日之前，门店长一般要花两天时间汇总商品的进货数据、销售数据和盘点结果，然后填写规定格式的结报表，结报时全体门店长会集总部，核对数据，同时补填变价金额，最终完成结报。

二、设计信息网络结构

1. 内部信息网络结构

(1) 建立企业内部信息网络，完成企业管理、控制和零售等所有相关链接。

(2) 远程通信根据条件采用PSTN、ISDN和DDN。

(3) 所有门店销售信息和商品定价等策略信息都由总部来完成信息自动交换。

(4) 配送中心自动分析各门店的营业情况，每天晚上自动产生配送单，交配送中心配送。

(5) 配送中心自动产生补货通知单，通知供应商补货。

(6) 总部结算中心根据供应商和商品对企业的贡献度，自动产生分析报表，决定付款和付款周期。

(7) 完成有关信息与外部网络的衔接。

2. 外部信息网络结构

(1) 通过互联网建立企业外部网络，用于弥补由于服务项目不断增加导致的内部网络的局限。

(2) 利用Webside建成一座"桥"，用于沟通企业内外部的信息。企业通过这座"桥"发布对供应商的付款通知、送货通知，确定订货量和周期；供应商则由此获得商品供应关系，并获取订单和执行送货。门店通过这座"桥"申请个性化商品的补货，形成、建立和增加门店向社会服务。

三、物流信息系统的功能

上海"可的"连锁便利店的物流信息系统，具有自动配货、自动补货、自动结报和自动付款四大功能。

1. 自动配货

"可的"的门店全部通过自动配货系统进行配货。系统提供了两种自动配货方法：一种是销售法，当门店账面库存低于设定的最低库存数量时，按门店过去若干天的销售数量配货；另一种方法是上下限法，当门店的账面库存低于设定的最低库存(下限)时，按固定数量为门店配货，这个参数为上限。

(1) 每天凌晨零点后，信息系统通过计算机网络自动回收门店POS机的销售数据，并自动计算出门店当时的库存，然后进行自动配货。

(2) 完成自动配货后，系统打印配货单，交仓库配货发货。货物到达门店后，门店根据随车的配货单验货收货。

(3) 使用自动配货系统，改门店要货为总部统一配货。运作自动配货系统前，单店的平均库存为12万元左右，实现自动配送后，单店的平均库存在10万元以下。

2. 自动补货

经物流仓库配送的商品基本是统配商品，采用自动补货系统为仓库补货，系统可以依照固定周期或仓库的库存，按自动配货的方法(配送数量或上下限)自动生成订货单。供应商严格按订单内容送货，并附正式发票。

3. 自动结报

每月 20 日凌晨零点所有门店统一盘点，门店将盘点数据输入 POS 机，盘点结束，信息系统自动回收门店盘点数据，系统根据账面库存和门店库存计算盈亏数量，总部营运部 21 日根据盘点数据，抽取部分门店复核，检查盘点质量。

4. 自动付款

按合同规定，系统中设置对供应商的付款期。系统会根据进货单的填写时间（打印时间）自动计算每张发票的付款期，在“可的”每月付款日自动生成付款单，财务主管和总经理复核后付款。对部分重点供应商，“可的”在付款日按付款单金额直接划款到供应商账上。

四、物流信息系统的发展

物流信息系统不仅是一个物流业务操作的高效率系统，而且是一个高效率的管理系统。“可的”通过物流信息系统，实现了对企业经营活动的控制和管理。

1. 追踪分析门店销售业绩

(1) 管理人员通过自动化信息查询报表系统，可以得到整个公司的各类数据、组合信息和门店的经营销售情况。

(2) 管理层开始从关心门店的日销售额和月累计销售额，逐步地关心门店本期的日均销售额、每日重要类别商品的销售额以及销售的动态趋势，了解门店所在地消费群体的特点，并调整商品结构。

(3) 信息系统的应用不仅提高了员工计算机操作水平、业务技术水平，而且还帮助管理者开始研究利用系统的信息资源来发现管理问题和指导经营。

2. 严格按数据标准进行管理

通过信息系统的建立，“可的”系统掌握了各种商品的销售情况，这样，“可的”就可以把经营的商品定期排名，进行 80/20 分析，还可以把商品排名作为淘汰难销商品、引进新商品的依据。“可的”利用信息系统反映出来的商品经营成果，考核销售额、毛利率、新产品的引进率、商品的通道费、品牌商品的销售额等，还可以了解商品的缺货率、商品的打单率、商品的库存量和周转率等，通过对这些数据的分析，可以找出经营管理中存在的问题，采取相应的措施。

案例分析题

1. “可的”连锁便利店原来的信息系统存在什么问题？
2. 改善后“可的”的信息网络结构是怎样的？
3. 其信息系统具有什么功能？是如何运作的？
4. 分析“可的”连锁便利店自营物流的优点和问题。
5. 分析“可的”连锁便利店外包物流的优点和问题。

第 13 章　客户关系管理系统

13.1　客户关系管理系统概述

客户关系管理(customer relationship management,CRM)是一种以客户为中心的经营策略,以信息技术为手段,对工作流程进行重组,以赋予企业更完善的客户交流能力和最大化客户的收益率。

CRM 的目标就是提高效率、拓展市场和保留客户。所谓提高效率,就是通过采用信息技术,提高业务处理流程的自动化程度,实现企业范围内的信息共享,使原本"各自为战"的销售人员、市场推广人员、电话服务人员、售后服务人员等开始真正地协调工作,成为围绕着"满足客户需求"这一中心的强大团队,提高企业员工的工作能力,使企业内部更高效地运转,降低企业经营成本。所谓拓展市场,就是通过新的业务模式,如电话、Web、E-mail、传真等,扩大企业经营活动范围,及时把握新的市场机会,占领更多的市场份额。所谓保留客户,就是客户可以选择自己喜欢的方式与企业进行交流,方便地获取信息并且得到更好的服务,提高客户满意度以帮助企业保留更多的老客户,更好地吸引新客户。

CRM 的产品表现为一套管理软件和技术,但它更是一种管理思想的反映。CRM 是在信息技术发展的基础上,以现代管理思想为基础,管理企业与客户之间的关系。

CRM 作为全新的企业管理理念、创造性的企业运营模式、集成的应用系统和解决方案,将帮助企业深入挖掘客户资源、及时响应市场需求、实现信息共享和商务智能、再造企业组织、优化业务流程,为企业开展电子商务提供基础动力和全面保障,贯穿于企业内部与客户联系的经营和管理的各个方面。

关于 CRM 的内涵,我们可以从以下三个方面来理解。

1. *战略理念方面*

从战略和理念的宏观角度上说,CRM 首先是一种现代经营管理思想理念,它遵循以客户为导向的方针,对客户进行系统化的研究,通过改进对客户的服务水平、提高客户的忠诚度,不断争取新客户和商机。同时,以强大的信息处理能力和技术力量确保企业行为的实施和进行,力争为企业带来长期稳定的利润,通过加强企业与客户的沟通与联系,力求在企业和客户之间建立和保持一种长期、良好的合作关系,加速企业和社会的发展。企业在 CRM 理念指导下,创新并建设以客户为中心的商业模式,通过整合企业内外资源、集成并应用 CRM 系统,确保企业利润增长和客户满意的实现。

2. *管理模式方面*

从企业管理模式和经营机制的角度看,CRM 是一种旨在改善企业与客户之间关系的新型管理机制,它实施于企业的市场营销、销售、服务与技术支持等领域,要求以客户为中心来构架企业的业务流程,完善对客户需求的快速反应以及管理者的决策的组织形式,规范以客户为核心的工作流程,建立客户驱动的产品、服务设计,通过向企业、市场和为客户服务的专业人员提供全面、个性化的客户资料,并强化跟踪服务、信息分析的能力,使他们能够协同建立和维护一系列与客户和生意伙伴之间卓有成效的"一对一关系",进而培养客户的品牌忠诚度,提高客户的价值保留,从而扩大可盈利份额。

3. 信息技术方面

从信息技术角度看,CRM 是一种管理软件系统,将最佳的商业实践与数据挖掘、数据仓库、一对一营销、销售自动化等紧密结合在一起,为企业的销售、客户服务和决策支持等领域提供一个业务自动化的解决方案。系统包括 Internet 和电子商务、多媒体技术、数据仓库和数据挖掘、呼叫中心以及相应的硬件环境,同时还包括与 CRM 相关的专业咨询等,使企业有了一个基于电子商务的面对客户的前台,从而顺利实现由传统企业模式到以电子商务为基础的现代企业模式的转化。

综上所述,CRM 是市场化和信息化的产物,通过管理客户信息资源,提供客户满意的产品和服务,与客户建立起长期、稳定、相互信任、互惠互利的密切关系的动态过程和经营策略。它采用先进的数据库和其他信息技术来获取客户数据、分析客户需求特征和行为偏好,积累和共享客户知识,有针对性地为客户提供产品或服务,发展和管理客户关系,培养客户忠诚度,以实现客户价值最大化与企业收益最大化之间的平衡。正确的战略是 CRM 实施的指导,信息系统、IT 技术是 CRM 成功实施的手段和方法。CRM 是客户管理的商务策略与信息技术策略的整合,没有信息技术策略不能适应经济的发展,只有信息技术策略不可能成功。

13.2　客户关系管理系统的功能

美国 Gartner Group、Meta Group 等咨询公司对主流的 CRM 系统进行了研究,认为 CRM 系统主要是用来实现对销售、市场营销、客户服务与支持的全面管理,实现客户基础数据的记录、跟踪,客户订单的流程跟踪,客户市场的细分和特性研究,以及对客户服务与支持活动的分析,并在一定程度上实现业务流程的自动化。此外,进行数据挖掘和在线分析处理以提供决策支持也是 CRM 的功能之一。

按照目前流行的功能分类方法,美国的咨询公司 Meta Group 把 CRM 分为操作型(operational)、协作型(collaborative)和分析型(analytical)三类(图 13.1),这一分类方法已得到业界的认可。

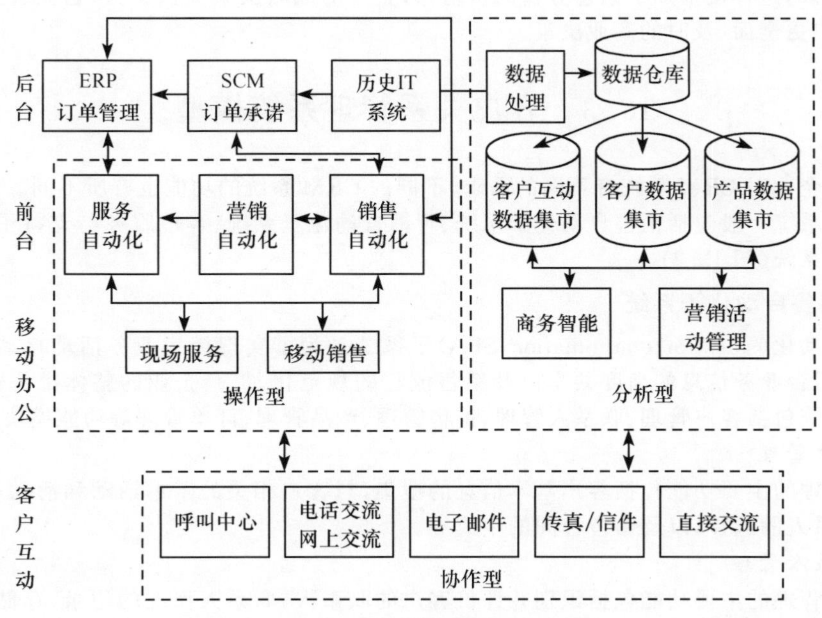

图 13.1　CRM 系统功能

13.2.1 操作型 CRM

操作型 CRM 与企业业务紧密相关，即所谓的前台应用，包括销售自动化、营销自动化、服务自动化等应用，以及前台和后台的无缝集成。操作型 CRM 实现销售、营销和客户服务三部分业务流程的自动化，其目的在于提高前台的效率，并实现销售、营销和客户服务部门的协同一致。销售自动化用于解决方案管理和客户之间的关系，一般包括工作日历和日程表安排、联系人和客户管理、销售预测、建议书制作和管理与定价等。营销自动化的着眼点在于通过设计、执行和评估市场营销行动和其他相关活动的全面框架，赋予市场营销人员更强的能力。它作为销售自动化的补充，提供一些独有的功能，主要有促销宣传管理和内容管理等。具体来讲，包括基于 Web 的和传统的市场营销宣传行动策划、执行和分析；宣传品的生成和市场营销材料管理；对有需求客户的跟踪、分配和管理等。客户服务是客户关系管理中的核心内容之一，企业提供的客户服务是能否保留满意的忠诚客户的关键。随着上网用户的增多，自助服务的要求发展越来越快，与客户积极主动的关系成为客户服务的重要组成部分。客户服务自动化能够处理客户各种类型的询问，包括有关的产品、需要的信息、订单请求、订单执行情况，以及高质量的现场服务。

13.2.2 协作型 CRM

协作型 CRM 为客户交互服务和收集客户信息提供了多种渠道及联系手段(包括电话、传真、网络、电子邮件等)的集成和实现自动化处理，提高了企业与客户的沟通能力，旨在帮助企业更好地与客户进行沟通和协作，大大提高客户的满意度，它还能够支持营销活动，通过主动的客户接触创造出更多的销售机会。

13.2.3 分析型 CRM

分析型 CRM 用于完成客户关系的深度分析，它与数据仓库技术密切相关，运用数据挖掘、在线分析处理(online analytical processing，OLAP)、交互查询和报表等手段，了解客户的终身价值、信用风险和购买趋向等。基于统一的客户数据和融入所有企业业务应用系统的分析环境，CRM 就可对其进行加工处理，提供既定量又定性的即时分析，然后将分析结果反馈给管理层和整个企业内部，这样便增加了信息分析的价值，为企业的战略决策提供支持，企业决策者权衡这些信息，做出更全面、及时的商业决策。

13.3 客户关系管理系统模型

不同的企业对 CRM 系统有不同的需求，不同的 CRM 系统的功能也有所不同。从大的方面划分，CRM 系统一般包括销售自动化子系统、营销自动化子系统、客户服务与支持子系统、商务智能分析子系统(图 13.2)。

13.3.1 销售自动化子系统

销售自动化(sales force automation，SFA)子系统是为了实现销售业务活动自动化，通过对客户信息、后台业务信息的高度共享以及销售流程的规范化，提高企业的整体销售业绩。销售自动化子系统包括客户管理、联系人管理、销售管理、产品管理、订单管理等功能模块。

1. 客户管理

客户管理的主要功能包括客户基本信息的搜集，与客户相关的基本活动和活动历史的记录和查询，联系人的选择，以及销售合同的生成等。

2. 联系人管理

联系人管理的主要功能包括识别并评价客户的联系人，联系人概况的记录、存储和检索，以及跟踪同联系人的联系，如时间、类型、任务描述等。

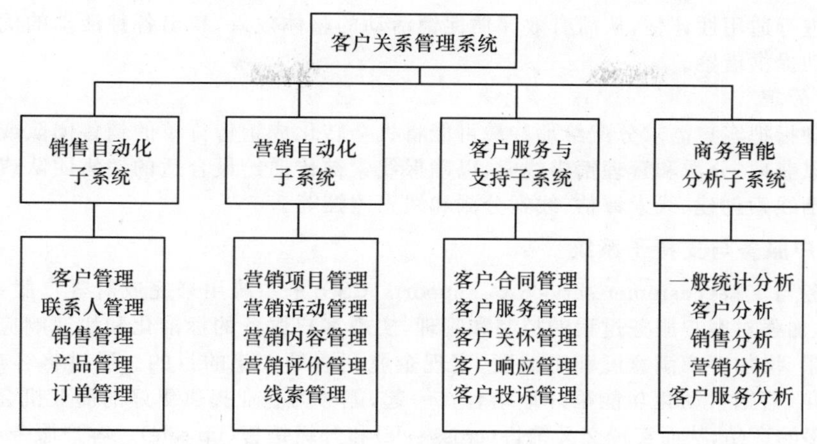

图 13.2 客户关系管理系统模型

3. 销售管理

销售管理的主要功能包括组织和浏览销售信息，产生各销售业务的阶段报告，对销售业务给出策略上的支持，根据利润、领域、优先级、时间、状态等标准辅助用户制定关于将要进行的活动、业务等方面的报告，销售费用管理，销售佣金管理，以及销售技巧查询。

4. 产品管理

产品管理的主要功能包括产品批号管理，产品序列号管理，产品有效期管理，产品规模和型号管理，客户组合产品配置管理，以及产品组合分析。

5. 订单管理

订单管理的主要功能包括订单的处理，订单的确认，订单状态管理(包括取消、付款、发货等多种状态)以及订单出库和订单查询等。

13.3.2 营销自动化子系统

营销自动化(marketing automation，MA)子系统是以企业的各类营销活动(如促销活动、客户获取、客户维持、客户赢回、交叉销售和升级销售)为管理对象，通过对整个营销过程的规范化，整合营销流程，提高整体营销效率，以更好地实现企业各个时期的营销目标。营销自动化子系统包括营销项目管理、营销活动管理、营销内容管理、营销评估管理、线索管理等功能模块。

1. 营销项目管理

营销项目管理是用于规划一个完整的营销活动项目，包括制定项目目标、项目有效日期、定义活动对象、确定使用资源，以及预算报批等管理内容，能够实现企业对营销活动的管理和控制。

2. 营销活动管理

营销活动管理主要是支持企业的营销活动，辅助营销人员计划安排营销活动，具体制定整个营销活动的工作流程，定义各活动的优先顺序，完成市场研究以及营销策略的制定等。如营销资料管理、市场分析模型、市场预测模型、产品和价格配置器和渠道管理系统等。

3. 营销内容管理

营销内容管理一方面为营销人员、销售人员及协作伙伴企业提供合适的、一致的数据和产品功能介绍；另一方面帮助企业创建、管理和发布信息，在最佳时间将有关新产品、工具、事件、新闻和计划传递给营销、销售、服务等业务部门和协作伙伴企业。

4. 营销评估管理

营销评估管理是指对营销活动的效果进行评估，计算客户响应率变动、销售收入、费用与利润的比率等，从而在成本与收益上对营销活动进行控制。它还对所选用对象的准确率、活动对象的吸引力进行适用性评估,从而有效评估促销活动的整体效果,找出各种活动的优缺点,为今后的促销活动提供借鉴。

5. 线索管理

线索管理指把客户需求分配给那些最可能将机会转化成销售订单的销售团队或协作伙伴。营销部门可以获取、分派和管理销售线索,以确保线索被传递给最合适的销售团队或协作伙伴,主要功能包括线索创建、线索评估、线索分派和线索监控等。

13.3.3 客户服务与支持子系统

客户服务与支持(customer service & supports,CSS)子系统用来完成对客户服务流程的自动化和优化,加强对客户服务过程的控制和管理,实现客户服务的标准化和快速响应,从而达到提高服务效果、增加客户满意度和忠诚度、实现企业利润最大化的目的。通过将客户服务功能与销售自动化、营销自动化功能很好地结合在一起,能够为企业提供更好的商业机会,向已有的客户销售更多的产品,从而实现交叉销售(cross-sale)和升级销售(up-sale)。客户服务与支持子系统包括客户合同管理、客户服务管理、客户关怀管理、客户响应管理、客户投诉管理等功能模块。

1. 客户合同管理

客户合同管理指通过完善的客户合同数据库对不同客户、不同产品和不同销售合同提供不同的服务内容与标准,并提供服务计划、服务续订等功能。客户合同数据库的主要属性包括合同号、合同客户、合同规定的服务标准等。对于需要定期维护和保养的产品或设备生成定期维护计划,当合同到期时,客户合同管理模块自动提醒服务坐席通知客户续订服务,大大减少了合同流失。

2. 客户服务管理

客户服务管理主要是用来对客户意见、问题或投诉以及售后服务等信息进行管理,主要记录客户的所有意见、问题或投诉情况,对每项意见、问题或投诉的全过程进行处理跟踪,对售后服务的全过程进行记录,包括上门服务、电话支持等,并将一些标准的解决方案存入数据库,予以共享。

3. 客户关怀管理

客户关怀管理主要用来记载客户关怀的基本情况,并能提醒业务人员按时实施客户关怀,另外还能提供相关的参考意见。

4. 客户响应管理

客户响应管理是建立在呼叫中心软硬件基础之上,为坐席处理客户来电或 E-mail 提供简便快速的解决方案,主要功能包括综合信息查询(客户信息、客户交易、知识库、维修记录等),快速解决客户问题,基于模板的快速 E-mail 回复,客户电话分配,并支持技术工程师通过电话在线指导客户解决简单故障。

5. 客户投诉管理

客户投诉管理是用来记录客户投诉并转发相应部门处理,监控客户投诉处理流程,通过呼叫中心将投诉处理结果反馈给客户,主要功能包括投诉录入、投诉查询、投诉分派、投诉跟踪等。

13.3.4 商务智能分析子系统

商务智能分析(business intelligence analysis,BIA)子系统是对企业积累的大量客户数据、产品数据、营销数据、销售数据和客户服务数据等进行处理,应用商务智能工具,如多维数据建模工具、数据转换工具、数据挖掘工具、数据展现工具等,为企业提供决策支持依据。商务智能分析子系统包括一般统计分析、客户分析、销售分析、营销分析、客户服务分析等功能模块。

1. 一般统计分析

1) 销售管理统计

销售管理统计包括客户销售合同统计,即统计某一客户全部或一段时期内的购买情况;人员或部门自售统计，即按人员或部门统计一段或全部时期内的销售信息；产品销售统计，即统计某一产品一段时期内的销售情况。

2）营销管理统计

营销管理统计包括营销市场状况统计，即统计某一营销市场的规模、购买力等信息，或某一区域或产品的客户的基本情况；营销市场统计，即按人员、部门、地域等统计所进行的市场推广活动的次数、规模、资料、数量、结果等。

3）客户服务与支持管理统计

客户服务与支持管理统计包括客户服务合同统计，即统计客户服务合同的数量、期限、付款情况等；客户服务情况统计，即统计客户服务合同的履行情况以及每次客户服务类型；人员或部门客户支持统计，即按人员或部门统计客户问题的处理情况；产品信息统计，即主要统计客户反映的产品质量情况；人员或部门客户关怀统计，即按人员或部门统计对客户的关怀情况。

2. 客户分析

客户分析是用来对系统中的客户数据进行加工、处理和分析，通过对客户资源状况的分析提高企业的客户管理水平、增进对客户行为特征的理解，帮助企业及时制定合理的策略。客户分析模块的主要功能包括客户满意度和忠诚度分析、客户收益分析、客户转移分析、客户保留分析、客户生命周期价值分析、客户交互分析等。

3. 销售分析

销售分析指通过大量销售业务历史数据，进行回归分析，为企业的总体策略提供预测参考，提供各种必要的统计数据，帮助企业制定更加完善的和有针对性的销售策略。销售分析模块的主要功能包括销售绩效分析、销售机会分析、销售机会得失分析、销售区域分析、部门销售漏斗分析、销售员销售漏斗分析、项目汇总、销售收入汇总等。

4. 营销分析

营销分析是分析整个营销活动，包括营销活动的实施、分析、回顾以及与未来对待客户的策略的协调，提供从整个企业的角度查看各种营销活动的视图，支持营销数据库的整理、控制和筛选，用来评估当前业绩、进行不断改进、监测市场营销业绩，就结果及特别问题及时做出报告和分析，以便进一步改进营销策略。营销分析模块的主要功能包括营销活动业绩分析、营销活动响应率分析、营销活动投资回报率分析等。

5. 客户服务分析

客户服务分析指提供相关服务对象的各类信息，帮助企业做出关于其服务的战略性业务决策，并支持组织的需求和活动，具体包括支持按问题类型分析、服务协议统计、备件维修统计、服务项目统计、客户投诉统计等服务分析功能。服务分析模块的主要功能包括服务计划分析、服务趋势分析、服务工作量分析、服务绩效分析、服务收益分析、服务质量分析、服务区域分析等。

13.4　客户关系管理系统案例

Oracle 将成功的商业模式归结为销售模型、营销模式、服务方式和技术支持四个要素。相应的，Oracle CRM 软件包主要也由集成的销售、市场营销、服务、电子商务和呼叫中心应用软件这五个“功能应用组件”组成(图 13.3)。Oracle 在 CRM 解决方案上充分体现了它全面的特点：第一，基于它在数据库方面的地位，它可以为用户同时提供完善的后台数据库产品；第二，Oracle 在供应链管理、电子商务等方面也投入了大量的研发力量，而 CRM 不是个孤立的产品，Oracle 在 CRM 解决方案中加入供应链管理及电子商务方面的一些解决方案无疑强调了它们全方位的企业“e”化服务。

13.4.1　销售应用软件

Oracle 销售应用软件(oracle sales applications)提供了多种工具，可以帮助企业实施灵活的、

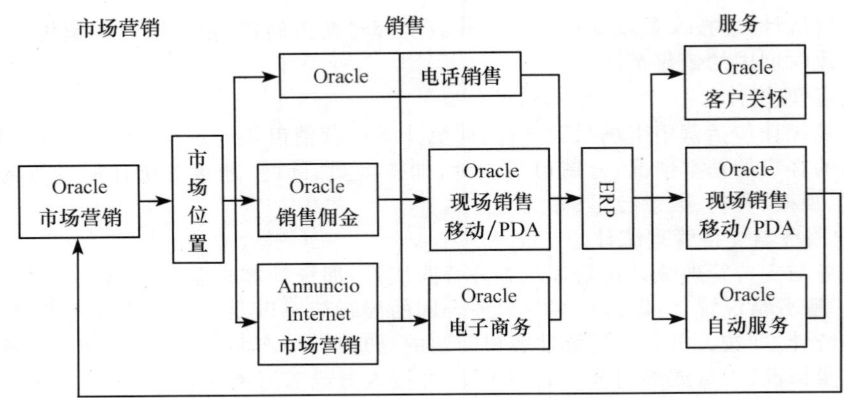

图 13.3　Oracle CRM 的功能应用组件

以客户为中心的销售过程,提高销售活动的效率,并建立和加强与客户的长期合作关系。通过Oracle 销售套件,销售专业人员可以将多个销售渠道的销售活动与公司目标相结合,产生单一、全球性的实时销售和预测视图。

Oracle Sales 套装应用软件主要包括以下五个组件:

(1) Oracle Sales。它是销售套装应用软件的基础,其设计目标是帮助决策者管理其销售运作。它包含的关键功能有额度管理、销售队伍管理和地域管理。

(2) Oracle Field Sales。它是专门为在现场工作的专业人员而设计的,包含联系人和客户管理、销售机会和潜在客户管理、工作日历和日程表安排、佣金预测、报价及报告和分析功能。

(3) Oracle Field Sales/Palm Devices。它是 Oracle Sales 套装解决方案的新成员。其包含了许多与 Oracle Field Sales 组件相同的特性,不同的是,该组件使用的是掌上型计算设备,同时也支持同步技术。

(4) Oracle Telesales。对于内部销售代表,Oracle Telesales 包含报价生成、订货单创建、联系与账户管理等特性,还包含一些专门针对电话商务的特性,如电话路由、呼入电话屏幕提示、潜在客户管理以及回应管理等。

(5) Sales Compensation。它是 Oracle Sales 套装解决方案的最后一个组件,它允许销售经理创建和管理销售队伍的奖励和佣金计划。该组件的设计可以使销售代表形象地了解各自的销售业绩。

13.4.2　市场营销应用软件

Oracle 市场营销应用软件(oracle marketing applications)为市场营销人员提供了一整套分析和促销的管理工具,可以帮助企业规划、管理、实施、分析和细化市场营销活动,以便提高投资回报率(return on investment,ROI),加强反响效果并增加销售额。Oracle市场营销应用软件为整个市场营销过程提供有力支持,包括开展促销活动,产生线索,将线索传递给销售机构,对促销活动进行分析和细化,以便尽可能推出获利能力最强的市场活动。此外,还可以向市场营销专业人员提供分析其市场营销行动有效性的功能。

工作流技术的应用则实现了一些共同的任务和商业流程自动化。

Oracle Marketing 套装应用软件主要包括以下几部分:

(1) Oracle Marketing。帮助市场营销部门执行和管理通过多个渠道进行的多个市场营销活动。支持基于 Web 的市场营销行动策划、执行和分析;客户需求的生成和管理;预算和预测;宣传品生成和市场营销材料管理;"市场营销百科全书"(指产品、定价和竞争对手信息的汇总);有需求客户的跟踪、分配和管理。同时,还能对营销活动的有效性进行实时跟踪。

(2) Oracle Marketing for Telecom-communications。该组件利用了 Oracle Marketing 的基本功

能,并提供特别针对电信公司的商业客户需求的额外功能。如帮助市场营销机构管理其市场营销材料、库存的宣传品;列表生成和管理;授权和许可;预算;回应管理等。

13.4.3 客户服务和支持应用软件

Oracle 客户服务和支持应用软件(oracle service applications)使企业能够以更快的速度和更高的效率来满足其客户的独特需求。由于在多数情况下,客户忠诚度和是否能从该客户身上营利取决于企业能否提供优质的服务,因此,客户服务和支持对许多企业而言是十分关键的。Oracle 服务套件主要用于实现可营利的端到端服务交付和客户管理,集中在与客户支持、现场服务和仓库修理相关的商业流程的自动化和优化上。这些应用软件通常通过电话中心或 Web 部署,并且实现自助服务,使企业能够以更快的速度和更高的效率来满足客户的独特需求。

Oracle Service 套装软件主要包括:

(1) Oracle Service。它是服务应用系统的核心。有 CTI 功能,支持现场服务派遣、现有客户管理、客户产品生命周期管理、服务技师档案应用和地域管理等。此外,它还可以与 Oracle ERP 系统集成,提供管理和运行期间服务机构所必需的功能,如集中式的雇员定义,订单管理,后勤、部件管理,采购、质量管理,成本跟踪,发票和会计管理。

(2) Oracle Contracts。该组件设计目标是帮助创建和管理客户服务合同,从而获得与其投入相当的收益。Oracle Contracts 使各企业能够跟踪保修单和合同的续订日期,并且利用 Oracle Contracts 提供的事件功能表安排预防性的维护行动。

(3) Oracle Customer Care。该组件可以执行 CTI,是客户与其供应商机构联系的通路。其设计目标是使客户能够对自己的问题加以日志式的记录并予以解决。Oracle Customer Care 包含的功能有联系人管理,动态客户档案、任务管理,以及基于规则解决关键问题的方案。同时,Oracle Customer Care 还能与 Service Ware 的 Knowledge Pak 产品集成在一起,对信息进行编辑、存储和管理,以检索问题答案或解决方案。

13.4.4 呼叫中心应用软件

Oracle 呼叫中心应用软件(oracle call center applications)指的是 Oracle Sales,Marketing 和 Service 应用软件的电话能力。该解决方案包括与呼入和呼出电话处理集成在一起的 CTI(computer telephony/telecommunication integration)服务器。呼叫中心软件用于处理所有的呼叫中心活动,包括入站/出站呼叫选路、电子邮件分配以及代理脚本。该组件已与 Oracle CRM 应用中的 Customer Care,Telesales 和 Service 等应用软件集成在一起。其套装解决方案包括以下几种:

(1) Oracle Telephony Manager。该组件是一个 CTI 服务器,它能提供与自动电话分配器和集成式语音回应平台的集成。此外,Oracle Telephony Manager 还提供智能电话路由、动态代理屏幕提示、警告传送,以及一些先进的管理特性。在该组件中包含的是行动管理和预测拨号功能。

(2) Oracle Call Center Intelligence。它是针对 CRM 商业智能的第一个版本,提供专门针对呼叫中心活动的关键性能指标。

(3) Oracle Tele-business for Financial Services。该组件是一个代理桌面软件,它能提供电子市场营销、电子销售和电子服务功能,特别适合于金融服务企业,并支持呼入和呼出电话处理。

(4) Oracle Tele-business for Telecommunications and Utilities。该组件是个代理桌面软件,可以提供针对某一工业的电子市场营销、电子销售和电子服务功能,特别是针对电信和公用事业企业。该组件支持呼入和呼出电话处理。

13.4.5 电子商务应用软件

作为 Oracle CRM 的一个关键组件,Oracle 电子商务应用软件(oracle e-commerce applications)使企业能够将其业务扩展到 Web 上。作为一个全面的 CRM 解决方案,Oracle 提供的

CRM 产品具有综合性、集成性的特征，集成了 CRM 应用软件与 Oracle 的其他后端应用产品，尤其是供应链管理、制造和财务应用。同时 Oracle CRM 中包含了一整套的电子商务产品，它可满足营销、客户支持、付款处理以及电子店面创建的需求。

Oracle 的集成电子商务套件包括：

(1) Oracle iStore。该组件使企业能够建立和维护基于 Web 的页面，支持 B2B、B2C 交易与实时 ATP 功能。

(2) Oracle iMarketing。该组件是与 iStore 联系在一起的，支持基于互联网的个性化一对一营销活动，实现基于规则的内容展示和在附属站点显示个性化内容。

(3) Oracle iPayment。它是 Oracle e-Commerce 的交易组件，它使企业能够对其支付处理解决方案进行配置和部署，从而提高互联网和客户机/服务器应用的付款能力。该应用软件根据店主自定义的规则，将付款路由指定给多个付款处理系统。

(4) Oracle iBill & Pay。企业使用该组件后，其客户便能通过网络查看和支付账单。

(5) Oracle iSupport。它是一种功能强大的自助式客户支持应用软件，可使客户在线提交服务请求，并与交流中心链接，营造一种闭环客户支持环境。客户可以提出和查看服务请求，查阅常见问题的答案，订货并检查供货状况。iSupport 是与 Oracle Call Center 集成在一起的，并具有电话回呼能力。

小　　结

随着客户中心论的确立，客户资源已逐渐成为企业的战略性资源，如何通过有效的管理来发挥客户资源的优势，是众多企业亟待解决的问题。面对这种新的需求，传统的客户管理思想在理论上还不完善，并且缺乏现代信息技术的有力支撑，因此在企业实际应用中存在着相当的局限性，CRM 的概念和理论就是在这种背景下产生的。它是一种倡导以客户为中心的管理思想和方法，它的形成和发展意味着企业从内在管理理念到外在应用模式的全方位管理变革。

CRM 是一种以客户为中心的经营策略，以信息技术为手段，对工作流程进行重组，以赋予企业更完善的客户交流能力和最大化客户的收益率。对 CRM 的内涵理解，可以分别从三个层面展开。从企业管理理念的宏观层面看，CRM 是企业为提高核心竞争力而树立的以客户为中心的发展战略和经营指导思想；从企业管理模式的中观层面看，CRM 是企业改善客户关系的新型管理机制；从信息技术应用系统的微观层面看，CRM 是企业在不断优化客户关系中所使用的信息技术解决方案的总和。企业通过 CRM 的实施，不仅可以有效地识别企业客户，还可以使得客户管理统一化，从而提高客户的满意度，实现企业目标。CRM 的兴起与三个方面的因素有难以割舍的关系，即管理理念的更新、需求的拉动和技术的推动。

按照目前流行的功能分类方法，把 CRM 分为操作型、协作型和分析型三类。

不同的企业对 CRM 系统有不同的需求，不同的 CRM 系统的功能也有所不同。从大的方面划分，CRM 系统一般包括销售自动化子系统、营销自动化子系统、客户服务与支持子系统、商务智能分析子系统。

习　　题

1. 如何理解 CRM 的内涵？
2. CRM 的发展经历了哪三个阶段？
3. 如何理解 CRM 产生的原因？
4. 按照目前流行的功能分类方法，CRM 系统可分为哪几种类型？
5. CRM 系统一般包括哪几个子系统？

第14章 商务智能系统

14.1 商务智能系统概述

Internet的发展使得企业产生和集中存储了与日常业务有关的大量数据。随着ERP、CRM和SCM等信息系统在企业的广泛应用,企业已经收集到了真实反映企业的数据,转而面临的现实问题是企业的经营管理者如何利用这些海量的信息为企业创造财富。

在竞争日益激烈的社会,数据是企业最重要的资产,这些海量的数据和信息能否得到及时高效的利用,并协助企业管理人员迅速做出正确的决策,已成为关系企业生存的关键问题。特别是那些数据处理量大的企业,如金融和电信行业,长期的运营积累了大量无序的数据,如果能对这些数据进行有效的统计、归类、分析,找出其内在的规律和特征,并借此对企业的发展做出准确的预测,无疑将提高企业的竞争能力。

商务智能(business intelligence,BI)的概念是由美国咨询公司Gartner Group于1996年提出的。当时将商务智能定义为一类由数据仓库(或数据集市)、查询报表、数据分析、数据挖掘、数据备份和恢复等部分组成的、以帮助企业决策为目的的技术及其应用。商务智能系统主要实现将原始业务数据转换为企业决策信息的过程。与一般的信息系统不同,它在处理海量数据、数据分析和信息展现等多个方面都具有突出性能。目前,商务智能通常被理解为将企业中现有的数据转化为知识,帮助企业做出明智的业务经营决策的工具。这里所说的数据包括来自企业业务系统的订单、库存、交易账目、客户和供应商资料,来自企业所处行业和竞争对手的数据以及来自企业所处的其他外部环境中的各种数据。

商务智能是近年来国内外企业界和信息界的研究热点,它将先进的信息技术应用到企业的生产、经营和管理中,帮助企业提高决策能力和运营能力,通过对信息的开发,将其转变为企业的竞争优势。商务智能系统是指运用数据仓库、在线分析处理和数据挖掘技术来处理和分析商业数据,协助用户解决商务活动中的复杂问题,从而帮助企业决策者面对商业环境的快速变化做出敏捷的反应和更合理的商业决策的管理系统。它有助于提高企业的运作效率,建立有利的客户关系,增加产品的销售,帮助企业从现有资源中提炼更多的价值。

商务智能的基本任务是收集、管理和分析数据,通过先进的工具把数据转换为有用的信息,然后将这些信息发布到整个企业,促进企业科学决策的制定,有效获得更具战略意义的决策。例如,通过商务智能分析,企业能够实现更有效的财务分析、风险管理、欺诈管理、分发和后勤管理及销售分析,进一步明晰能够进入哪个市场,如何选择和处理关键的客户关系,如何选择和有效地促销产品,所有这些都能够有效增加企业的收益和市场份额。

商务智能是数据处理技术与多种技术,如人工智能技术、统计技术、数据库技术的有机结合。商务智能应用不能理解为是建立一种简单的计算机应用系统。首先,它必须有数据的积累,而且数据必须有一定的数量和必要的质量,这是应用的基础;其次,数据仓库的建立是商务智能应用的前提和必要条件;最后,开发和应用工具的提供是成功应用的保证,分析工具、管理工具,包括在线分析处理工具、数据挖掘工具的应用,通过它们才能显现出应用的效果。

14.2 商务智能系统的功能

现有的主要信息管理系统架构已经涵盖了企业主要的职能,甚至有一些系统相互重叠。但是从企业管理的层次看，现有的系统绝大部分是为了满足业务处理、运行控制和管理控制的目的，服务的对象主要是针对于企业的中层管理者和操作人员，而商务智能系统的定位则与已有的信息系统不同，它并不是针对企业中的“大多数人”，而是为企业的中、高层管理人员提供服务。企业在搭建信息系统时，在企业内部每一个系统都会有一个明确的系统受益人（部门），已有的信息系统主要是从企业职能的角度建设信息系统，而商务智能系统就是在企业内部以企业高层管理者为受益人的系统。这一定位与企业管理现在所面临的瓶颈有关——信息社会中信息的大量涌现，企业高层管理者必须拓展处理信息的能力。商务智能系统就是为了满足企业高层管理者的这种需求。

而商务智能能够辅助业务经营决策，既可以是操作层的，也可以是战术层和战略层的决策。为了将数据转化为知识，需要利用数据仓库、OLAP和数据挖掘等技术。因此，从技术层面上讲，商业智能不是什么新技术，它只是数据仓库、OLAP和数据挖掘等技术的综合运用。

商业智能系统具有如下几项功能。

1. 业务处理

管理工作实际上就是在不断寻找各项工作的动态平衡点，企业的计划工作就是依照各种平衡点来制定工作的指导方针。随着企业外部环境的复杂化，企业各种平衡点的约束条件日益增多，企业的计划工作就变得日趋困难。以往的管理系统制作的计划往往都是单约束条件的，而商务智能系统在制作计划时能考虑多维约束条件和多种目标任务的同时并存。商务智能系统能自动识别什么是普通业务，什么是特例业务。对普通业务能够按事先设定好的方法进行处理，过滤出的特例留给人来处理。还能够通过用户的设置不断地学习新的普通业务特征及其处理方法。同时，商务智能系统可以用来帮助理解业务的推动力量，认识是哪些趋势、哪些非正常情况和哪些行为正对业务产生影响。

2. 数据分析

商务智能系统能够自动对大量数据信息的分析结果做出判断，对于超出正常值范围的异常状况给出解释说明，并分析异常情况将会产生的影响，给出建议和应对措施。数据分析包括经营指标分析、经营业绩分析和财务分析三部分。

经营指标分析是指对企业不同的业务流程和业务环节的指标，如利润率、应收率、销售率、库存量、单品销售情况及所占营业比例、风险采购和库存评价指标等进行搜集和分析。但这些指标只能反映局部的经营状况，为了解企业的整体经营状况，还需对这些指标进行科学的组织和分析，利用智能管理技术，形成一个能反映企业整体情况的数学模型，通过观察总指标并设置告警，获得整个企业的经营状况。

经营业绩分析是指对各部门的营业额、销售量等进行统计，在此基础上，进行同期比较分析、应收分析、盈亏分析、各种商品的风险度分析等。经营业绩分析有利于企业实时掌握自身的发展和经营情况，有利于企业及时调整经营业务、化解经营风险。

财务分析是指对企业财务数据中的利润、费用支出、资金占用及其他具体经济指标进行有效分析。通过财务分析，可以及时掌握企业在资金使用方面的实际情况，为及时调整和降低企业成本提供数据依据。

3. 决策支持

商务智能系统能够利用数据仓库技术来提供各级企业决策需要的系统环境，在数据分析的基础上，将各类数据、信息进行高度的概括和总结，然后形成供高级决策者进行战略决策时参考的企业经营状况分析报告，这是商务智能系统的优势所在。在市场瞬息万变、企业竞争越来越激烈的状况下，缺少了商务智能系统的支持，企业的决策是无法迅速反应和有效做出的，这已经成为不争的事实。

商务智能系统对战略决策的支持，分别表现在对公司战略、业务战略和职能战略的支持上。在公司战略决策支持层面上，可以根据公司各战略业务单元的经营业绩和经营定位，选择一种合理的投资组合战略;在业务战略决策支持层面上,由于商务智能系统中集成了更多的外部数据,如外部环境和行业信息,各战略业务单元可据此分别制定自身的竞争战略;在职能战略决策支持层面上,由于来自于企业内部的各种信息,源源不断地输入进来,相应地可以提供营销、生产、财务、人力资源等决策支持。

4. 绩效管理

商务智能系统能够从企业各种应用系统中提取出各种基础绩效指标与关键绩效指标(key performance indicator,KPI)。为了考核员工的绩效,企业可以先将希望员工要做的工作进行量化,然后借助商务智能工具,管理人员可以追踪、衡量和评价员工的工作绩效,引导员工的思想方向和行动与企业的整体目标保持一致。

14.3 商务智能系统模型

商务智能系统是将数据仓库、在线分析处理和数据挖掘等技术结合起来应用到商务活动中,从不同的数据源收集数据,经过抽取、转换和加载,送入到数据仓库或数据集市,然后使用合适的查询与分析工具、数据挖掘工具和在线分析处理工具对信息进行处理,将信息转变成为辅助决策的知识,最后将知识呈现于用户面前,以实现技术服务与决策的目的。

商务智能系统一般有数据仓库(或数据集市)、ETL 过程、OLAP 分析模型、数据挖掘模型以及指标展现工具等几个核心模块。商务智能系统模型如图 14.1 所示。

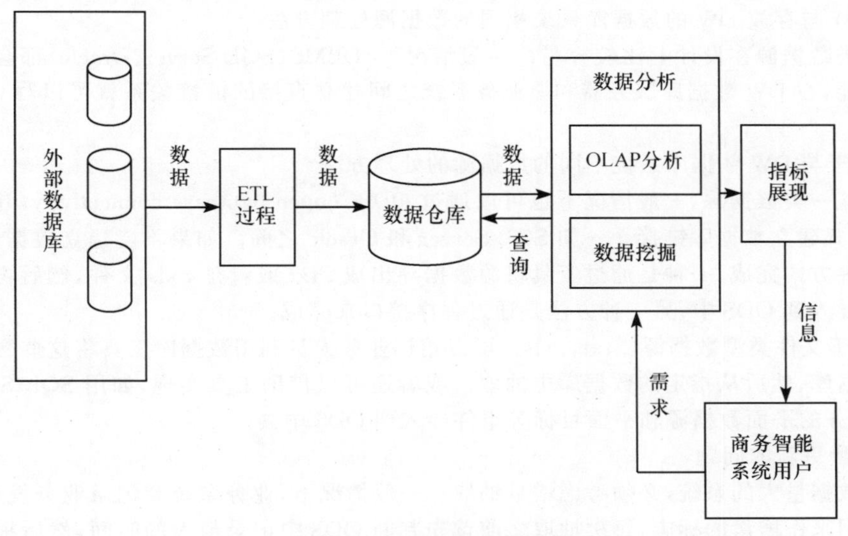

图 14.1 商务智能系统模型

14.3.1 数据仓库

商务智能系统首先要从企业内部和企业外部不同的数据源,如客户关系管理、供应链管理、企业资源计划系统以及其他应用系统等搜集有用的数据,进行转换和合并,因此需要数据仓库和数据集市技术的支持。数据仓库(data warehouse,DW)是指从多个数据源收集的信息,以一种一致的存储方式保存所得到的数据集合。数据仓库是处理海量数据的基础,商务智能系统的核心架构是数据仓库,通过数据仓库,商务智能系统可以截取或载入大量原始信息,归并各种不同来源的、异构的数据源的数据,用于支持企业管理和商业决策。数据仓库具有以下特性:①数据仓库是面向主题的、集成的、稳定的和随时间不断变化的数据集合;②数据仓库是以关系数据库、并行处理和分布式技术为基础的;③数据仓库具有丰富的数据采集、数据管理、数据分析和信息描述能力。

依据所管理数据的类型及所解决问题的范围,数据仓库可分为企业数据仓库、数据集市、操作型数据存储三种类型。企业数据仓库包含当前、历史及综合的数据,用于企业级的决策分析;而数据集市是数据仓库的一种具体化,通常面对的是企业中一个部门或者某一专门的主题;操作型数据存储指数据 ETL 过程中的临时过渡区,其仅包含当前、细节和轻度综合的数据。

14.3.2　ETL 过程

ETL 过程即数据抽取(extract)、转换(transform)、加载(load)的过程。它是构建数据仓库的重要环节,旨在将业务系统的数据经过抽取、清洗转换之后加载到数据仓库,目的是将企业中分散、零乱、标准不统一的数据整合到一起,为企业的决策提供分析依据。

ETL 过程分三部分:数据抽取、数据的清洗转换、数据的加载。数据的抽取是从各个不同的数据源抽取到 ODS(operational data store,操作型数据存储)中,在抽取的过程中需要挑选不同的抽取方法,尽可能地提高 ETL 的运行效率。ETL 三个部分中,花费时间最长的是"T"(transform,即转换)的部分,一般情况下这部分工作量是整个 ETL 的 2/3。数据的加载一般在数据清洗、转换完后直接写入数据仓库中。

1. 数据抽取

数据抽取需要在调研阶段做大量的工作,首先要搞清楚数据是从哪几个业务系统中得来的,各个业务系统的数据库服务器运行什么 DBMS,是否存在手工数据,手工数据量有多大,是否存在非结构化的数据等。当收集完这些信息之后才可以进行数据抽取的设计。

1) 对于与存放 DW 的数据库系统相同的数据源处理方法

这一类数据源在设计上比较容易。一般情况下,DBMS(SQL Server、Oracle)都会提供数据库链接功能,在 DW 数据库服务器和原业务系统之间建立直接的链接关系就可以写 select 语句直接访问。

2) 对于与 DW 数据库系统不同的数据源的处理方法

对于这一类数据源,一般情况下也可以通过 ODBC(open database connectivity,开放数据库互联)的方式建立数据库链接——如 SQL Server 和 Oracle 之间。如果不能建立数据库链接,可以通过两种方式完成,一种是通过工具将源数据导出成 .txt 或者是 .xls 文件,然后再将这些源系统文件导入到 ODS 中;另一种方法是通过程序接口来完成。

3) 对于文件类型数据源(.txt,.xls),可以培训业务人员利用数据库工具将这些数据导入到指定的数据库,然后从指定的数据库中抽取。或者还可以借助工具实现,如用 SQL Server 2005 的 SSIS 服务的平面数据源和平面目标等组件导入到 ODS 中去。

4) 增量更新的问题

对于数据量大的系统,必须考虑增量抽取。一般情况下,业务系统会记录业务发生的时间,我们可以用来作增量的标志,每次抽取之前首先判断 ODS 中记录最大的时间,然后根据这个时间去业务系统抽取大于这个时间的所有记录。利用业务系统的时间戳,一般情况下,业务系统没有或者部分有时间戳。

2. 数据清洗、转换

一般情况下,数据仓库分为 ODS、DW 两部分。通常的做法是从业务系统到 ODS 做清洗,将脏数据和不完整数据过滤掉,再从 ODS 到 DW 的过程中转换,进行一些业务规则的计算和聚合。

1) 数据清洗

数据清洗的任务是过滤那些不符合要求的数据,将过滤的结果交给业务主管部门,确认是直接过滤掉还是由业务单位修正之后再进行抽取。不符合要求的数据主要包括不完整的数据、错误的数据、重复的数据三大类。

(1) 不完整的数据:主要是指信息缺失的数据,如供应商的名称、分公司的名称、客户的区域信息缺失、业务系统中主表与明细表不能匹配等。对于这一类数据过滤出来，按缺失的内容分别写入不同 Excel 文件向客户提交，要求在规定的时间内补全，补全后才写入数据仓库。

(2) 错误的数据：错误数据产生的原因主要是业务系统不够健全，在接收输入后没有进行判断而直接写入后台数据库造成的，比如数值数据输成全角数字字符、字符串数据后面有一个回车操作、日期格式不正确、日期越界等。这一类数据也要分类，对于类似于全角字符、数据前后有不可见字符的问题，只能通过写 SQL 语句的方式找出来，然后要求客户在业务系统修正之后抽取；日期格式不正确的或者是日期越界的这一类错误会导致 ETL 运行失败，这一类错误需要去业务系统数据库用 SQL 的方式挑出来，交给业务主管部门要求限期修正，修正之后再抽取。

(3) 重复的数据：这种情况特别容易在维表中出现，对于这一类数据，要将重复数据记录的所有字段导出来，让客户确认并整理。

数据清洗是一个反复进行的过程，不可能在几天内完成，需要不断地发现问题，解决问题。对于是否过滤、是否修正一般要求客户确认，对于过滤掉的数据，需要将其写入 Excel 文件或者数据表。数据清洗需要注意的是不能将有用的数据过滤掉，对于每个过滤规则认真进行验证，并要用户确认。

2) 数据转换

数据转换的主要任务包括不一致数据的转换、数据粒度的转换，以及一些商务规则的计算。

(1) 不一致数据的转换：这个过程是一个整合的过程，目标是将不同业务系统的相同类型的数据统一，如同一个供应商在结算系统的编码是 XX0001，而在 CRM 中编码是 YY0001，这样在抽取过来之后统一转换成一个编码。

(2) 数据粒度的转换：数据粒度是指数据仓库的数据单位中保存数据的细化或综合程度的级别。细化程度越高，粒度级就越小；相反，细化程度越低，粒度级就越大。业务系统一般存储的是非常明细的数据即细粒度数据，而数据仓库中的数据是用来分析的，不需要非常明细，即需要粗粒度数据，因此，在数据转换时需要将业务系统数据按照数据仓库粒度进行聚合。

(3) 商务规则的计算：不同的企业有不同的业务规则、不同的数据指标，这些指标有的时候不是简单的加加减减就能完成，这个时候需要在 ETL 中将这些数据指标计算好了之后存储在数据仓库中，以供分析使用。

3) 数据加载

数据加载就是将数据移至中心数据仓库中的目标表，它通常是 ETL 过程的最后步骤。

14.3.3　数据分析

数据分析是体现系统智能的关键，一般采用在线分析处理和数据挖掘技术。在线分析处理不仅进行数据汇总、聚集，同时还提供切片、切块、下钻、上卷和旋转等数据分析功能，用户可以方便地对海量数据进行多维分析。数据挖掘的目标则是挖掘数据背后隐藏的知识，通过关联分析、聚类和分类等方法建立分析模型，预测企业未来发展趋势和面临的问题。

1. *在线分析处理*

在线分析处理又称多维分析，是进行数据分析以及建立数据挖掘模型的基础。它对数据仓库中的数据进行多维分析和展现，是使分析人员、管理人员或执行人员能够从多种角度对从原始数据中转化出来的、能够真正为用户所理解的、并真实反映企业维特性的信息进行快速、一致、交互地存取，从而获得对数据更深入了解的一类软件技术。它的技术核心是“维”这个概念，因此 OLAP 也可以说是多维数据分析工具的集合。

进行 OLAP 分析的前提是已有建好的数据仓库，之后即可利用 OLAP 复杂的查询能力、数据对比、数据抽取和报表来进行探测式数据分析了。称其为探测式数据分析，是因为用户在选择相关数据后，通过切片(按二维选择数据)、切块(按三维选择数据)、上钻(选择更高一级的数据详细信息以及数据视图)、下钻(展开同一级数据的详细信息)、旋转(获得不同视图的数据)等操作，可以在不同的粒度上对数据进行分析尝试，得到不同形式的知识和结果。OLAP研究主要集中在ROLAP(relational OLAP，基于关系数据库的OLAP)的查询优化技术和MOLAP(multi-dimensional OLAP，基于多维数据组织的OLAP)中减少存储空间和提高系统性能的方法等。

2. 数据挖掘技术

与OLAP的探测式数据分析不同，数据挖掘(data mining，DM)技术是按照预定的规则对数据库和数据仓库中已有的数据进行信息开采、挖掘和分析，从中识别和抽取隐含的模式和有趣知识，为决策者提供决策依据。数据挖掘的任务是从数据中发现模式。模式有很多种，按功能可分为两大类：预测型(predictive)模式和描述型(descriptive)模式。

预测型模式是可以根据数据项的值精确确定某种结果的模式。挖掘预测型模式所使用的数据也都是可以明确知道结果的。描述型模式是对数据中存在的规则作一种描述，或者根据数据的相似性把数据分组。描述型模式不能直接用于预测。在实际应用中，根据模式的实际作用，可细分为分类模式、回归模式、时间序列模式、聚类模式、关联模式和序列模式六种。其中包含的具体算法有货篮分析(market analysis)、聚类检测(clustering detection)、神经网络(neural networks)、决策树方法(decision trees)、遗传算法(genetic analysis)、连接分析(link analysis)、基于范例的推理(case based reasoning)和粗集(rough set)以及各种统计模型。

OLAP与数据挖掘的区别和联系在于：OLAP侧重于与用户的交互、快速的响应速度及提供数据的多维视图，而数据挖掘则注重自动发现(尽管允许用户指导这一过程)隐藏在数据中的模式和有用信息；OLAP的分析结果可以给数据挖掘提供分析信息作为挖掘的依据，数据挖掘可以拓展OLAP分析的深度，可以发现OLAP所不能发现的更为复杂、细致的信息；数据挖掘的研究重点则偏向数据挖掘算法以及数据挖掘技术在新的数据类型、应用环境中使用时所出现新问题的解决上，如对各种非结构化数据的挖掘、数据挖掘语言的标准化以及可视化数据挖掘等。

14.3.4 指标展现

通过数据分析，系统得出结论，并提交给决策者。为了使分析后的数据直观、简练地呈现在用户面前，需要采用一定的形式展现和发布出来，指标展现的主要方式有以下几种：

(1) 查询。其包括定义查询、动态查询、OLAP查询与决策支持智能查询。

(2) 报表。其包括产生关系数据表格、复杂表格、OLAP表格、报告以及各种综合报表。

(3) 可视化。用易于理解的点线图、直方图、饼图、网状图、交互式可视化、动态模拟、计算机动画技术表现复杂数据及其相互关系。

(4) 统计。进行平均值、最大值、最小值、期望、方差、汇总、排序等各种统计分析。

(5) 挖掘。利用数据挖掘等方法，从数据中得到关于数据关系和模式的知识。

目前，越来越多的分析结果是以可视化的形式表现出来的，这就需要采用信息可视化技术。

所谓信息可视化是指以图形、图像、虚拟现实等易为人们所辨识的方式展现原始数据间的复杂关系、潜在信息以及发展趋势，以便我们能够更好地利用所掌握的信息资源。随着Web应用的普及，商务智能系统能够提供基于Web的应用服务，包括基于Web的商务智能服务器、会话管理服务、文件管理服务、调度、分配和通知服务、负载平衡服务和应用服务等，这样就扩展了商务智能的信息发布范围。

14.4 商务智能系统案例

在当前全球化竞争日益激烈的经济环境下，一个公司的生死存亡，关键在于它是否能够为各种不同的用户的需求做出快速的反应及正确的决策并提供优秀的服务和产品。IBM商务智能系统提供了一系列技术和产品，并为用户提供了进行业务分析和做出战略决策所需要的信息，从而提高企业的竞争力。

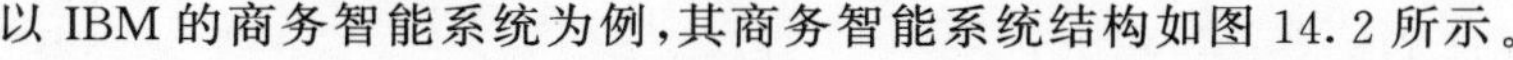

以 IBM 的商务智能系统为例，其商务智能系统结构如图 14.2 所示。

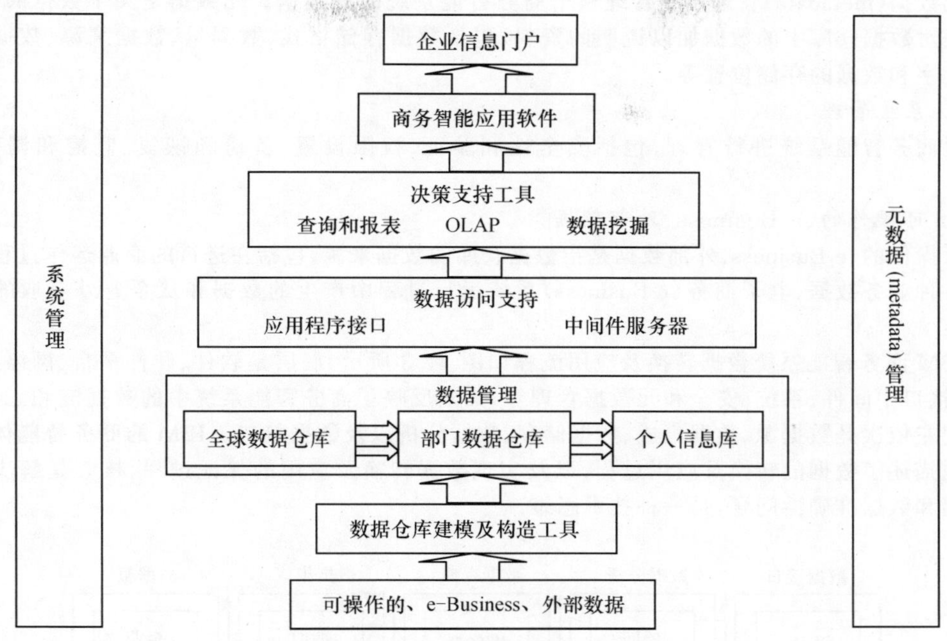

图 14.2　IBM 的商务智能系统结构

1. 企业信息门户

企业信息门户(enterprise information portal，EIP)提供了一个用户与企业的商业信息和应用软件间基于 Web 的接口。企业的商业信息，不只是被储存在数据仓库中，而是分布在不同的系统和应用软件之中。商务智能系统是通过企业信息门户来收集、组织和集成整个企业范围内的商业信息，并且对不同的用户提供不同的访问信息权限。

2. 商务智能应用软件

商务智能应用软件提供许多针对不同行业特点或特定应用领域的商务智能解决方案软件包，帮助用户解决在商务活动中所遇到的复杂问题。

3. 决策支持工具

决策支持工具包括查询和报表工具、在线分析处理和数据挖掘工具。所有这些工具都支持 GUI 客户界面，许多也可以在 Web 界面上使用。这些工具能够处理来自不同数据库和文件系统的信息，包括结构化和非结构化的数据。

4. 数据访问支持

数据访问支持包括应用程序接口和中间件服务器，使得用户工具能够访问和处理数据库和文件系统中的商业信息。数据库中间件服务器允许用户透明地访问各种异构的后台数据库服务器，Web 服务器中间件允许 Web 客户连接到数据库中。

5. 数据管理

数据管理用于管理用户采集的商业信息。商业信息被分成三个层次：最上面是全球数据仓库，集成整个企业的商业信息；中间层是部门数据仓库(一般被称为数据集市)，包含企业部门的商业信息；最底层是个人信息库，用于存放用户个人所需或特殊用途的信息。

6. 数据仓库建模及构造工具

数据仓库建模及构造工具用于从可操作的和外部的数据源系统中收集数据，并进行数据清理和转换，然后存入全球数据仓库或部门数据仓库。

7. 元数据管理

元数据(metadata)管理用于管理整个商务智能系统的元数据。元数据是关于数据的数据，也就是对数据仓库中的数据加以说明的资料，包括数据存储格式、数据量、数据来源、数据内容的关键字和数据的存储位置等。

8. 系统管理

对商务智能系统进行管理，包括安全性和验证、权限设置、备份和恢复、监控和调整、审核等。

9. 可操作的、e-Business、外部数据

可操作的、e-Business、外部数据是指数据仓库的数据来源，包括在进行的商业运作过程中产生的各种业务数据、电子商务(e-Business)系统运行过程中产生的数据和从企业外获取的商业数据。

IBM 商务智能系统数据转换及应用流程如图 14.3 所示，底层是软件、硬件平台、网络连接、协议、接口中间件、系统、安全和元数据管理等，其上反映了商务智能系统中的数据流和工作流，从右到左依次是数据源、数据集成、数据储存、数据分析以及数据接口。IBM 的商务智能体系较详细地描述了数据的转换及应用过程，以及实现数据转换及应用的保证过程，核心是解决数据如何用和数据准确性问题，是一种技术思维。

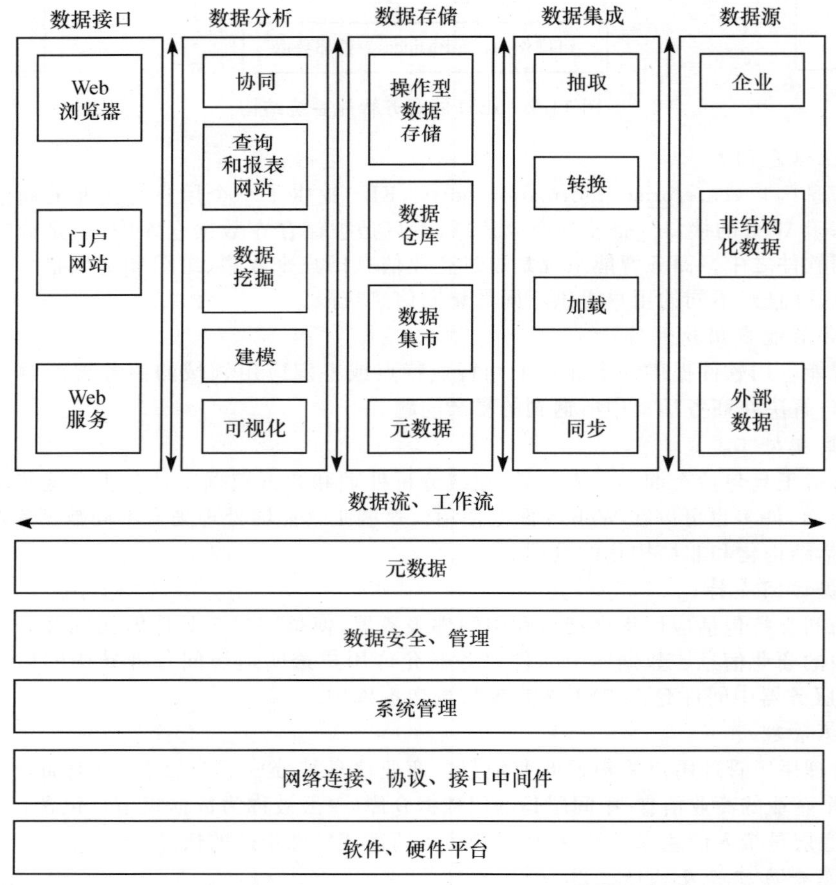

图 14.3　IBM 商务智能系统数据转换及应用流程图

小　结

商务智能系统是指运用数据仓库、在线分析处理和数据挖掘技术来处理和分析商业数据，协助用户解决商务活动中的复杂问题，从而帮助企业决策者面对商业环境的快速变化做出敏捷的反应和更合理的商业决策的管理系统。商业智能系统的功能有业务处理、数据分析、决策支持、绩效管理。

商务智能系统一般由数据仓库（或数据集市）、ETL 过程、OLAP 分析模型、数据挖掘模型以及指标展现工具等几个核心模块组成。

数据仓库是处理海量数据的基础，是商务智能系统的核心架构，通过数据仓库，商务智能系统可以截取或载入大量原始信息，归并各种不同来源的、异构的数据源的数据，用于支持企业管理和商业决策。

ETL 过程即数据抽取、转换、加载的过程，它是构建数据仓库的重要环节，是将业务系统的数据经过抽取、清洗转换之后加载到数据仓库的过程，目的是将企业中分散、零乱、标准不统一的数据整合到一起，为企业的决策提供分析依据。

数据分析是体现系统智能的关键，一般采用在线分析处理和数据挖掘技术。在线分析处理不仅进行数据汇总、聚集，同时还提供切片、切块、下钻、上卷和旋转等数据分析功能，用户可以方便地对海量数据进行多维分析。数据挖掘的目标则是挖掘数据背后隐藏的知识，通过关联分析、聚类和分类等方法建立分析模型，预测企业未来发展趋势和面临的问题。

指标展现是通过数据分析，系统得出结论，并提交给决策者。指标展现的主要方式有查询、报表、可视化、统计、挖掘。

习　题

1. 商务智能系统是什么？
2. 为什么商务智能系统很重要？
3. 商务智能系统有什么功能？
4. 商务智能系统的核心模块有哪些？
5. IBM 商务智能系统的结构如何？

第15章　企业资源计划

在飞速发展的信息时代，企业竞争实力的积聚更加依赖于信息技术和管理技术的有机结合。以制造业为代表，越来越多的企业采用ERP这种先进的集管理和信息技术于一体的管理系统，在实践中取得了良好的效果。

ERP，即企业资源计划，是由美国加特纳公司（Gartner Group Inc.）最早提出的一种管理理念。它是由传统制造管理的MRP和MRPⅡ发展演变而来的，一直被认为是国际先进的企业管理模式和方法。它的宗旨是通过对人力、资金、材料、设备、方法、信息和时间等诸多资源实行综合优化管理，使企业在激烈的竞争中，全方位地发挥其能力，从而取得最好的经济效益。

ERP帮助传统的制造型企业解决了许多实际问题，例如，营销部门报告说，2009年国家宏观经济调控趋向于紧缩银根，本公司产品市场需求可能受到一定的影响，企业如何组织产品制造？你的企业打算生产一种新产品，是购买一套新设备还是租赁一套？在国内，何处是开设一家新加工厂的潜在的最佳位置？

对于已经实施和应用了ERP企业的管理者，还会遇到许多挑战性问题：①企业竞争环境不断发生变化，需要及时调整管理软件，而这种调整一定要从管理理念和管理模式入手，而不是一味地对软件进行修修补补。②企业战略从内部战略转向联盟体战略，这在企业管理领域是一个划时代的变化。ERP在实现联盟体战略，即实现“企业内部人员、企业与业务伙伴、企业与客户之间”的协同商务时遇到了不可逾越的鸿沟。③传统的ERP起源于制造业，并主要用于制造业。在制造业，特别是离散型制造业，ERP的先进性和优越性可得以充分发挥。虽然ERP现已扩展延伸到各行各业，但大多通过改制软件来迎合客户，不具备通用性，同时也使得软件成本过高。④传统的ERP管理模式是一种“腰斩型”管理模式，它向下切断了自动化控制等作业环节，向上切断了知识管理等决策环节，不能与底层软件及顶端软件实现无缝集成。

ERP的发展经历了以下阶段：作为一种库存订货计划——MRP，即物料需求计划阶段，也称作基本MRP阶段；作为一种生产计划与控制系统——闭环MRP阶段；作为一种企业生产管理信息系统——MRPⅡ阶段；覆盖供需链信息集成的企业资源计划——ERP阶段。

MRP是在产品结构的基础上，运用网络计划原理，根据产品结构各层次物料的从属和数量关系，以每一个物料为计划对象，以完工日期为时间基准倒排计划，按提前期长短区别各个物料下达计划时间的先后顺序。MRP作为一种库存订货计划，只说明了需求的优先顺序，没有说明是否有可能实现，它是MRPⅡ发展的初级阶段，也是MRPⅡ的基本核心。

闭环MRP在MRP的基础上增加了能力计划和执行计划的功能，构成了一个完整的计划和控制系统，从而把需要与可能结合起来。但是，闭环MRP还没有说清楚执行计划后给企业带来什么效益；这种效益又是否实现了企业的总体目标。MRPⅡ实现了物流和资金流的集成，形成了一个完整的生产经营信息系统。它主要完成企业的计划管理、采购管理、库存管理、生产管理、成本管理等功能，MRPⅡ可以在周密的计划下有效平衡企业的各种资源，控制库存资金占用，缩短生产周期，降低生产成本。

20世纪80年代末90年代初，随着MRPⅡ系统的普遍应用，以及市场竞争的日趋激烈，一些企业开始感觉到传统的MRPⅡ软件所包含的功能已不能满足企业全范围管理的需求，ERP理论应运而生。

ERP对传统的MRPⅡ系统来讲是一次大的飞跃，它着眼于供应链上各个环节的信息管理，能满足同时具有多种生产类型企业的需要，扩大了软件的应用范围：除财务、分销和生产管理以外,还集成了企业的其他管理功能,如人力资源、质量管理、决策支持等多种功能,并支持国际互联网(Internet)、企业内部网(Intranet)和外部网(Extranet)、电子商务(e-Business)等。

ERP 采用最新的信息技术,如图形用户界面技术(GUI)、面向对象的关系数据库技术(ORDBMS)、第四代语言和开发工具(4GL/CASE)、第二代客户机/服务器技术(C/S)、Java、Web Server、Internet/Intranet 技术等。

15.1 物料需求计划——MRP

ERP 是在 MRP 和 MRPⅡ的基础上发展起来的,为了说明 ERP,还得从 MRP 讲起。当人们想使物流信息同资金流信息集成时,首先要做到物流信息的集成;在一个制造企业内部也就是产、供、销三方面信息的集成。MRP 的原理是制造业企业信息化时必须树立的概念,几乎所有 ERP 软件都包含 MRP 的功能,MRP 可以说是 ERP 的核心。

15.1.1 订货点法

在 MRP 问世之前,库存计划通常采用订货点法。订货点法是一种使库存量不得低于安全库存的库存补充方法:当库存量降到某一点(订货点),剩余的库存量(扣除安全库存)可供消耗的时间刚好等于订货所需的时间,此时就要下订单补充库存。

在稳定消费的情况下,订货点是一个固定值。当消费加快时,如果保持订货点不变,就会消耗安全库存;如果还要保持一定的安全库存,就必须增加订货量以补充消耗掉的安全库存;如果不增加订货量,又不消耗安全库存,就必须提高订货点,即提前订货。相反,如果消费减缓,就要降低订货点。因此,对需求量随时间而变的物料,订货点会随消费速度的快慢而升降,无法设定一个固定的订货点,如图 15.1 所示。

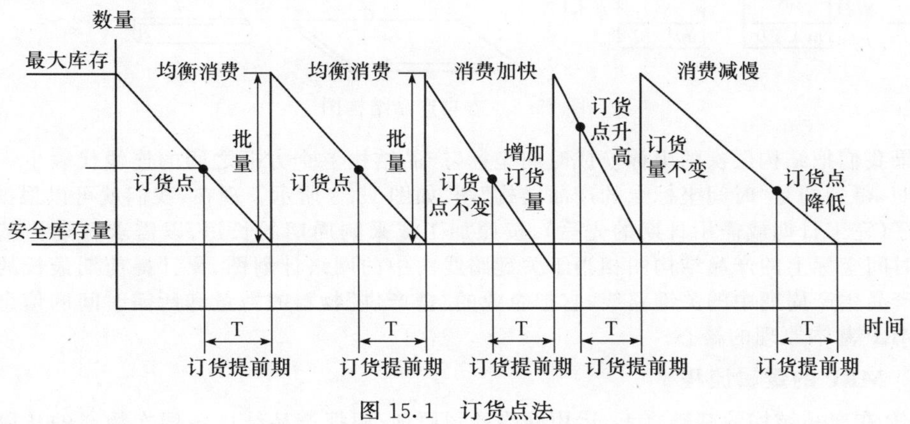

图 15.1 订货点法

如上所述,订货点法只能保证稳定均衡消耗情况下不出现短缺,它不能保证消耗量和消耗速度多变情况下不出现供应短缺。“不出现供应短缺”和“降低库存”是两个相互矛盾的目标;为解决这对矛盾的目标,IBM 的管理专家约瑟夫·奥列基博士从分析产品结构入手,在 1965 年提出把产品中各种物料分为独立需求和相关需求两种类型的概念,并进而提出了按需用时间的先后(也就是需求的优先级)及提前期(生产周期或采购周期)的长短分时段确定各个物料需求量的 MRP 解决方案。

15.1.2 产品结构

任何制造业的产品,都可以按照从原料到成品的实际加工装配过程划分层次,建立上下层物料的从属关系和数量关系,确定产品结构。通常,称上层物料为母件,称下层物料为子件。图

15.2 以一个简单的方桌为例来解释产品结构。方桌这类产品的产品结构是一个上小下宽的正锥形树状结构，其顶层"方桌"是出厂产品，是属于企业营销部门的业务(也是生产部门的最后一道装配或包装工序)；各分枝最底层物料均为采购的原材料或配套件，是企业供应部门的业务；介于其间的是加工制造件或装配组件，是生产部门的业务。我们把由市场(企业外部)决定性能规格和需求量的物料称为独立需求件，就是说，不是企业所能决定的需求；把由出厂产品决定性能规格和需求量及需求时间的各种加工和采购物料称为相关需求件，就是说，这些物料的需求受独立需求件的制约。

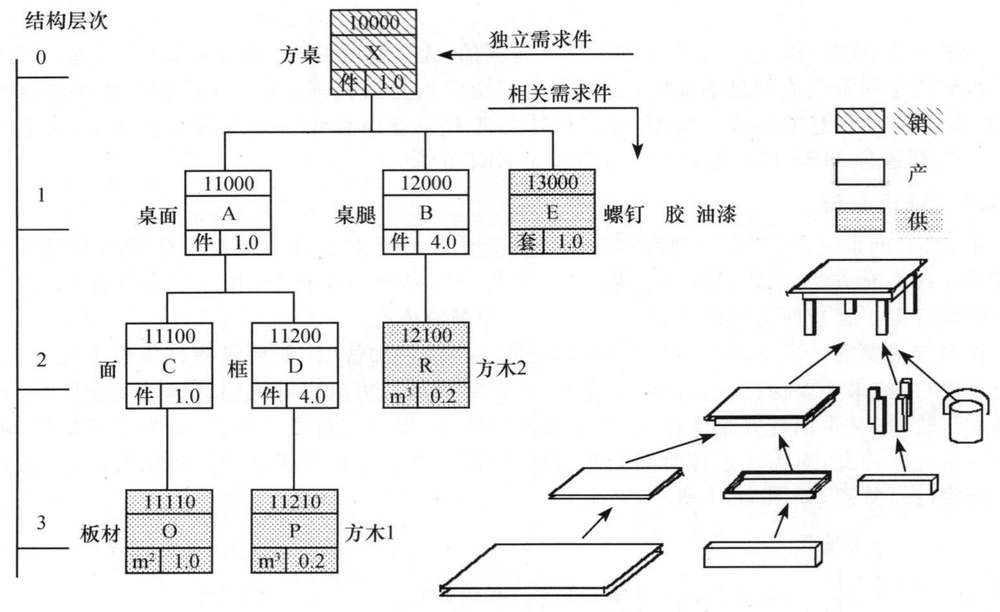

图 15.2 方桌产品结构图

如果我们把结构层次的坐标换成时间坐标，产品结构各个方框之间的连线代表生产周期和采购周期，得到的是"时间坐标上的产品结构"图，如图 15.3 所示。现在，我们就可以根据需求的优先顺序(完工日期或需用日期的先后)，按照加工或采购周期的长短，以需求日期为基准倒排计划。时间坐标上的产品结构图相当于关键路线法中的网络计划图，累计提前期最长的一条线相当于产品生产周期中的关键路线，它把企业的"销产供"物料的数量和所需时间的信息集成起来，是 MRP 基本原理的核心。

15.1.3 MRP 的逻辑流程

MRP 在产品结构的基础之上，运用网络计划原理，根据产品结构各层次物料的从属关系和数量关系，以每个物料为计划对象，以完工日期为时间基准倒排计划，并按提前期长短区别各个物料计划下达时间的先后顺序。这里"物料"一词是指为了产品出厂需要列入计划的一切不可缺少的物的总称，不仅是通常理解的原材料或零件，而且还包括配套件、毛坯、在制品、半成品、成品、包装材料、工装工具、能源等一切物料。通俗地讲，MRP 是一种"既要降低库存，又要不出现物料短缺"的计划方法，其逻辑流程如图 15.4 所示。

从逻辑流程图上看，MRP 主要回答了四个问题：①生产什么？②要用到什么？③已经有了什么？④还缺什么？什么时候下达采购或加工计划？

这四个问题是任何制造业在编制计划都要回答的问题，被人们称为"制造业的通用公式"。第一个问题指的是为了满足市场(或客户)需求需要出厂的产品，是独立需求件。产品的出厂计划是根据销售合同或市场预测，由主生产计划(master production schedule，MPS)确定的。第二

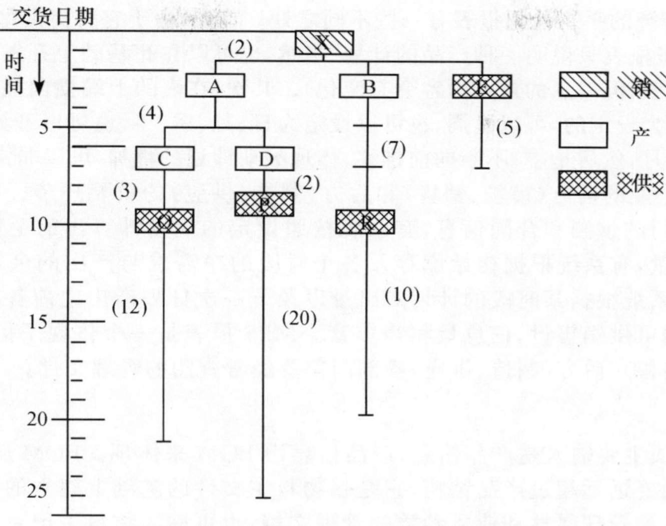

图 15.3　时间坐标上的产品结构图

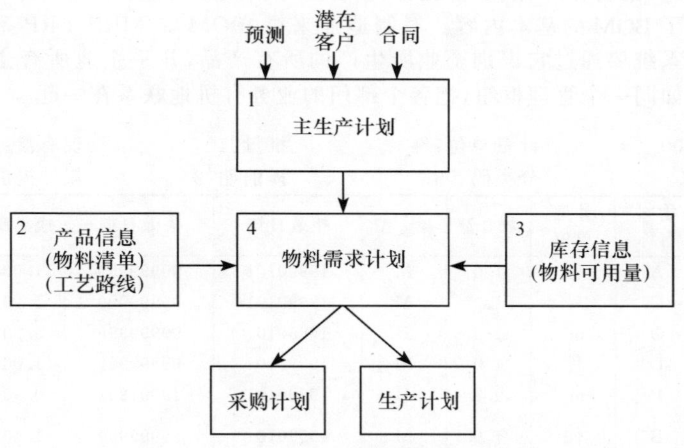

图 15.4　MRP 逻辑流程图

个问题指的是产品结构或某些在制造过程中必要的资源(如能源、工具等),由产品信息或物料清单来回答。物料清单(bill of material,BOM)是计算机可识别的产品结构数据文件,是 MRP 的主导文件。第三个问题由库存信息,或者说,由物料的可用量来回答。物料的可用量不同于手工管理的库存台账,它是一种动态信息。

MPS、BOM 和物料的可用量是运行 MRP 的三项基本输入数据,它们都是手工管理中不曾用到的新概念。其中,MPS 是最关键的输入信息,它必须能够准确地反映市场需求,它决定 MRP 的必要性、可行性和稳定性;另外两项是计算需求数量和时间的基础数据,它们的准确性直接影响 MRP 的运算结果。

15.1.4　MPS

MRP 的三项主要输入,首先就是 MPS。MPS 以出厂产品为对象,按每一种产品分别显示计划报表。报表的生成主要根据预测和合同信息,显示该产品在未来各时段的需求量、库存量和计划生产量。MPS 报表格式有横式和竖式两种;横式报表说明需求计算的来龙去脉,竖式报表说明供应数量和时间与需求数量和时间的对应关系。

MPS报表与传统的手工计划报表有一些不同之处。首先,由于它要提供每种出厂产品的各种相关信息,因此一张报表只说明一种产品的计划(当然,也可以在此基础上开发能列出各个时间段各产品的出厂计划表,但信息的重点内容会有变化)。其次,在表的上端横向显示的时间段是可以根据管理的需要人为设定的,可以是周,也可以设定为日、月、季、年,也可以开始几个时间段是周,接下来的时间段是月,然后是季;不断向前推移,体现滚动计划的精神,可以非常灵活地应用。

MPS是沟通企业的前方(市场、销售)和后方(制造、供应)的重要环节。在MPS报表上,有来自市场、销售部门的预测和合同信息,有系统按照设定的规则计算出的毛需求、净需求、计划投入量、计划产出量,有系统根据初始库存及各个时段的净需求与产出的余额计算得出的各个时段的库存量,有系统根据某时段的计划产出量以及下一次计划产出之前各时段合同总量计算得出的各个时段的可供销售量,信息量相当丰富。MPS报表是一个体现了信息集成的报表,是一个前方(市场、销售)、后方(制造、供应)各部门都要经常查阅的管理文件。

15.1.5 BOM

MRP的第二项主要输入是产品信息,产品信息用BOM来体现。BOM反映了产品结构,但它所包含的信息量要远远超过产品结构,它是在物料主文件的基础上建立的管理文件。物料主文件是描述物料各种管理属性和业务参数的管理文档,也可称为物料主记录或物料档案。一种物料可以出现在不同的产品上,但档案只有一份。物料主文件包罗的信息主要有同设计管理、物料管理、计划管理、销售管理、成本管理、质量管理等相关的信息。

图15.5显示了BOM的基本内容。对制造业来讲,BOM在MRP/ERP系统中是一个非常重要的管理文件,系统要通过它识别企业所生产的所有产品,几乎企业所有主要的业务部门都要用到它。BOM如同一个管理枢纽,把各个部门的业务有机地联系在一起。

物料号:10000　计量单位:件　批量:10　现有量:8
物料名称:X　分类码:08　提前期:2　累计提前期:28

层　次	物料号	物料名称	计量单位	数　量	类　型	生效日期	失效日期	成品率	累计提前期	ABC码
1	11000	A	件	1.0	M	19990101	99999999	1.00	26.0	A
.2	11100	C	件	1.0	M	19990101	99999999	1.00	15.0	A
..3	11110	O	m^2	1.0	B	19990101	99999999	0.90	12.0	B
.2	11200	D	件	4.0	M	19990101	99999999	1.00	22.0	C
..3	11210	P	m^3	0.2	B	19990101	19991231	0.90	20.0	C
1	12000	B	件	4.0	M	19990101	99999999	1.00	17.0	B
.2	12100	R	m^3	0.2	B	19990101	99999999	1.00	10.0	C
1.	13000	E	套	1.0	B	19990101	99999999	1.00	5.0	C

图15.5　BOM的基本内容

BOM主要有设计BOM和制造BOM两种,此外还有计划BOM、成本BOM等。设计BOM是一种设计文件,通常是从设计功能结构角度来定义产品结构,而制造BOM是一种管理文件,它从实际的制造过程来定义产品结构。制造BOM的最原始的出处是产品设计图纸,但它又不同于图纸上的零件明细表。首先,它用数据报表形式来表达产品结构,依据的是产品实际加工装配一直到包装的顺序,而不是设计图纸上所标明的顺序(两者有时是很不一样的),列出结构层次和相关数量。其次,它包括了出厂产品不可缺少的一切物料,远远超出零件明细表的内容(零件明细表往往仅列出图纸上出现的物料)。此外,它还说明了哪些物料是自制的,哪些是采购的,说明了物料的有效期、成品率及提前期,说明了物料的ABC分类等计划管理和物料管理所需要的信息。制造BOM是一个管理文件而不是技术文件,其准确性非常关键。

15.1.6 物料可用量计算

MRP的第三项主要输入是库存信息,通常用"物料可用量",也就是可以参与净需求计算的物料库存量表示。MRP 是一种分时段的计划，物料可用量也是按时段来显示的。

某时段的物料可用量 ＝ 现有量 ＋ 计划接收量 － 已分配量 － 不可动用量

这里，计划接收量是指正在执行中的订单，目前不在库里，但预期在某个时段即将入库。已分配量指目前虽未出库但已分配用途的物料，它有两种情况：将要供应车间订单使用的原材料或半成品是“生产用分配量”，将要出库发运的成品或备件，是“销售用分配量”。如果规定了“不可动用量”，如等待质量检验或准备向外调拨，也要扣除。以上各种物料数量均按各个时段分别计算。

安全库存量是否动用，要事先在系统中设定；原则上需要时可动用，否则安全库存的缓冲作用就失去意义。但当库存量低于安全库存时，系统会自动生成净需求，提示要补充安全库存。

15.1.7　MRP 的展开

在了解了 MRP 的三项主要输入后，让我们来看看它是怎么样展开计算的。我们以图 15.6 所示的 X、Y 两种产品中的 A、C 两个子件为例（为简化，暂不考虑其他零部件）说明 MRP 的运算方法。A 件是产品 X 的一层子件，C 是 X、Y 两种产品的通用件，但在两种产品中所处的层次不同，需用的数量（括号内的数字）也不同。MRP 的展开计算如图 15.7 所示。

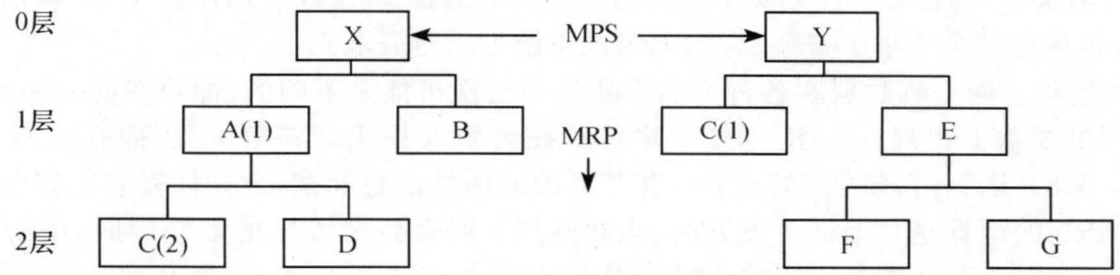

图 15.6　X、Y 产品结构图

批量	提前期	现有量	已分配量	安全库存量	低层码	物料号	时段	当期	1	2	3	4	5	6	7	8
1	1	0	0	0	0	X	MPS计划产出量			10		10		20		10
							MPS计划投入量		10		10		20		10	
1	2	0	0	0	0	Y	MPS计划产出量				20		20		20	
							MPS计划投入量		20		20		20			
1	2	15	0	0	1	A	毛需求		10		10		20		10	
							计划接收量									
							预计库存量(后)	15	5	5	0	0	0	0	0	0
							净需求				5		20		10	
							计划产出量				5		20		10	
							计划投入量		5		20		10			
50	2	40	5	10	2	C	毛需求		30		60		40			
							计划接收量		50							
							预计库存量(后)	35	55	55	45	45	55	55	55	55
							净需求				15		5			
							计划产出量				50		50			
							计划投入量		50		50					

图 15.7　MRP 的运算方法

图 15.7 实际上是由四个报表合并组成的,即成品 X、Y 的部分 MPS 报表(仅摘录计划产出量和计划投入量)及物料 A 和 C 的 MRP 报表。MRP 报表的格式同 MPS 报表的格式基本上是一样的,只是没有预测、合同和可供销售量等项;为了方便说明 MRP 的运算方法,把报表上部表头各项集中放在图 15.7 的左侧。下面分项进行解释。

1. 表头栏目

表头栏目包括以下各项:

(1) 批量。计划投入量并不总是等于净需求,往往受工艺和设备条件(如热处理装炉量)或采购条件(如供应商或运输要求、折扣优惠等)的影响,要做一些调整。有多种确定批量的方法,通常称为批量规则。

(2) 已分配量。这是指库存量中仍在库中但已分配为其他用途的,如已为某订单配套的数量。只要某个订单进入配套、领料或提货阶段,系统会自动记录已分配量,并从预计可用库存量中扣除,然后再运算 MRP。

(3) 安全库存量。安全库存量与已分配量不同,它的数量仍包括在预计可用库存量中,只是当库存量低于安全库存量时,系统会自动生成净需求,提示要补充安全库存。表中物料 C 在时段 3 和 5 的净需求量中,都包含有补充安全库存的因素。如时段 5,预计可用库存量 45 本来可以满足毛需求 40,但库存结余 5 小于安全库存 10,因此系统生成净需求 5。

(4) 低层码。同一种物料在各种产品中所处的层次可能是不同的;即使在同一种产品上,也可能在不同的层次上出现。如图 15.6 中物料 C 在成品 X 中出现在第 2 层,而在成品 Y 中出现在第 1 层。MRP 运算时,要把 MPS 中所有产品的通用件汇总起来,合并计算它们在各个时段的需求量。MRP 的运算是自上而下展开的,当展开到 1 层遇到成品 Y 的 C 物料时,由于 C 物料的低层码是 2,就是说还会在成品 X 的 2 层出现;系统根据 C 的低层码,把展开到 1 层的结果暂存,待展开到 2 层时,再把成品 X 对 C 物料的需求量合并在一起,显示运算结果。一个物料出现在系统中各种产品中最低的那个层次,即该物料的低层码。

2. 表体栏目

图 15.7 的右侧为各报表的表体栏目。MRP 报表的表体栏目同 MPS 几乎是相同的。MRP 的计划对象是相关需求件,它的毛需求是由上层物料的计划投入量确定的,同预测或合同没有直接关系;也没有可供销售量。

下面用 C 件在时段 1 的需求计算来说明 MRP 的运算方法。某时段下层物料的毛需求是根据上层物料在该时段的计划投入量和上下层之间的数量关系计算的。在时段 1,X 件的计划投入量为 10,引发对 A 件的毛需求 10;A 件现有库存量为 15,可以满足。但在时段 3,A 件的预计可用库存量 5 不能满足毛需求 10,系统显示净需求量 5,并生成计划产出量 5 以补足短缺。按 A 件提前期为 2 时段倒排计划,在时段 1 生成 A 件的计划投入量 5。每件 A 需要 2 件 C,共需 10 件 C。再将 Y 的计划投入量 20 对 C 件的需求 20 合并,生成 C 件在时段 1 的毛需求:

$$(5\times2)+20=30$$

物料有废品率或损耗率时,系统会自动计算增补量,并加到计划投入量中。此时,计划投入量会大于计划产出量。

物料有备件或其他需求时,报表应增加一栏“其他需求”;一般指不经 BOM 展开或由人工添加的需求。

15.1.8 提前期与工艺路线

1. 提前期

以交货或完工日期为基准,倒推到加工或采购的开始日期的这段时间,称为提前期(lead time)。销售部门同客户洽谈合同,计划部门编制和修改生产、采购计划以及计算工作中心负荷和能力计划,都要用到提前期。因此,提前期的准确性十分重要。提前期是期量标准中“期”的概念。

从完成订单的概念出发，提前期有两种类型：总提前期和累计提前期。产品的整个生产周期，包括产品设计提前期，生产准备提前期，采购提前期，加工、装配、试车、检测、包装发运提前期，称为总提前期；采购、加工、装配提前期的总和称为累计提前期。

总提前期和累计提前期可以看成是一种标准提前期。如果从工序的概念出发，在实际运作时，有些工序可以通过采取重叠进行或分割在多个工作中心进行等措施，缩短提前期。

2. 工艺路线

工艺路线是说明零部件加工或装配过程的文件，它要根据企业通常的工艺过程卡编制，但它不是技术文件，而是计划文件或管理文件。为了使屏幕报表比较简练，通常并不详细说明加工的技术要求和方法(必要时可在注释中说明)。

工艺路线的主要作用有：①计算加工件的提前期，提供运行 MRP 的计算数据；②计算占用工作中心的负荷小时，提供运行能力计划的计算数据；③计算派工单中每一道工序的开始时间和完工时间；④提供计算加工成本的标准工时数据；⑤按工序跟踪在制品。

15.1.9　MRP 的性质与特点

MRP 的原理依据来源于企业生产管理实践，没有复杂的数学理论，只是直观的流程图解，很容易理解。一方面它从分析制造业的产品结构出发，建立“时间坐标上的产品结构”，提出了新的期、量标准概念，另一方面它按照“制造业的通用公式”进行逻辑运算。这两点是 MRP 最基本的概念和出发点。

MRP 的特点是由它的原理决定的。既然强调时间坐标，就意味着按照需求(交货)时间的先后顺序制订计划，是一种“优先级”计划。为了分辨优先顺序，时间段必须细化到周甚至天，是一种分时段的计划。为了快速响应市场，它必须是一种能借助计算机的强大功能进行快速修订的计划。

为了正常运行 MRP 系统，需要准确把握市场需求，能制订稳定的主生产计划，且计划期要长于总生产提前期，否则无法根据 MRP 展开结果进行采购。

15.2　闭环 MRP

15.2.1　闭环 MRP 的逻辑流程

MRP 系统要能正常运行，需要有一个相对稳定、现实可行的 MPS。但是，各种客观情况总是不断变化的，企业必须能及时调整计划去适应客观变化，计划的可执行性必须符合客观实际，信息必须及时上下沟通。因此，在 MRP 的基础上必须增加能力计划和执行计划的功能；需求计划必须同能力计划结合起来，反复运算，经过平衡以后才能执行。能力同负荷必须平衡，超出能力的计划是不可能实现的。在闭环 MRP 阶段，根据对所有物料的需求，计算各个时段对每个能力单元(即工作中心)的能力需求，做出能力计划，对能力进行规划与调整，使之尽可能满足物料需求。此外，能力管理也包括在各个时间段内，合理搭配组合各产品品种的产量，提高设备和设施的完好率，提高产品质量和物料的合格率以及合理利用企业能力资源等内容。闭环 MRP 的逻辑流程如图 15.8 所示。

闭环 MRP 体现了一个完整的计划与控制系统，它把需求与能力结合起来，实现有效的控制。一个生产管理软件最起码的模块配置，应当实现闭环 MRP 系统，才能把计划的稳定性、灵活性和适应性统一起来。从闭环 MRP 的逻辑流程图(图 15.8)可以看出，它在两个方面弥补了 MRP 的不足。

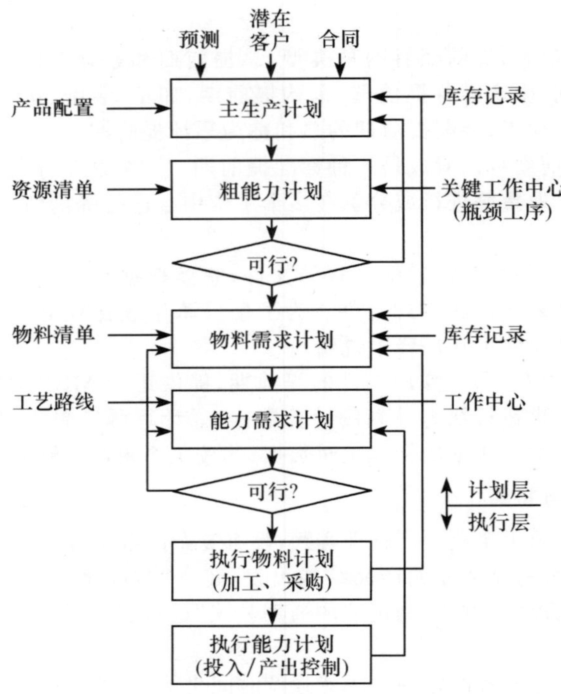

图 15.8 闭环 MRP 的逻辑流程

1. 能力计划

在每一个需求计划层,同时进行能力计划;对应 MPS 层次,进行粗能力计划(RCCP),对应于 MRP 层次,要进行详细能力计划或能力需求计划(CRP)。

粗能力计划的输入项是生产产品所需的资源清单(资源清单的主要内容是列出少数关键工作中心以及加工产品及零部件使用这些关键工作中心的时间段和小时数)和关键工作中心能够提供的能力(各个时段的小时数)。在粗能力计划阶段我们要用到约束理论(TOC),找出制约产出量的瓶颈工序。

如果通过了粗能力计划运算,证实 MPS 是可行的,方可进入 MRP 层次。MRP 需要通过能力需求计划来验证。能力需求计划的输入项是所有物料的工艺路线(工艺路线主要说明使用各个工作中心的时间段和小时数)和所使用的工作中心的平均可用能力。在多数情况下,如果粗能力计划已经把所有瓶颈工序都考虑周到了,可以不再进行能力需求计划。

2. 反馈信息

闭环 MRP 弥补 MRP 的另一个不足是增加了反馈信息。由 MRP 产生的计划经能力计划落实后,可以下达执行。执行的结果可以从两方面来核实:一个是物料计划的执行情况,如采购件是否按时到货,加工件是否按时完成。另一个是能力计划的执行情况,工作中心的预计可用能力是否实现,是预计不准还是出现故障。如果计划的执行情况未能满足或不符合计划要求,必须把实际执行的信息反馈给计划部门,进行调整、修订以后,再下达执行。这就是说,闭环 MRP 验证了供应是否满足需求。如果有问题,及时反馈修正,使需求计划正常执行。这样,既有自上而下的计划信息,又有自下而上的执行信息,形成一个闭环的信息流和业务流。

15.2.2 能力需求计划

为了进一步理解能力需求计划的必要性,我们先来看看能力需求计划同物料需求计划的关系,如图 15.9 所示。物料需求计划的计划对象是物料,而且是针对每一项单个物料编制计划。不同的物料有不同的工艺路线,不同的工艺路线上的不同工序,完全可能要使用同一个工作中心。如果几个物料需要在同一时间段使用同一个工作中心，这个工作中心就有可能超负荷，成为制约生产的瓶颈。这种问题在物料需求计划阶段还没有暴露，必须进行能力需求计划。

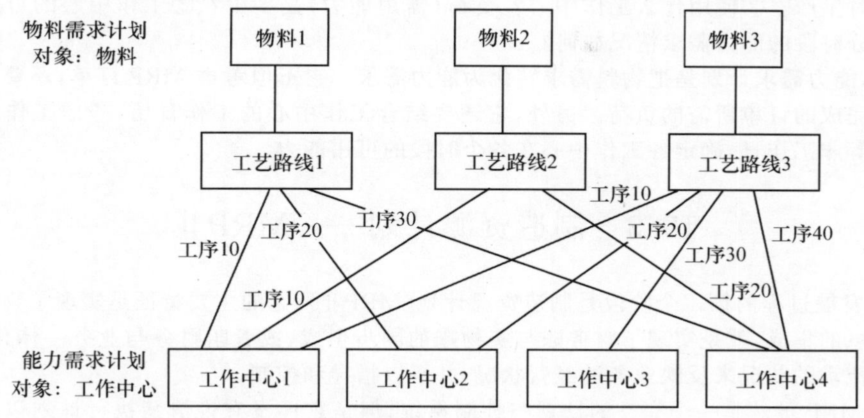

图 15.9　物料需求计划与能力需求计划

每一个物料有一条工艺路线，一条工艺路线有若干个工序，每一个工序对应一个工作中心。根据物料需求计划，得出所有物料在各个时间段使用每个工作中心所占用的小时数，绘制成工作中心的负荷图，进行能力计划。能力需求计划主要是通过人机对话的方式来平衡需求与能力的，其逻辑流程如图 15.10 所示。

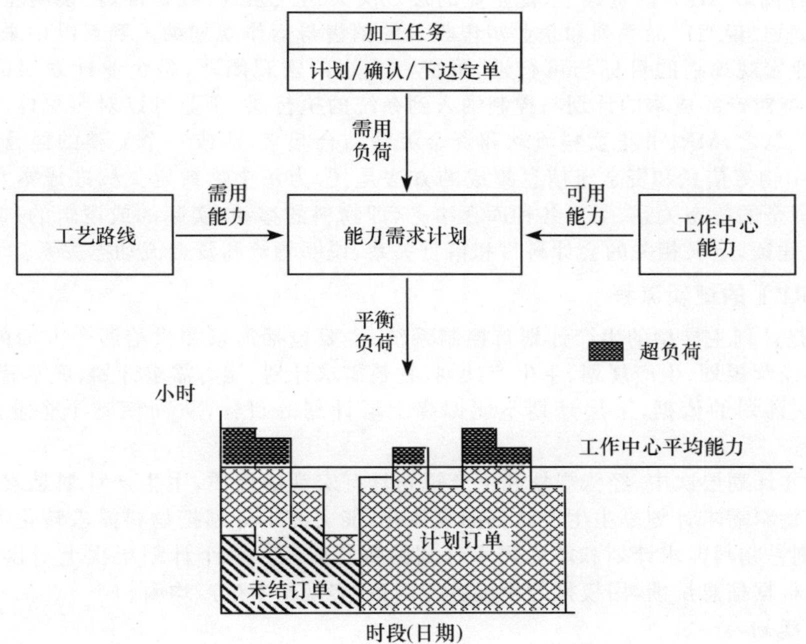

图 15.10　能力需求计划逻辑流程

能力需求计划的对象是工作中心(能力单元)的能力，它的运行就是把使用同一能力单元的物料负荷与该能力单元的可用能力进行对比，把超负荷时段的负荷调整到低负荷时段，使各个时段工作中心的负荷不出现超载或趋于平衡，从而使物料需求计划成为可行。

物料需求计划的对象是物料，物料是具体、可见的；而能力需求计划的对象——工作中心的能力，由于随生产效率、人员变动、设备完好率的影响而变化，不定因素比较多，比较抽象。能力需求计划逻辑流程图同物料需求计划逻辑流程图有类似之处，也要回答以下几个问题：①生产什么？何时生产？②使用什么工作中心？负荷（需用能力）是多少？③工作中心的可用能力是多少？④分时段的能力需求情况如何？

总之，能力需求计划是把物料需求转化为能力需求。它不但考虑 MRP 订单，还要考虑已下达但尚未完成的订单所需的负荷。另外，它还要结合工作中心的工作日历，考虑工作中心的停工及维系等非工作日，确定各工作中心在各个时段的可用能力。

15.3 制造资源计划——MRPⅡ

ERP 发展过程的第二个阶段是制造资源计划（MRPⅡ）；它的主要特征是实现了物流信息和资金流信息的集成，就是实现了财务账与实物账的同步生成，或者叫财务与业务一体化；目的是通过资金流动的状况来反映业务的经营状况，并予以指导和控制。

闭环 MRP 虽然是一个完整的计划与控制系统，但是它还没有说清楚执行计划以后能给企业带来什么效益；这效益是否能实现企业的总体目标。在 MRPⅡ里，系统在处理物料计划信息的同时，同步地处理财务信息；把产品的销售计划用金额表示以说明销售收入；对物料赋予货币属性以计算成本并方便报价；用金额表示能力、采购和外协计划以编制预算；用金额表示库存以反映资金占用等。也就是说，财会系统能同步地从生产系统获得资金信息，随时控制和指导经营生产活动，使之符合企业的整体战略目标。

MRPⅡ在闭环 MRP 的基础上，把企业的宏观决策纳入系统，就是说，把说明企业远期经营目标的经营规划、说明产品系列和企业销售收入的销售与运作规划纳入到系统中来。这几个层次确定了企业宏观规划的目标与可行性，形成一个小的宏观闭环，是企业计划层的必要依据。同时 MRPⅡ把对产品成本的计划与控制纳入到系统的执行层，企业可以对照总体目标，检查计划执行效果。总之，MRPⅡ把物料流动和资金流动结合起来，形成一个完整的经营生产信息系统。MRPⅡ中物流信息和资金流信息集成的方法是：①为每个物料定义标准成本和会计科目，建立物料与资金的静态关系；②为各种库存事务，即物料的移动（实际的或逻辑的）或数量、价值的调整，建立凭证，定义相关的会计科目和借贷关系，说明物流和资金流动态关系。

15.3.1 MRPⅡ的逻辑流程

MRPⅡ是计划主导型的生产计划与控制系统，主要包括需求和供给两个方面的计划，共分为 7 个层次：经营规划、生产规划、主生产计划、物料需求计划、能力需求计划、成本管理。其中上层计划是下层计划的依据，下层计划不能偏离上层计划的目标，从而使整个企业遵循统一的计划。

在 MRPⅡ计划层次中，经营规划和生产规划具有宏观的性质，主生产计划是宏观向微观的过渡性计划，物料需求计划是主生产计划的具体化，能力需求计划把物料需求转化为能力需求，而成本管理则是物料需求计划和能力需求计划的执行阶段。各个计划层次上对供需进行不同深度的平衡，根据信息反馈，用模拟的手段进行调整，实现基本生产均衡。

1. 经营规划

经营规划是企业的战略规划，主要确定企业的经营目标和策略，如产品开发、市场占有率、质量标准、技术改造和企业扩充、职工培训和队伍建设、销售收入和利润等，为企业的发展，特别是在财务和经济效益方面做出规划。

2. 生产规划

生产规划是企业经营战略的具体化。它要确定各产品大类在全部产品中各自占的比例（以符合经营规划要求的年销售收入和利润等），确订单位时间的产出率，均衡利用资源，稳定生产。

3. 主生产计划

主生产计划是非常重要的 MRPⅡ计划层次。它起着承上启下、从宏观计划向微观计划过渡的作用。它不同于销售预测、生产规划、装配计划，也不是由计算机自动生成的决策规则或某种预测报告。

主生产计划把生产规划中确定的产品类的生产率分解为每一种产品或"最终项目"的生产率。所谓"最终项目"即是具有独立需求的物料。多数情况下，"最终项目"是主生产计划的对象。但不同生产计划环境下，最终项目具有不同的含义，如在面向库存生产的环境下，最终项目是指产品、备品备件等独立需求项目，而在面向订单生产的环境下，最终项目可能是产品或基本组件和通用件。

编制主生产计划的步骤如下：①根据生产规划确定每个主生产计划对象即最终项目的生产预测；②将生产预测、已收到的客户订单、配件预测以及该最终项目作为非独立需求项目的需求数量，计算总需求；③根据总需求量和事先确定好的订货策略和批量，以及安全库存量和期限初库存量，计算各时区的主生产计划接收量和预计可用量，从而给出主生产计划的备选方案；④评价主生产计划备选方案的可行性，模拟选优。

4. 物料需求计划和能力需求计划

这是位于 MRPⅡ最底层的两个重要计划层次，也是 MRPⅡ的核心层次。在前面已经对其进行了详细介绍。

5. 成本管理

成本是企业在进行生产经营活动中所发生的费用。MRPⅡ为企业的成本管理提供了工具，按照管理会计的原理，对企业的生产成本进行预测、计划、决策、控制、分析与考核。生产成本是生产过程中各种资源利用情况的货币表示，是衡量企业技术和管理水平的重要指标。

在 MRPⅡ系统中主要是按全部成本计算法对成本进行分类。所谓全部成本计算法，就是从总成本的变化与产量之间的关系来考虑，把固定间接费也分摊到生产成本中去的一种计算成本的方法，也称为吸收成本法。它分为

产品总成本 ＝生产成本＋业务成本
生产成本 ＝直接成本＋间接成本
业务成本 ＝销售费用＋管理费用
直接成本 ＝直接材料费＋直接人工费
间接成本 ＝可变间接费＋固定间接费

其中，直接成本为可以明确分辨出用于某个具体的物料项目的费用，与生产数量有关。间接成本为那些不能明确分清用于哪项具体物料上的费用，其中与产量有直接关系的称为可变间接费，如燃料与动力、低值易耗品等；与产量无直接关系的称为固定间接费，如管理人员工资、办公费、修理费、贷款利息、折旧费、保险费、采暖费、照明费等。间接成本要按一定标准和系数分摊计入产品成本。

MRPⅡ成本计算的基本数据包括采购成本、材料定额、工时定额以及各种费率等。它们分别记录在物料主文件、物料清单、工作中心和工艺路线等文件中。

MRPⅡ成本计算方法用滚加法，按物料清单所规定的物料之间的层次、需求关系和制造过程，从产品结构的最低层次开始，从低层向高层逐层累计。成本的发生和累计与生产制造过程同步，随着生产制造过程的进行，材料、生产信息动态产生的同时，成本信息也随之产生，实现了物流、信息流和资金流的统一。

分析实际成本与标准成本之间的差额(即成本差异)是 MRPⅡ的重要管理功能，主要对直接材料成本、直接人工成本和间接费等项目进行差异分析。具体分析过程中，应由系统独立设置账户，自动入账。不论成本差异是正值还是负值，只要超过了规定的容差限度，都应进行分析。

总之，MRPⅡ是一个比较完整的生产经营管理计划体系，是实现制造业企业整体效益的有

效管理模式。根据上述对 MRPⅡ基本逻辑的论述，我们给出企业 MRPⅡ系统的逻辑关系图，如图 15.11 所示。

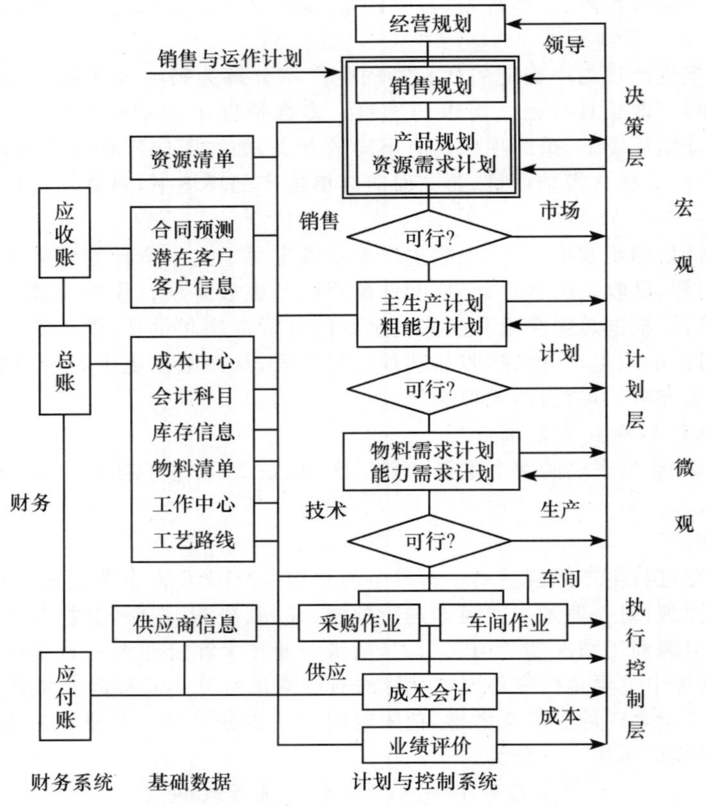

图 15.11　制造资源计划的逻辑流程

MRPⅡ的流程包括决策层、计划层和执行控制层的计划与控制的流程，沟通企业各个部门业务的集成化基础信息数据库，以及与生产管理发生联系的主要财务子系统，如应收账、总账和应付账。

图 15.11 中，右侧是计划与控制的流程，包括决策层、计划层和执行控制层，可以理解为经营计划管理的流程；左侧是主要的财务系统，这里只列出总账、应收账和应付账；中间是基础数据，这些数据信息的集成，把企业各个部门的业务沟通起来，可以理解为数据库系统。

在 MRPⅡ系统中，每运行一次需求计划必须同时运行能力计划，保证所下达计划的可执行性。在销售与运作规划阶段，要同时运行“资源需求计划”。在宏观计划层次，“资源”的内容可以包括可能筹措的资金、供应商提供的关键材料、关键能源、关键工作中心等。要实现企业的战略计划，必须有相应的资源分配计划，说明使用企业资源的优先顺序和日程。

15.3.2　MRPⅡ的基础数据

MRPⅡ/ERP 是一种管理信息系统，要进行大量的数据处理。通常，我们可以把 MRPⅡ/ERP 处理的数据归纳为以下三类：

（1）静态数据（或称固定信息）。一般指生产活动开始之前要准备的数据，如物料清单、工作中心的能力和成本参数、工艺路线、仓库和货位代码、会计科目的设定等。因为客观条件是不断变化的，所以静态也是相对的；静态数据也要定期维护，保持其准确性。

（2）动态数据（或称流动信息）。一般是指生产活动中产生的数据，不断发生、经常变动，如客户合同、库存记录等。

(3) 中间数据(或称中间信息)。中间数据是根据用户对管理工作的需要，由计算机系统按照一定的逻辑程序，综合上述静态和动态两类信息，经过运算形成的各种报表。它是一种经过加工处理的信息，供管理人员掌握生产经营状况、进行分析和决策用，如主生产计划、物料需求计划等。管理软件功能的强弱往往体现在它能提供多少有用的中间信息。如果人们对 MRPⅡ/ERP 原理理解比较清楚透彻，报表设置比较合理，就能有效地发挥这些中间数据的作用。

运行 MRPⅡ/ERP 系统需要一系列最基本的数据，这些主要的基本数据的相互关系及输入顺序如图 15.12 所示。这些数据可以分为以下几种主要类型：

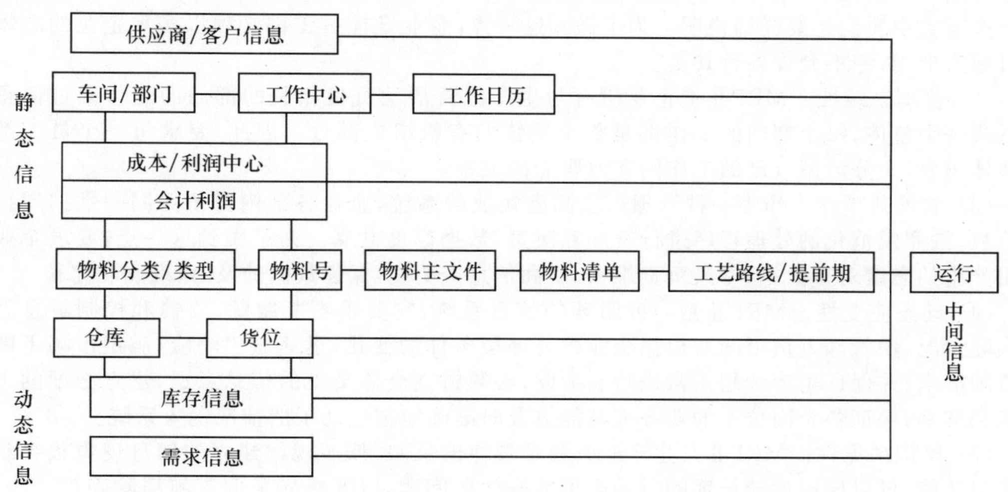

图 15.12　基本数据的相互关系及输入顺序

(1) 物料与产品信息(图 15.12 中第 4 行)。前面我们介绍过，产品信息是通过物料清单来描述的。物料清单中所涉及的物料，都必须建立文档，即物料主文件。在建立物料主文件之前，要对每个物料进行编码，规定物料号，还要按照软件的要求，确定所有物料的类型和分类。

(2) 能力信息(图 15.12 中第 2 行)。物料计划要与能力计划相伴运行，占用能力资源是通过工艺路线文件及其时间定额来确定的。在 MRPⅡ/ERP 系统中主要的能力资源是工作中心，工作中心又是属于某个车间或部门的，要事先定义。各种作业活动只能在工作日进行，必须设定各种用途的工作日历。

(3) 库存信息(图 15.12 中第 5 和 6 两行)。运行物料需求计划必须知道物料的可用量，各种物料按照定置管理的要求必须有存放地点，也就是仓库和货位。

(4) 财务信息(图 15.12 中第 3 行)。MRPⅡ要实现物流信息与资金流信息的集成，每一种物料要有对应的会计科目。为了控制成本，要对厂、车间、部门或工作中心设置利润中心或成本中心。

(5) 需求信息(图 15.12 中最后一行)。所有计划都是为了满足市场需求，必须先有需求信息(包括预测、合同以及企业内各部门之间的需求等)才能编制生产计划。

(6) 供需方信息(图 15.12 中第 1 行)。系统执行采购作业必须先建立供应商文档；执行销售作业必须先有客户信息。

可以看出，以上这些信息，都是运行 MPS/MRP 不可缺少的必要信息。这些信息中，第 1～4 和 6 项中的仓库与货位信息是静态信息，其余为动态信息。动态信息一般在建立产品信息之后建立。有些静态信息本来就是企业的基础工作，在系统安装之前就可以着手准备。

以上各种数据信息，有些同现行管理所用的数据可能会有一定出入；有的需要适当加工，有的则要分析后才能确定。对有些企业,准备规范化的数据会有相当大的工作量,但这些规范化的数据对一个信息化管理系统是绝对必要的。

15.3.3 MRPⅡ的管理特点

MRPⅡ的主要特征是信息集成。由于信息集成带来一系列特点,每一点都含有管理模式变革和员工行为规范变革两方面的内容;这些特点是互相影响互为因果的,现归纳如下。

(1) 计划的一贯性与可行性。MRPⅡ是一种以计划为主导的信息化管理系统,通过计划把企业的资源充分调动起来,实现企业的总体战略目标。计划层次从宏观到微观,从战略到战术,由粗到细逐层细化,但始终保持与企业总体战略目标一致。"一个计划"是MRPⅡ的原则精神。这一点下文中我们还要详细说明。为了做到这一点,企业全体员工都必须以实现企业的总体战略目标为准则,绝不允许各行其是。

(2) 管理系统性。MRPⅡ把企业所有与生产经营活动直接相关的部门的工作通过信息集成联成一个整体,每个部门的工作都是整个系统的有机组成部分。因此,要求每一个员工都能从整体出发,十分清楚自己的工作同其他职能的关系。

(3) 数据共享性。作为一种管理信息高度集成的系统,企业各部门都依照同一数据库提供的信息,按照规范化的处理程序进行管理和决策,数据高度共享。为了做到这一点,要求企业员工用严肃的态度对待数据,专人负责维护,提高信息透明度,保证数据的及时、准确和完整。

(4) 动态应变性。MRPⅡ是一种闭环的信息系统,它要求不断跟踪、反馈和控制瞬息万变的实际情况,使管理人员可随时根据企业内外环境条件的变化,迅速做出响应,满足市场不断变化着的需求,并保证生产计划正常进行。为此,必须树立全体员工的信息意识,建立必要的工作规范和准则,保证各个岗位上的业务人员能够及时准确地把变动了的情况输入系统。

(5) 模拟预见性。MRPⅡ是生产经营管理规律的反映,按照规律建立的信息逻辑很容易实现模拟功能,可以模拟比较长远的时间内可能发生的问题,以便事先采取措施消除隐患。为此,管理人员必须熟练运用系统的查询功能,熟悉系统提供的各种信息,致力于实质性的分析研究工作,熟练掌握模拟功能,进行多方案比较,做出合理决策。

(6) 物流信息和资金流信息的集成性。集成物流信息和资金流信息是MRPⅡ区别于MRP的主要特点。MRPⅡ包括了财务收支和管理会计的功能,可以由生产活动直接生成财务数据,把实物形态的物料流动直接转换成价值形态的资金流动,保证生产和财务数据的一致性。决策人员应会同财务人员及时运用从系统中得到的资金和成本信息,控制成本,随时分析企业的效益。

这些特点表明MRPⅡ是实现制造业企业整体效益的有效管理模式,是提高企业竞争力的有力武器。

15.4 企业资源计划——ERP

随着市场全球化和大型企业的多元化经营,以及精益生产、敏捷制造、约束理论、供应链管理等先进管理思想的诞生,主要侧重于对企业内部的人、财、物等内部资源管理的MRPⅡ系统已经不能满足一些大型企业的管理需求。为了迅速响应需求并组织供应以满足全球市场竞争的要求,这些企业迫切需要扩大管理系统的功能,把"前端办公室"(市场与客户)和"后端办公室"(供应商与外包商)的信息都纳入到信息化管理系统中来,扩大信息集成的范围,以面对经济全球化的挑战。在这一背景下,MRPⅡ进一步发展为面向怎样有效管理和利用整个供应链整体资源的新一代信息化管理系统——企业资源计划(ERP)。

15.4.1 ERP系统的管理思想

ERP的核心管理思想就是实现对整个供应链的有效管理,主要体现在以下三个方面:

(1) 体现对整个供应链资源进行管理的思想。现代企业的竞争已经不是单一企业与另一企业间的竞争,而是一个企业供应链与另一个企业的供应链之间的竞争;企业不但要依靠自己的资源,还必须把经营过程中的有关各方如供应商、制造工厂、分销网络、客户等纳入一个紧密的体系中,才能在市场上获得竞争优势。ERP 系统正是适应了这一市场竞争的需要,实现了对整个企业供应链的管理。

(2) 体现精益生产、同步工程和敏捷制造的思想。ERP 系统支持混合型生产方式的管理,其管理思想表现在两个方面:其一是"精益生产(lean production,LP)"的思想,即企业把客户、销售代理商、供应商、协作单位纳入生产体系,同它们建立起利益共享的合作伙伴关系,组成一个企业的供应链,消除一切不增值的作业活动,提高快速响应的能力。其二是"敏捷制造(agile manufacturing,AM)"的思想。当市场上出现新的机会,而企业的基本合作伙伴不能满足新产品开发生产的要求时,企业组织一个由特定的供应商和销售渠道组成的短期或一次性供应链,形成"虚拟工厂",把供应和协作单位看成是企业的一个组成部分,运用"同步工程(simultaneous engineering,SE)"组织生产,用最短的时间将新产品打入市场,时刻保持产品的高质量、多样化和灵活性,这即是"敏捷制造"的核心思想。

(3) 体现事先计划与事中控制的思想。ERP 系统中的计划体系主要包括主生产计划、物流需求计划、能力计划、采购计划、销售执行计划、利润计划、财务预算和人力资源计划等,而且这些计划功能与价值控制功能已完全集成到整个供应链的管理系统中。另外,ERP 系统通过定义与事务处理(transaction)相关的会计核算科目和核算方式,在事务处理发生的同时自动生成会计核算分录,保证了资金流与物流的同步记录和数据的一致性;从而实现了根据财务资金现状可以追溯资金的来龙去脉并进一步追溯所发生的相关业务活动,便于实现事中控制和实时做出决策。

15.4.2　ERP 系统的功能模块

ERP 系统是在 MRPⅡ系统的基础上形成和发展的,两者的基本架构并没有本质上的区别,但 ERP 系统拓展了 MRPⅡ系统的管理范畴,它是将企业的物流、资金流和信息流进行全面一体化管理的管理信息系统。因此,抛开具体的 ERP 软件产品风格与结构的差异,从企业管理的角度考虑 ERP 系统应具备的功能模块,ERP 系统由财务管理、生产控制管理、物流管理和人力资源管理四大功能模块组成。

1. 财务管理模块

ERP 中的财务模块与一般的财务软件不同,它和系统的其他模块有相应的接口,生产活动、采购活动输入的信息能够自动计入财务模块生成总账、会计报表,几乎完全替代以往传统的手工操作。一般的 ERP 软件的财务部分分为会计核算与财务管理两个方面。

会计核算主要是记录、核算、反映和分析资金在企业经济活动中的变动过程及其结果,由总账、应收账、应付账、现金、固定资产、多币制等部分构成。其中,多币制模块是为了适应当今企业的国际化经营,对外币结算业务的要求增多而产生的。多币制将企业整个财务系统的各项功能以各种币制来表示和结算,与应收账、应付账、总账、客户订单、采购等各模块都有接口,可自动生成所需数据;成本模块将依据产品结构、工作中心、工序、采购等信息进行产品的各种成本计算,以便进行成本分析和规划,还能用标准成本或平均成本法按地点维护成本。

财务管理模块的功能主要是进一步分析会计核算的数据,进行相应的预测,管理和控制企业的经营活动。它侧重于财务计划、控制、分析和预测。

2. 生产控制管理模块

它是 ERP 系统的核心,将企业的整个生产过程有机地结合在一起。生产控制管理是一个以计划为导向的生产管理方法,MRPⅡ也采纳这种先进的管理思想。生产控制管理模块包括主生产计划、物料需求计划、能力需求计划、车间控制、制造标准等子模块,它们的基本功能以及运算过程与 MRPⅡ系统基本相同。

值得注意的是，ERP 系统更加强调对生产基本信息(即制造标准)的管理。制造标准包括零件、产品结构、工序和工作中心，都有唯一标识。

3. 物流管理模块

物流管理模块包括分销管理、库存控制和采购管理三个子模块。每个子模块又按实现的不同功能进一步细分为多个小模块。

分销管理子模块可细分为以下三个小模块：

(1) 客户管理及服务。通过建立客户信息档案，对其进行分类管理，进而提供个性化的客户服务，以达到最高效率地保留老客户、争取新客户。

(2) 销售订单管理。销售订单是 ERP 的入口，所有的生产计划都是根据它下达并进行排产的。因而，销售订单管理贯穿了产品生产的整个流程，完成包括客户信用审核及查询、产品库存查询、产品报价、订单输入、变更及跟踪等在内的多项子功能。

(3) 销售统计及分析。根据销售订单的完成情况，依据各种指标做出统计，再利用统计结果来对企业实际销售效果进行评价，主要包括销售统计、销售分析、客户投诉记录等子功能。

库存控制子模块的主要任务是控制存储物料的数量，保证稳定的物流支持正常的生产，并最小限度地占用资本。ERP 的库存控制子模块能够结合相关部门的需求，随时间变化动态地调整库存，精确地反映库存现状。建立并维护库存台账、处理日常出入库流水账、库存预警等子功能都属于该模块。

采购管理子模块能确定合理的订货量，选择最佳供应商和保持适宜的安全储备，并随时提供订购、验收的信息，保证货物及时到达。

4. 人力资源管理模块

近年来，随着企业对内部人力资源的愈加关注，人力资源管理逐渐成为独立的模块加入到 ERP 系统中。它与传统方式下的人事管理系统有着本质的不同。

一般情况下，人力资源管理包括人力资源规划的辅助决策、招聘管理、工资核算、工时管理和差旅核算等几个子模块。

其中，人力资源规划的辅助决策子系统主要完成的任务是编制企业人员及组织结构的方案，进行多方案模拟比较、分析，并辅之以图形的直观评估，辅助管理者做出最终决策。具体有以下功能：

(1) 制定职务模型，包括职位要求、升迁路径和培训计划。系统会根据担任该职位员工的资格和条件，针对员工提出一系列培训建议；机构改组或职位变动，系统会提出职位变动或升迁建议。

(2) 进行人员成本分析。对过去、现在、将来的人力成本做出分析及预测，并通过 ERP 集成环境，为企业成本分析提供依据。

ERP 系统具有覆盖整个企业经营管理领域的功能结构，它蕴含了一系列先进的管理思想与管理方法，广泛适用于各个行业，从这个角度讲，它在一定程度上代表着企业信息化建设的发展方向。

15.4.3　ERP 同 MRPⅡ的主要区别

(1) 在资源管理范围方面的差别。MRPⅡ主要侧重对企业内部人、财、物等资源的管理，ERP 系统在 MRPⅡ的基础上扩展了管理范围，它把客户需求和企业内部的制造活动以及供应商的制造资源整合在一起，形成一个完整的供应链并对供应链上所有环节如订单、采购、库存、计划、生产制造、质量控制、运输、分销、服务与维护、财务管理、人事管理、实验室管理、项目管理、配方管理等进行有效管理。

(2) 在生产方式管理方面的差别。MRPⅡ系统把企业归类为几种典型的生产方式进行管理，如重复制造、批量生产、按订单生产、按订单装配、按库存生产等，对每一种类型都有一套管理标准。而在 20 世纪 80 年代末 90 年代初期，为了紧跟市场的变化，多品种、小批量生产以及看板式生产等成为企业经常采用的生产方式，由单一的生产方式向混合型生产发展。ERP 能很好地支持和管理混合型制造环境，满足了企业的这种多角化经营需求。

(3) 在管理功能方面的差别。ERP 除了 MRPⅡ系统的制造、分销、财务管理功能外，还增加了支持整个供应链上物料流通体系中产、供、销各个环节之间的运输管理和仓库管理；支持生产保障体系的质量管理、实验室管理、设备维修和备品备件管理；支持对工作流（业务流程）的管理。

(4) 在事务处理控制方面的差别。MRPⅡ是通过计划的及时滚动来控制整个生产过程，它的实时性较差，一般只能实现事中控制。而 ERP 系统支持在线分析处理，强调企业的事前控制能力，它可以将设计、制造、销售、运输等通过集成并行地进行各种相关的作业，为企业提供了对质量、适应变化、客户满意、绩效等关键问题的实时分析能力。

此外，在 MRPⅡ中，财务系统只是一个信息的归结者，它的功能是将产、供、销中的数量信息转变为价值信息，是物流的价值反映。而 ERP 系统则将财务计划和价值控制功能集成到整个供应链管理上。

(5) 在跨国（或地区）经营事务处理方面的差别。现在企业的发展，使得企业内部各个组织单元之间、企业与外部的业务单元之间的协调变得越来越多、越来越重要，ERP 系统应用完整的组织架构，从而可以支持跨国经营的多国家地区、多工厂、多语种、多币制应用需求。

(6) 在计算机信息处理技术方面的差别。随着 IT 技术的飞速发展、网络通信技术的应用，ERP 系统得以实现对整个供应链信息进行集成管理。ERP 系统采用客户/服务器体系结构和分布式数据处理技术，支持 Internet/Intranet/Extranet、电子商务、电子数据交换。此外，还能实现在不同平台上的互操作。

15.5 ERP 的实施进程

在引入 ERP 系统的过程中，实施是一个极其关键的环节，因为实施的成败最终决定着 ERP 效益的充分发挥。据不完全统计，从 1991 年起，国内企业开始引进 MRPⅡ/ERP 系统，目前已有近千家企业购买了 MRPⅡ/ERP 软件。而在所有的 ERP 系统应用中，存在三种情况：按期按预算成功实施实现系统集成的只占 10%～20%，没有实现系统集成或实现部分集成的只有 30%～40%，而失败的却占 50%，并且在实施成功的 10%～20%中大多为外资企业。如此令人沮丧的事实无疑向我们表明，ERP 实施情况已经成为制约 ERP 效益发挥的一大瓶颈因素。实施 MRPⅡ/ERP 时，应注意一定要首先理解企业的业务流程，然后结合信息集成环境进行业务流程的简化和优化，最后再实现操作自动化。对于美国 M. Hammer 和 J. Champy 提出的企业流程再造——根本性思考和彻底重组，则应非常慎重。目前我国尚未实现工业化，大多数企业管理水平还较低，进行彻底重组，风险非常大。即使在美国，据报道企业流程再造的成功率也是非常低的。

15.5.1 ERP 项目的实施进程

一个典型的 ERP 实施进程主要包括前期工作、实施准备、模拟运行及用户化、切换运行、新系统运行等几个阶段。

1. 前期工作

这个阶段指软件安装之前的阶段，它关系到项目的成败，但往往为实际操作所忽视。这个阶段的工作主要包括以下几个部分：

(1) 领导层培训及 ERP 原理的培训。主要的培训对象是企业高层领导及今后 ERP 项目组人员，让他们掌握 ERP 的基本原理和管理思想。只有企业的各级管理者和员工才是真正的使用者，真正了解企业的需求，只有他们理解了 ERP，才能判断企业需要什么样的 ERP 软件，才能更有效率地运用 ERP。

(2) 企业诊断。由企业的高层领导和今后项目组人员用 ERP 的思想对企业现行管理的业务流程和存在的问题进行评议和诊断，找出问题，寻求解决方案，用书面形式明确预期目标，并规定评价实现目标的标准。

(3) 需求分析，确定目标。企业在准备应用 ERP 系统之前，还需要理智地进行立项分析：企业是不是到了该应用 ERP 系统的阶段？企业当前最迫切需要解决的问题是什么，ERP 系统是否能够解决？ERP 系统的投资回报率或投资效益的分析？在财力上企业能不能支持 ERP 的实施？进行 ERP 的目的所在，系统到底能够解决哪些问题和达到哪些目标？基础管理工作有没有理顺或准备在进行 ERP 之前让咨询公司帮助理顺，人员的素质够不够高？将以上分析的结果写成需求分析和投资效益分析正式书面报告，做出是否进行 ERP 项目的正确决策。

(4) 软件选型。在选型过程中，首先要知己知彼。知己，就是要弄清楚企业的需求，即先对企业本身的需求进行细致的分析和充分的调研，这在需求分析阶段已经完成；知彼，就是要弄清软件的管理思想和功能是否满足企业的需求。这两者是相互交织进行的，可以通过软件的先进的管理思想来找出企业现有的管理问题，特定的软件则可能由于自身的原因，不能够满足企业一定的特殊需求，也需要一定的补充开发。此外，还要了解实施的环境。这里的环境包括两个方面：国情(像财务会计法则等一些法令法规，还包括汉化等)、行业或企业的特殊要求。根据这些来确定流程和功能，从“用户化”和“本地化”的角度来为 ERP 选型。

2. 实施准备

这一阶段包括数据和各种参数的准备和设置，要建立的项目组织和所需的一些静态数据可以在选定软件之前就着手准备和设置。在这个准备阶段，要完成以下几项工作。

1) 项目组织

ERP 的实施是一个大型的系统工程，需要组织上的保证。如果项目组的人选不当、协调配合不好，将会直接影响项目的实施周期和成败。项目组织应该由三层组成，每一层的组长都是上层的成员。

(1) 领导小组。由企业的一把手牵头，并与系统相关的副总一起组成领导小组。这里要注意的是人力资源的合理调配，像项目经理的任命、优秀人员的发现和启用等。

(2) 项目实施小组。主要的大量 ERP 项目实施工作是由他们来完成的，一般是由项目经理来领导组织工作，其他的成员应当由企业主要业务部门的领导或业务骨干组成。

(3) 业务组。这部分工作的好坏是 ERP 实施能不能贯彻到基层的关键所在。每个业务组必须有固定的人员，带着业务处理中的问题，通过对 ERP 系统地掌握，寻求一种新的解决方案和运作方法，并用新的业务流程来验证，最后协同实施小组一起制定新的工作规程和准则；此外还要完成基层单位的培训工作。

2) 数据准备

在运行 ERP 之前，要准备和录入一系列基础数据，这些数据是在运用系统之前没有或未明确规定的，需要做大量分析研究工作。它包括一些产品、工艺、库存等信息，还包括了一些参数的设置，如系统安装调试所需信息、财务信息、需求信息等。

3) 系统安装调试

在人员、基础数据已经准备好的基础上，就可以将系统安装到企业中了，并进行一系列的调试活动。

4) 软件原型测试

这是对软件功能的原型测试(prototyping)，也称计算机模拟(computer pilot)。由于 ERP 系统是信息集成系统，所以在测试时，应当是全系统的测试，各个部门的人员都应该同时参与，这样才能理解各个数据、功能和流程之间相互的集成关系，找出不足的方面，提出解决企业管理问题的方案，以便接下来进行用户化或二次开发。

3. 模拟运行及用户化

这一阶段的目标和相关的任务包括以下几项：

(1) 模拟运行及用户化。在基本掌握软件功能的基础上，选择代表产品，将各种必要的数据录入系统，带着企业日常工作中经常遇到的问题，组织项目小组进行实战性模拟，提出解决方案。模拟可集中在机房进行，所以也称之为会议室模拟(conference room pilot)。

(2) 制定工作准则与工作规程。进行了一段时间的测试和模拟运行之后，针对实施中出现的问题，项目小组会提出一些相应的解决方案，在这个阶段就要将与之对应的工作准则与工作规程初步制定出来，并在以后的实践中不断完善。

(3) 审批。在完成必要的用户化的工作、进入现场运行之前还要经过企业最高领导的审批通过，以确保 ERP 的实施质量。

4. 切换运行

这要根据企业的条件来决定应采取的步骤，可以各模块平行一次性实施，也可以先实施一两个模块。在这个阶段，所有最终用户必须在自己的工作岗位上使用终端或客户机操作，处于真正应用状态，而不是集中于机房。如果手工管理与系统还有短时并行，可作为一种应用模拟看待，但时间不宜过长。

5. 新系统运行

一个新系统被应用到企业后，实施的工作其实并没有完全结束，而是将转入到业绩评价和下一步的后期支持阶段。这是因为我们有必要对系统实施的结果作一个小结和自我评价，以判断是否达到了最初的目标，从而在此基础上制定下一步的工作方向。由于市场竞争形势的发展，将会不断有新的需求提出，再加之软件的更新换代、信息技术的进步都会对原有系统构成新的挑战，所以无论如何，都必须在巩固的基础上，通过自我业绩评价，制定下一目标，再进行改进，不断地巩固、优化系统。

以上是我们对 ERP 的实施过程所作的简要介绍。当然，这些阶段是密切相关的，一个阶段没有做好，绝不可操之过急进入下一个阶段，否则，只能是事倍功半。值得注意的是，在整个实施进程中，培训工作是贯彻始终的。我们只是对第一个阶段的领导层培训和 MRPⅡ原理培训做了详细的介绍。而那些贯穿于实施准备、模拟运行及用户化、切换运行、新系统运行过程中的有关培训，如软件产品培训、硬件及系统员培训、程序员培训和持续扩大培训也都是至关重要的。这个道理，应该说是显而易见的。因为只有员工才是系统的真正使用者，只有他们对相关的 ERP 软件及所要求的硬件环境有了一定的了解，才能够保证系统最终的顺利实施和应用。

15.5.2 ERP 成功实施的条件

企业要想避免风险成功实施 ERP 应具备一定的"先天"条件，也就是先决条件。就是说如果"先天不足"就不要急于实施 ERP 系统，否则必败无疑。这些先决条件可以归纳为以下五个方面：

(1) 企业有实现现代化企业制度的机制和长远经营战略，并在此基础上建立企业信息化，通俗地讲就是"总体规划，分步实施"。这个总体规划既包括了 CAD/CAID/PDM/CAPP/CAM/GT 等产品开发与制造工艺方面的信息化，也包括了电子商务以及 OA/TQM/SCM/CRM 等管理方面的信息化。企业信息化建设是长期投资，不是一次性的消费，所以要同企业的经营战略结合起来考虑。

(2) 产品有生命力，就是说有稳定的经营环境，要抓住企业经营状况呈上升趋势的大好时机来实施 ERP 系统，但 ERP 系统是治病良方，不是救命稻草。因此，如果企业不能提供社会和市场所需的产品和服务，没有一个比较稳定的市场，甚至经营亏损，是没有条件实施 ERP 系统的。

有的企业没有注意市场发展的趋势，没能及时调整自己的产品结构和增值方向，出现经营滑坡，结果 ERP 实施半途而废。

(3) 有改革开拓决心和不断进取的高层管理班子。领导班子要一致，绝对不能“一把手积极，二把手反对，三把手支持，四把手观望”。既要有民主，更要有集中。

(4) 管理基础工作要扎实。不仅档案齐全、数据可靠，而且制度完善，政令通畅。一个“学习型”和“追求卓越，永无止境”的企业文化，将更有利于 ERP 系统的成功实施。

(5) 各级一把手理解 ERP，有一致的明确目标。避免盲目和攀比，一定要强调按照“ERP 基本原理培训—企业诊断—需求分析和可行性分析—决策”这样的规范化步骤来做好前期工作。

在项目实施过程中还有一些属于“后天”的条件：①有得力的项目经理，项目组织人选得当；②重视培训教育，重视提高全体员工的素质；③管理人员同信息技术人员必须配合默契；④重视数据准确、及时和完整应成为全体员工的工作意识；⑤选择适用的软件及长期合作的软件商；⑥坚持项目管理实施方法，有良好的实施指导和服务支持；⑦严格的工作纪律，制定严明的工作准则与规程；⑧深化改革，重视企业流程再造，不能“穿新鞋走老路”；⑨健全激励机制，在促进人才成长、数据准确、系统应用、管理改革等方面起正面促进作用；⑩有意识地建立一支既精于管理又善于应用信息技术的管理人员队伍，有一支能开发和维护管理系统的信息技术专业人员队伍。

第五编　信息系统的算法基础

第16章　图及网络算法

16.1　图及网络的基本术语

图 G 由两个集合 $V(G)$ 和 $E(G)$ 组成，记作 $G=(V,E)$，其中 $V(G)$ 是顶点的非空有穷集合，$E(G)$ 是边的有穷集合，而边是顶点的无序对或有序对。图16.1是简单图的例子。

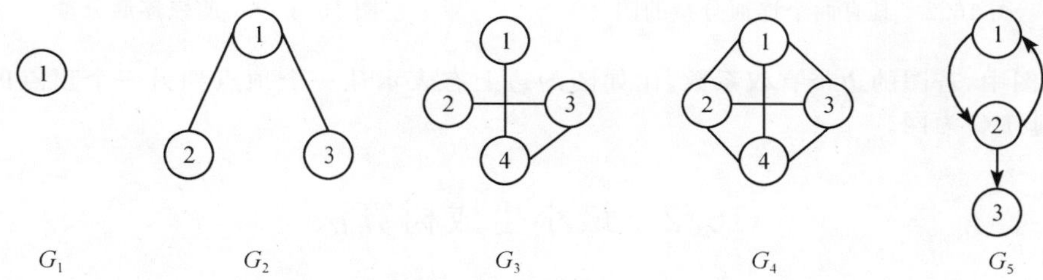

图16.1　简单图的例子

在图16.1中，若边是顶点的无序对，则称 G 为无向图，如图16.1中边的 G_1，G_2，G_3 和 G_4；若边是顶点的有序对，则称 G 为有向图，如图16.1中的 G_5。为区别起见，无向图中边用圆括号表示，有向图中的边（或称为弧）用尖括号表示。如图16.1中 G_4 的边的集合是：$\{(v_1,v_2),(v_1,v_3),(v_1,v_4),(v_2,v_3),(v_2,v_4),(v_3,v_4)\}$，$G_5$ 的边的集合是：$\{\langle v_1,v_2\rangle,\langle v_2,v_1\rangle,\langle v_2,v_3\rangle\}$。

在 n 个顶点的无向图 G 中，若每一顶点与其余 $n-1$ 个顶点都有边，则称 G 为完全图。N 个顶点的完全图有 $n\times(n-1)/2$ 条边。如图16.1中的 G_4 是4个顶点的完全图，有 $4\times3/2=6$ 条边。同理，在 n 个顶点的有向图中，若每一个顶点与其余 $n-1$ 个顶点都有弧存在，则称 G 为有向完全图，具有 $n(n-1)$ 条边。

假设有两个图 G 和 G'，且满足：

$$V(G)\supseteq V(G')$$
$$E(G)\supseteq E(G')$$

则称 G' 为 G 的子图。如图16.1中的 G_1，G_2，G_3 是 G_4 的子图。

在无向图中，若 $(v_1,v_2)\in E(G)$，称 v_1，v_2 为邻接的，或称边 (v_1,v_2) 依附于顶点 v_1 和 v_2。依附于某顶点的边数叫做该点的度，如图16.1中 G_4 的顶点 v_1 的度为3。在有向图中，依附于某顶点的尾和头的弧数分别叫该点的出度和入度。出度和入度的和是该点的度。如图16.1中 G_5 的顶点 v_2，它的出度为2，入度为1，其度为3。

假设图 G 中有 n 个顶点，e 条边，且每个顶点的度为 $d_i(1\leqslant i\leqslant n)$，则

$$e=\frac{1}{2}\sum_{i=1}^{n}d_i$$

在无向图 G 内，对于顶点序列（v_p，v_{i1}，$v_{i2}\cdots v_{in}$，v_q），若（v_p，v_{i1}），（v_{i1}，v_{i2}）…（v_{in}，v_q）是 $E(G)$ 中的边，则称为从顶点 v_p 到顶点 V_q 的路径，并称路径上边的数目为路径长度。对于有向图，则路径也是有向的，由弧$\langle v_p, v_{i1}\rangle$，$\langle v_{i1}, v_{i2}\rangle\cdots\langle v_{in}, v_q\rangle$组成。

在无向图 G 中，若 v_i 到 v_j 有一条存在，则称 v_i 到 v_j 是连通的。若对于 $V(G)$ 中每对顶点都连通，则称为连通图。如图 16.1 中的 G_1，G_2，G_3，G_4 都是连通图。而图 16.2 中的 G_6 是非连通图。在无向图中，极大连通子图称为连通分量。如图 16.2 中的 G_6 有两个连通分量。

在有向图 G 中，若对于 $V(G)$ 中每一对不同的顶点都存在一条从 v_i 到 v_j 和 v_j 到 v_i 的路径，则称 G 是强连通图。在有向图中的极大强连通子图是它的强连通分量。例如，G_5 不是强连通图，但它有两个强连通分量，如图 16.3 所示。

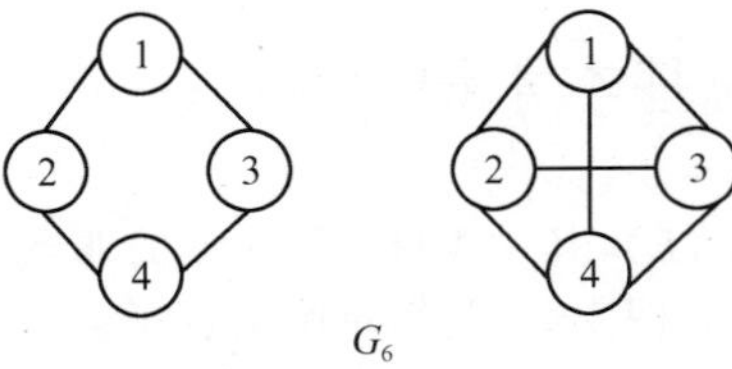

图 16.2　具有两个连通分量的图

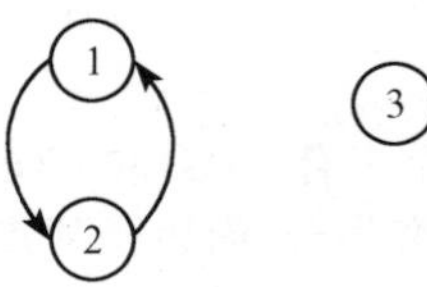

图 16.3　G_5 的强连通分量

在 G 图中，若图的边带有权系数，比如图的边上有表示从一个顶点到另一个顶点的距离或是花费，则称 G 为网。

16.2　最小生成树算法

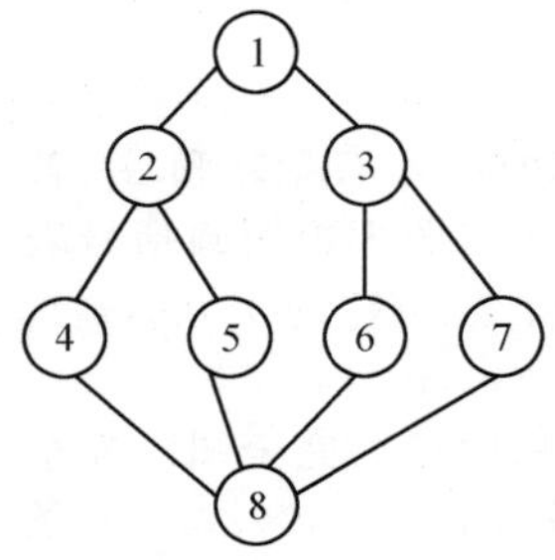

图 16.4　图 G_7

所谓一个连通图 G 的生成树，是指仅由图 G 的部分边组成，且包含 G 的所有顶点的树（即它不包含顶点的任何回路）。

当给定一个无向连通图以后，如何找出生成树呢？我们可以从连通图的任意一个顶点出发，进行深度优先搜索或宽度优先搜索。因为搜索的结果，必将把 $E(G)$ 分成两个集合，一个是遍历图的过程中走过的边的集合 $T(G)$，另一个是剩余边的集合 $B(G)$。为了求得 $T(G)$，在进行深度优先搜索或宽度优先搜索时，当从顶点 v 走到下一个未被访问的顶点 w 时，将边(v, w)记录下来，这些边构成的集合，即使生成树 $T(G)$。图 16.5 是图 16.4 中图 G_7 的两种生成树。

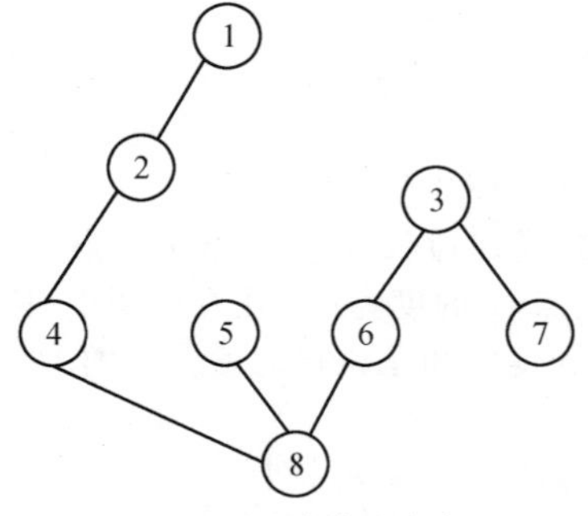

(a) 图G_7的深度优先生成树

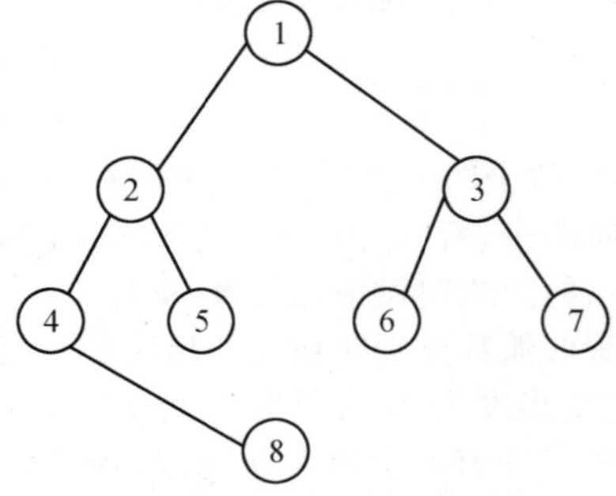

(b) 图G_7的宽度优先生成树

图 16.5　图 G_7 的两种生成树

对图 G 进行深度优先搜索或宽度优先搜索后之所以得到的是生成树，是因为两种搜索方式不仅要将图的每个顶点都访问到，且只允许对顶点访问一次，所以它走过的边不可能出现任何的回路。

图 G 的生成树有这样一个性质，即它是图 G 的极小连通子图。所以生成树由 n 个顶点，$n-1$ 条边。

对生成树的研究重在应用，在生成树的实际应用中(如运输、通信)，我们经常遇到的一个问题是网络。例如，假设要在 N 个城市之间修筑一条道路或架设通信线路，当然这条连通的线路，只需要选择 $N-1$ 对城市。因为我们不仅需要线路是连通的，而且希望总的花费越少越好。这就导致我们研究图的最小花费生成树。

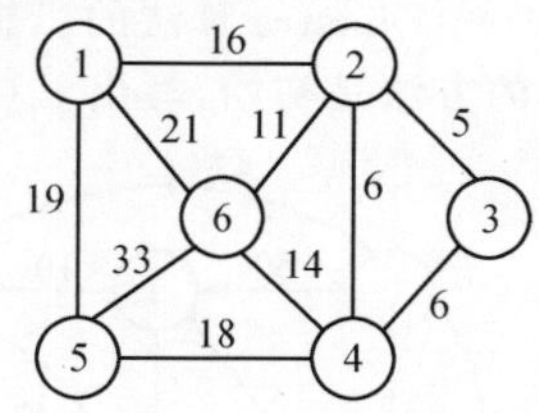

图 16.6　网络 G

设网络 N 是由一个无向连通图 $G=(V,E)$ 以及定义在 E 上的权函数 $f(e)$ 构成的，而且 $f(e)\geqslant 0(e\in E)$。若 T 是 G 的一棵生成树，则 T 的权是 T 的各个边的权之和，权最小的生成树被称为最小花费生成树，简称最小生成树。图 16.6 是一个网络 G，图 16.7 是网络 G 的两棵最小生成树。

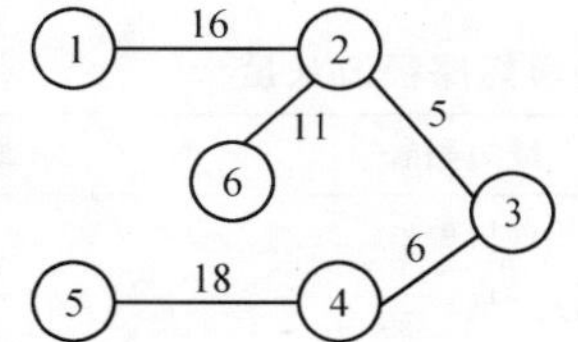

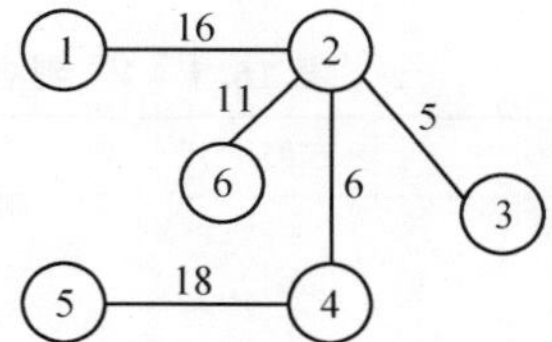

图 16.7　网络 G 的两棵最小生成树

如何确定一个网络的最小生成树呢？从定义出发，构造网络的最小生成树依据两条：在网络中选择 $n-1$ 条边连接网络的 n 个顶点，尽可能选取权值最小的边。依据这两条，1956 年克鲁斯卡尔(Kruskal)提出了一种求最小生成树的方法，它的主要思想是按权值递增的顺序来构造最小生成树。

根据上述思想，构造最小生成树的步骤：

(1) 设 T 的初态为空集；

(2) 当 T 中的边数小于 $n-1$ 时，做：①$E(G)$ 中选取权值为最小的边 (v,w)，并删除它；②若 (v,w) 不和 T 中的边一起构成回路，则将边 (v,w) 加入到 $T(G)$ 中。

为了实现步骤 2 中的第 2 项，就要有效地判定边 (v,w) 是否与生成树的边构成回路，也就是要判定两个顶点 v,w 是否被已选出的边连通了。为此我们设立一个集合 VS。VS 是 G 的生成林中各树的顶点的集合。如果 (v,w) 要加入到 T 中，我们就将 v 所属的集合和 w 所属的集合，合并成一个集合。所以集合 VS 具有这样的性质：在同一个集合中的任意两个顶点是被已选出的边连通了，只要判断这两个顶点是否属于同一个集合就行了。

16.3　最短路径算法

图的最普通的应用，是在交通运输和通信网络中寻找两个结点间的最短路径。比如说，我们可以用图来表示一个省或一个国家的公路结构，图的顶点表示城市，边表示公路段。并且我们对边加权，用以表示两个城市之间的距离，或者表示通过这段公路所需要的时间或所需要支付的花费。这对于驾驶员来说，若想从 A 城驾驶汽车到 B 城，他就会想得到下列问题的解答：

①从 A 到 B 有公路吗；②若从 A 到 B 的路不止一条，那么走哪一条路径最短或花费最小。

这就是本节所要讨论的最短路径问题。这里路径的长度，是指在这条路径上各边之权的总和。考虑到公路的有向性，本节将讨论有向图，并且称路径上的起始点为源点，最后一个顶点为终点。

最短路径问题描述如下：给定一个有向网 $G=(V,E,W)$ 以及某个顶点 $v_0 \in V(G)$。我们要确定 v_0 到其他各顶点的最短路径。这里介绍的是迪杰斯特拉(Dijkstra)算法。

Dijkstra 算法的思想是假若 G 有 n 个顶点，于是我们总共需要求出 $n-1$ 条最短路径，求解的方法是初始，写出 v_0(始顶点)到各顶点的路径长度，或有路径，则令路径的长度为边上的权值；或无路径，则令为∞。再按长度的递增顺序生成每条最短路径。事实上生成最短路径的过程就是不断地在始顶点 v 和终顶点 w 间加入中间点的过程，因为在每生成了一条最短路径后，就有一个该路径的终顶点 u，那么那些还未生成最短路径的路径就会由于经过 u 而比原来的路径短，于是就让它经过 u。

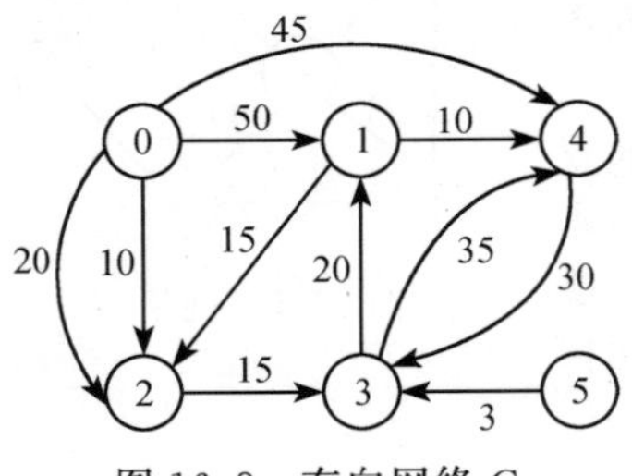

图 16.8　有向网络 G

下面举例说明 Dijkstra 算法思想的依据。

求图 16.8 中的网络 G 的顶点 v_0 到 v_1, v_2, v_3, v_4, v_5 的最短路径。这些最短路径及其长度列表如表 16.1 所示。

表 16.1　V_0 到各顶点的最短路径及长度

源　点	终　点	最短路径	最短路径长度
v_0	v_1	$v_0v_2v_3v_1$	45
v_0	v_2	v_0v_2	10
v_0	v_3	$v_0v_2v_3$	25
v_0	v_4	v_0v_4	45
v_0	v_5	—	—

如果将这些最短路径依其长度的递增顺序排列便得到

$$v_0v_2$$
$$v_0v_2v_3$$
$$v_0v_2v_3v_1$$
$$v_0v_4$$

发现每下一条最短路径中间所经过的顶点具有这样的性质：设从 v_0 到这些顶点的最短路径已经求出来了。下一条最短路径(设其终点为 w)只可能是(v_0, w)，或者是$(v_0, u, \cdots, v, w)$，而 $u, \cdots, v$ 都是已求得比它短路径的终点。这是一条很重要的发现，导致我们按路径长度不减的顺序产生最短路径。

这一发现可以写成一条性质：假设 S 为已求得最短路径的终点的集合(S 的初态为空集)，则下一条长度较长的最短路径(设它的终点为 x)或者是弧$\langle v_0, x\rangle$，或者是中间只经过 S 集合中的顶点，最后达到顶点 x 的路径。

利用此性质，我们按路径长度不减的顺序产生最短路径。为此，引进一个辅助向量 dist。对于不在 S 中的顶点 w，令 $\mathrm{dist}(w)$ 表示从 v_0 开始，且通过 S 中的顶点到达每个终点 w 的最短路径的长度。若从 v_0 到 w 有路径则 $\mathrm{dist}(w)$ 为边上的权值，若从 v_0 到 w 没有路径，$\mathrm{dist}(w)$ 为∞。于是所产生的下一条最短路径的终点，必定是从 v_0 到所有那些不在 S 中的顶点，且路径的长度为最小的顶点。也就是，如果假设下一条最短路径的终点 u，则有

$$\mathrm{dist}(u) = \min\{\mathrm{dist}(w) \mid w \text{不属于} S, w \in V(G)\} \tag{16.1}$$

由于确定了 v_0u 是下一条最短路径，于是把顶点 u 加进集合 S。

值得注意的是，从 v_0 开始到 w(其中间点在 S 中)的那些路径，因为选择了 u 后，u 便在 S 中

了，于是这条路径可以从 v_0 经过 u 到 w。而且完全有可能从 v_0 经过 u 到 w，比从 v_0 不经过 u 到 w 的路径要短，这时我们要修改 dist(w)，即若

$$\mathrm{dist}(u)+\mathrm{cost}(u,w)<\mathrm{dist}(w)$$

则修改 dist(w)为

$$\mathrm{dist}(w)=\mathrm{dist}(u)+\mathrm{cost}(u,w) \tag{16.2}$$

根据以上分析，算法分两大部分：①建立 v_0 到各个顶点的直接路径。②按路径长度不减的顺序产生最短路径：第一，求出下一条最短路径的终点，即求出满足式(16.1)的 u。为求 dist(u)的最小值，利用一个工作单元 wm，初始放一个最大的，以后总用比 wm 小的去替换它；第二，把这些终点归并到集合 S 中；第三，修改 v_0 到各个顶点 w(w 不属于 S)的路径对于②我们用一个循环来实现。在有 n 个顶点的有向图中，从 v_0 出发到各顶点的最短路径有 $n-1$ 条，所以寻求最短路径要做 $n-1$ 次。为此，我们用 num 控制循环。

$$\begin{matrix} 0 \\ 1 \\ 2 \\ 3 \\ 4 \\ 5 \end{matrix}\begin{bmatrix} 0 & 50 & 10 & \infty & 45 & \infty \\ \infty & 0 & 15 & \infty & 10 & \infty \\ 20 & \infty & 0 & 15 & \infty & \infty \\ \infty & 20 & \infty & 0 & 35 & \infty \\ \infty & \infty & \infty & 30 & 0 & \infty \\ \infty & \infty & \infty & 3 & \infty & 0 \end{bmatrix}$$

图 16.9　有向网络图的邻接矩阵 cost

图 16.8 中的有向网络 G 执行算法寻找 v_0 到其他各顶点的最短路径的执行过程用图 16.9 和表 16.2 描述。

表 16.2　寻找 v_0 到其他各顶点的最短路径的执行过程

循环次数	选择的顶点	集　合	dist						path					
			v_0	v_1	v_2	v_3	v_4	v_5	v_0	v_1	v_2	v_3	v_4	v_5
初值	v_0	v_0	0	50	10	∞	45	∞		(v_0,v_1)	(v_0,v_2)	—	(v_0,v_4)	—
1	v_2	v_0,v_2		50	10	25	45	∞		(v_0,v_1)	$(\underline{v_0},\underline{v_2})$	(v_0,v_2,v_3)	(v_0,v_4)	—
2	v_3	v_0,v_2,v_3		45	10	$\underline{25}$	45	∞		(v_0,v_2,v_3,v_1)	(v_0,v_2)	$(\underline{v_0},\underline{v_2},\underline{v_3})$	(v_0,v_4)	—
3	v_1	v_0,v_2,v_3,v_1		$\underline{45}$	10	25	45	∞		$(\underline{v_0},\underline{v_2},\underline{v_3},\underline{v_1})$	(v_0,v_2)	(v_0,v_2,v_3)	(v_0,v_4)	—
4	v_4	v_0,v_2,v_3,v_1,v_4		45	10	25	$\underline{45}$	∞		(v_0,v_2,v_3,v_1)	(v_0,v_2)	(v_0,v_2,v_3)	$(\underline{v_0},\underline{v_4})$	—
5	—	—				—					—			

16.4　AOV-网与拓扑排序

在实际应用中，可以用图来描述一个工程系统的进行过程。比如计算机科学系的学生必须学完一系列课程才能毕业，有些课程是基础课，有些课程则必须学完某些课程才能开始，我们把课程之间的优先关系用一有向图 16.10 表示。

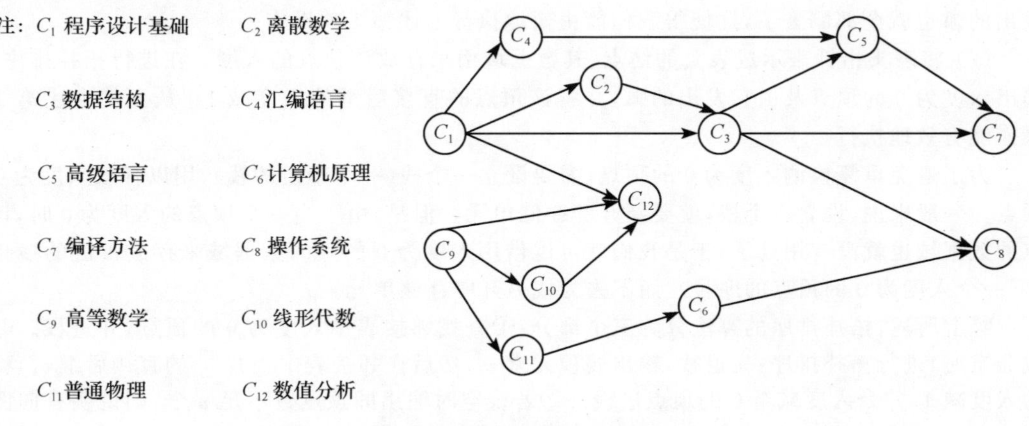

图 16.10　表示课程之间优先关系的有向图

其中，顶点表示课程，有向边表示课程间的优先。比如 C_1 表示程序设计基础，C_3 表示数据结构。有向边 C_1C_3 表示在程序设计基础学完了之后才能开始学习数据结构课程。

在有向图 G 中，顶点表示活动，有向边表示活动间的优先关系，则称这种有向图为顶点表示活动的网络，或称 AOV-网。图 16.10 就是计算机教学计划的 AOV-网。

在进行课程设置时，一定要安排教学计划，也就是先排什么课，后排什么课。这就要按 AOV-网进行一种排序。这种排序是按它们的优先关系进行的，称为拓扑排序。图 16.10 的一个拓扑有序序列如图 16.11 所示。

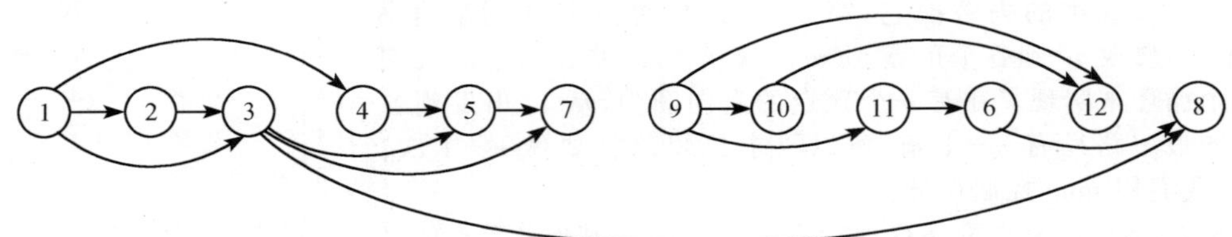

图 16.11　图 16.10 的一个拓扑有序序列

拓扑排序的定义：设 $G=(V,E)$ 是一个 AOV-网，它的 n 个顶点是 $v_1,v_2,\cdots,v_n$，如果将 G 的顶点排成这样一种线性次序 $v_{i1},v_{i2},\cdots,v_{in}$，使得若 $\langle v_{ij},v_{ik}\rangle\in E(G)$ 则 $j<k$，这种线性次序叫做 G 的顶点的拓扑次序。寻找拓扑次序的过程叫拓扑排序。

在一个无回路的 AOV-网中都可以进行拓扑排序。下面来讨论如何对 AOV-网进行拓扑排序。

若 G 是一个无回路的有向图，则必存在一个顶点 $v_{i1}\in V(G)$，它的入度为 0。于是我们把入度为 0 的顶点 v_{i1} 以及由 v_{i1} 发出的所有弧都去掉。这时所得到的图 G_1 仍然是一个无回路的有向图，当然也必定存在一个顶点 $v_{i2}\in V(G_1)$，它在 G_1 中的入度为 0。又把 v_{i2} 以及由 v_{i2} 发出的所有弧都去掉……如此继续下去，便可得到一个顶点序列

$$v_{i1},v_{i2},\cdots,v_{in}$$

顶点的这种线性次序就是它的一个拓扑次序，因为若 $\langle v_{ij},v_{ik}\rangle\in V(G)$，则 $j<k$。

根据以上分析，进行拓扑排序所要执行的操作为：

(1) 确定任何一个顶点当前的入度是否为 0。

(2) 删除入度为 0 的顶点以及所有由它发出的弧。

那么如何在计算机内实现呢？我们采用的方法是：

(1) 用邻接表来表示 G，因为把邻接表中的某顶点及它的单链表删去后，该顶点及所有由它发出的弧也就全部删去了，这使得我们能由效地执行上述第 1 项操作。

(2) 将表头指针表示成表头的结点，其数据域用来存放该顶点的入度。在进行拓扑排序时，输出入度为 0 的顶点及由它发出的弧，并将该顶点的直接后继的入度减 1。从而使上述第 1 项操作能有效地执行。

为了避免重复检测入度为 0 的顶点，需要设立一个栈(一个带链的栈)，用以存放入度为 0 的顶点。一般来说，设立一个栈，就要新开辟存储单元。但是，由于当一个顶点的入度为 0 时，该顶点的数据域也就没有用处了，于是我们就可以借用入度为 0 的点的数据域来存放带链的栈指针(下一个入度为 0 的顶点的序号)，而不去为栈另开辟存储单元。

综上所述，拓扑排序的算法分为三个部分：①查找邻接表中入度为 0 的顶点，并进栈。②当栈非空时，进行拓扑排序：先退栈，输出栈顶元素 v_j；然后在邻接表中查找 v_j 的直接后继 v_k，将 v_k 的入度减 1，并令入度减至 0 的顶点进栈。③若栈空时输出的顶点数不足 n 个，则说明有向图中存在有向回路，否则结束。

16.5　AOE-网与关键路径

在 AOV-网那里，我们关心的是活动之间的优先关系。但是在许多问题（如计划管理）中，仅考虑优先关系是不够的，还要考虑完成每次活动所需要的时间，哪些活动延迟就会影响整个工程的完成，而它的加速又将会使整个工程提前。这便是本节将要研究的关键路径问题。

为研究这类问题，提出与 AOV-网相对应的 AOE-网。

若在带权的有向图 G 中，顶点表示事件，有向边表示活动，权表示活动持续的时间，则该有向图称为表示活动的网或称 AOE-网。

在 AOE-网中，每个事件表示在它之前的所有活动已经完成，在它之后的活动可以开始。

图 16.12 是一个有 8 项活动的 AOE-网。其中有 6 个事件 $v_1, v_2, v_3, \cdots, v_6$。$v_1$ 表示整个工程的开始；v_6 表示整个工程的结束；v_4 表示活动 a_1、a_3 和 a_2、a_5 已经完成，活动 a_7 可以开始。

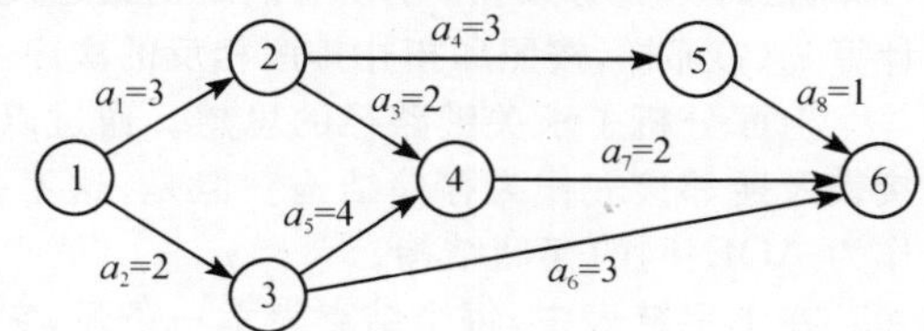

图 16.12　AOE-网

AOE-网是连通的，有一个入度为 0 的顶点，叫源点，是工程的开始点。有一个出度为 0 的顶点，叫汇点，是工程的完成点。

所谓关键路径，就是从开始点到完成点的路径长度（即这条路径上活动持续时间的总和）最长的路径。

下面我们来讨论关键路径的算法。为研究问题的方便，先给出一些记号：$e(i)$表示活动 a_i 的最早开始时间；$l(i)$表示在不延误整个工程完成的条件下，活动 a_i 的最晚开始时间（也就是该活动最迟必须开始的时间）；$l\{i\}-e(i)$表示活动 a_i 的松弛时间；$v_e(i)$表示事件 v_i 的最早开始时间，是从 v_1 到 v_i 的最长路径长度；$v_1(i)$表示在不延误整个工程完成的条件下，事件 v_1 的最晚开始时间，它等于汇点的最晚开始时间 $v_1(n)$减去 v_i 到 v_n 的最长路径长度；$v_1(i)-v_e(i)$表示事件 v_i 的松弛时间。

上面提到的松弛时间，它表示活动或事件允许拖延的最长事件，也就是说只要在这个范围内拖延，就不会影响整个工程的完成时间。如果 $e(i)-l(i)=0$，说明活动 a_i 完全不能拖延，否则影响整个工程的完成。我们把 $e(i)=l(i)$的活动定义为关键活动。

由于关键路径上的活动都是关键活动，所以寻求关键路径，就要寻找关键活动，也就是要找出 $e(i)=l(i)$的活动。为此我们要求出 $e(i)$和 $l(i)$。如果活动 a_i 用弧$\langle j,k\rangle$表示，根据 AOE-网的定义，某事件出现之后，由它发出的弧所表示的活动才能开始，所以活动 a_i 最早出现的时间等于事件 v_i 最早出现的时间（a_i 是由 v_i 发出的弧），即 $e(i)=v_e(j)$。又由于如果事件 v_k 最迟要在 $v_1(k)$开始，而活动 a_i 又需要时间 $\text{dut}(\langle j,k\rangle)$，所以活动 a_i 最迟开始的时间应为

$$v_1(k)-\text{dut}(\langle j,k\rangle)$$

即

$$l(i)=v_1(k)-\text{dut}(\langle j,k\rangle)$$

根据以上分析，为了求 $e(i)$和 $l(i)$，必须先求事件发生的最早时间和最晚时间，由于任一事件 v_j 的最早开始时间是从起点 v_1 到顶点 v_j 的最长路径长度，且 $v_e(1)=0$，所以

$$v_e(j)=\max_{\langle i,j\rangle\in T}\{v_e(i)+\text{dut}(\langle I,j\rangle)\},\quad 2\leqslant j\leqslant n \tag{16.3}$$

由于任一事件 v_i 的最晚开始时间等于汇点的最晚开始时间减去 v_i 到 v_n 的最长路径的长度，所以

$$\begin{aligned}v_1(i)&=v_1(n)-L(v_i,v_n)\quad\{L(v_i,v_n)\text{ 表示从 } v_i \text{ 到 } v_i \text{ 的最长路径的长度}\}\\&=v_1(n)-\max_{\langle i,j\rangle\in S}\{L(v_j,v_n)+\text{dut}(\langle i,j\rangle)\}\end{aligned}$$

$$= v_1(n) - \max\{v_1(n) - v_1(j) + \mathrm{dut}(\langle i,j\rangle)\}$$
$$= v_1(n) - \{v_1(n) - \min\{v_1(j) - \mathrm{dut}(\langle i,j\rangle)\}$$
$$= v_1(n) - v_1(n) + \min\{v_1(j) - \mathrm{dut}(\langle i,j\rangle)\}$$
$$= \min_{\langle i,j\rangle \in S}\{v_1(j) - \mathrm{dut}(\langle i,j\rangle)\}$$

于是

$$v_1(i) = \min_{\langle i,j\rangle \in S}\{v_1(j) - \mathrm{dut}(\langle i,j\rangle)\}, \quad 1 \leqslant i \leqslant n-1 \tag{16.4}$$

其中,S 为所有以 i 为尾的弧的集合。

由式(16.3)知,$v_e(j)$必须在 j 的所有前趋的最早发生时间求得后才能计算,这提醒我们将所有的顶点进行拓扑排序,按顶点的拓扑次序求出各个事件的最早开始时间是方便的。同样,由式(16.4)知,$v_1(i)$必须在 i 的所有后继的最迟发生的时间求得后才能进行计算。于是我们可以仿照计算 $v_e(j)$那样,按照和拓扑排序相反的次序——逆拓扑排序逐个求出 $v_1(i)$。

上面分析了求关键路径的思想。通过以上分析,为求 AOE-网的关键路径,必须建立网的邻接表及逆邻接表作为存储结构。但是,这不免会造成信息重复。为了避免重复,特取十字链表作为 AOE-网的存储结构。

在十字链表中,每个结点表示一条弧,它由五个域组成。

<table>
<tr><td>tail</td><td>head</td><td>dut</td></tr>
<tr><td colspan="2">hlink</td><td>tlink</td></tr>
</table>

其中,tail 和 head 域分别为弧 a_i 的尾顶点 j 和头顶点 k;dut 域为活动的持续时间;hlink 域链接以 k 为头的另一条弧;tlink 域链接以 j 为尾的另一条弧。另外设立一个由 n 个表头结点组成的向量,每个表头结点表示一个顶点,也由以上的五个域组成。其中,tail 域存放该顶点的出度 OD 值;head 域存放该顶点的入度 ID 值;hlink 域链接以该顶点为头的一条弧;tlink 域链接以该顶点为尾的一条弧。例如,对于图 16.12 所示的网,可建立如图 16.13 所示的十字链表。

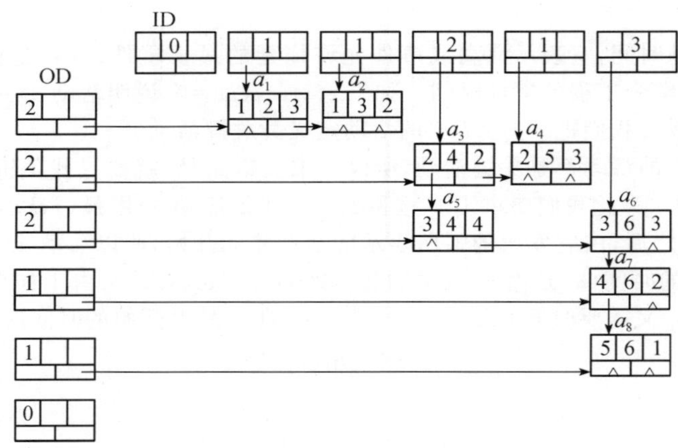

图 16.13　表示图 16.12 的十字链表

根据这样的存储结构,可将关键路径的算法描述如下:①输入 e 条弧$\langle j,k\rangle$,并建立十字链表。②从源点 v_1 出发,按拓扑有序求每个顶点的最早开始时间 $v_e(i)(2\leqslant i\leqslant n)$。若拓扑排序的循环次数小于 n,则说明网中存在回路,从而不能求关键路径。③从汇点 v_n 出发,按逆拓扑有序求每个顶点的最晚开始时间 $v_1(i)(1\leqslant i\leqslant n-1)$。④根据各顶点的 v_e 和 v_1 值,求每条弧的最早开始时间 $e(s)$和最晚开始时间 $l(s)$。⑤$e(s)=l(s)$的弧为关键活动,这时输出关键活动。

图 16.12 的 AOE-网执行上述算法,结果如表 16.3 所示。

表 16.3　AOE-网关键路径的计算结果

顶　点	v_e	v_1	活　动	$e(i)$	$l(i)$	$l(i)e(j)$
v_1	0	0	a_1	0	1	1
v_2	3	4	a_2	0	0	0
v_3	2	2	a_3	3	4	1
v_4	6	6	a_4	3	4	1
v_5	6	7	a_5	2	2	0
v_6	8	8	a_6	2	5	3
			a_7	6	6	0
			a_8	6	7	1

由表 16.3 的计算结果可见，网的关键活动是 a_2，a_5，a_7。这时输出关键活动，我们便得到一条从 a_1 到 a_6 的关键路径，如图 16.14 所示。应指出的是关键路径并不是唯一的。

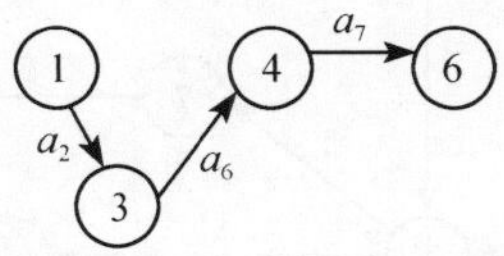

图 16.14　AOE-网的关键路径

小　　结

图及网络算法是管理决策的基本算法，它们在管理决策中有广泛的应用，尤其在通信、交通、工程计划方案的制订等方面。本章介绍了图及网络的基本概念，给出了四个典型算法——最小生成树算法、最短路径算法、AOV-网与拓扑排序、AOE-网与关键路径。重点介绍了算法设计思想。

习　　题

1. 求图 16.15 的最小花费生成树。

2. 给定一个有网格 G(图 16.16)，利用最短路径算法，求出 G 从顶点 1 到其他各顶点的最短路径，依次写出这些路径的长度。

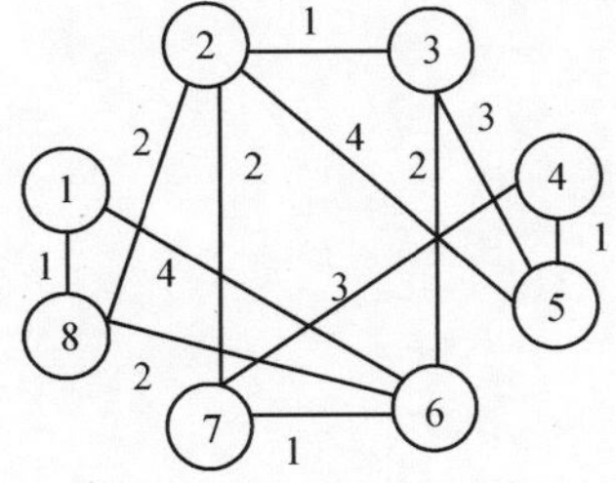

图 16.15　习题 1 图

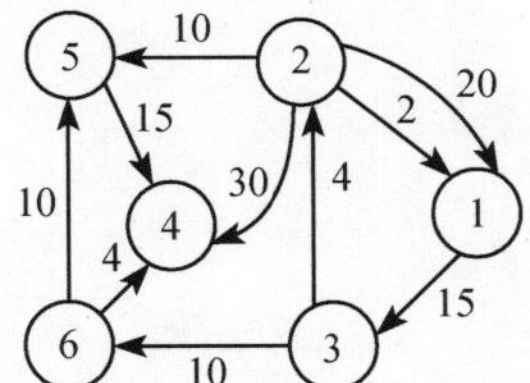

图 16.16　习题 2 图

3. 给出一个有向图(图 16.17)，试画出它的顶点的一个拓扑次序，要求画出邻接表及在拓扑排序时表头结点数据域的变化过程。

4. 给定一个 AOE-网(图 16.18)，对图中给出的 AOE-网求出：

(1) 每一活动最早的开始时间和最晚开始时间；

(2) 整个工程完成的最短时间；

(3) 关键活动。

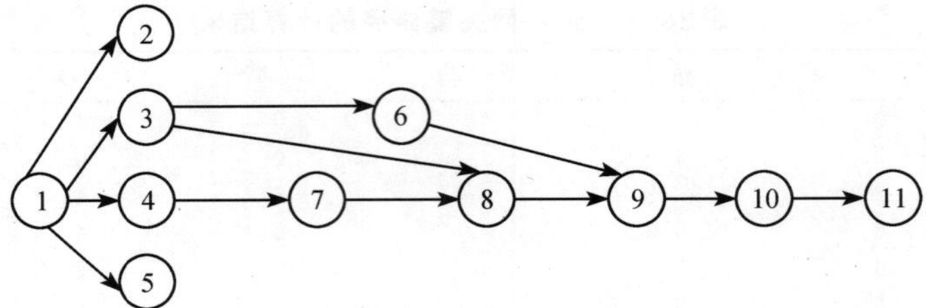

图 16.17 习题 3 图

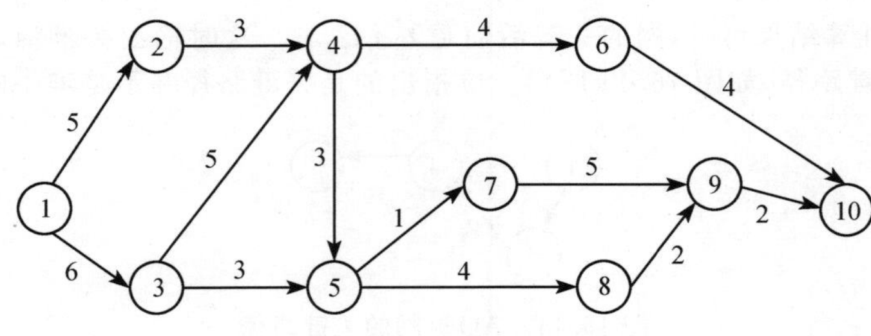

图 16.18 习题 4 图

第 17 章　动态规划算法

动态规划的基本策略是：对所有的子问题都计算解答。计算过程是从小的子问题到较大的子问题，而且把每次的答案存入一个表格中，作为下面处理问题的基础。每个子问题的解决依赖于前面一系列子问题的结果。如何找出后面的子问题，要依赖于前面一系列子问题的递推关系式，这是动态规划策略的核心。为了得到一个最优的递推关系式，使用“最优性原理”。所谓最优性原理，就是无论其初始状态和初始判断如何，以后每次判断必须相对于第一次判断所产生的状态，构成一个最优的判断序列。在具体递归地利用最优性原理，找出递推关系式时，采用两种处理方法。一种是向前处理法，即根据 $x_{i+1},x_{i+2},\cdots,x_n$ 的那些最优判断序列，列出 x_i 的递推式。另一种是向后处理法，即根据$x_1,x_2,\cdots,x_{i-1}$的那些最优判断序列，列出 x_i 的递推式。

本章以三个具体问题为例来说明这种策略。

17.1　单源路径问题

设图 $G=(V,E)$是一个 k 级有向图，这个图中的结点，被分成 $k(\geqslant 2)$个不相交的集合 $V_i(1<i<k)$，V_i 是第 i 级上所有结点的集合，且 $\|V_1\|=\|V_k\|=1$。$\langle u,v\rangle$是 E 中的一条边，$u\in V_i$，$v\in V_{i+1}$。设 s 和 t 分别是 V_1，V_k 中的结点，则称 s 是源点，t 是汇点。

图 17.1 就是一个五级图的例子。

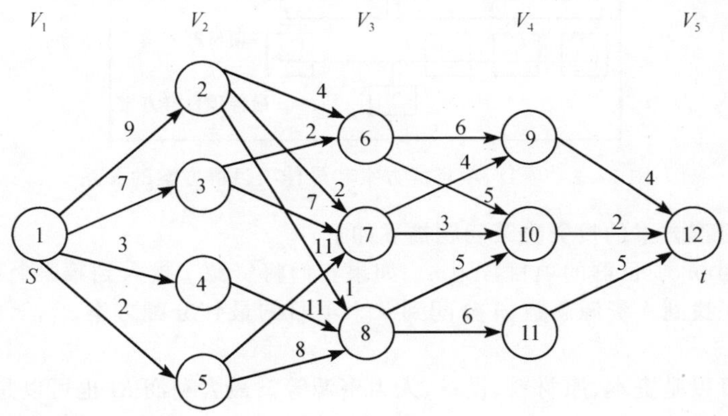

图 17.1　五级图

现在的问题是，找出源点 s 到汇点 t 的最小花费路径。因为找出它的最短路径，必然是一系列判断的结果，故用动态规划来解决。

应用动态规划策略求解单源路径问题，先将 k 级图的顶点，按顺序编上 $1,2,\cdots,n$ 的指示号，见图 17.1。

设 cost(i,j)是第 i 级 V_i 上的结点 j(j 为结点的指示号)到汇点 t 的最小花费；cost$(i+1,1)$是 $i+1$ 级上的结点 1 到汇点 t 的最小花费；C$(j,1)$是边$\langle j,1\rangle$的花费。用向前处理方法，得到递推关系式：

$$\mathrm{cost}(i,j)=\min_{\substack{l\in V_i+1\\ \langle j,1\rangle\in E}}\{C(j,1)+\mathrm{cost}(i+1,1)\} \tag{17.1}$$

利用递推关系式判断，便得到一个最优判断序列。例如，对图 17.1 的五级图，实施递推关系式(17.1)，得到一条最小花费路径是：1，2，7，10，12，花费为 16。最小花费路径不是唯一的，在此例中还有一条路径：1，3，6，10，12，花费也是 16。

动态规划是一种算法设计策略，它适于求解多阶段决策问题，具有广泛的应用性，可用于管理决策、运筹学等方面。

17.2 项目群投资决策问题

在现代项目管理中，项目群的投资决策是非常重要的，近几年来，这个问题一直在被广大学者广泛研究着。其研究目标是如何将有限的资源投入到若干个工程项目中，以获得最大利润，即如何将总数为 m 的资源分配到有 n 个工程的项目群中去。对这类项目群的投资决策问题可以用动态规划算法求解。

先给出如下概念：

概念 1：一个独立的投资单元是一个项目，记为 A。

概念 2：在经济、技术上彼此相关的项目称为项目群，记为$\{A_i\}$，$i=1,2,\cdots,n$。

概念 3：一个项目所具有的各种不同方案均称为项目方案。各项目方案组合成可供选择的各种互斥方案，这些方案称为项目群方案。它的集合记为$\{C_j\}$，$j=1,2,\cdots,K$。

概念 4：能产生最大利润的项目群方案是最佳的项目群方案，记为 C_L（且 $C_L\in\{C_j\}$，$j=1,2,\cdots,K$）。

我们用图 17.2 来说明项目群、项目群方案和最佳项目群方案的关系。

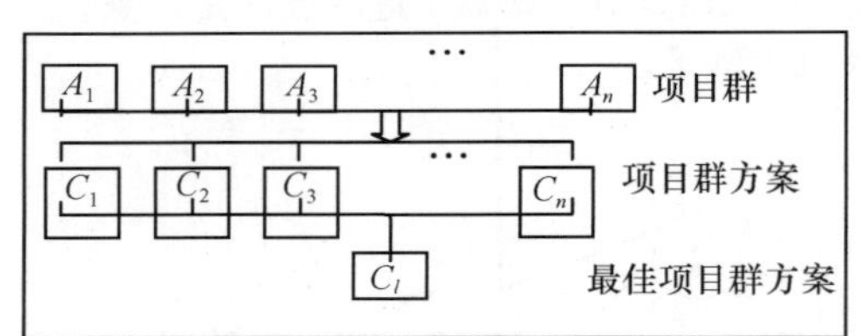

图 17.2 项目、项目群方案和最佳项目群方案的关系

寻找最佳项目群方案的投资决策问题描述如下：

资源的总数为 m，项目群的项目数为 n。如果我们将资源 j 投入到第 i 个项目，则获得利润 $P(i,j)$。我们需要找到将资源总数 m 分配到 n 个项目的最佳分配方案 $x_1,x_2,\cdots,x_n$，及最大利润 M。

这里的资源可以是资本、原材料、设备、人力资源等。最大利润 M 也可以是最小成本或最小污染等。

这种问题实际上是一个多阶段决策问题。资源数为 m，项目数为 n，可将问题划分为 n 个阶段。其中，将资源 $x(x=1,2,\cdots,m)$分配给第 n 个项目为第 n 个阶段，把资源 m 分配给第 1 到第 n 个项目为第 1 阶段。第 1 阶段是将资源 m 配置到 n 个项目的最佳分配方案，是问题的解答。

下面给出项目群投资决策的动态规划算法结构。这里只讨论利润最大化问题，这与在成本最小化时考虑算法的设计是一致的。

(1) 输入变量：资源总数 m，项目数为 n，对项目 i 投资 j 的利润 $P(i,j)$。

(2) 输出变量：将资源 m 分配到 n 个项目的最佳分配方案是 $x_1,x_2,\cdots,x_n$，最大利润价值 M。

(3) 数学模型：①划分阶段：把资源 j 分配给一个或多个项目为一个阶段，共划分为 n 个阶段。②决策变量：把分配的资源作为决策变量，即分配给第 k 个项目的资源 x_k 为决策变量。③状态变量：把分配给前(或后) k 个项目的资源 x 作为状态变量。用向前处理法，状态变量为分配给第 k 个项目至第 n 个项目的资源 x。④状态转移方程：设 x' 是分配给第 $k+1$ 个项目至第 n 个项目的资源，于是 $x'=x-x_k$。⑤动态规划基本方程(用向前处理法)

$$\begin{cases} f_k(x) = \max\limits_{0\leqslant x_k\leqslant x<m} \{p_k(x_k) + f_{k+1}(x-x_k)\} \\ f_n(x) = p_n(x_n) \end{cases} \tag{17.2}$$

(4) 算法结构：算法结构如图 17.3 所示。

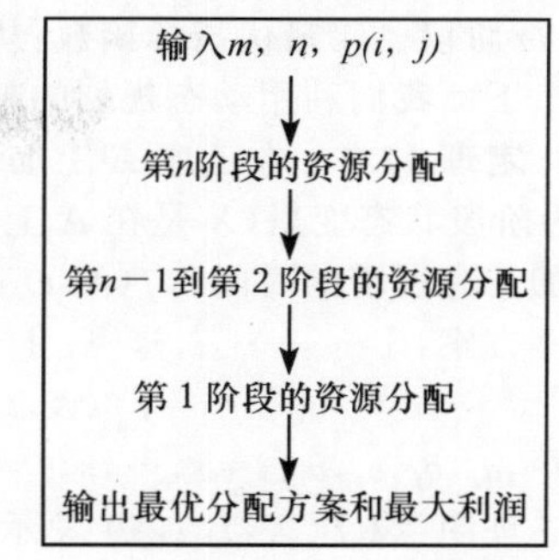

图 17.3　资源分配问题的算法结构

17.3　工件排序问题

工件排序问题是指加工工作所经过的工序给定，各种工件在各道工序上加工所需要的时间给定，确定加工工件的顺序，使得总的加工时间最短。这一节仅研究在两道工序上加工的工序问题。

17.3.1　问题描述及解题思路

工件排序问题描述如下：

n 个工件在 A、B 两道工序上加工(先 A 后 B)，a_i 和 b_i 分别表示在 A、B 上加工的时间，如何在 A、B 工序上安排加工顺序，使在工序 A 上加工第一个工件到在工序 B 上加工最后一个工序的时间最短。

为提出解题思路，先探索一下这类问题的规律。假设 n 个工件在 A、B 上加工的顺序不同，如在 A 上加工顺序是…，x_i，x_j，…，在 B 上加工顺序是…，x_i，x_j，…。这意味着某一工件 x_i，在 A 上加工后，不能在 B 上马上加工，即等待，等到 x_j 在 A 上加工，且在 B 上加工完后，才能加工。这种等待使总的时间加长，所以不可能成为最佳排序方案。

于是，最佳排序方案只可能是加工的工件在两道工序上加工的顺序相同，这样在 A 上就无等待。在 B 上当然有，但我们希望在 B 上等待时间尽量短。于是对工序问题提出解题思路：①尽量减少在 B 上加工的等待时间；②工件在 A、B 两道工序上加工的顺序相同。

17.3.2　最佳排序规则

从解题思路①看出工序问题追求的目标是在 B 上等待的时间尽量最短，因此可以看做是多阶段决策问题，用动态规划求解。先看一个例子：设有 x_1、x_2、x_3 三个工件，在 A、B 上加工，先 A 后 B，在 A 上加工完一个工件为一个阶段，阶段状态用有序数列描述，如(1.2)描述的是第 2 阶段的状态，表示 x_2 刚刚在 A 上加工完。动态规划求解工序问题的过程如图 17.4 所示。

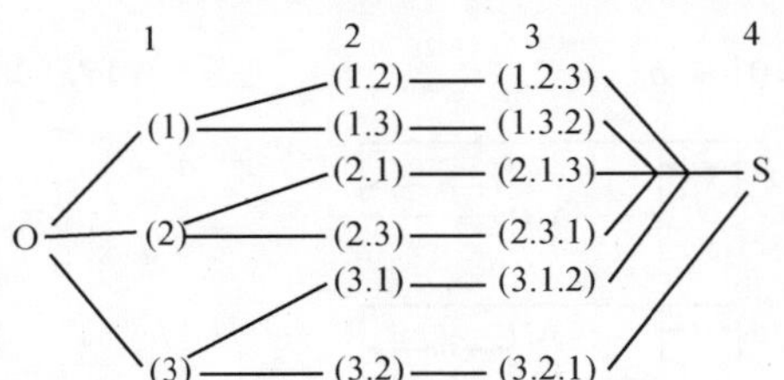

图 17.4　求解工序问题的过程

对这类问题按动态规划求解如下(图 17.4)：①划分阶段：在工序 A 上加工完一个工件作为一个阶段。②决策变量：决策变量是某一工件 x 在 A 上加工完所需的时间 t。③状态变量：为确定状态变量，分析每一个状态上的情况，首先每一个状态上有一个在 A 上等待加工的工件集合 X(不含刚加工完的 x)；其次在 A 上加工完 x 后，再到 B 上被加工的时间为 t(包括等待时间)。所以阶段状态与(X,t)对应，因此以(X,t)为状态变量。如果设 X 中的工件数为 m，则状态(X,t)处在第

$n-m$ 阶段。④最优指标函数：从状态(X,t)到 S 的最佳时间为 $f(X,t)$。

下面我们利用动态规划的基本方程，证明一条定理。

定理 17.1 在工序 A 上加工完一个工件为一个阶段，S 为最后一个阶段$(S=n+1)$，设(X,t)为阶段状态变量（X 是在 A 上等待加工工件的集合，t 是在 A 上加工完 $x(x\notin X)$后，再到 B 上被加工完所需的时间），$f(X,t)$表示从状态(X,t)到 S 的最佳时间。假设对于状态(X,t)有两种排序方案：Ⅰ——$\cdots,i,j,\cdots$；Ⅱ——$\cdots,i,j,\cdots$，则

$$f_{\mathrm{I}}(X,t)\leqslant f_{\mathrm{II}}(X,t)\Leftrightarrow \min(a_i,b_j)\leqslant \min\{a_j,b_i\}$$

其中，$a_i,b_j,a_j,b_i(i=1,\cdots,n,j=1,\cdots,n)$为工件分别在工序 A,B 上加工的时间。

证明：设 $f(X,t,i,j)$ 表示从状态(X,t)出发，按 i,j 的顺序加工，到 S 的最佳时间；$f(X,t,j,i)$表示从状态(X,t)出发，按 j,i 的顺序加工，到 S 的最佳时间。于是

$$f_{\mathrm{I}}(X,t)=f(X,t,i,j)$$

$$f_{\mathrm{II}}(X,t)=f(X,t,j,i)$$

故

$$f_{\mathrm{I}}(X,t)\leqslant f_{\mathrm{II}}(X,t)\Leftrightarrow f(X,t,i,j)\leqslant f(X,t,j,i) \tag{17.3}$$

现将方案Ⅰ和方案Ⅱ的状态转移用图解法描述，记号 $X\backslash i$ 表示在 X 中除掉 i 剩下的工件集合，如图 17.5 所示。得到

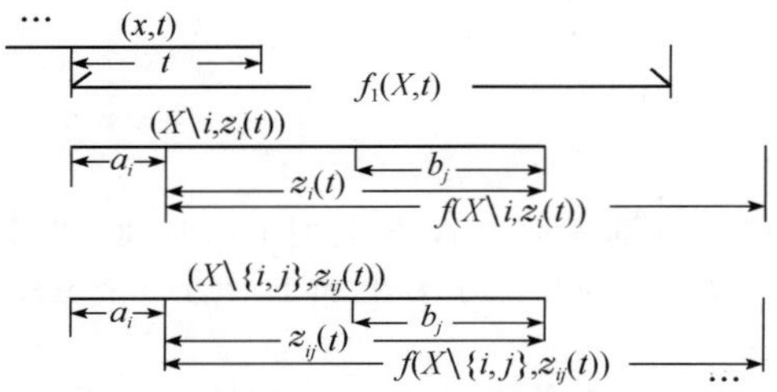

$$\begin{aligned} f(X,t,i,j) &= a_i+f(X\backslash i,z_i(t)) \\ &= a_i+a_j+f(X\backslash\{i,j\},z_{ij}(t)) \end{aligned} \tag{17.4}$$

图 17.5 按 i,j 的顺序加工的最佳时间

同理

$$\begin{aligned} f(X,t,j,i) &= a_j+f(X\backslash j,z_j(t)) \\ &= a_j+a_i+f(X\backslash\{j,i\},z_{ji}(t)) \end{aligned} \tag{17.5}$$

由式(17.4)和式(17.5)得到

$$f(X,t,i,j)\leqslant f(X,t,j,i)\Leftrightarrow z_{ij}(t)\leqslant z_{ji}(t) \tag{17.6}$$

现在来计算 $z_{ij}(t)$和 $z_{ji}(t)$（图 17.6 和图 17.7）。图 17.6 表示 $z_i(t)>a_j$，此时，j 在 A 上加工完后，i 尚未在 B 上加工完，故需等待。等待时间为 $z_i(t)-a_j$，于是

$$z_{ij}(t)=(z_i(t)-a_j)+b_j \tag{17.7}$$

图 17.7 表示 $z_i(t)<a_j$，这种情况是 j 在 A 上加工完后，i 已在 B 上加工完，所以不需要等待，即等待时间为 0。于是

$$z_{ij}(t)=b_j \tag{17.8}$$

将式(17.7)和式(17.8)合并，得到

$$z_{ij}(t)=\max\{z_i(t)-a_j,0\}+b_j \tag{17.9}$$

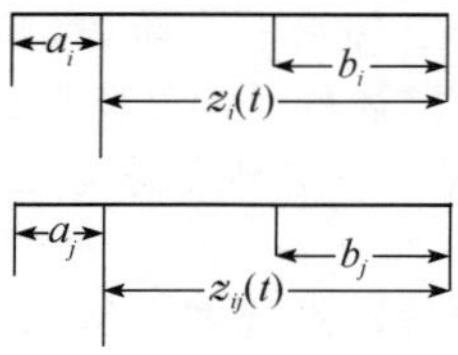

图 17.6 $z_i(t)>a_j$ 的情景 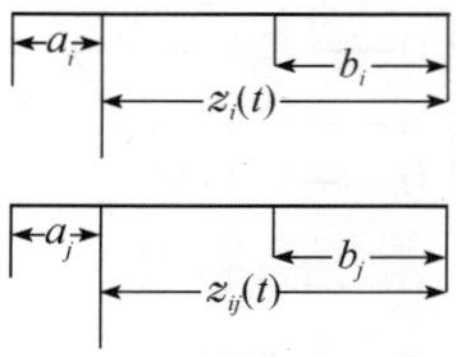　　图 17.7 $z_i(t)<a_j$ 的情景

同理

$$z_i(t)=\max\{t-a_i,0\}+b_i \tag{17.10}$$

式(17.8)代入式(17.7)，得

$$z_{ij}(t)=\max\{\max\{t-a_i,0\}+b_i-a_j,0\}+b_j$$

即

$$z_{ij}(t) = \max\{t - a_i - a_j + b_i + b_j, b_i + b_j - a_j, b_j\} \tag{17.11}$$

同理

$$z_{ji}(t) = \max\{t - a_i - a_j + b_i + b_j, b_i + b_j - a_i, b_i\} \tag{17.12}$$

由式(17.11)和式(17.12)得到

$$z_{ij}(t) < z_{ji}(t) \Leftrightarrow \max\{b_i + b_j - a_j, b_j\} \leqslant \max\{b_i + b_j - a_i, b_i\} \tag{17.13}$$

对 $\max\{b_i+b_j-a_j, b_j\}\leqslant\max\{b_i+b_j-a_i, b_i\}$两边减去 b_i+b_j，得

$$\max\{-a_j, -b_i\} \leqslant \max\{-a_i, -b_j\}$$

即 $\min\{a_i, b_j\}\leqslant\min\{a_j, b_i\}$，也就是

$$z_{ij}(t) < z_{ji}(t) \Leftrightarrow \min\{a_i, b_j\} \leqslant \min\{a_j, b_i\}$$

因此 $f_{\mathrm{I}}(X,t)\leqslant f_{\mathrm{II}}(X,t)\Leftrightarrow\min\{a_i, b_j\}\leqslant\min\{a_j, b_i\}$

定理 17.1 说明了工件 i 排在工件 j 之前的条件，即若 $\min\{a_i, b_j\}=a_i$，则 a_i 是 a_i、$a_j b_i$、b_j 中最小的，i 放在前。若 $\min\{a_i, b_j\}=b_j$，则 b_j 是 a_i、$a_j b_i$、b_j 中最小的，j 放在后。于是，我们得到最佳排序规则，描述如下：①找出 $a_1, a_2, \cdots, a_n$ 和 $b_1, b_2, \cdots, b_n$ 中最小的数；②若最小者为 a_i，则将 i 排在第 1 位，并从工作集合中删去它；③若最小者为 b_j，则将 j 排在第 1 位，并从工作集合中删去它；④对剩下的工件重复上述方法，直到工件集合为空集。

工序问题的动态规划算法设计略。

小　　结

动态规划是一种算法设计策略，它适于求解多阶段决策问题，具有广泛的应用性，可用于管理决策、运筹学等方面。

本章介绍了三个典型问题的动态规划算法——单源路径问题、项目群的投资决策问题、工件排序问题。介绍了算法设计策略及实现思想。

习　　题

将图 17.8 的多级图应用后处理的动态规划算法求解。

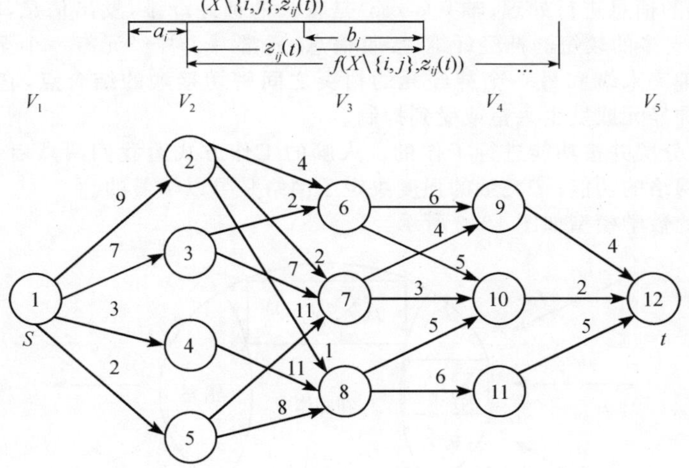

图 17.8　习题图

第 18 章 人工神经网络算法

18.1 人工神经网络的基本原理

18.1.1 人工神经网络的基本知识

人工神经网络(artificial neural networks,ANNs),也简称为神经网络(NNs),是模拟生物神经网络进行信息处理的一种数学模型。它以对大脑的生理研究成果为基础,其目的在于模拟大脑的某些机理与机制,实现一些特定的功能。它是从微观结构和功能上对人脑的抽象、简化,是模拟人类智能的一条重要途径,反映了人脑功能的若干基本特征,如并行信息处理、学习、联想、模式分类、记忆等。本节介绍人工神经网络的基本概念。

1. 人脑神经元

(1) 人脑神经元。人脑神经元也称神经细胞,是构成神经系统的基本功能单元。

(2) 人脑神经元结构。人脑神经元结构如图 18.1 所示。

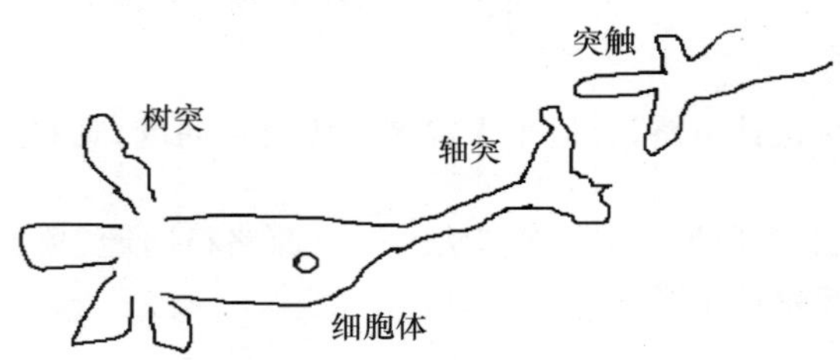

图 18.1 人脑神经元结构

从图 18.1 可以看到,人脑神经元由细胞体、轴突、树突三部分组成。细胞体(soma)是神经元中心,对接收到的信息进行处理;轴突(axon)是较长的神经纤维,发出信息,轴突只有一条;树突(dendrite)是分支多的较短的神经纤维,接收信息,通常一个神经元有一个至多个树突。突触是一个神经元的轴突末端和另一个神经元的树突之间密切接触的结合点,它传递神经元的冲动。冲动使一个神经元或发生兴奋或受到抑制。

人脑是分区、分层并按功能进行工作的。人脑的工作方式给我们两点启示:①处理单元之间的连接决定了网络的功能;②突触的强度决定了网络是可以学习的。

人脑神经元的数学模型如图 18.2 所示。

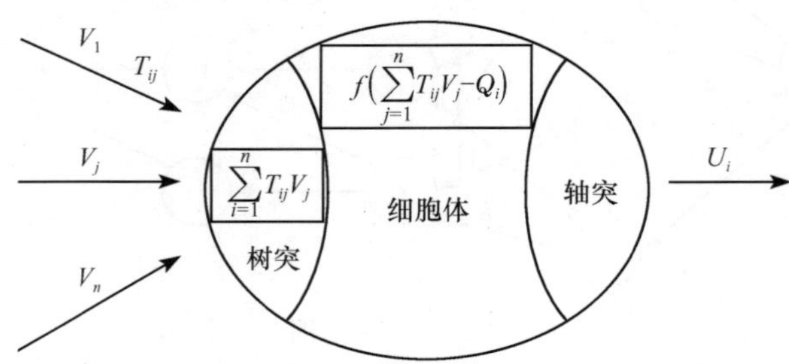

图 18.2 人脑神经元的数学模型

图 18.2 中，T_{ij} 为权值（上层神经元与该神经元连接的强度）；Q_i 为 i 的阈值；$f(x_i)$ 为该神经元的传递函数（作用函数）：

$$f(x_i)=1,\quad x\geqslant 0 \quad \text{兴奋}$$

$$f(x_i)=0,\quad x<0 \quad \text{抑制}$$

通常有如下几种传递函数：

(1) 阶梯函数：

$$f(x)=\begin{cases}1, & x\geqslant 0\\ 0, & x<0\end{cases}$$

(2) S(Sigmoid)型函数（在(0,1)内连续取值）：

$$f(x)=\frac{1}{(1+\mathrm{e}^{-x})}$$

(3) S(Sigmoid)型函数（在(−1,1)内连续取值）：

$$f(x)=\frac{1-\mathrm{e}^{-x}}{1+\mathrm{e}^{-x}}$$

2. 人工神经网络的基本概念

1) 人工神经网络

人工神经网络是由人脑的结构和工作方式启发得来的，是一种高度复杂的非线性的合并型处理系统。人工神经网络是一个网络系统，它将大量神经元组织起来，是由人工神经元互联组成的网络；它通过环境和经验形成自己的规则，并采用这些新的规则来处理新的事物；它通过对人脑的基本单元——神经元的建模和联结，来探索模拟人脑神经系统的功能——学习、联想、记忆、模式分类等。

2) 人工神经元

人工神经元是人工神经网络的基本组成单位，是通过研究生物的神经细胞的行为抽象出来的。

人工神经元具有如下性质：①多输入单输出；②兼有兴奋和抑制两种功能；③神经元和神经元的连接强度（权值）；④可产生脉冲；⑤脉冲进行传递；⑥非线性（有阈值）。

3) 人工神经网络的要素

决定神经网络整体性能的三大要素是：①神经元（处理信息单元）的特征；②神经元之间相互联结的拓扑结构；③为适应环境而改善性能的学习规则。

神经网络的数理模型虽然有多种，但基本运算可归结为四种：积与和、权值学习、阈值处理和非线性函数处理。

4) 人工神经网络的基本特点

人工神经网络有三个基本特点：①信息处理——通过处理单元之间相互作用实现；②知识和信息的存储——通过分布式的物理联系实现；③学习和识别——通过联结权值的动态演化过程实现。

5) 人工神经网络的工作方式

人工神经网络的工作方式由两个阶段组成：①学习期：神经元之间的联结权值可由学习规则进行修改，以使目标（或称准则）函数达到最小；②工作期：联结权值不变，由网络的输入得到相应的输出。

6) 人工神经网络的分类

神经网络可按不同的方式分类：①按性能分，可分为连续型和离散型、确定型和随机型、动态与静态网络；②按联结方式分，可分为前馈型（或称前向型）与反馈型；③按逼近特征分，可分为全局逼近型与局部逼近型；④按学习方式分，可分为有导师学习（或称监督学习）与无导师学习（也称无监督学习，或称自组织）和再励学习（也称强化学习）。

总的来说，一般将神经网络分为四种类型：前馈型、反馈型、自组织型和随机型。

7) 人工神经网络功能层次

人工神经网络功能包括：输入层——网络与外部激励打交道的地方；中间层(隐层)——网络内部处理元件工作的地方；输出层——产生网络的输出矢量；训练层——有导师学习时需有该层；辅导层——执行非主要任务的地方。

3. 人工神经元数学模型

1943年，W. McCulloch和W. Pitts基于生物神经元的构造，提出了模拟神经元功能的兴奋与抑制型神经元模型，称为MP模型，开创了人工神经网络研究的时代。图18.3是一个神经元的MP模型。MP模型是一个多输入、单输出的非线性处理单元，图18.3中$s_j(j=1,2,\cdots,n)$为单元i的输入，w_j为其联结强度(权重)，θ为单元i的阈值，y为单元的输出，f为传递函数(转移函数)。

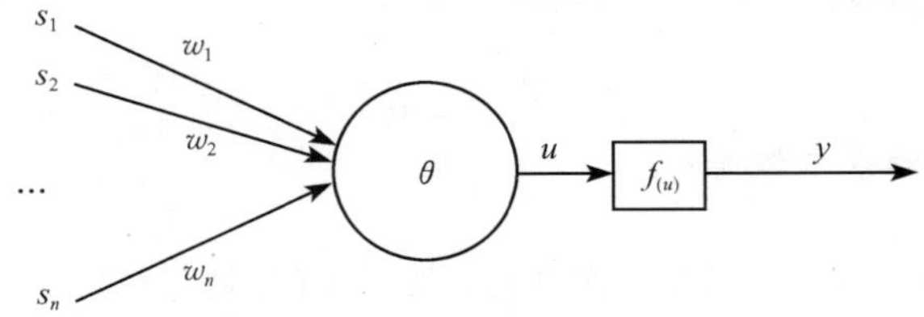

图18.3 MP人工神经元模型

每个神经元的状态：

$$S_i = f\left(\sum_j W_{ij}S_j - Q_i\right) = \begin{cases} 0 & \text{抑制} \\ 1 & \text{兴奋} \end{cases}$$

其中，W_{ij}为神经元之间的联结强度，$W_{ii}=0$，$W_{ij}(i\neq j)$为可调函数，由学习过程调整；Q_i为阈值；$f(x)$为阶梯函数。

学习过程就是调整权值的过程。

Hebb学习规则由Hebb于1949年提出，Hebb学习规则调整权值W_{ij}的原则为：若第i与第j个神经元同时处于兴奋状态，则它们之间的联结应当加强。即$\Delta W_{ij}=\alpha^* S_i{}^* S_j$。

MP模型神经元的特点是：①多输入—单输出方式；②阈值作用；③输出与输入的两态(兴奋和抑制)；④每个输入通过数值来表征它对神经元的耦合程度(如无耦合$w_i=0$)。

4. 人工神经网络的优缺点

人工神经网络具有一些其他方法无法比拟的优点：

(1) 人工神经网络方法是一种稳健的、非参数的方法，具有很强的非线性映射能力，其学习经验的能力强，分类精度高。

(2) 人工神经网络采用分布式存储结构，容错能力强。网络中少量单元的局部缺损不会造成网络的瘫痪，影响全局，反映了神经网络的鲁棒性。

(3) 人工神经网络进行大规模并行处理，反映为同一层所有神经元同时进行计算，且每一神经元存储的信息也同时参与计算。

(4) 人工神经网络具有在新环境下的泛化能力，即在经过一定数量带噪声样本训练之后，网络通过学习来抽取规则或记忆知识，抽取样本隐含的关系并记忆，并对新情况下数据进行内插或外推。

(5) 人工神经网络能不断接收新样本、新经验并不断调整模型，自适应能力强，具有动态特性。

尽管神经网络已经得到了广泛的应用，但也存在以下缺点：

(1) 网络结构。建立神经网络模型中最重要的问题就是确定网络的拓扑结构。对于一个特定的分类问题并没有一个规范的模式来构造网络的结构。隐含层单元数的增多，有助于对训练样本的拟合，但同时降低了模型的自由度，削弱了模型的泛化能力，即过度训练问题。

(2) 训练效率。除了上述网络结构中存在的问题之外，还有训练的复杂性问题。

(3) 解释能力。一般情况下神经网络都被认为没有解释能力，这是神经网络作为一种技术方法的主要缺陷，人们无法根据网络的权值得到输入变量的相关重要性。

5. 人工神经网络的应用领域

近些年来神经网络在众多领域得到了广泛的运用。

在民用应用领域的应用方面，如语言识别、图像识别与理解、计算机视觉、智能机器人故障检测、实时语言翻译、企业管理、市场分析、决策优化、物资调运、自适应控制、专家系统、智能接口、神经生理学、心理学和认知科学研究等。

在军用应用领域的应用方面，如雷达、声呐的多目标识别与跟踪，战场管理和决策支持系统，军用机器人控制各种情况、信息的快速录取、分类与查询，导弹的智能引导，保密通信，航天器的姿态控制等。

18.1.2 人工神经网络的学习

人工神经网络最显著的特征是能通过环境进行学习，并通过学习提高网络的运行效果。随着时间的推移，网络的输入/输出变换方式朝着好的方向发生变化，称网络是自适应的或能学习的。

1. 学习的含义

学习是神经网络通过环境刺激调整自由参数的过程。学习具有静态特征，即通过传递函数 $f(x)$ 和网络的联结结构以及希望的输出与处于实际的输出的比较(在有导师的学习中)来实现的。

2. 学习的类型

学习类型的分类取决于参数调整的不同方式，一般分为有导师的学习、无导师的学习、再励学习。

1) 有导师的学习

有导师的学习(supervised learning)又称有监督学习。在有导师的学习当中，学习规则由一组描述网络行为的实例集合(训练集)给出：

$$\{p_1,t_1\},\{p_2,t_2\},\cdots,\{p_g,t_g\}$$

其中，p_g 为网络输入；t_g 为相应的期望输出。当输入作用到网络时，网络的实际输出与期望输出相比较，学习规则调整网络的权值和偏置值，从而使网络的实际输出越来越接近于目标输出。

有导师的学习如图 18.4 所示。

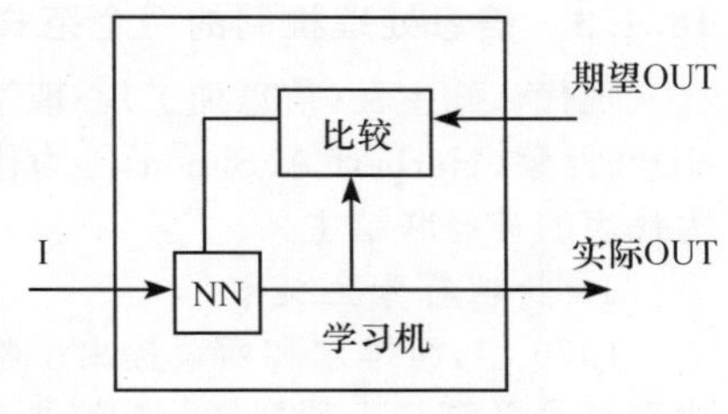

图 18.4　有导师的学习

这种学习方式需要外界存在一个“教师”，他可对给定一组输入提供应有的输出结果，这组已知的输入一输出数据称为“训练样本集”，学习系统(NN)可根据“期望 OUT”和“实际 OUT”之间的差值来调节系统参数。

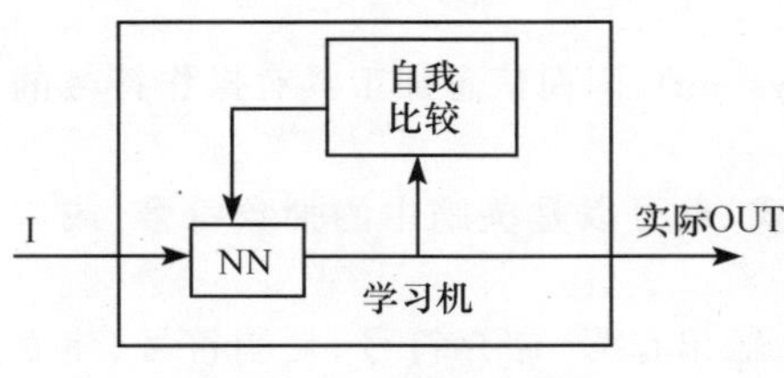

图 18.5　无导师的学习

2) 无导师的学习

无导师的学习(unsupervised learning)又称无监督学习，在无导师的学习中，没有目标输出，仅仅根据网络输入调整网络的权值和偏置值。

无导师的学习如图 18.5 所示。

无导师学习不存在外部的教师，学习系统完全按照环境提供数据的某些统计规律来调节自身的参数

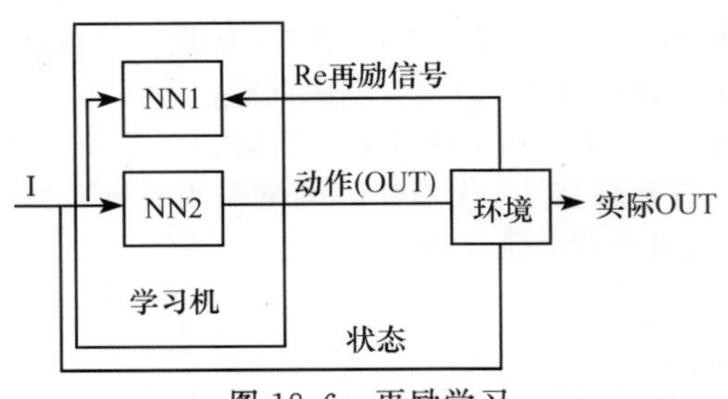

图 18.6 再励学习

(自我比较),以表示实际 OUT,如聚类或某种统计分布特征。

3) 再励学习

再励学习如图 18.6 所示。

再励学习介于上述两种情况之间,环境对实际 OUT 只给出评价信息(奖励或惩罚),不给出正确答案,学习系统通过强化受到奖励的动作来改善自身的性能。

3. 学习的方式

学习的方式主要有四种:误差修正式学习、记忆型学习、Hebb 学习、竞争学习。

1) 误差修正式学习

对神经元 k 而言,设 $x(n)$为输入值,$y_k(n)$为神经元 k 的输出值,$d_k(n)$为相应期望输出值,则 $e_k(n)=d_k(n)-y_k(n)$表示误差值,其中 n 为计数器。误差修正指要使输出值$y_k(n)$尽量地接近期望输出值。当小于某给定精度时,学习结束;否则进行参数修正,调整输入层与隐层的联结权值。

2) 记忆型学习

在记忆型学习方式中,所有的过去的经历被储存在输入/输出集中,记忆型学习就是要通过新的试验输入在输入/输出集中处找到最小邻居点或最近邻居点。

3) Hebb 学习

Hebb 学习的基本原理是当两个神经元同时被激活时,它们之间的联结权值得到加强,否则权值减弱。

学习过程就是调整权值的过程。Hebb 学习规则是调整权值 W_{ij} 的原则。具体是若第 i 个神经元与第 j 个神经元同时处于兴奋状态,则它们之间的联结应当加强。即

$$\Delta W_{ij} = \alpha^{*} S_i{}^{*} S_j, \quad \alpha > 0$$

4) 竞争学习

若一系列神经元在结构上平等,但是它们之间存在竞争,只有竞争中获胜的那个神经元才会有输出。

18.1.3 信息处理机制的两个范式

现代认知主义(信息加工)心理学主要包括两种研究范式或理论:其一是纽维尔(Allen Newell)和西蒙(Herbert A. Simon)等为代表的物理符号主义;其二是以 Rumelhart 和 McClelland 等为代表的神经联结主义。

1. 物理符号主义

1976 年,纽维尔和西蒙提出了物理符号系统假设(physical symbol system hypothesis),认为物理符号系统是表现智能行为必要和充分的条件。作为人工智能三大学术流派之一,纽维尔和西蒙创建了“符号主义”(symbolism),基于逻辑推理的智能模拟,模拟人类求解问题的心理过程。

1) 符号操作系统

信息加工系统称为符号操作系统(symbol operation system),因而信息加工具有操作符号的功能。

符号既可以是物理的符号或计算机中的电子运动模式,也可以是头脑中的抽象符号,或者头脑中神经元的某种运动方式等。

一个物理符号系统的符号操作功能主要有输入符号、输出符号、储存符号、复制符号、建立符号结构(即确定符号间的关系,在符号系统中形成符号结构)、条件性迁移(依赖已经掌握的符

号继续完成行为)，这些功能之和也就是智能。

2) 假设

物理符号主义有一个假设，即计算机和人脑都是物理符号系统，都能操作符号。

按照这个假设，计算机和人脑可以进行功能类比。按照这个假设，任何一个系统，如果能够表现出智能的话，一定能执行上文第 1 项“符号操作系统”中所述的六种功能；反过来，如果任何系统具有以上六种功能，它就能表现出智能。

物理符号系统的假设伴随有三个推论，或称为附带条件。

推论 1：既然人具有智能，那么他(她)就一定是个物理符号系统。

推论 2：既然计算机是一个物理符号系统，它就一定能够表现出智能。

推论 3：既然人是一个物理符号系统，计算机也是一个物理符号系统，那么我们就能够用计算机来模拟人的活动。

总的来说，纽维尔和西蒙认为人的认知基元是符号，而且认为认知过程即符号操作过程。它认为人是一个物理符号系统，计算机也是一个物理符号系统，因此，我们就能够用计算机来模拟人的智能行为，即用计算机的符号操作来模拟人的认知过程。也就是说，人的思维是可操作的。它还认为，知识是信息的一种形式，是构成智能的基础。人工智能的核心问题是知识表示、知识推理和知识运用。知识可用符号表示，也可用符号进行推理，因而有可能建立起基于知识的人类智能和机器智能的统一理论体系。

2. 神经联结主义

神经联结主义认为，人的思维基元是神经元，而不是符号处理过程。联结主义对物理符号系统假设持反对意见，认为人脑不同于电脑，并提出联结主义的大脑工作模式，用于取代符号操作的电脑工作模式。

(1) 神经网络(neural network)。神经网络是依据联结主义理论来模拟人脑神经系统的模型，它实际上是一种具有自我适应、自我组织和自我学习能力的计算机程序。神经网络的基本构成单位称为结点或单元。网络系统根据预置规则调整和改变神经元之间的联结强度，以平行分布加工(parallel distributed processing，PDP)的方式实现自适应、自组织和自学习，从而表现出类似生物神经系统的智慧。

(2) 生物神经元。生物神经元是大脑的基本构成单元，它具有六种基本的功能特性：①输入装置：从外界或其他神经元接收信号；②整合装置：操作输入的信息进行时空整合；③传导装置：跨距离传导整合后的信息；④输出装置：发送信息到其他神经元或细胞；⑤计算装置：映射并转换信息类型，实现脉冲与电位的转换；⑥表征装置：进行内部信息的表征。

(3) 平行分布加工模型。与上述生物神经元的六种特性相对应，平行分布加工模型具有以下八种特性：①加工单元；②激活状态；③输出功能；④单元间的联结模式；⑤联结网络活动的传播规则；⑥输入刺激使单元状态产生新水平激活的激活规则；⑦经验影响改变联结模式的学习规则；⑧系统控制的环境。平行分布加工模型实现了神经元的全部六种基本功能特性：加工单元就是神经元本身；激活状态和激活规则是输入装置和整合装置部分的功能；输出功能就是神经元的输出；联结模式和传播规则是神经元传导装置的功能；学习规则和环境是神经元计算装置和表征装置部分的功能。这八种特性整合后实现了对生物神经元的模拟。

(4) 生物神经元和人工神经元。生物神经元和人工神经元的结构在功能上有一定的对应关系。生物神经元由细胞体、树突和轴突三部分组成，其中轴突是信息输出装置，树突是信息接收装置，轴突的末端与树突进行信号传递的空隙部位称为突触，是信息加工转换装置。在神经网络中，网络结点模拟生物神经元，多重联结权重(或强度)的加权乘法器模拟“轴突—突触—树突”结构，用来表示两个神经元相互作用的强度，加法器模拟树突的互联功能，阈限值模拟细胞内化学递质产生的开关放电特性，最终实现了对神经系统的模拟。为了区分不同结构的联结主义模型，Bechetel 和 Abrahamsen 在平行分布加工模型的基础上总结了神经网络模型的四种特性:①单元的联结活动;②单元的激活功能;③学习过程的本质是单元之间联结的改变;④网络语义知识的解释方式。简言之,神经元加权平行分布式地互相联结,实现了信号加工。

18.2 人工神经网络基本算法

18.2.1 BP 学习算法

学习算法的主要目标在于通过使用学习的方式在神经网络的学习期通过反复逐步调整神经元之间的联结权,使得神经网络的计算更加精确,从而达到预期的计算目的。

BP 学习算法的步骤如下:

(1) 设置初始的联结权值 $W(0)$。

(2) 给定初始的输入/输出样本对,计算网络的输出。

设第 p 组样本对的输入/输出为

$$u_p = (u_{1p}, u_{2p}, \cdots, u_{np}), \quad d_p = (d_{1p}, d_{2p}, \cdots, d_{kp}), \quad p = 1,2,\cdots,L$$

其中,L 为样本对的个数;n 为输入层神经元的个数;k 为输出层的神经元的个数。节点 i 在第 p 组输入样本时候的输出为

$$y_{ip} = f(x_{ip}(t)) = f\Big(\sum_j \omega_{ij}(t) I_{jp}\Big)$$

其中,I_{jp} 为在第 p 组样本输入时,节点 i 的第 j 个输入。

传递函数(作用函数)的形式可以取

$$f(x) = \frac{1}{1+\mathrm{e}^{-x}}$$

可由输入层经过隐层至输出层,求得网络输出层节点的输出。

(3) 计算网络的目标函数 J。网络总的目标函数设为

$$J(t) = \sum_p E_p(t)$$

作为对网络总性能的评价。

(4) 判断。若 $J(t) \leqslant \varepsilon$,则算法结束;否则,至步骤 5。

(5) 反向传播计算。由输出层,按梯度下降法反向计算,并逐层调整权值。即

$$w_{ij}(t+1) = w_{ij}(t) - \eta \frac{\partial J(t)}{\partial w_{ij}(t)} = w_{ij}(t) - \sum_p \frac{\partial E_p(t)}{\partial w_{ij}(t)} = w_{ij}(t) + \Delta w_{ij}(t)$$

其中,$\eta > 0$,在此被称为学习算子。

常见的基于 BP 学习算法的神经网络模型有感知机、Adaline 等。

18.2.2 联想记忆

记忆是一切思维过程的基础,而联想记忆则是人类记忆的基本方式。因此,要模拟人类的思维过程,即实现人工智能,就必须首先模拟人类的联想记忆过程。人类可以通过以往的知识和经验,在看到或见到某类事物时,产生联想。神经网络对于联想记忆的模拟是基于神经网络是一个并行、分布式系统,网络的计算和信息的存储都在于网络中的神经元之间的联结权。因此,联想记忆的做法就是通过将信息存储于神经元的联结权上,通过相应的算法来实现对于联想记忆的模拟。

1. 人类记忆的本质

对人类记忆机制的研究历来是脑科学研究的重要内容,随着神经解剖学、分子生物学和信息科学的发展,人们对记忆的本质这一问题有了越来越深刻的认识。

早在公元前 3 世纪,亚里士多德在他的《论记忆与回想》一书中,就给出了人类记忆的一些基本原则,这就是后来的“联想基本定律”,脑力活动(思想、感觉、感知等)在下列条件下在记忆

中是相互联结的：①如果它们同时发生（"空间联系"）；②如果它们接续发生（"时间联系"）；③如果它们相似；④如果它们相反。

现代有关的科学研究也证明了联想记忆是人类记忆的基本形式。

2. 联想记忆的特点

记忆的物质基础是由脑细胞所构成的神经元。不像现代的数字计算机有一专门的区域用于记忆（存储），大脑几乎所有的部分都分担了记忆的功能。也就是说，记忆分布于整个大脑组织——神经元之中。因此，大脑对信息的记忆过程和处理过程由相同的组织完成，这说明，记忆过程和处理过程是交织在一起的。

神经信号在大脑中也不像计算机中那样用二进制表示，而是表现为不同频率的神经脉冲序列。通过感觉器官，神经元对获得的外部特征进行自组织，从而在大脑中形成对外部世界的映象，这种映象表现为大脑中不同的区域分别对不同类型的外部刺激进行反应。

神经信号在记忆中的存储表现为神经元之间的联结（突触）。大量的神经元之间通过这种联结相互作用，形成对神经信号（外部刺激）的一种存储或记忆。因此，大脑的记忆是一种分布式的。任一外部信号都在众多神经元的相互作用中得到反映。大脑之所以能够采取这种记忆形式，是因为它有多达 10^{12} 左右的神经元，而每一神经元都同 10^4 左右的神经元相互联结，这种大范围的协调使得记忆的模式不至于相互混淆，而且可在回想时快速地得到正确的模式。可以设想，如果大脑也采用计算机的存储方式，那么要获得某一模式需要在数量如此众多的神经元之间进行多长时间的搜寻。

大脑对于外部特征的这种互为条件的存储决定了联想记忆为其基本特征。这里，联想记忆（或称联想学习）是指对于任一神经信号，在大脑的某一范围内，所有的神经元之间都相互联结，联结强度与两个神经元之间作用的相关性成比例，学习（记忆）过程就是调整这种强度的过程而不是对神经元本身进行调整。

3. 联想记忆的人工神经网络模型

对联结强度的调整规律，符合我们上面提到的"联想基本定律"，这一定律在人工神经元之间的体现就是 Hebb 规则。这一规则说明，如果两个神经元之间经常同时处于激发状态或抑制状态，那么它们之间的联结强度就将加强，否则联结强度将会减弱。现在所提出的人工神经网络的学习算法，大体上都是 Hebb 规则演变而来的。事实上，几乎各种人工神经网络模型都可以作为联想记忆模型。联想记忆可分为两种类型：自联想记忆和异联想记忆。

自联想记忆：设网络在学习过程中存入了 n 个样本，在运行时，对于 $x'_i=x_i+v$，其中 v 为一偏差项，要求输入 $y_i=x_i$，即最后联想到样本本身。

异联想记忆：设网络在学习时存入两组样本 $\{x_i\}$ 与 $\{y_i\}$ 之间的一一对应关系，$i=1,2,\cdots,n$。运行时，对于输入 $x'_i=x_i+y$，y 为一偏差项，要求输出为 y_i。

至于这种联想记忆过程在各种人工神经网络模型中的具体实现方法，可以参考有关的资料。

4. 存在的问题

从记忆的结构来看，人类的记忆并不是单一层次的，也就是说，大脑并非把学习到的内容都平等地放在一个层次上。事实上，人类的记忆是有层次性的，大脑不但记忆了某一刺激的外部表象，而且也记忆了与这一刺激相对应的概念，这就是在高一层次上的记忆，这两种记忆之间可通过一定的处理过程相互转变。只有这样，人才能在记忆的基础上有效地进行形象思维和逻辑思维。例如，对语言的记忆，当我们记下一个词"苹果"时，不只是记忆了苹果的形状、大小、颜色等信息，而且记忆下了与苹果有关的各种句子，即苹果这一概念与其他事物的联系，也只有这时，才能算真正记忆了这一词条（概念）。另外，关于记忆还有其他一些问题。

在众多神经元之间的联结中，有些联结是固定的，它表示了一种长期记忆；而有些联结是易变的，对应于短期记忆。

神经元都具有一定的响应周期，在一定的时间内，它们对外界的刺激比较敏感，而过了这一时间，对外界刺激的反应就可能很小，即这里对联结强度的调整就很小。

随着时间的推迟，原来记忆的内容，如果没有在以后的记忆中得到加强，就会变得越来越弱，这时若再联想这些内容就比较困难，或是不能完全联想到，或是需要较长的时间。因此，联想过程也是一个动态过程，在多数情况下并不是一步就可以联想到的。

以上这些问题如何在人工神经网络中得到有效的实现，还需要做更深入的研究工作。

18.2.3　Hebb 规则

1. Hebb 规则的基本假设

1949 年，加拿大心理学家 D. O. Hebb 提出了一个假设，来说明经验如何塑造某个特定的神经回路。受巴甫洛夫著名的条件反射实验的启发，Hebb 的理论认为在同一时间被激发的神经元间的联系会被强化。例如，铃声响时一个神经元被激发，在同一时间食物的出现会激发附近的另一个神经元，那么这两个神经元间的联系就会强化，形成一个细胞回路，记住这两个事物之间存在着联系。

Hebb 规则基于三个基本假设：①共同激活的神经元成为联合；②联合能发生在相邻的或疏远的神经元间，即整个皮层是联合存储；③如果神经元成为联合，它们将发展成为功能体，细胞集合。

2. Hebb 规则的神经生理学基础

神经元就像个微处理芯片，它通过突触接收大量的信号，并且不断地把从突触接收到的输入信号进行整合。但不同的是，微处理器有许多输出途径，神经元则只有一个，就是它的轴突。所以，神经元对输入信号的反应方式只有一个：要么通过轴突激发一个冲动，向回路中相邻的一个神经元发出信号，要么相反，不发出信号。

不是所有输入信号都能激发神经细胞产生自己的信号。当神经元接收这样一个信号时，它的树突上的跨膜电位差轻微地升高，这种膜电位的局部改变被称为神经元突触的“激发”。当突触快速、高频地激发，就会发生一过性强化，即在短时记忆形成过程中观察到的变化。但是通常单个突触短暂地激发不足以使一个神经元发放冲动，即术语称的动作电位。当神经元的许多突触一起激发，共同的作用下就会改变神经元膜电位，产生动作电位，把信号传递到回路中的另一个神经元。

Hebb 认为，就像管弦乐队的一个不合拍的演奏者一样，如果神经元上的一个突触不能和其他的突触同步激发，就会被当做蹩脚的角色剔除。但是那些同步激发的突触（其强度足以使神经元发放动作电位）就会被强化。这样一来，大脑根据神经冲动流的方向，发展神经回路，逐步精化和完善，建立起大脑神经元间的网络联系。

当细胞 A 的一个轴突和细胞 B 很近，足以对它产生影响，并且持久地、不断地参与了对细胞 B 的兴奋，那么在这两个细胞或其中之一会发生某种生长过程或新陈代谢变化，以至于 A 作为能使 B 兴奋的细胞之一，它的影响加强了。这个机制以及某些类似规则，现在称为 Hebb 规则，又称突触学习学说。

3. 细胞集合和阶段顺序

Hebb 规则的主要理论名词是“细胞集合”（cell assemblies）和“阶段顺序”。

细胞集合是与环境事物联结的神经细胞组。假如与此神经细胞组联结的事物没有出现，则不会具有此物体的观念。任何重复的刺激会在脑中兴奋一群特定的细胞。这一群细胞分布在大脑皮层、间脑（视丘与下视丘）以及基底核，可以在刺激的触发下暂时成为一封闭系统，透过它们之间众多的联络神经，使兴奋活动在系统内维持一段相当的时间。细胞集团理论有下列特性：

（1）知觉获知在神经系统中的表征是一群而不是一个细胞，因此这是一个较为分散的表征系统。同时，表征不同的心智活动，并不完全系于细胞的独特身份，因为一个细胞可同时参与几个细胞集团。

(2) 在细胞集合中，无论是组成分子或是联络通路，均有相当程度的余裕性，所以容许神经系统有部分的破坏，依然能执行所负担的功能。同时这些平行通路可容许由不同的部位到达兴奋全体的目的。

(3) 细胞集合的成立虽然依赖联结，但联结的成果并非使刺激直通于反应，而是在中枢建立一个有缓冲作用(使刺激的影响能持久较久)的回路。

人的大脑神经元运作的方式的确和原子内粒子的运作方式类似，人类的大脑的确是所有神经网络的总和。每个神经元本身并不重要，重要的是这些神经元怎么联合起来，联合起来可以做些什么事，这才是的细胞集合的核心。

阶段顺序是一连串交互关联的细胞组合。如果在一个环境中，一连串的事件典型地同时发生，这在神经层次上则代表着阶段顺序。阶段顺序的激发导致了相关观念的产生，阶段顺序在多次进行后，往往有跳跃的现象出现，这种在细胞集合或阶段顺序熟练运作后所产生的精简过程被称为分馏化。分馏化的存在隐含着一项知识在熟练之后，只需触动较少的神经细胞，便可引发该项知识。这说明破坏成人皮层前叶并不影响其智力。早期的学习依赖细胞集合的建立或阶段顺序的安排。后期的学习则注重阶段顺序的重新整合。

对于 Hebb 来说学习有两种：第一是在幼年时期缓慢建立的细胞组合及阶段顺序。第二是可以描述成人生活特征的顿悟学习。成人的学习是把细胞组合及阶段顺序重加安排，而不涉及它们的发展。

4. Hebb 规则的计算公式

Hebb 规则的计算公式为

$$\Delta W_{ij} = \varepsilon r_i r_j$$

其中，ΔW_{ij} 为单元 i 和 j 之间联结权重的变化量；ε 为预置常数，也叫做学习频率；r_i 和 r_j 为一次尝试中单元 i 和 j 的状态。

单元 i 和 j 用 1 表示开，用 0 表示关。只有在两个单元都在某一尝试中处于开的状态时，联结权重才会改变。这时，联结权重的改变取决于学习频率参数的值 ε，因此预置 ε 可以决定权重改变的速度。这一规则应用于网络的联结单元，在尝试中重复这一过程，直到整套刺激呈现完毕。应用该规则的网络可进行非监控学习。竞争学习规则是 Hebb 规则的一种变式。其“模式联结者”的输入单元与输出单元相互联结，开始联结权重是随机化的，随后输入一个向量，网络寻找最接近输出向量的权重向量(一个单元有三个联结，权重分别是 2、3、4，它的权重向量就是 2、3、4)。呈现每个刺激后，网络搜索到最接近输入向量的权重向量，该单元成为“胜利者”。“胜利者”的权重变得更接近输出向量，这个过程一直持续到全部刺激呈现完毕为止。该规则有助于发现输入数据的规律，利用它网络可以学习分类等功能。竞争学习也有变式，例如，在考浩奈网络中，预先设定“胜利者”周围一定距离内的单元都改变。

18.2.4　反向传播规则

1. 反向传播的含义

反向传播(back-propagation)规则又称逆推学习算法，也叫多层前馈网络，简称 BP 算法，是 1986 年由鲁梅哈特(D. E. Rumelhart)和麦克莱朗德(J. L. McClelland)提出来的。前馈是从网络结构上来说的，是前一层神经元单向馈入后一层神经元，而后面的神经元没有反馈到之前的神经元；而反向传播是从网络的训练方法上来说的，是指该网络的训练算法是反向传播算法，即神经元的联结权重的训练是从最后一层(输出层)开始，然后反向依次更新前一层的联结权重。

用样本数据训练人工神经网络(一种模仿人脑的信息处理系统)，它自动地将实际输出值和期望值进行比较，得到误差信号，再根据误差信号从后(输出层)向前(输入层)逐层反传，调节各神经层神经元之间的联结权重,直至误差减至满足要求为止。反向传播算法的主要特征是中间层能对输出层反传过来的误差进行学习。这种算法不能保证训练期间实现全局误差最小,但可以实现局部误差最小。

2. 反向传播网络的应用广泛性

反向传播网络的应用非常广泛,主要体现在以下三个方面:

(1) 任何的布尔函数都可以由两层单元的BP网络准确表示,但是所需的隐藏层神经元的数量随网络输入数量呈指数级增长。

(2) 任意连续函数都可由一个两层的BP网络以任意精度逼近。这里的两层网络是指隐藏层使用Sigmoid单元、输出层使用非阈值的线性单元。

(3) 任意函数都可由一个三层的BP网络以任意精度逼近。其两层隐藏层使用Sigmoid单元,输出层使用非阈值的线性单元。

BP算法在图像处理、语音处理、优化等领域得到广泛应用。

3. 反向传播规则的计算公式

反向传播规则的计算公式为

$$\Delta W_{ij}(n+1) = \eta(\delta P_j \delta P_i) + \alpha \Delta W_{ij}(n)$$

其中,$\Delta W_{ij}(n+1)$为$n+1$时第i个中间单元和第j个输出单元联结的改变量;η为学习频率参数;δP_j为第j个输出单元的误差;δP_i为第i个中间单元的状态;$\Delta W_{ij}(n)$为上一次n时的改变量;α常数为动作条件(motor condition),用以衡量上一次权重的变化量,调整网络可能的剧烈摆动。权重改变从输出单元到输入单元反向传播,网络在运行中的每次尝试后给出一个期望输出,比较实际输出和期望输出,然后网络随机地调整输出单元和邻近中间单元之间的联结权重以减小误差,该过程结束时,这组权重就被改变了。其工作流程是相邻层联结以相同方式顺序改变。输入信号先向前传递到中间单元,经过作用后,再把中间单元的输出信息传递到输出单元,最后给出输出结果。单元的激发函数一般选用Sigmoid型函数,其学习过程是由正向传播和反向传播组成。在正向传播中,输入信息从输入层经中间单元层逐层处理后,传至输出层。每一层神经元的状态只影响下一层神经元的状态。如果在输出层得不到期望输出,就转为反向传播,把误差信号沿原联结路径返回,并通过修改各层神经元的联结权重,使误差信号最小。

4. 反向传播规则的缺陷

反向传播也有缺陷,主要体现在以下三个方面:第一,必须设计大量的网络单元、良好的学习频率值和建构良好的网络结构,这需要精密复杂的设计技术;第二,网络学习速度非常慢,有时需数千次训练;第三,它缺少神经学意义上的合理性。

总之,该算法速度慢、结构复杂,就是解决小问题也需要至少数百个单元。

18.3 人工神经网络典型算法

18.3.1 perception神经网络模型

1. 感知机

感知机(perception)是模拟人类视觉,接收环境信息,通过神经冲动传递信息的神经网络。最早由美国学者F. Rosenblatt于1957年提出,作为有导师学习的神经网络模型。感知机分为单层与多层,它们是具有学习功能的神经网络。当时建立的感知机是一个具有单层处理单元的神经网络。

单层感知机是指包含一个突触权值可调的神经元的感知机模型,它的学习算法是Rosenblatt在1958年提出的。感知机是神经网络用来进行模式识别的一种最简单模型,属于前向神经网络类型,但是仅由单个神经元组成的单层感知机只能用来实现线性可分的两类模式的识别,单层与双层神经网络互联结构如图 18.7 所示。

单层感知机最大的缺点是只能解决线性可分的分类模式问题，要增强网络的分类能力唯一的方法是采用多层网络结构，即在输入层与输出层之间增加一个隐含层，从而构成多层感知机（multilayer perceptrons，MLP）。这种由输入层、隐含层（可以是一层或者多层）和输出层构成的神经网络称为多层前向神经网络，见图 18.8。

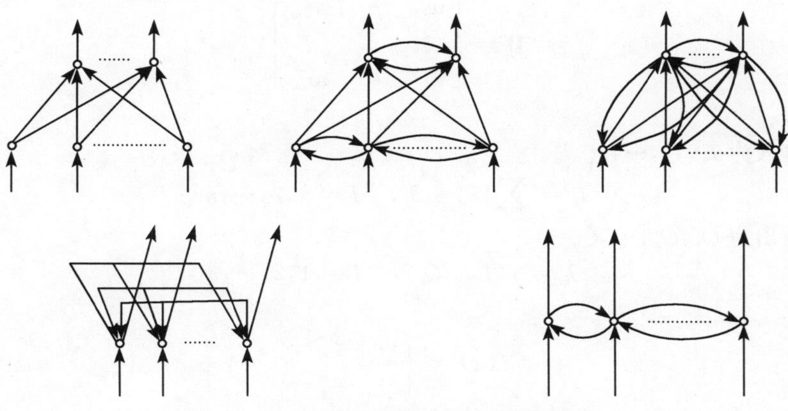

图 18.7　单层与双层神经网络互联结构

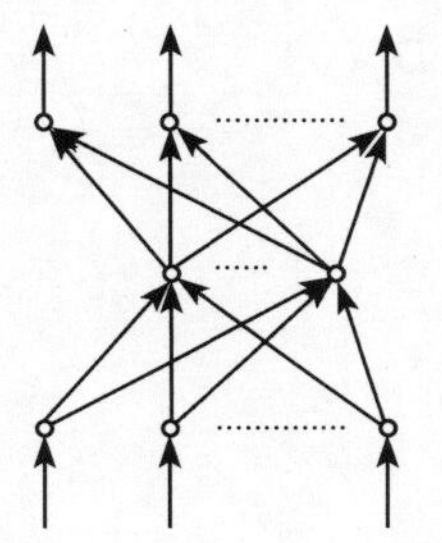
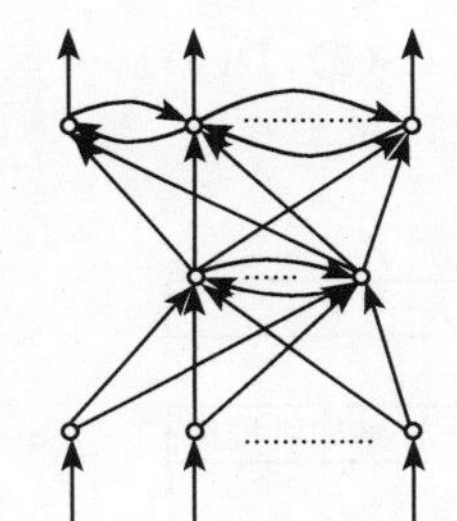
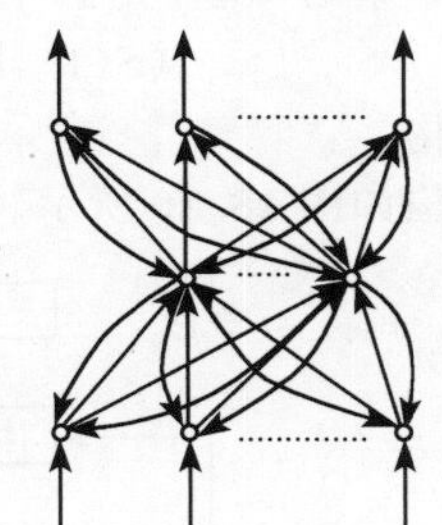

图 18.8　多层神经网络互联结构

多层感知机是对单层感知机的推广，它能够成功解决单层感知机所不能解决的非线性可分问题。

2. 感知机神经网络算法

1）问题描述

感知机网络结构如图 18.9 所示。

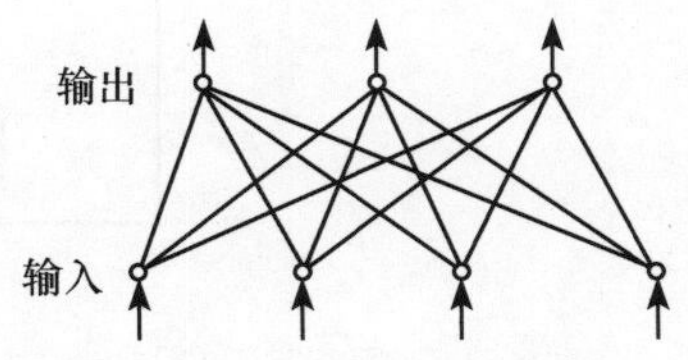

图 18.9　感知机网络结构

神经元 i 的输入：

$$I_i = \sum W_{ij} \cdot S_j$$

其中，S_j 为神经元 j 的输出；W_{ij} 为神经元 j 与 i 的联结权值。

神经元 i 的输出：

$$O_i = f(I_i - Q_i)$$

其中，$f(x)$ 为传递函数。

神经元 i 的期望输出为 D_i，设 $\delta_i = D_i - O_i$，希望通过样本学习，让权重 w_{ij} 使 δ_i 尽可能小。

利用德尔塔规则（delta rule）

$$\Delta W_{ij} = \alpha \cdot \delta_i \cdot S_j$$

则更新权值：

$$W_{ij}(t+1) = W_{ij}(t) + \Delta W_{ij}$$

2）求解

求解思路：利用德尔塔规则：$\Delta W_{ij} = \alpha \cdot \delta_i \cdot S_j$，更新权值：$W_{ij}(t+1) = W_{ij}(t) + \Delta W_{ij}$

数据结构：输入：$S_1, S_2, \cdots, S_m$；输出：节点 $1,2,\cdots,n$；输入 $I_1, I_2, \cdots, I_n$；输出 $O_1, O_2, \cdots, O_n$

权值矩阵：

$$\boldsymbol{W} = \begin{bmatrix} w_{11} & \cdots & w_{1m} \\ \vdots & & \vdots \\ w_{n1} & \cdots & w_{nm} \end{bmatrix}$$

推理过程：

输出的输入为 $I_1, I_2, \cdots, I_n$

$$I_i = \sum W_{ij} * S_j, \quad I = 1,2,\cdots,n$$

输出的输出为 $O_1, O_2, \cdots, O_n$

$$O_i = f(I_i - Q_i), \quad I = 1,2,\cdots,n$$

其中

$$f(x) = \begin{cases} 1, & x > 0 \\ 0, & x \leqslant 0 \end{cases}$$

学习算法：

给出一组学习样本（共 P 个）：

$$(S(1), D(1)), (S(2), D(2)), \cdots, (S(P), D(P))$$

算法结构：

算法结构如图 18.10 所示。

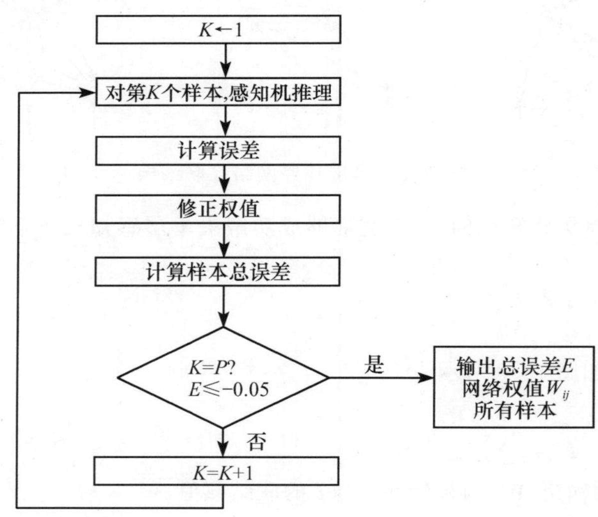

图 18.10 感知机神经网络算法结构

子算法设计：

子算法 1——感知机模型推理。感知机模型推理见图 18.11。

子算法 2——计算第 K 个样本的误差。

$$节点误差：\delta_1(K) = D_1(k) - O_1(K)$$

$$第\ K\ 个样本误差：e_K = \sum \mid \delta_i(K) \mid$$

子算法 3——修正权值：

$$\Delta W_{ij} = \alpha \cdot \delta_i(K) \cdot S_j(K)$$
$$W_{ij}(n+1) = W_{ij}(n) + \Delta w_{ij}$$

子算法 4——计算 P 个样本的总误差：

$$E = E + e_K$$

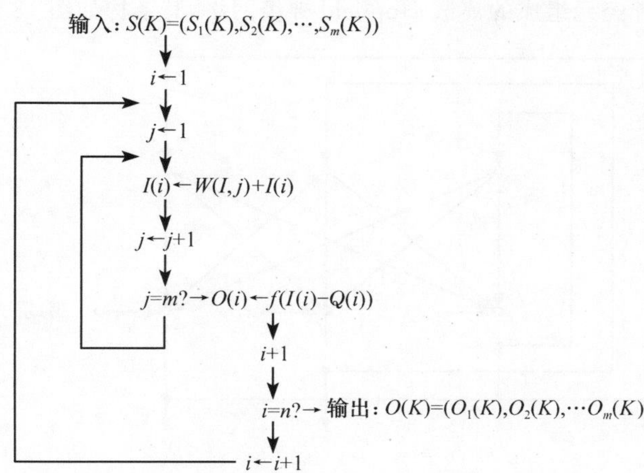

图 18.11　感知机模型推理

18.3.2　Hopfield 神经网络模型

1. Hopfield 网络模型

Hopfield 神经网络模型是由美国加州工学院物理学教授 Hopfield 于 1982 年提出的一种相互全联结的反馈型神经网络。由于在网络中成功地引入了“能量函数”的概念，给出了网络的稳定性判据，所以可以用它来实现 A/D 转换和解决优化组合计算等问题。所有这些有意义的成果有力地推动了神经网络的研究热潮，开拓了神经网络在信息处理和优化计其中的新用途。

反馈型神经网络是一个非线性动力学系统，它具有如下两个重要特征：①系统具有多个稳定状态，从某一初始状态开始运动，系统最终可以到达某一个稳定状态；②不同的初始联结权值对应的稳定状态也不相同。如果用系统的稳定状态作为记忆，那么由某一初始状态出发向稳态的演化过程，实际上就是一个联想过程，所以 Hopfield 神经网络也具有联想记忆的功能。

与前向型神经网络不同，前向神经网络不考虑输出与输入之间在时间上的滞后影响，其输出与输入之间仅仅是一种映射关系。而 Hopfield 网络则不同，它采用反馈联结，考虑输出与输入在时间上的传输延迟，所表示的是一个动态过程，需要用差分或微分方程来描述，因而 Hopfield 网络是一种由非线性元件构成的反馈系统，其稳定状态的分析比前向神经网络要复杂得多。

Hopfield 神经网络模型有离散型和连续型两种，连续型模型还可以用模拟式电子电路来实现，这就为神经计算机的硬件实现提供了理论基础。

Hopfield 用能量函数的思想形成了一种新的计算方法，阐明了神经网络与动力学的关系，并用非线性动力学的方法来研究这种神经网络的特性，建立了神经网络稳定性判据，并指出信息存储在网络各个神经元之间的联结上，形成了所谓的 Hopfield 网络。Hopfield 还将该反馈网络同统计物理中的 Lsing 模型相类比，把磁旋的向上和向下方向看成神经元的激活和抑制两种状态，把磁旋的相互作用看成神经元的突触权值。这种类推为大量的物理学理论和许多物理学家进入神经网络领域铺平了道路。1984 年，Hopfield 设计并研制了 Hopfleld 网络模型的电路，指出神经元可以用运算放大器来实现，所有神经元的联结可用电子线路来模拟，称之为连续 Hopfield 网络。使用该电路，Hopfleld 成功地解决了旅行商(TSP)计算难题(优化问题)。

2. Hopfield 网络结构

Hopfield 最早提出的网络是二值神经网络，神经元的输出只取 1 和 0 这两个值，所以，也称离散 Hopfield 神经网络。在离散 Hopfield 网络中，所采用的神经元是二值神经元。故而，所输出的离散值 1 和 0 分别表示神经元处于激活和抑制状态。

如果考虑由三个神经元组成的离散 Hopfield 神经网络，其结构如图 18.12 中所示。

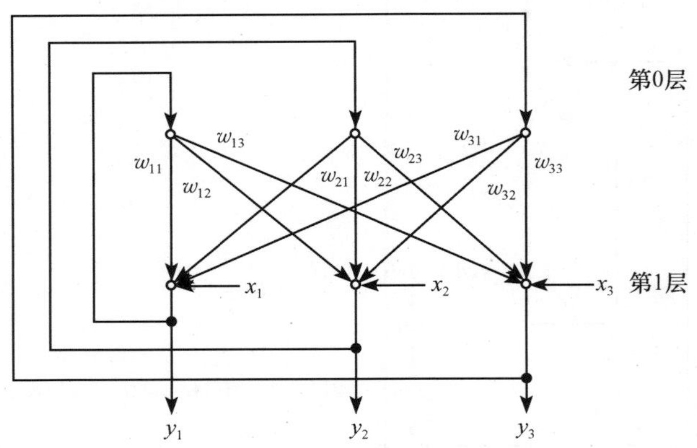

图 18.12　三神经元组成的 Hopfield 网络

在图 18.12 中，第 0 层仅仅是作为网络的输入，它不是实际神经元，所以无计算功能；而第 1 层是实际神经元，故而执行对输入信息和权系数乘积求累加和，并由非线性函数 f 处理后产生输出信息。f 是一个简单的阈值函效，如果神经元的输出信息大于阈值 θ，那么，神经元的输出就取值为 1；小于阈值 θ，则神经元的输出就取值为 θ。

3. Hopfield 网络算法

对于二值神经元，它的计算公式如下：

$$U_j = \sum_i W_{ij} Y_i + X_j$$

其中，x_i 为外部输入。

并且有

$$Y_i = 1, \text{当 } U_i \geqslant \theta_i \text{ 时}$$
$$Y_i = 0, \text{当 } U_i < \theta_i \text{ 时}$$

对于一个离散的 Hopfield 网络，其网络状态是输出神经元信息的集合。对于一个输出层是 n 个神经元的网络，则其 t 时刻的状态为一个 n 维向量：

$$\boldsymbol{Y}(t) = [Y_1(t), Y_2(t), \cdots, Y_n(t)]^{\mathrm{T}}$$

故而，网络状态有 $2n$ 个状态；因为 $Y_j(t)(j=1,\cdots,n)$ 可以取值为 1 或 0；故 n 维向量 $\boldsymbol{Y}(t)$ 有 $2n$ 种状态，即是网络状态。

对于一个由 n 个神经元组成的离散 Hopfield 网络，则有 $n \times n$ 权系数矩阵 $\boldsymbol{W}$：

$$\boldsymbol{W} = \{W_{ij}\}, i = 1,2,\cdots,n \quad j = 1,2,\cdots,n$$

同时，有 n 维阈值向量 $\boldsymbol{\theta}$：

$$\boldsymbol{\theta} = [\theta_1, \theta_2, \cdots, \theta_n]^{\mathrm{T}}$$

一般而言，$\boldsymbol{W}$ 和 $\boldsymbol{\theta}$ 可以确定一个唯一的离散 Hopfield 网络。如图 18.12 所示的三神经元组成的 Hopfield 网络。考虑离散 Hopfield 网络的一般节点状态；用 $Y_j(t)$ 表示第 j 个神经元，即节点 j 在时刻 t 的状态，则节点的下一个时刻 $(t+1)$ 的状态可以求出如下：

$$Y_i(t+1) = f(U_j(t)) = \begin{cases} 1, & U_j \geqslant 0 \\ 0, & U_j < 0 \end{cases}$$

$$U_j(t)=\sum_{i=1}^{n}W_{ij}Y_i(t)+X_j-\theta_j$$

当 W_{ij} 在 $i=j$ 时等于 0，则说明一个神经元的输出并不会反馈到它自己的输入；这时，离散的 Hopfield 网络称为无自反馈网络。

当 W_{ij} 在 $i=j$ 时不等于 0，则说明一个神经元的输出会反馈到它自己的输入；这时，离散的 Hopfield 网络称为有自反馈的网络。

对于一个网络来说，稳定性是一个重大的性能指标。

离散 Hopfield 网络，其状态为 $\boldsymbol{Y}(t)$：

$$\boldsymbol{Y}(t)=[Y_1(t),Y_2(t),\cdots,Y_n(t)]^{\mathrm{T}}$$

如果，对于任何 $\Delta t>0$，当神经网络从 $t=0$ 开始，有初始状态 $\boldsymbol{Y}(0)$；经过有限时刻 t，有

$$\boldsymbol{Y}(t+\Delta t)=\boldsymbol{Y}(t)$$

则称网络是稳定的。

在串行方式下的稳定性被称为串行稳定性。同理，在并行方式的稳定性被称为并行稳定性。在神经网络稳定时，其状态称稳定状态。

从离散的 Hopfield 网络可以看出：它是一种多输入、含有阈值的二值非线性动力系统。在动力系统中，平衡稳定状态可以理解为系统的某种形式的能量函数在系统运动过程中，其能量值不断减小，最后处于最小值。

对 Hopfield 网络引入一个 Lyapunov 函数，即所谓能量函数：

$$E=\left(-\frac{1}{2}\right)\sum_i\sum_j W_{ij}Y_iY_j-\sum_i X_jY_j+\sum_j\theta_jY_j$$

即有

$$\begin{aligned}E&=\sum_{j=1}^{n}\left[\left(-\frac{1}{2}\right)\sum_{i=1}^{n}W_{ij}Y_iY_j\right]-\sum_{j=1}^{n}X_jY_j+\sum_{i=1}^{n}\theta_jY_j\\&=\sum_{j=1}^{n}\left\{\left[\left(-\frac{1}{2}\right)\sum_{i=1}^{n}W_{ij}Y_iY_j\right]-X_jY_j+\theta_jY_j\right\}\end{aligned}$$

对于神经元 j，其能量函数可表示为

$$E_j=\left(-\frac{1}{2}\right)\sum_{i=1}^{n}W_{ij}Y_iY_j-X_iY_j+\theta_jY_j$$

也即是有 $E=\sum_{j=1}^{n}E_j$。

神经元 j 的能量变化量表示为 ΔE_j：

$$\begin{aligned}\Delta E_j&=\frac{\partial E}{\partial Y_j}\Delta Y_j\\&=\frac{\partial E_i}{\partial Y_j}\Delta Y_j\\&=\left[\left(-\frac{1}{2}\right)\sum_{i=1}^{n}\left(W_{ij}Y_i\frac{Y_i}{\partial Y_j}+W_{ij}\frac{Y_i}{\partial Y_j}Y_j\right)-X_j\frac{Y_j}{\partial Y_j}+\theta_i\frac{Y_j}{\partial Y_j}\right]\Delta Y_j\end{aligned}$$

如果存在条件：

$$W_{ii}=0,\quad i=1,2,\cdots,n$$
$$W_{ij}=W_{ji},\quad i=1,2,\cdots,n\quad j=1,2,\cdots,n$$

则有

$$\begin{aligned}\Delta E_j&=\left[-\sum_{\substack{i=1\\i\neq j}}^{n}W_{ij}Y_i-X_j+\theta_j\right]\Delta Y_j\\&=-\left[\sum_{\substack{i=1\\i\neq j}}^{n}W_{ij}Y_i+X_j-\theta_j\right]\Delta Y_j\end{aligned}$$

其中，E_j 为神经元 j 的能量；ΔE_j 为神经元 j 的能量变化；W_{ij} 为神经元 i 到神经元 j 的权系数；Y_i 为神经元 j 的输出；X_j 为神经元 j 的外部输入；θ_j 为神经元 j 的阈值；ΔY_j 为神经元 j 的输出变化。

如果，令 $U_j = \sum W_{ij} Y_i + X_j$，则 ΔE_j 可表示为：

(1) 如果 $U_j \geqslant \theta_j$，即神经元 j 的输入结果的值大于阈值，则 $U_j - \theta_j \geqslant 0$，则从二值神经元的计算公式知道：$Y_j$ 的值保持为 1，或者从 0 变到 1。这说明 Y_j 的变化 ΔY_j 只能是 0 或正值。这时很明显有 $\Delta E_j \leqslant 0$。这说明 Hopfield 网络神经元的能量减少或不变。

(2) 如果 $U_j \leqslant \theta_j$，即神经元 j 的输入结果的值小于阈值，则 $U_j - \theta_j \geqslant 0$，则从二值神经元的计算公式可知：$Y_j$ 的值保持为 0，或者从 1 变到 0。这说明 Y_j 的变化 ΔY_j 只能是 0 或负位。这时则有 $\Delta E_j \leqslant 0$。这也说明 Hopfield 网络神经元的能量减少。

18.3.3 Back-Propagation 反向传播模型

1. Back-Propagation 反向传播模型的基本思想

在感知器和线性神经网络的学习算法中，理想输出与实际输出之差被用来估计神经元联结权值的误差。当为解决线性不可分问题而引入多级网络后，如何估计网络隐含层神经元的误差就成了一大难题。因为在实际中，无法知道隐含层的任何神经元的理想输出值。Rumelhart 和 McClelland 以及他们的同事们洞察到了神经网络信息处理的重要性，并于 1982 年成立了一个 PDP 小组，研究并行分布式信息处理方法，探索人类认知的微结构。1985 年他们提出了 BP 网络的误差反向后传 BP 学习算法，实现了 Minsky 设想的多层神经网络模型。

Back-Propagation 反向传播模型是利用输出后的误差来估计输出层的直接前导层的误差，再用这个误差估计更前一层的误差，如此一层一层的反传下去，就获得了所有其他各层的误差估计。Back-Propagation 反向传播模型就是将输出层表现出的误差沿着与输入传送相反的方向逐级向网络的输入层传递的过程。因此，人们特将此算法称为误差反向后传算法，简称 BP 算法。

2. BP 模型网络结构

BP 模型网络结构如图 18.13 所示，是一个包括输入层、输出层、隐节点层的网络。

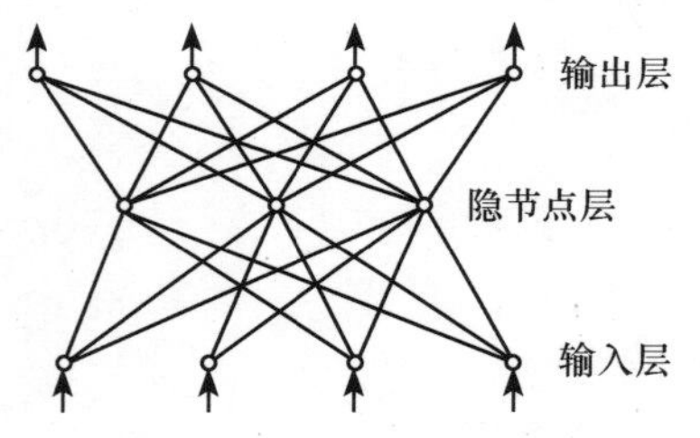

图 18.13 BP 模型网络结构

3. BP 模型算法设计思路

1) 传递函数

$$f(x) = \frac{1}{1 + e^{-x}}$$

2) 误差计算

计算第 P 个样本误差 EP：

$$EP = 0.5 \cdot \sum i(tP_i - OP_i)$$

其中，tP_i 为期望输出；OP_i 为计算输出。

3) 学习公式

学习是修正权值，使误差函数沿梯度方向下降。修正联结权值公式：

$$W_{ij}(K+1) = W_{ij}(K) + \Delta W_{ij}$$

其中，$\Delta W_{ij} = \eta \cdot \delta_i(K) \cdot O_j(K)$；$W_{ij}$ 为某层第 j 个节点与上一层第 i 个节点间联结的权值；O_j 为第 j 个节点的计算输出；δ_i 为第 i 个节点的计算误差；η 为收敛因子。

当节点 i 是输出节点：

$$\delta_i = (t_i - O_i) \cdot f'_n(\mathrm{net}_i) = (t_i - O_i) \cdot O_i \cdot (1 - O_i)$$

其中，t_i 为期望输出；O_i 为计算输出（本层节点）；$\mathrm{net}_i = \sum W_{ij} O_j^-$（$O_j^-$ 表示下层节点）；$O_i = f(\mathrm{net}_i)$

当节点 i 是隐节点：

$$\delta_i = f'_n(\text{net}_i)\cdot\sum\delta_K\cdot W_{ki} = X_i\cdot(1-X_i)\cdot\sum\delta_K\cdot W_{Ki}$$

其中,X_i 为节点 i 的计算输出(本层节点);δ_K 为上层节点的计算误差。因为 $f(x)=\dfrac{1}{1+e^{-x}}$,所以有 $f'(x)=f(x)\cdot(1-f(x))$。

联结权值修正的迭代公式:

$$W_{ij}^{(K+1)}=W_{ij}^{(K)}+\eta\cdot\delta_i\cdot O_j$$

或

$$W_{ij}^{(K+1)}=W_{ij}^{(K)}+\eta\cdot\delta_i\cdot O_j+a\cdot(W_{ij}^{(K)}-W_{ij}^{(K-1)})$$

4. BP 模型算法设计

1) 数据结构

输入节点(节点数为 m):$I_1,I_2,\cdots,I_m$。

隐节点(节点数同输入):

各节点的输入:$x_1,x_2,\cdots,x_m$

各节点的输出:$y_1,y_2,\cdots,y_m$

输出节点(节点数为 n):

各节点的输入:$z_1,z_2,\cdots,z_n$

各节点的输出:$o_1,o_2,\cdots,o_n$

第一层(输入—隐节点):

$$\boldsymbol{W}=\begin{bmatrix} w_{11} & \cdots & w_{1m} \\ \vdots & & \vdots \\ w_{n1} & \cdots & w_{nm} \end{bmatrix}=(w_{ij})_{n\times m}$$

第二层(隐节点—输出):

$$\boldsymbol{T}=\begin{bmatrix} T_{11} & \cdots & T_{1m} \\ \vdots & & \vdots \\ T_{n1} & \cdots & T_{nm} \end{bmatrix}=(T_{ij})_{n\times m}$$

2) 推理

隐节点:

隐节点的输入:

$$x_i=\sum_{i=1}^{m} w_{ij}\cdot I_j,\quad j=1,2,\cdots,m$$

隐节点的输出:

$$y_i=f(x_i-Q_i),\quad i=1,2,\cdots,m$$

其中

$$f(x)=\frac{1}{1+e^{-x}}$$

输出节点:

输出节点的输入:

$$z_i=\sum_{i=1}^{m} T_{ij}\cdot y_j,\quad j=1,2,\cdots,m$$

输出节点的输出:

$$O_i=f(z_i-Q_i),\quad i=1,2,\cdots,m$$

其中

$$f(x)=\frac{1}{1+e^{-x}}$$

3）学习算法

(1) 给出一组学习样本(共 P 个)：

$$(I^{(1)},D^{(1)}),(I^{(2)},D^{(2)}),\cdots,(I^{(P)},D^{(P)})$$

(2) BP 算法结构。BP 算法结构如图 18.14 所示。

(3) 子算法设计。

子算法 1:BP 模型推理。对第 K 个样本输入 $I^{(K)}=(I_1^{(K)},I_2^{(K)},\cdots,I_n^{(K)})$。

得到隐节点的输出值：

$$y^{(K)}=(y_1^{(K)},y_2^{(K)},\cdots,y_n^{(K)})$$

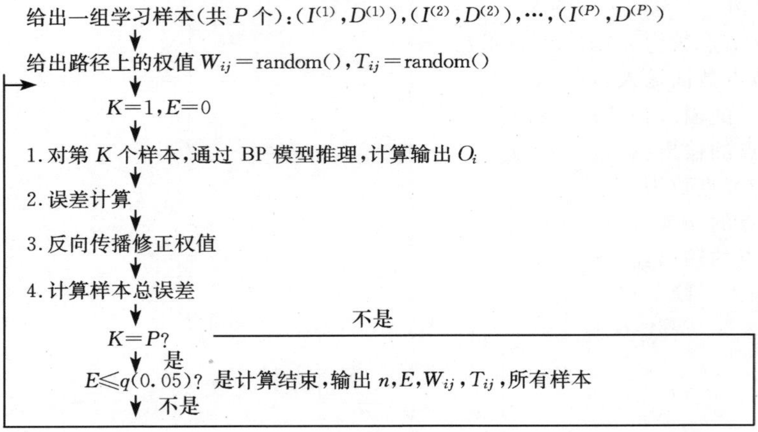

给出一组学习样本(共 P 个)：$(I^{(1)},D^{(1)}),(I^{(2)},D^{(2)}),\cdots,(I^{(P)},D^{(P)})$

↓

给出路径上的权值 $W_{ij}=\text{random}()$，$T_{ij}=\text{random}()$

↓

$K=1,E=0$

↓

1.对第 K 个样本，通过 BP 模型推理，计算输出 O_i

↓

2.误差计算

↓

3.反向传播修正权值

↓

4.计算样本总误差

↓

$K=P$? 不是（返回）

↓ 是

$E\leqslant q(0.05)$? 是计算结束，输出 n,E,W_{ij},T_{ij}，所有样本

↓ 不是（返回）

图 18.14　BP 算法结构

得到输出节点的输出值：

$$O^{(K)}=(O_1^{(K)},O_1^{(K)},\cdots,O_n^{(K)})$$

子算法 2:误差计算。

对每节点输出误差：

$$\Delta_i^{(K)}=D_i^{(K)}-O_i^{(K)},\quad i=1,2,\cdots,n$$

第 K 个样本误差：

$$e_x=\sum_{i=1}^{n}\mid\Delta_i^{(K)}\mid$$

子算法 3:反向传播修正权值。

第二层权值修正：

$$T_{ij}^{(n+1)}=T_{ij}^{(n)}+\eta\cdot\delta_i^{(2)}\cdot y_j,\quad i=1,2,\cdots,m\quad j=1,2,\cdots,n$$

其中，$\delta_i^{(2)}=O_i\cdot(1-O_i)\cdot(D_i-O_i)$，　$i=1,2,\cdots,m$。

第一层权值修正：

$$W_{ij}^{(n+1)}=W_{ij}^{(n)}+\eta\cdot\delta_i^{(2)}\cdot I_j,\quad i=1,2,\cdots,m\quad j=1,2,\cdots,n$$

其中，$\delta_i^{(1)}=y_i\cdot(1-y_i)\cdot\sum T_{ij}\cdot\delta_i^{(2)}$，　$i=1,2,\cdots,m$。

子算法 4:计算样本总误差。即

$$E=E+e_K$$

BP 模型学习算法示意图见图 18.15。

使用 BP 算法进行学习的多级非循环网络称为 BP 网络，属于前向神经网络类型。虽然这种误差估计本身的精度会随着误差本身的"向后传播"而不断降低，但它还是给多层网络的训练提供了比较有效的办法，加之多层前向神经网络能逼近任意非线性函数，在科学技术领域中有广

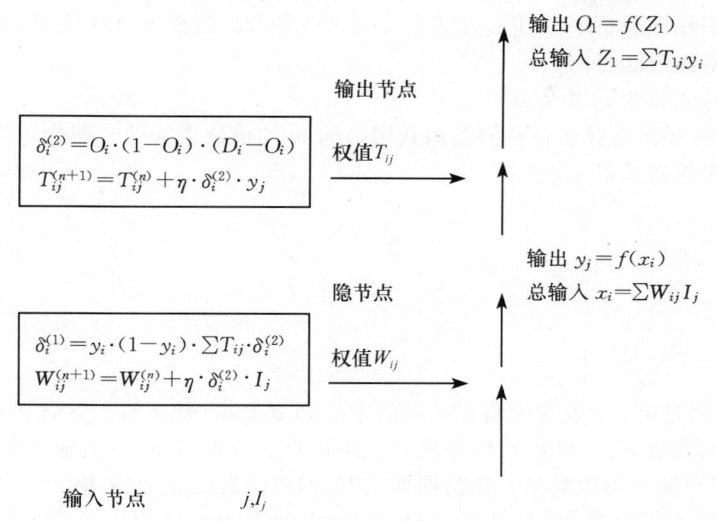

图 18.15　BP 模型学习算法示意图

泛的应用，所以，多年来该算法一直受到人们广泛的关注。

18.3.4　RBF 神经网络模型

1. RBF 神经网络模型的基本思想

1985 年，Powell 提出了多变量插值的径向基函数（radical basis function，RBF）方法。1988 年，Moody 和 Darken 提出了一种神经网络结构，即 RBF 神经网络，属于前向神经网络类型，它能够以任意精度逼近任意连续函数，特别适合于解决分类问题。

RBF 网络的结构与多层前向网络类似，它是一种三层前向网络。第一层为输入层，由信号源结点组成；第二层为隐含层，隐单元数视所描述问题的需要而定，隐单元的变换函数是 RBF，它是对中心点径向对称且衰减的非负非线性函数；第三层为输出层，它对输入模式的作用做出响应。从输入空间到隐含层空间的变换是非线性的，而从隐含层空间到输出层空间变换是线性的。

RBF 网络的基本思想是用 RBF 作为隐单元的“基”构成隐含层空间，这样就可将输入矢量直接（即不需要通过权联结）映射到隐空间。当 RBF 的中心点确定以后，这种映射关系也就确定了。而隐含层空间到输出空间的映射是线性的，即网络的输出是隐单元输出的线性加权和，此处的权即为网络可调参数。由此可见，从总体上看，网络由输入到输出的映射是非线性的，而网络输出对可调参数而言却又是线性的。这样网络的权就可由线性方程组直接解出，从而大大加快学习速度并避免局部极小问题。

2. RBF 的网络结构

RBP 神经网络的提出和研究是最近几年的事。RDF 网络通常是一种两层前传网络，如图 18.16 所示。

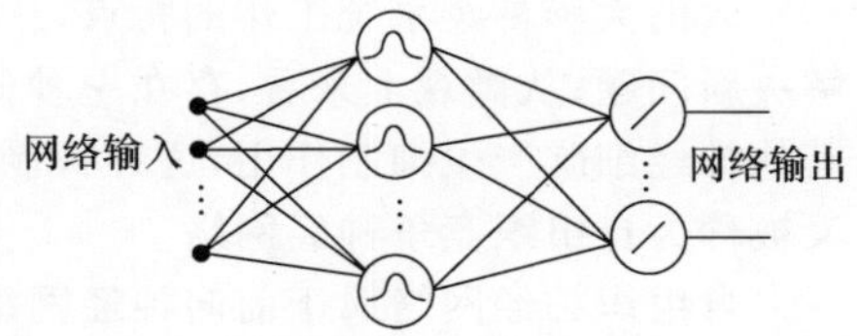

图 18.16　RBF 的网络结构

其输出节点计算由隐节点给出的基函数的线性组合。隐层中的基函数对输入激励产生一个局部化的响应，即仅当输入落在输入空间中一个很小的指定区域中时，隐单元才做出有意义的非零响应。因此，这类网络有时也称为局部化接收场网络（localized receptive field network）。

在 RBF 网络中，隐层执行的是一种固定不变的非线性变换，将输入空间映射到一个新的空间，输出层在该新的空间中实现线性组合器，可调节的参数就是该线性组合器的权。这种方法的一个优点是可以用线性最小平方(LS)方法来确定这些参数。理论上已经证明,RBP 网络可以提供一般两层网络的逼近能力。

3. RBF 神经网络模型的算法设计

最常用的 RBF 神经网络算法是径向基函数网络的 K-均值聚类算法。我们可以利用一组归一化的径向基函数来构造映射 f_r:

$$f_r(x) = \frac{\sum_{i=1}^{N_r} \lambda_i R_i(x)}{\sum_{i=1}^{N_r} R_i(x)}$$

其中,$R_i(x) = \exp\left[-\frac{(x-c_i)^2}{2\sigma_i^2}\right]$

参数 c_i 和 σ_i 分别是第 i 个隐单元响应函数的中心和宽度,λ_i 是从第 i 个隐单元到输出单元的联结权。上式中的参数 c_i、σ_i 和 λ_i 可以分成三步来计算。首先,利用一组输入矢量来计算 N_r 个 c_i,思想是使 c_i 尽可能均匀地对输入数据抽样,在数据点密集处,c_i 也密集。

K-均值聚类算法不仅简单,而且性能良好,在模式识别中的应用十分广泛。其具体过程如下:

```
    Procedure k-MEANS
    聚类中心 c_j 初始化,j=1,2,…,N_r
    /通常将 c_j 的初值置为最初的 N_r 个训练样本/
repeat
    /将所有模式按最近的聚类中心分组/
    for all c_j do
    将 x_i 分配给 θ_j^*,
    c_j^* = min_j ‖ x_i - c_j ‖
endloop
    /计算样本均值/
    for all c_j do
    c_j = (1/M_j) Σ_{x_i∈j} x_i
endloop
until 聚类中心的分配不再变化
end;{K-MEANS}
```

18.3.5 自组织神经网络模型

人的大脑神经系统工作的特点,从宏观上来看,能够通过自学来认识未学习过的新事物,并解决新问题;从微观上来看,存在一种侧抑制现象,即一个神经细胞兴奋后,它的分支会对周围其他神经细胞产生抑制作用,这种抑制使神经细胞之间产生竞争机制。因此,自组织神经网络又被称为自组织竞争神经网络。

自组织神经网络属于前向神经网络类型,采用无导师学习算法,其工作的基本思想是让竞争层各神经元通过竞争与输入模式进行匹配,最后仅有一个神经元成为竞争的胜者,这一获胜神经元的输出就代表对输入模式的分类。自组织特征映射神经网络不仅能够像自组织竞争神经网络一样学习输入的分布情况,而且可以学习神经网络的拓扑结构。

常用的自组织竞争神经网络有自适应共振理论(adaptive resonance theory,ART)网络和自组织特征映射(self-organizing feature map,SOM)网络。

1. ART 网络

ART 模型是美国 Boston 大学的 S. Grossberg 和 A. Carpenet 于 1976 年提出的。

1) ART 网络模型

ART 是一种自组织神经网络结构，是无导师的学习网络。当神经网络和环境有交互作用时，对环境信息的编码会自发地在神经网中产生，则认为神经网络在进行自组织活动。ART 就是这样一种能自组织地产生对环境认识编码的神经网络理论模型。

ART 模型是基于下列问题的求解而提出的：①对于一个学习系统，要求它有适应性及稳定性，适应性可以响应重要事件，稳定性可以存储重要事件；②学习时，原有的信息和新信息如何处理，保留有用知识，接纳新知识的关系如何及其解决的问题；③对外界信息与原存储的信息结合并决策的问题。

Grossberg 一直对人类的心理和认识活动感兴趣，他长期埋头于这方面的研究并希望用数学来刻画人类这项活动，建立人类的心理和认知活动的一种统一的数学模型和理论。ART 就是由这种理论的核心内容并经过提高、发展然后得出的。

目前，ART 理论已提出了三种模型结构，即 ART1，ART2，ART3。ART1 用于处理二进制输入的信息；ART2 用于处理二进制和模拟信息这两种输入；ART3 用于进行分级搜索。ART 理论可以用于语音、视觉、嗅觉和字符识别等领域。

2) ART 网络结构

ART 模型来源于 Helmboltz 无意识推理学说的协作-竞争网络交互模型。这个模型网络结构如图 18.17 所示。

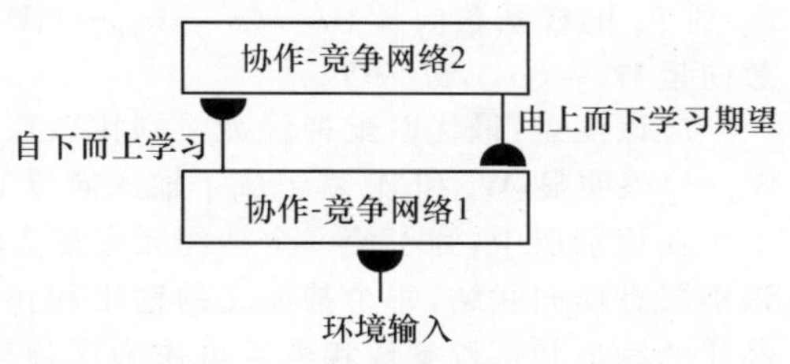

图 18.17　协作-竞争网络交互模型

从图 18.17 可以看出这个模型由两个协作-竞争模型组成。无意识推理学说认为：原始的感觉信息通过经历过的学习过程不断修改，直到成为一个真实的感知结果为止。在图 18.17 中，从协作-竞争网络交互模型可以看出：环境输入信号和自上而下学习期望同时对协作-竞争网络 1 执行输入，而自下而上学习是协作-竞争网络 1 的输出；同时，自下而上学习是协作-竞争网络 2 的输入，而自上而下学习期望则是其输出。真实感知是通过这个协作-竞争网络的学习和匹配产生的。

环境输入信号对自上而下学习期望进行触发，使协作-竞争网络 1 产生自下而上学习的输出。这种输出送到协作-竞争网络 2，则产生自上而下学习期望输出，并送回协作-竞争网络 1。这个过程很明显是自上而下学习和自下而上学习的过程，并且这个过程中不断吸收环境输入信息。经过协作-竞争的匹配，最终取得一致的结果，这也就是最终感知或谐振感知。协作-竞争网络交互作用有下列基本要求：第一，交互作用是非局域性的；第二，交互作用是非线性的；第三，自上而下的期望学习是非平稳随机过程。

3) ART 网络的工作原理

在 ART 模型中，显然分为 F_1 和 F_2 两层神经网络。对于注意子系统，F_1 和 F_2 这两层的作用可以用图 18.18 表示。

F_1 层接收输入模式 $\boldsymbol{I}$，则在 F_1 中被转换成激活模式 X，X 由 F_1 中的激活神经元表示，如图 18.18 中的长方形所示。这个模式 X 被短期存储在 F_1 中。只有激活值足够高的神经元才能产生输出信号并通过联结传送到 F_2 的神经元去。

在 F_1 中，由 X 所产生的 F_1 输出模式为 $\boldsymbol{S}$，$\boldsymbol{S}$ 模式通过联结送到 F_2 的神经元输入端。并在 F_2 的神经元的输入端产生一个和 $\boldsymbol{S}$ 不同的模式 T。从 $\boldsymbol{S}$ 到 T 的转换称为自适应滤波。无论 F_1 还是 F_2，其神经元是一般形式的神经元结构。一般而言，这些神经元的状态，输入和输出并不相同。

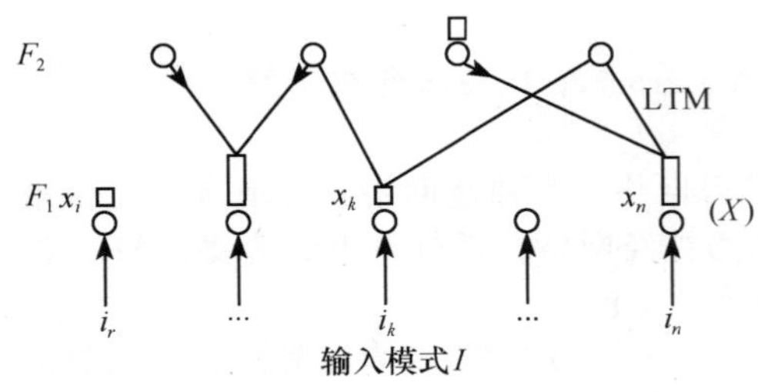

图 18.18　F_1 和 F_2 层的信息处理

在 F_2 层中，模式 T 经过 F_2 神经元的相互作用会迅速地被转换。这个相互作用是对输入模式 T 的比较及除弱增强过程。其结果产生一个短期存储在 F_2 中的模式 Y，这也是 F_2 的状态。

比较层 F_1 接收输入模式 $\boldsymbol{I}$，初始时不作任何变动作为输出向量 $\boldsymbol{S}$ 送去识别层 F_2；此后，F_1 同时接收识别层 F_2 输出的向量 $\boldsymbol{v}$ 和输入模式 $\boldsymbol{I}$，还有增益控制的输出，并按 2/3 规则产生输出。在初始时，增益控制的输出为 $\boldsymbol{I}$，而 $\boldsymbol{v}$ 设置为 $\boldsymbol{O}$，故有 $\boldsymbol{S}$ 等于输入 $\boldsymbol{I}$。

识别层 F_2 是用作输入向量分类器的。在识别层中，只有一个神经元和输入的向量$\boldsymbol{S}$ 最优匹配，这个神经元就会被激活，而其他神经元则被抑制。根据神经元的结构原理，最优匹配规则如下：

$$\sum_i W_{ic} s_i = \max_i \sum_i W_{ij} s_i$$

其中，$\boldsymbol{S}$ 为输入 F_2 的向量；$\boldsymbol{S}=(s_1, s_2, \cdots, s_n)$；$\boldsymbol{W}_3$ 为识别层中第 j 个神经元和比较层中神经元从 F_1 到 F_2 的权系数向量 $\boldsymbol{W}_j=(w_{1j}, w_{2j}\cdots)$；$\boldsymbol{W}_c$ 为识别层中最优匹配神经元 c 从 F_1 到 F_2 的权系数向量 $\boldsymbol{W}_c=(w_{1c}, w_{2c}\cdots)$。

应该注意：最优匹配神经元 c 到比较层神经元有从 F_2 到 F_1 的权系数向量 $\boldsymbol{W}'_c$，$\boldsymbol{W}'_r=(\boldsymbol{W}_{c1}, \boldsymbol{W}_{c2}\cdots)$很明显，$\boldsymbol{W}_c$ 和 $\boldsymbol{W}'_c$就组成了输入向量的类别样本，也即是权系数的形态表示一类模式。

在识别层中，为了使一个神经元有最大输出值并取得竞争的优胜，并抑制其他神经元，故而识别层有横向联结，每个神经元的输出和正的权系数相乘后作该神经元的一个输入，而其他神经元的输出和负权系数相乘后再作为该神经元的输入。这种作用等于加强自身，抑制其他，从而保证了只有一个神经元被激活。

增益控制有两部分，它们的作用功能不同。识别层 F_2 的增益控制输出原则为：只要输入向量 $\boldsymbol{I}$ 有一个元素为 1，则输出 1。比较层 F_1 的增益控制原则为：只要在 $\boldsymbol{I}$ 有一个元素为 1，同时 F_2 的输出向量 $\boldsymbol{U}$ 全部元素为 0 时，才输出 1。

重置作用是在输入信号 $\boldsymbol{I}$ 和 F_1 的输出 $\boldsymbol{S}$ 之间的匹配存在问题，差别大于某警戒值时，则发清零信号到 F_2，以便重新进行识别。

ART 网络的学习分类分为三个步骤，即识别、比较和搜索。

第 1 步：识别。初始化时，网络无输入信号，故 $\boldsymbol{I}$ 全部元素为 0；识别层 F_2 增益控制输出为 0；识别层 F_2 输出全部为 0。在有模式 $\boldsymbol{I}$ 输入后，$\boldsymbol{I}$ 必有元素为 1，故 F_1 增益控制、F_2 增益控制均输出 1；比较层 F_1 按 2/3 规则全部复制 $\boldsymbol{I}$ 作为输出；$\boldsymbol{S}=(s_1, s_2, \cdots, s_n)$。接着识别层 F_2 的每个神经元 j 执行下面操作，从而求出最优匹配神经元 c。

则神经元 c 输出 1，其余输出 $\boldsymbol{U}$。这些输出送回比较层 F_1。F_2 输出的值为 $\boldsymbol{U}=(u_1, u_2\cdots)$。找寻最优匹配神经元 c 的过程就是识别。

第 2 步：比较。从识别层 F_2 反馈到 F_1 的向量 $\boldsymbol{U}$ 不再全部为 0，故而，F_1 增益控制输出 0。按 2/3 规则，只有输入向量 $\boldsymbol{I}$ 及反馈向量 $\boldsymbol{U}$ 的元素同时为 1，所激励的神经元才会被激活。从另一个角度讲，就是来自 F_2 的反馈强迫输入向量 $\boldsymbol{I}$ 中那些不匹配存储模式 $\boldsymbol{U}$ 的 $\boldsymbol{S}$ 元素为 0。

如果 $\boldsymbol{I}$ 与 $\boldsymbol{U}$ 不匹配，则产生的 $\boldsymbol{S}$ 只有少数元素为 1，这也说明模式 $\boldsymbol{U}$ 不是所要寻找的 $\boldsymbol{I}$ 模式。取向子系统对 $\boldsymbol{I}$ 和 $\boldsymbol{S}$ 的相符程度进行判别，如果低于结定的警戒值，则发出重置信号，使识别层 F_2 激活的神经元清零，这也说明该神经元失去竞争的资格。则到此这个阶段分类比较过程结束。如果 $\boldsymbol{I}$ 与 $\boldsymbol{U}$ 匹配，则输入模式 $\boldsymbol{I}$ 所属的类别已找到，分类结束。

第 3 步：搜索。在 $\boldsymbol{I}$ 与 $\boldsymbol{U}$ 不匹配时，为了找到较好的匹配必须对其余的模式进行搜索。重置

信号把识别层 F_2 的神经元全部清 0,则 F_1 增益控制又输出 1,网络返回到初始状态。输入模式 $\boldsymbol{I}$ 再进行输入,识别层的另一个神经元会取得优胜,则反馈一个新的存储模式 $\boldsymbol{U}$ 送回比较层 F_1。接着又进行匹配比较,如不匹配,则又重置识别层……不断执行下去。

搜索过程直到产生下列情况之一才会停止:

找到一个存储模式,在警戒值范围内和输入模式 $\boldsymbol{I}$ 匹配,则 ART 网络进入学习阶段。修正和匹配神经元 c 相关的权系数 W_{ic} 和 W_{ci}。

搜索了全部模式后,没有一个模式能够和 $\boldsymbol{I}$ 相似匹配,则网络也进入学习阶段。把原来分配模式的神经元 j 赋予输入模式 $\boldsymbol{I}$,构造相应的权系数 W_{ij} 和 W_{ji},并作为样本模式存储。

特别应指出的是:搜索过程是包含了识别和比较两个阶段的。搜索不过是识别—比较—识别—比较的多次重复。

严格来说,ART 应分成搜索和学习这两种最主要的过程和功能。

4) ART 网络的学习算法

ART 模型是一种有自组织能力的神经网络模型,它是通过竞争机制在 F_2 中建立对应于输入模式 $\boldsymbol{I}$ 的编码的。

在 F_2 中形成对应于输入模式 $\boldsymbol{I}$ 的编码,在本质上就是对外界输入模式 $\boldsymbol{I}$ 进行学习,使网络的权系数取得恰当的对应值。这就要按照一定的规则或者学习算法来对权系数进行修改。

所谓自下而上,也即是从 F_1 到 F_2 的方向,自下而上的权系数就是从 F_1 到 F_2 的权系数。F_1 中的神经元用 N_i 表示,F_2 中的神经元用 N_j 表示,则从 F_1 的神经元 N_i 到 F_2 的神经元 N_j 的权系数用 W_{ij} 表示。

在学习时,权系数 W_{ij} 用下面的方程来修正:

$$\frac{\mathrm{d}W_{ij}}{\mathrm{d}t} = K_1 f(X_j)[-W_{ij}E_{ij} + h(X_j)]$$

其中,$f(X_j)$ 为神经元 N_j 到 F_1 的输出信号;$h(X_i)$ 为神经元 N_i 到 F_2 的输出信号;E_{ij} 为参数;K_1 为参数。

对于参数 E_{ij},一般按下式选取:

$$E_{ij} = h(X_i) + L^{-1}\sum_{k\neq i} h(X_k)$$

其中,L 为常数 $L^{-1}=1/L$。

如果取 K_1 为常数,并且有 $K_1=KL$,则权系数 W_{ij} 的微分方程可以写成:

$$\frac{\mathrm{d}W_{ij}}{\mathrm{d}t} = Kf(X_j)[(1-W_{ij})Lh(X_i) - W_{ij}\sum_{k\neq i} h(X_k)]$$

这个方程说明:当 F_2 层中神经元 N_j 的输出为正时,来自 F_1 层中神经元 N_i 正的输出信号以速率 $(1-W_{ij})Lh(X_i)Kf(X_j)$ 来影响权系数 W_{ij} 的改变。

$W_{ij}\sum\limits_{k\neq i} h(X_k)$ 是所有输入神经元中 $i\neq k$ 的输出信号 $h(X_k)$ 的总和;这个信号也就是 F_1 中除 N_i 以外的其他所有神经元对 F_2 中神经元 N_j 的输入信号。ART 模型就根据这个信号的大小来增强与 N_j 相对应的联结权系数。

ART 网络有多种学习算法,这部分介绍 Lippman 于 1987 年提出的算法。这个算法的步骤及执行过程如下:

第 1 步:初始化。初始化时对从 F_1 到 F_2 的权系数 W_{ij},F_2 到 F_1 的权系数 W_{ji} 以及警戒值 P 进行初设定。

(1) F_1 到 F_2 的权系数 W_{ij} 初始化。W_{ij} 的初始值按下式设定:

$$W_{ij}(0) < \frac{L}{(L-1+n)}$$

其中,n 为输入向量 $\boldsymbol{I}$ 的元素个数;L 为大于 1 的常数,一般取 $L=2$。

为了方便，可直接取：

$$W_{ij}(0)=\frac{1}{1+n}$$

$W_{ij}(0)$的值不能太大，太大则网络可能把识别层 F_2 的所有神经元都分配给一个输入模式。

(2) F_2 到 F_1 的权系数 W_{ij} 初始化。W_{ji} 的初始值取为 1，即有

$$W_{ji}(0)=1$$

$W_{ji}(0)$的值不能太小，太小则导致比较层 F_1 不匹配。

(3) 警戒值 P 的初始化。P 的值按下列范围选取：

$$0\leqslant P\leqslant 1$$

P 的值的选择要恰当。P 的值太大，则网络会过细辨别差异，P 的值太小，则容易把稍有某点相似的输入模式都当做同一类。在学习中，一开始取小的 P 值，进行粗分类；然后，逐渐增大警戒值 P，进行逐步细分类。

第 2 步：输入一个新的模式。

第 3 步：进行匹配度计算。

由于识别层是输入向量 $\boldsymbol{I}$ 的分类器，为了考虑输入向量 $\boldsymbol{I}$ 和识别层中对应的神经元相关的权系数形态是否匹配，故而要求其匹配程度。这时，计算识别层每个神经元 j 的激活量 Y_j。

第 4 步：选择最优匹配神经元 c。ART 网络在识别层通过横向抑制，从而使得只有激活值最大的神经元 c 才能输出 1，其他神经元则输出 0。神经元 c 的激活值用 Y_c 表示，则

$$Y_c=\max_j\{Y_j\}$$

第 5 步：比较和试验警戒值。识别层的神经元在选择出最优匹配的神经元之后，则有 1 输出，故而比较层增益控制输出 0。依据 2/3 规则，比较层中 $\boldsymbol{U}$ 和 $\boldsymbol{I}$ 的元素均为 1 的神经元被激活。取向子系统 A 则对比较层输出的向量 $\boldsymbol{S}$ 和输入向量 $\boldsymbol{I}$ 进行比较，如果相似率低于警戒值 P，则向识别层发出重置信号，对识别层进行清零。

第 6 步：最优匹配无效及其处理。如果相似率 R 小于警戒值 P，即 $R<P$，所以，应对其余存储的模式进行搜索，以便找到一个和输入模式更加接近的存储模式。

这时，重置信号到识别层去对神经元清零，则原来选中的最优匹配神经元为 0，也说明取消了该神经元的优胜性；把比较层增益控制设置为输出 1，转到第 3 点，重复上面过程。

在识别层一个神经元所取得的相似率大于警戒值，则转向第 7 点，结束分类过程。

在识别层的全部神经元都被搜索过，但没有一个神经元能匹配，则经学习后确定识别层一个神经元作为输入模式的最优匹配单元，然后停止分类学习过程，则输入模式被存储。分类过程结束时，则从 F_2 到 F_1 的权系数全部为 1、比较层输出 $\boldsymbol{S}$ 等于 $\boldsymbol{I}$，相似率等于 1。

第 7 步：自学习过程。自学习时，给出一组模式样本向量，按一定顺序作为网络的输入向量，对 ART 网络的权系数进行调整，使相似类向量都激活识别层同一神经元。

2. SOM 网络

在对人类的神经系统及脑的研究中，人们发现，人脑的某些区域对某种信息或感觉敏感，如人脑的某一部分进行机械记忆特别有效，而某一部分进行抽象思维特别有效。这种情况使人们对大脑的作用的整体性与局部性特征有所认识。

对大脑的研究说明，大脑是由大量协同作用的神经元群体组成的。大脑的神经网络是一个十分复杂的反馈系统。在这个系统含有各种反馈作用，有整体反馈、局部反馈，另外还有化学交互作用。在大脑处理信息的过程中，聚类是极其重要的功能。大脑通过聚类过程从而识别外界信号，并产生自组织过程。

依据大脑对信号处理的特点，在 1981 年，T. Kohonen 提出了一种神经网络模型，也就是 SOM 模型。

1) SOM 网络模型

Kohonen 认为人的大脑有如下特点：

(1) 大脑的神经元虽然在结构上相同，但是它们的排序不同。排序不是指神经元位置的移动，而是指神经元的有关参数在神经网络受外部输入刺激而识别事物的过程中产生变动。

(2) 大脑中神经元参数在变动之后形成特定的参数组织，具有这种特定参数组织的神经网络对外界的特定事物特别敏感。

(3) 根据生物学和神经生理学，大脑皮层分成多种不同的局部区域，各个区域分别管理某种专门的功能，如听觉、视觉、思维等。

(4) 大脑中神经元的排序受遗传决定，但会在外界信息的刺激下，不断接收传感信号，不断执行聚类过程，形成经验信息，对大脑皮层的功能产生自组织作用，形成新功能。

Kohonen 的思想在本质上是希望解决有关外界信息在人脑中自组织地形成概念的问题。对于一个系统来说，就是要解决一个系统在受外界信息作用时在内部自组织地形成对应表示形式。这包括神经网络的权系数调整。

神经网络的自调整过程和大脑的自组织过程是相仿的。由于神经网络是由可以自调整的神经元组成，所以，可以自组织成对外界信息中某一种特征敏感的形式。

2) SOM 网络结构

SOM 模型可以用二维阵列表示，如图 18.19 所示。

二维阵列神经网络由输入层和竞争层组成。输入层是一维的神经元。竞争层是二维的神经元。输入层的神经元和二维阵列竞争层的神经元每个都相互联结。二维阵列竞争层也称输出层。

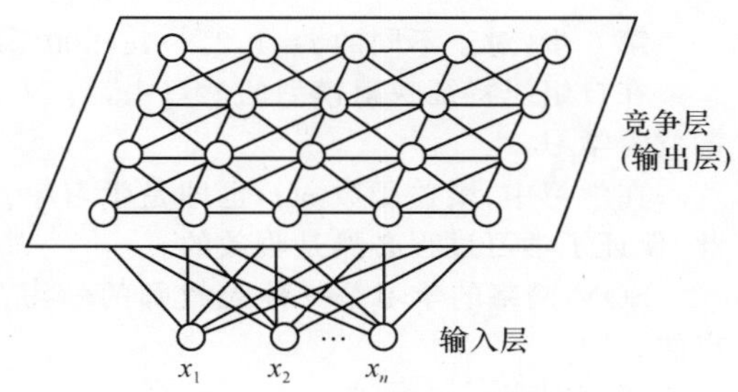

图 18.19　二维阵列 SOM 模型

在二维阵列竞争层中，可以清楚看出：每一个输出神经元都和最近相邻的 8 个神经元相连；当然，最边沿的神经元和 3～5 个神经元相连，但这只是最边沿的神经元才会这样。而从二维阵列内部一般有：每个输出神经元和 8 个最相邻的神经元相连。

3) SOM 模型的学习算法

在神经网络的 SOM 模型中，每一个权系数的有序序列 $W_j=(W_{1j},W_{2j},\cdots,W_{nj})$ 都可以看做是神经网络的一种内部表示，它是有序的输入序列 $X=(X_1,X_2,\cdots,X_n)$ 的相对应映象。

SOM 模型可以实现自组织功能。自组织的目的就是通过调整权系数 W_{ij}，使神经网络收敛于一种表示形态，在这一表示形态中的一个神经元只对某种输入模式特别匹配或特别敏感。换言之，自组织映射的目的就是使神经元的权系数的形态表示可以间接模仿输入的信号模式。

SOM 模型的学习算法是由两部分组成的：最优匹配神经元的选择；网络中权系数的自组织过程。

这两部分是相辅相成的，它们共同作用才能完成自组织特征映射的学习过程。选择最优匹配神经元实质是选择输入模式对应的中心神经元 c。权系数的自组织过程则是以“墨西哥帽”的形态来使输入模式得以存放。

每执行一次学习，则 SOM 网络中就会对外部输入模式执行一次自组织适应过程；其结果是强化现行模式的映射形态，弱化以往模式的映射形态。

在计算机中可以采取一定的恰当步骤对自组织特征映射模型 SOM 进行学习。这些步骤介绍如下：

第 1 步：权系数初始化。对于有 n 个输入神经元，P 个输出神经元的 SOM 网络，对联结输入神经元和输出神经元之间的权系数设定为小的随机数 a，一般有

$$0 < a < 1$$

同时，设定邻近区域的初始半径。

第 2 步：给出一个新的输入模式 X_k：

$$X_k = \{X_{1k}, X_{2k}, \cdots, X_{nk}\}, \quad k = 1, 2, \cdots$$

第 3 步：求模式 X_k 和所有的输出神经元的距离。对于输出神经元 j，它和特定的输入模式 X_k 之间的距离用 d_{jk} 表示，并且有

$$d_{jk} = \| X_k - W_j \| = \sqrt{\sum_{i=1}^{n}[X_{ik}(t) - W_{ij}(t)]^2}$$

第 4 步：选择最优匹配的输出神经元 c。和输入模式 X_k 的距离最小的神经元就是最优匹配的输出神经元 c。用 $\boldsymbol{W}_c$ 表示神经元 c 对输入神经元的权系数向量，则应有

$$\| \boldsymbol{X}_k - \boldsymbol{W}_c \| = \min_i \{d_{jk}\}$$

第 5 步：修正权系数。根据设定的邻近区域，或递减变小后的区域，对区域 N_c 中的神经元进行权系数修正。修正按下式执行：

$$W_{ij}(t+1) = W_{ij}(t) + \eta(t)[X_i(t) - W_{ij}(t)]$$

对于区域 N_c 外的神经元，其权系数不变，即有

$$W_{ij}(t+1) = W_{ij}(t)$$

第 6 步：对于不同的 $t=1,2,\cdots,z(500 \leqslant z \leqslant 10\,000)$，重新返回第 2 步去执行。

在自组织特征映射模型的学习中，当 N_c 不止包含一个神经元时，这种竞争学习实际上是泄漏竞争学习。

在学习中，增益函数 $\eta(t)$ 也即是学习率。由于学习率 $\eta(t)$ 随时间的增加而渐渐趋向零，因此，保证了学习过程必然是收敛的。

SOM 网络的学习是一种无教师的学习，输入信号模式是环境自行给出的，而不是人为给出的。

18.4 人工神经网络应用案例

18.4.1 基于 BP 神经网络的银行商业信贷风险评价

商业银行作为国民经济的“总枢纽”和金融信贷中心，发挥着融通资金、引导资金流向和调节社会供需平衡等诸多不可替代的重要作用。然而，商业银行在营运过程中无时无刻不面临着各种金融风险，其中，信用风险占有特殊的重要地位。世界银行对全球银行业危机的研究表明，导致银行破产的最常见的原因就是信用风险。

信用风险的实质是信贷资金安全系数的不确定性，这种不确定性实际强调的是信贷资金形成呆账的可能性。然而长期以来，信用风险评估一直被看做是模式识别中的一类“分类”问题，依据的信用风险衡量标准是贷款企业“违约与否”，形成信用风险的分类评估模式。随着信用风险的迅猛膨胀以及信贷决策的日益复杂化，分类评估模式所反映的有限的经济信息已经远不能满足信贷风险决策的需要。

商业银行典型的做法是，首先依据借款人的资料，遵循 5C 原则——即借款人品质(character)、能力(capacity)、资本(capital)、担保(collateral)、环境(condition)，或 LAPP 原则：流动性(liquidity)、活动性(activity)、营利性(profitability)、潜力(potentialities)进行评价。

目前采用的方法有统计方法、专家系统、神经网络技术等。这里我们运用 BP 神经网络技术来分析信用风险，具体操作步骤如下：

第 1 步：主成分分析。在利用信用风险识别模型对我国商业银行的信用风险进行实证检验之前，我们首先引入主成分分析法。主成分分析法的基本思路是：从 P 个原始财务指标中提取

m 个相互独立主成分，每个主成分都是原来多个指标的线性组合。提取的主成分根据特征值大小排序，特征值最大的主成分对原始财务指标的解释力度最大，如果特征值小于 1，表示该主成分的解释力度还不如直接引入一个原变量的解释力度大。如果 $m(m \leqslant p)$ 个主成分可以解释大部分原始财务指标的方差或者提取主成分的累计贡献率达到 80% 以上，那么，主成分空间就能够最大限度地保留原始 P 维财务指标空间的信息。

可以利用 Statgraphics 软件包进行主成分分析，得到以下五个比率：

X_1 = 运营资金 / 资产总额

X_2 = 保留盈余 / 资产总额

X_3 = 息税前利润 / 资产总额

X_4 = 普通股、优先股市场价值总额 / 负债账面价值总额

X_5 = 销售收入 / 资产总额

第 2 步：BP 网络参数确定。

第 3 步：权值和阈值初始化。

第 4 步：给定输入信号。

第 5 步：计算神经网络前向传播信号。

传递函数如下：

$$f_i = \frac{1}{2}\frac{\mathrm{e}^x - \mathrm{e}^{-x}}{\mathrm{e}^x + \mathrm{e}^{-x}}$$

第 6 步：各层次权值和阈值的修正。

第 7 步：训练样本。

对 BP 算法进行修整以改进训练时间，加一个称为“惯性项”的调整量，则调整公式为

$$\Delta W_{ij(n+1)} = -\eta \frac{\partial E}{\partial W_{ij(n)}} + \alpha \Delta W_{ij(n)}$$

其中，$0<\alpha<1$ 为惯性参数。该方法将前次计算的权重引入学习过程，用惯性项保持其变化速度于一定程度，以抑制收敛过程中振荡的发生。

最后选定的学习参数为 $\alpha=0.90$，$\beta=0.66$。

选取我国某商业银行 2002～2004 年中，均有贷款且财务报表齐全的 218 家上市公司客户，共得到 654 个样本。

结果分析应用 Statgraphics 软件包，最终得到线性判别模型的判别系数。五个比率中的四个(除外)在 1% 的显著水平下服从正态分布。通过考察相关系数矩阵来检验解释变量的线性相关性，发现没有变量是其他变量的线性组合。

得到的结果分析如下：

基于 BP 神经网络技术构造的信用风险识别模型，既能够为商业银行识别和预测信用风险提供客观清晰的依据，同时也为借款人加强企业内部管理，摆脱财务困境提供有价值的参考信息。单隐层 BP 神经网络模型的最佳节点数是 10，此时得到的输出结果如果是 1，说明该企业是违约率高于 5% 的高风险企业；反之，如果是 0，则说明该企业是违约率低于 5% 的低风险企业。

主成分分析可以有效解决我国企业财务数据高维性和多重共线性的特点，在不丢掉主要数据信息的前提下集中体现了它们的类别特色，使判别模型更具说服力。从 46 个财务指标抽取出 12 个主成分，主成分累计贡献率达到 80%，在简化后续检验过程的同时最大限度保留了原始数据信息。根据旋转后的主成分负荷矩阵和因子得分系数矩阵中主成分和原始财务指标的相关关系，各主成分被赋予不同的经济意义。

单隐层 BP 神经网络模型对训练样本判定的准确率达到 100%，这源于神经网络技术独特的自我学习和调整能力，对预测样本判定的准确率是 63.69%，表明该模型的稳定性有待进一步加强，泛化能力有待提高。商业银行在具体运用该模型时，对企业信用风险的最终判定不宜完全

信赖其判定结果,必须结合定性和其他定量方法(logit);另外,也意味着我国商业银行需要在实践中对 BP 神经网络进行技术调整以提高推广能力。

18.4.2 BP 神经网络在权证定价中的应用

我国股票市场经历了很长时间的发展,投资的品种也在日益增多,特别是最近两年迅速发展的权证市场,更是受到众多投资者的青睐,但是对于权证的定价方法,却一直没有一个比较科学准确的方法,权证实质上是期权的一种,所以国内对于权证的定价,基本是使用了由 Black 和 Scholes 二人提出的关于欧式期权定价的经典理论公式——Black-Scholes 公式(以下简称 B-S 模型),然而由于 B-S 模型的诸多假设前提,我国的市场环境无法满足,因此使用该方法对于权证价格的确定有很大的偏差。神经网络算法自 1943 年心理学家 McChlloch 和数学家 Pitts 提出至今已经有了长足的发展,在西方发达国家的金融商业决策中成为有利的工具之一。该方法已经在股价预测、衍生品对冲、风险管理、公司并购等方面发挥了重要作用,但是在我国金融市场中的应用尚没有西方发达国家成熟。

M. del Brio 和 S. Cinca 使用 SOFMs 将破产公司和有偿债能力公司分离,并利用 1977～1985 年的西班牙银行危机的数据训练网络,训练后,神经网络的预言能力获得了 90%左右准确性。Refenes,Zapranis 和 Francis 与 Bansal 和 Viswanathan 探索了一个动态的版本的套利定价模型,用神经网络取代线性回归给股票评级,发现相比回归模型,神经网络能更好地找出超出市场表现的股票。尤其是在处理与结构不稳定的关系时有较好表现,如股票市场的回报。H. Lo 和 Poggio 应用神经网络方法来估计期权定价模型,发现这种定价的优势在于不必依赖于限制性参数的假设,该方法可以适应结构的变化,适用于各种衍生工具。Hutchinson 等在估计的性能和效果上得到了很好的结论。他们不仅对被估计模型的模拟数据训练神经网络,还使用该方法对样本以外的对冲期权定价,发现神经网络比 B-S 模型表现更出色。

BP 网络可以看做是一种输入到输出的高度非线性映射,即 $f:R^n \to R^m$,对于给定的样本集合,输入 $X \subset R^n$ 和输出 $Y \subset R^m$,认为 $f(X)=Y$ 成立。根据 Kolmogorov 定理可知,BP 网络可以在任意误差逼近任意连续函数。

使用 BP 网络给权证定价的步骤具体如下:

第 1 步:前向传输过程。首先对所有的联结权值赋以随机的任意小的值,对阈值设定初始值,再输入原始数据,通过 $\sum_{i=1}^{n} W_{ij} p_i - \theta_j$ 计算净输入,其中,p_i 为输入数据,即选取的权证价格的决定因素,根据输入的数据通过一个特殊的传输映射将返回一个输出值输入到下一个层次当中。在下一个层次在重复上面的过程,直到最后输出一个输出值,即为模型计算的理论的权证价格。

第 2 步:误差反向传播过程。通过计算网络的误差:

$$E = \frac{1}{2}\sum (y_i - a_i)^2$$

其中,y_i 为实际价权证格;a_i 为模型计算的价格。并按照一定的规则调整权值和阈值,按误差反向传播方向,从输出节点开始返回到隐含层。

第 3 步:训练和学习过程。即反复进行前向传播和误差反向传播过程,使误差 E 满足要求为止。

根据 B-S 模型,权证的价格主要是来自于股票价格、行权价格、存续期、无风险收益率以及股价的波动率五个因素,即要使用一个五输入单输出的 BP 神经网络拟合这五个变量到权证价格的映射,即是对函数 $c=f(S,X,r,T\text{-}t,\sigma)$ 拟合。

选取深圳发展银行的认购权证 SFC2 作为样本进行实验,行权价格为 19 元,上市日为 2007 年 6 月 29 日,最后行权日为 2008 年 6 月 27 日。选取认购权证的原因是 2007 年中国的股市出现罕见的暴涨行情,很多认沽权证在行权日前很早就已经进入虚值状态,没有实际的研究意义。从 2007 年 7 月 2 日至 2008 年 5 月 22 日共 216 个交易日的深发展 A 股票价格及深发 SFC2 的价格，作为原始数据进行下面的实验。数据来自大智慧行情分析软件。无风险收益率使用一年期银行存款利率，数据来源中国工商银行网站。数据处理使用软件 Excel，神经网络模型运算使用软件 Matlab R2008a。

用 Matlab 软件的仿真功能，将原始的输入数据，即股价、存续期等影响权证价格的因素带入，通过训练完成的网络计算得出相应的结果，并将其与 B-S 模型计算的理论结果相比较，结果见图 18.20。图 18.20 中实线为 SFC2 权证的实际市场价格，虚线为 BP 神经网络的仿真计算结果，点线为 B-S 模型计算的理论价格。

图 18.20　BP 神经网络、B-S 模型与实际的比较

可以很明显地看出，BP 神经网络模型的结果和实际价格两条线基本重叠，对结果的仿真的权证价格基本与权证的实际价格一致，说明该方法对权证定价的效果很好，而 B-S 模型的结果与实际价格相比有较大的差距，并且始终远低于权证的实际市场价格。

从上面的比较分析可以看出，BP 神经网络模型在权证的定价方面比 B-S 模型有很大的优势，其结果要远远准确于 B-S 模型，可以在实际操作中使用，并且具有很高的可信度。

小　　结

从人脑的生理结构出发来研究人的智能行为，模拟人脑信息处理的过程，即人工神经网络的研究，经历了一条曲折的路程。大致分为初期、低潮期和兴盛期三个时期。

人工神经网络，也简称为神经网络，是模拟生物神经网络进行信息处理的一种数学模型。它以对大脑的生理研究成果为基础，其目的在于模拟大脑的某些机理与机制，实现一些特定的功能。它是从微观结构和功能上对人脑的抽象、简化，是模拟人类智能的一条重要途径，反映了人脑功能的若干基本特征，如并行信息处理、学习、联想、模式分类、记忆等。三大要素决定了神经网络整体性能，神经网络既有优点也有缺点，近些年来神经网络在众多领域得到了广泛的运用。

现代认知主义（信息加工）心理学主要包括两种研究范式或理论：其一是以西蒙和纽维尔等为代表的物理符号主义；其二是以 Rumelhart 和 McClelland 等为代表的神经联结主义。

本章进一步介绍了 MP 模型、感知器模型、Hopfield 模型及其他模型，然后介绍了相关模型算法，最后用四个实际例子来加以说明。

习 题

1. 请简述人工神经网络研究的发展简史。
2. 请简述信息处理机制的两种范式。
3. 请简述 MP 模型。
4. 请简述感知器模型。
5. 请简述 Hopfield 模型。

第 19 章　遗传算法

遗传算法(genetic algorithm,GA)是模拟达尔文的遗传选择和自然淘汰的生物进化过程的计算模型,由美国密歇根大学的 Holland 教授于 1975 年首先提出的。

遗传算法是群体搜索策略和群体中个体之间的信息交换,搜索不依赖于梯度信息。遗传算法尤其适合于处理传统搜索方法难以解决的复杂和非线性问题,是 21 世纪智能计算中的关键技术。

19.1　遗传算法的原理

19.1.1　遗传算法的生物机理

自然选择学说认为,生物要生存下去,就必须进行生存斗争。在生存斗争中,具有有利变异的个体容易存活下来,并且有更多的机会将有利变异遗传给后代;具有不利变异的个体则容易被淘汰,不易产生后代。生物的遗传特性,使生物界的物种能够保持相对的稳定;生物的变异特性,使生物产生新的性状,推动了生物的进化和发展。

遗传算法的生物机理包含了遗传和进化这两个基本概念。

1) 遗传

遗传(heredity),世间的生物从其亲代继承特性或性状,这种生命现象就称为遗传。

和遗传紧密相关的概念还包括细胞和染色体。细胞(cell)指构成生物的基本结构和功能单位是细胞。染色体(chromosome)指细胞中含有的一种微小的丝状化合物称为染色体(chromosome)。生物的所有遗传信息都包含在这个复杂而又微小的染色体中。遗传信息由基因(gene)组成,生物的各种性状由其相应的基因所控制,基因是遗传的基本单位。遗传基因在染色体中所占据的位置称为基因座(locus),同一基因座可能有的全部基因称为等位基因(allele)。

2) 进化

进化(evolution),生物在其延续生存的过程中,品质不断得到改良,这种生命现象为进化。

和进化紧密关联的概念有群体、个体和适应度。群体(population)指生物的进化是以集团的形式共同进行的,这样的一个团体称为群体。个体(individual)指组成群体的单个生物称为个体。适应度(fitness)指每个个体对其生存环境都有不同的适应能力,这种适应能力称为个体的适应度。

3) 遗传与进化的系统观

遗传算法包含了深刻的系统观,其主要观点如下:

(1) 染色体包含生物的所有遗传信息,它决定了生物的性状。

(2) 染色体是由基因及其有规律的排列所构成的,遗传和进化过程发生在染色体上。

(3) 生物的繁殖过程是由其基因的复制过程来完成的。

(4) 通过同源染色体之间的交叉或染色体的变异会产生新的物种,使生物呈现新的性状。

(5) 对环境适应性好的基因或染色体经常比适应性差的基因或染色体有更多的机会遗传到下一代。

19.1.2　遗传算法的基本原理

遗传算法是模拟达尔文的遗传选择和自然淘汰的生物进化论的计算模型,是一种借鉴生物界自然选择和自然遗传机制的高度并行、随机、自适应的搜索算法,是多学科相互结合与渗透的产物,已发展成一种自组织、自适应的综合技术。它利用简单的编码技术和繁殖机制来表现复杂的现象,解决传统搜索方法解决不了的复杂和非线性问题。

1) 遗传算法

遗传算法是一种有别于以往优化算法的新的优化搜索算法,是一种基于生物自然选择和群体遗传学机理的随机搜索算法。搜索是人们对于问题的求解步骤没有先验知识时,采用的一种通用方法。

遗传算法的搜索策略包括:

(1) 盲目策略,不使用问题领域的信息。

(2) 启发式策略,使用把搜索引向最好方向的附加信息。

遗传算法的搜索特点为:

(1) 搜索最好解。

(2) 扩展搜索空间。

2) 遗传算法的相关概念

(1) 种群(population):随机产生的一组初始解。

(2) 染色体(chromosome):种群中的每个个体。

(3) 遗传:染色体在后续迭代中不断进化。

(4) 适值(fitness):测量染色体好坏的标准。

(5) 后代(offspring):生成的下一代染色体。

3) 遗传算法中的两类运算

(1) 遗传运算交叉和变异。模拟了基因在每一代中创造新后代的繁殖过程。交叉(crossover):同时对两个染色体操作,组合二者的特性产生新的后代。交叉率:各代中交叉产生的后代数和种群中的个体数的比。变异(mutation):染色体上自发产生的随机变化。变异率:种群中变异基因数在总基因数中的百分比。

(2) 进化运算:选择、模拟了种群逐代更新的过程。

19.2 遗传算法的工作

19.2.1 遗传算法的工作过程

遗传算法是一种群体型操作,该操作以群体中的所有个体为对象。选择、交叉和变异是遗传算法的三个主要操作算子,它们构成了遗传操作,使遗传算法具有了其他传统方法所没有的特性。

1. 遗传算法的工作步骤

(1) 将决策变量编码为二进制。

(2) 初始种群。

(3) 评估。

第一,计算染色体适值:①将染色体的基因型变为表现型;②计算目标函数值;③将目标函数值转为适值。

第二,选择(采用转轮法):①对各个染色体计算适值 $\text{eval}(v_k)$;②计算种群中所有染色体的适值之和;$F=\sum \text{eval}(v_k)$;③对各染色体计算选择概率;$p_k=\text{eval}(v_k)/F$;④对各染色体计算累积概率:$q_k=\sum p_k$。

(4) 选择过程。

按如下方式选出一个染色体构造新的种群(一次转轮):在[0,1]区间内产生一个均匀分布的随机数 r。如果 $r\leqslant q_1$,则选择第一个染色体 v_1,否则选择第 k 个染色体,$q_{k-1}<r\leqslant q_k$。旋转转

轮 pop-size(种群大小)次

(5) 交叉。

单断点交叉法随机地选择一个断点,交换双亲上断点的右单,生成新的后代。

(6) 变异。

以等于变异率的概率改变一个或几个基因。

2. 遗传算法的工作过程流程图

遗传算法的工作过程流程图如图 19.1 所示。

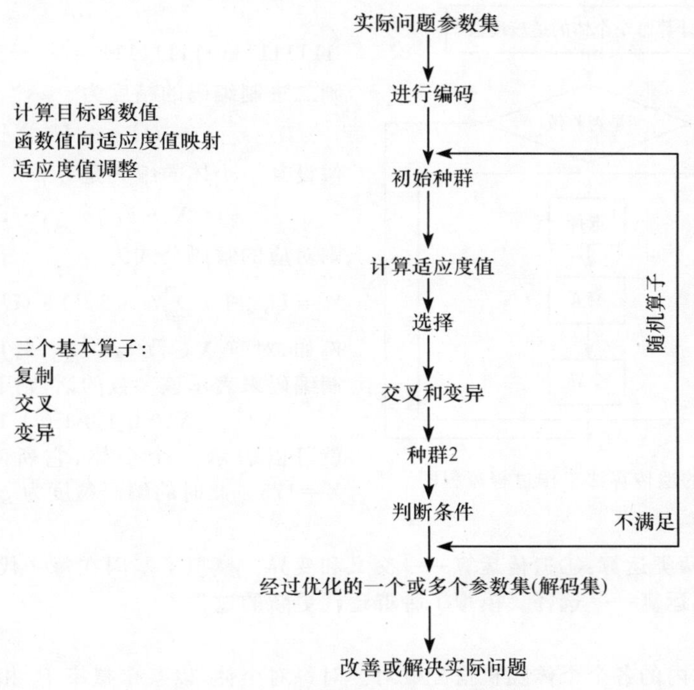

图 19.1　遗传算法的工作过程流程图

遗传算法的工作过程流程图可简化为如图 19.2 所示的流程图。

19.2.2　遗传算法的四个要素

遗传算法中包含了四个基本要素:编码、遗传操作、适应度函数、运行参数。

1. 编码

在遗传算法中,首先要将搜索空间解的表示映射成遗传空间解的表示,这一操作称为编码,其相反的操作称为解码。

遗传空间的解又称为个体(individual)或染色体(chromosome)。个体通常由字符串表示,字符串的每一位称为遗传因子(gene)。多个个体组成一个集团(population)供遗传算法使用。

1) 编码具有以下特点

(1) 编码空间与解空间交替工作。在编码空间进行遗传运算——交叉和变异,在解空间进行进化运算——选择。

(2) 染色体和解空间的编码和解码应具有可行性、合法性、唯一性。

2) 二进制编码方法

二进制编码使用的编码符号集是由二进制符号 0 和 1 所组成的二值符号集{0,1},它所构成的个体基因型是一个二进制编码符号串。

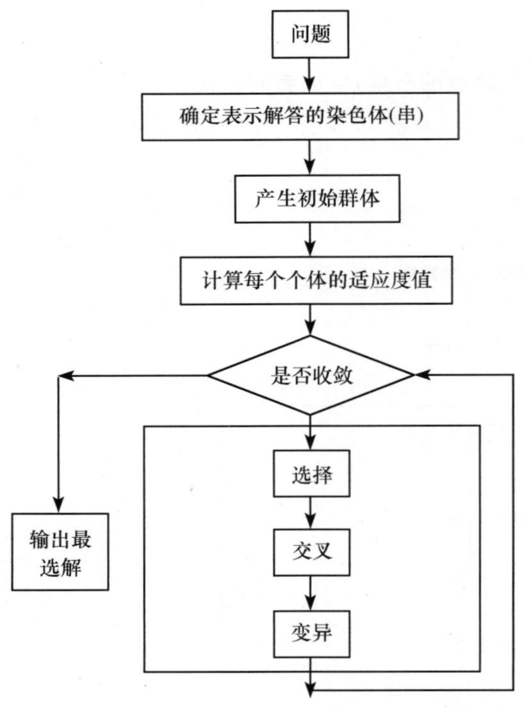

图 19.2 简化的遗传算法工作过程流程图

二进制编码符号串的长度与问题所要求的求解精度有关。假定某一参数的取值范围[Umin,Umax],我们用长度为 L 的二进制编码符号串来表示该参数,则它总共能够产生 2^L 种不同的编码,若使参数编码时的对应关系如下:

$$00000000\cdots00000000 = 0 \longrightarrow U_{min}$$
$$00000000\cdots00000001 = 1 \longrightarrow U_{min} + g$$
$$\cdots \qquad \cdots$$
$$11111111\cdots11111111 = 2^L - 1 \longrightarrow U_{max}$$

则二进制编码的精度为

$$g = (U_{max} - U_{min})/2^L - 1$$

假设某一个体的编码是

$$X: b_L b_{L-1} b_{L-2}, \cdots, b_2 b_1$$

则对应的解码公式为

$$X = U_{min} + (\sum bi \cdot 2^{i-1}) \cdot (U_{max} - U_{min})/2^L - 1$$

例如,对于 $X \in [0, 1\ 023]$,若用 10 位长的二进制编码来表示该参数的话,则下述符号串:

$$X: 0\ 0\ 1\ 0\ 1\ 0\ 1\ 1\ 1\ 1$$

就可以表示一个个体,它所对应的参数值是 $X=175$。此时的编码精度为 $g=1$。

2. 遗传操作

遗传操作有两类运算:①遗传运算——交叉和变异。模拟了基因在每一代中创造新后代的繁殖过程;②进化运算——选择。模拟了种群逐代更新的过程。

1) 交叉

交叉,将群体内的各个个体随机搭配成对。对每对个体,以某个概率 P_c 相互交换其部分基因,从而形成新的个体。

最常用的交叉算子是单点交叉算子,另外还有多点交叉、均匀交叉和算术交叉等。

单点交叉算子的具体执行过程:

(1) 对群体中的个体进行两两随机配对。若群体大小为 M,则共有$[M/2]$对相互配对的个体组。其中$[x]$表示不大于 x 的最大的整数。

(2) 对每一对相互配对的个体,随机设置某一基因座之后的位置为交叉点。染色体的长度为 n,则共有$(n-1)$个可能交叉点位置。

(3) 对每一对相互配对的个体,依设定的交叉概率 P_c 在其交叉点相互交换两个个体的部分染色体,从而产生出两个新的个体。

单点交叉运算的示意如下所示:

A:10110111 | 00　　　单点交叉　　　A′:10110111 | 11
B:00011100 | 11　　　　　　　　　　B′:00011100 | 00
　　　　交叉点

2) 变异

遗传算法中的所谓变异运算,是指将个体染色体编码串中的某些基因座上的基因值用该基因座的其他等位基因来替换,从而形成一个新的个体。

最简单的变异算子是基本位变异算子。另外还有均匀变异、边界变异、非均匀变异、高斯变异等。

基本位变异算子是最简单和最基本的变异操作算子。对于基本遗传算法中用二进制编码符串所表示的个体，若需要进行变异操作的某一基因座上的原有基因值为 0，则变异操作将该基因值变为 1；反之，若原有基因值为 1，则变异操作将变为 0。

基本位变异算子的具体执行过程：

(1) 对个体的每一个基因座，依变异概率 P_m 指定其为变异点。

(2) 对每一个指定的变异点，对其基因值做取反运算或用其他等位基因值来代替，从而产生出一个新的个体。

基因位变异运算的示意如下所示：

A：1010101010　基本位变异　A′：1010001010

变异点

3) 选择

选择体现了“适者生存”的生物进化原则，保留适应度高的一部分个体为下一代群体的母体。

选择操作建立在对个体的适应度进行评价的基础之上。选择操作的主要目的是为了避免基因缺失、提高全局收敛性和计算效率。

最常用的选择算子是基本遗传算法中的比例选择算子。另外还有最优保存策略、确定式采样选择、无回放随机选择、无回放余数随机选择、排序选择和随机联赛选择。下面主要介绍比例选择。

比例选择方法是一种回放式随机采样的方法。其基本思想是每个个体被选中的概率与其适应度大小成正比。由于是随机操作的原因，这种选择方法的选择误差比较大，有时甚至连适应度较高的个体也选择不上。

设群体大小为 M，个体 i 的适应度为 F_i，则个体 i 被选中的概率 P_{is} 为

$$P_{is} = F_i / \sum F_i, \quad i = 1, 2, \cdots, M$$

由上式可见，适应度越高的个体被选中的概率也越大；反之，适应度越低的个体被选中的概率也越小。

选择是遗传算法的推动力，它包括三个方面的工作：

(1) 采样空间：选择过程是在一个空间内产生下一代的新种群，这个空间是采样空间。它包括规则采样空间、扩大采样空间。

(2) 采样机理：如何从采样空间中选择染色体的理论。它包括随机采样、确定采样、混合采样。

(3)选择概率：确定每一个染色体被选择的概率。它包括正比选择法、排序法、标定法。

3．适应度函数

遗传算法中使用适应度这个概念来度量群体中每个个体在优化计算中有可能达到或接近于或有助于找到最优解的优良程度。适应度较高的个体遗传到下一代的概率就较大；而适应度较低的个体遗传到下一代的概率就相对小一些。

度量个体适应度的函数称为适应度函数或是目标函数。在一般的遗传算法中，基本不用搜索空间的知识而仅用适应度函数值来评估个体并在此基础上进行选择操作。遗传算法的适应度函数或目标函数不受连续可微的约束，而且函数的定义域可以是任意集合。对目标函数的唯一要求是对于输入可以计算出能加以比较的输出。

评价个体适应度的一般过程是：

(1) 对个体编码串进行解码处理，便可得到个体的表现型。

(2) 由个体的表现型可计算出对应的个体的目标函数值。

(3) 根据最优化问题的类型,由目标函数值按一定的转换规则求出个体的适应度。

最优化问题可分为两大类:一类为求目标函数的全局最大值,另一类为求目标函数的全局最小值。

由解空间中某一点的目标函数值 $f(X)$ 到搜索空间中对应个体的适应度函数值 $F(X)$ 的转换方法如下:

(1) 对于求最大值的问题,作下述变换:

$$F(X)=\begin{cases}F(X)+C_{\min}, & f(X)+C_{\min}>0\\0, & f(X)+C_{\min}\leqslant 0\end{cases}$$

其中,$C_{\min}$ 为一个适当地相对较小的数。

(2) 对于求最小值的问题,作下述变换:

$$F(X)=\begin{cases}C_{\max}-f(X), & f(X)<C_{\max}\\0, & f(X)\geqslant C_{\max}\end{cases}$$

其中,$C_{\max}$ 为一个适当地相对较大的数。

4. 运行参数

下面介绍几种运行参数。

1) 编码串长度 L

使用二进制编码来表示个体时,编码串长度 L 的选取与问题所要求的求解精度有关。

2) 群体大小 M

群体大小 M 表示群体中所含个体的数量。当 M 取值较小时,可提高遗传算法的运算速度,但却降低了群体的多样性,有可能会引起遗传算法的早熟现象;而当 M 取值较大时,又会使遗传算法的运行效率降低。一般建议的取值范围是 20～100。

3) 交叉概率 P_c

交叉操作是遗传算法中产生新个体的主要方法,所以交叉概率一般应取较大值。但若取值过大的话,它又会破坏群体中的优良模式,对进化运算反而产生不利影响;若取值过小的话,产生新个体的速度又较慢。一般建议的取值是 0.4～0.99。

4) 变异概率 P_m

若变异概率取值较大的话,虽然能够产生出较多的新个体,但也有可能破坏很多较好的模式,使得遗传算法的性能近似等于随机搜索算法的性能;若变异概率取值太小的话,则变异操作产生新个体的能力和抑制早熟现象的能力就会较差。一般建议的取值范围是 0.000 1～0.1。

5) 代沟 G

代沟是表示各代群体之间个体重叠程度的一个参数。它表示每一代群体中被替换掉的个体在全部个体中所占的百分率,即每一代群体中有($M\times G$)个个体被替换掉。例如,$G=1.0$ 表示群体中的全部个体都是新产生的,这也是最常见的一种情况;$G=0.7$ 则表示 70%的个体是新产生的,而随机保留了上一代群体中 30%的个体。

19.3 遗传算法的应用

19.3.1 遗传算法的应用领域

遗传算法提供了一种复杂系统优化问题的通用框架,它不依赖于问题的具体领域,对问题的种类有很强的鲁棒性,所以广泛应用于很多领域。下面是遗传算法的一些主要应用领域:①函数优化:非线性、多模型、多目标的函数优化问题;②组合优化:旅行商、背包、装箱、图形;③遗传编程:Koza 将遗传算法应用于计算机程序的优化设计及自动生成,提出遗传编程(GP),使用了以 LISP 语言所表示的编码方法;④机器学习:分类器系统、学习模糊控制规则、学习隶属度函数、调整人工神经网络的连接权；⑤生产调度问题：单件调度、流水线生产车间调度、任务分配等；⑥自动控制：航空控制系统优化、设计空间交会控制器、基于遗传算法的模糊控制器的优化设计、基于遗传算法的参数识别等；⑦机器人学：移动路径、关节机器人运动轨迹规划、机器人逆无能运动求解等；⑧图像处理：模式识别、图像恢复、图像边缘特征提取；⑨人工生命：自组织能力和自学习能力进化模型、学习模型、行为模型、自组织学习模型等。

通常遗传算法解决优化问题时，具有如下特点：①遗传算法对所解决的优化问题没有太多的数学要求；②进化算子的各态历经性使得遗传算法能够非常有效地进行概率意义上的全局搜索；③遗传算法对于各种特殊问题可以提供极大的灵活性来混合构造邻域独立的启发式。

遗传算法解决优化问题不同于传统的优化方法，表现在：①遗传算法运算是解集的编码，而不是解集的本身；②遗传算法的搜索于始解的一个种群，而不是单个解；③遗传算法只使用适值函数，而不使用导数或其他辅助知识；④遗传算法采用概率的，而不是确定的状态转移规则。

遗传算法是一种全局并行的搜索寻优方法，它通过复制、交叉、变异 3 种遗传算子的作用，使优化种群不断的进化，最终收敛于最优状态。

19.3.2 遗传算法应用案例之一——最小生成树的遗传算法

最小生成树问题(minimum spanning tree)的遗传算法，是利用遗传策略在一个连通的无向图中寻找连接所有端点最小边集的问题。

1. 问题描述

一个联通的无向图 $G=(V,E)$，其中，$V=\{v_1,v_2,\cdots,v_n\}$是有限的端点集，$E=\{e_{ij}=v_i,v_j\}$是有限边集，每条边上有一个权值(代表距离、价格等)，记为 w_{ij}，$w_{ij}=w(v_i,v_j)$，$v_i,v_j>0$。生成树是连接 V 中所有端点的来自 E 的边集(包含 G 的所有顶点，部分边)。T 是最小生成树，则 T 是 G 的一棵生成树，T 的权是 T 的各边的权之和，权最少的生成树称为最小生成树。

2. 求解思路

构造网络 G 的最小生成树，依据①在网络中选择 $n-1$ 条边，连接网络的 n 个顶点。②尽可能地选取权值为最小的边。

3. 求解方法

1) 染色体编码

采用端点编码，用 $1-n$ 之间的 $n-2$ 个数字排列表示一棵树，这个排列为 prufer 数。编码思想是寻找 prufer 数(找出一种排列)。

编码步骤如下：①找出标定树 T 上标号为最小的叶端点 i；②把 i 相连的端点 j 作为编码的第一个数字；③删去端点 i，及 i 到 j 的边，得到一棵 $n-1$ 个端点的数；④重复上述运算，直到只剩下一条边。于是得到一个 prufer 数。

2) 交叉和变异

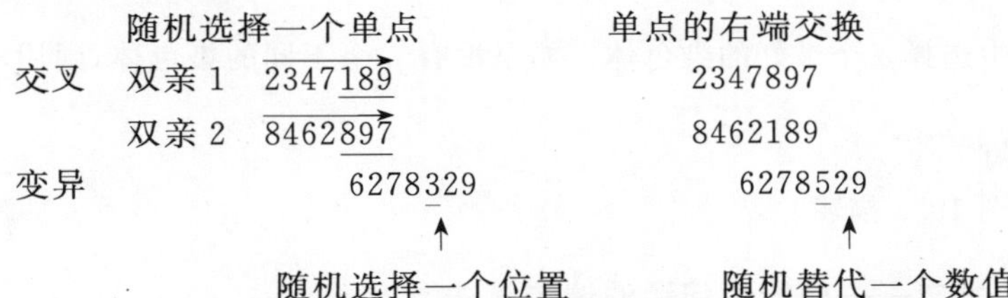

3) 度的改进

首先介绍几个基本概念：

(1) 度——约束端点在 prufer 数中出现的次数，记为 d。

(2) 度约束——规定 prufer 数编码中，该端点出现的次数小于 d。

(3) 度的改进——若一个端点违反度约束，则将多出的端点用 Vdc(染色体中的端点集)中的其他端点替换。

例如,9 个端点的树,Prufer 数为 7 个数,度为 3

染色体　2662681　检查多余端点

2662381　用 V*dc* 中的数字替换

4) 评估过程

评估的思想是转换染色体为树——解码。

评估过程如下:

(1) p是 prufer 数

$\bar{p}$是不包括在 p 的端点集合

重复上述过程:

(2) j 为标号最小的合格端点

i 为 p 的最左数字

将⟨i,j⟩加到树上

将 i 从 p 中删去,j 从 $\bar{p}$ 中删去

若 j 不在 p 中出现,将 j 加到 $\bar{p}$ 中

直到 $p=n$

评估算法可以描述为:

```
    令 P 为染色体,P′为合格端点集。适值 eavl(T)按权系数矩阵 W=[w_ij]计算
    Begin
    T←{φ};    eavl(T)←0;    按照 P 定义 P′
Repeat
    选择 P 中最左边的数字,记为 i;
    从 P′中选择最小标号的合格端点,记为 j;
    T←TU{e_ij}    eavl(T)←eavl(T)+w_ij
    从 P 中删除 i;从 P′中删除 j;
    if  i不再在剩余的 P 中出现    then    将 i 加入 P′;
end
    K←K+1;    直到    K≤K-n    T←TU{ers},r,s∈P;
    eavl(T)←eavl(T)+ w_ij
end
```

5) 选择

从 μ 个双亲和 λ 个后代中选择 μ 个最好的染色体。如果没有 μ 个不同的染色体,则用转轮法选择,使之达到 μ 个。

4. 最小生成树算法结构

最小生成树算法结构用图 19.3 描述。

19.3.3 遗传算法应用案例之二——旅行商问题的遗传算法

旅行商问题(traveling salesman problem,TSP)就是一个商人要找一条通过 n 个城市的最短回路。

1. 问题描述

假设有一个图 $G=(V,E)$,其中,V 为顶点集;E 为边集;$D=(d_{ij})$为顶点 i 和 j 之间的距离

组成的距离矩阵。TSP 就是寻求一条通过所有顶点且每个顶点只通过一次的具有最短距离的回路。

2. 旅行商问题遗传算法设计

1) 染色体的表达

(1) 换位表达，即一个染色体按访问城市的顺序排列。

例如，9 个城市的 TSP：3-2-5-4-7-1-6-9-8。可以表达为。[325471698][①]。

(2) 随机键表达。即用(0,1)间的随机数来表达的一个城市的染色体。

例如，9 个城市问题的随机数为[0.23，0.82，0.45，0.74，0.87，0.11，0.56，0.69，0.78]。

按升序排列，得到一个巡回：[6 1 3 7 8 4 9 2 5]。

2) 交叉算子的设计

交叉算子的设计包括：部分映射交叉(PMX)、顺序交叉(OX)、基于位置的交叉、循环交叉(OX)、子巡回交换交叉、启发式交叉。

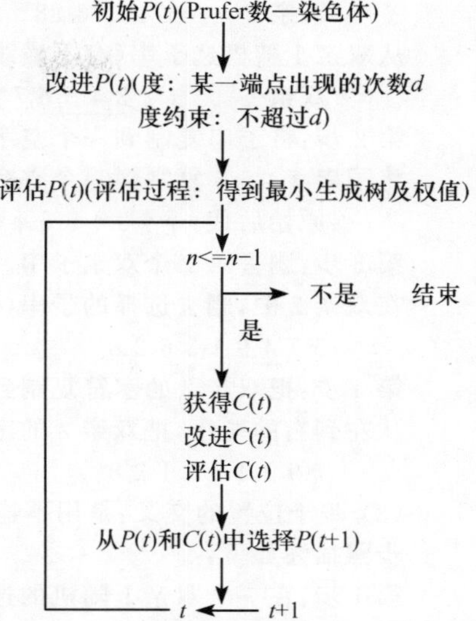

图 19.3 最小生成树算法结构图

(1) 部分映射交叉，即用一种修复程序来解决两点交叉引起的非法性。

其步骤描述如下：

第 1 步：随机选择子串(在字符串上均匀的选择两点，两点之间的子串)。

假设：双亲 1　123456789

　　　双亲 2　546921783

分别在双亲 1、双亲 2，随机选择子巡回，即子串(有下横线处)：

　　　双亲 1　123456789

　　　双亲 2　546921783

第 2 步：交换双亲中的子串产生原始后代。

交换双亲中的子串，产生：

　　　原始后代 1　126921789

　　　原始后代 2　543456783

第 3 步：确定两子串之间的映射关系。

确定映射关系：

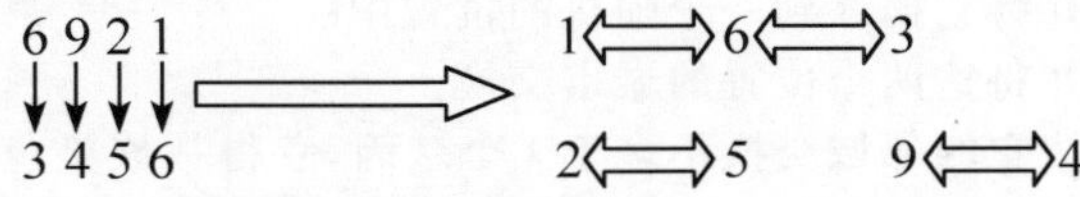

第 4 步：用映射关系产生后代。

通过映射关系产生：

　　　后代 1　356921784

　　　后代 2　293456781

(2) 顺序交叉：用一个连续的子串的不同的修复程序解决交叉引起的非法性。

其步骤描述如下：

第 1 步：从第一个双亲中随机选一个子串。

假设：双亲 1　123456789

---

① 搜索空间是城市顺序换位的集合。

双亲 2　　5749136 28

从双亲 1 随机选子串(有下横线处):

双亲 1　　1 2 3 4 5 6 7 8 9

第 2 步:将子串复制到一个空字串的相应位置,产生一个原始后代。

将子串 3 4 5 6 复制到一个空字串的相应位置,产生一个原始后代:

原始后代　ϕ ϕ 3 4 5 6 ϕ ϕ ϕ

第 3 步:删去第二个双亲子串。

在双亲 2 中,删去选择的子串(有下横线处):

5 7 4 9 1 3 6 2 8

第 4 步:把双亲 2 的字符复制到原始后代上。

从左到右的顺序,把双亲 2 的字符复制到原始后代上,产生后代:

7 9 3 4 5 6 1 2 8

(3) 基于位置的交叉:是用不连续的子串加上一个修复程序,解决交叉引起的非法性。

步骤描述如下:

第 1 步:在一个双亲上随机的选择位置。

假设:双亲 1　　1 2 3 4 5 6 7 8 9

双亲 2　　5 4 6 3 1 9 2 7 8

从双亲 1 中随机的选择字符(有下横线处):

双亲 1　　1 2 3 4 5 6 7 8 9

第 2 步:将它复制到一个空字串上,产生一个原始后代。

将子串 2569 复制到一个空字串的相应位置,产生一个:

原始后代　ϕ 2ϕ ϕ 5 6 ϕ ϕ9

第 3 步:双亲 2 中,删去选择的子串。

双亲 2 中,删去选择的子串(有下横线处):

双亲 2　　5 4 6 3 1 9 2 7 8

第 4 步:从左到右把双亲 2 的字符复制到后代上。

后代　　4 2 3 1 5 6 7 8 9

3) 变异算子的设计

变异算子包括如下几种变异:

(1) 反转变异:在染色体上随机选择两点,将两点的子串反转。

(2) 插入变异:随机选择一个城市,并将它插入到一个随机位置上。

(3) 移位变异:随机选择一个子串,并将它插入到一个随机的位置中。

(4) 互换变异:随机选择两个位置,并将这两个位置的城市交换。

(5) 启发式变异:对于一个染色体,按它的邻域交换不多于 λ 个基因,获得一族染色体,选择其中一个作为变异产生的后代。其过程是:首先随机地选择 λ 个基因;然后将所未选出的基因换位,产生邻域;再评估所有邻域点,选出最好的一个作为变异产生的后代。

3. 旅行商问题遗传算法步骤

第 1 步:使用局部搜索算法,以一(局部最优)旅行替换当前群体中每个旅行;

第 2 步:选择个体配对(使个体得到更多的后代);

第 3 步:再生(交叉、变异);

第 4 步:对每个个体搜索最小值;

第 5 步:重复最后三步,直到满足条件停止。

19.3.4 遗传算法应用案例之三——求解投资组合模型的遗传算法

投资组合模型属于非线性规划问题。在各种投资组合模型中,均值-方差模型是比较简单的非线性规划问题，而均值-LPM(lower partial moment，LPM)模型和均值-VaR(value at risk)模型则是比较复杂的非线性规划问题。求解非线性规划问题的常用算法是基于梯度的迭代算法，但这类算法在求解比较复杂的问题时不能保证得到全局最优值。因此在求解目标函数比较复杂的投资组合模型时，必须引入新的算法——智能算法。

遗传算法是一类借鉴生物界自然选择和遗传机制的随机化搜索算法，由于具有群体搜索策略以及优化计算时不依赖于梯度信息等特点，它成为一种鲁棒性极强的全局优化算法，尤其适于求解传统优化算法难以解决的复杂的非线性规划问题。

1. 问题描述

投资组合模型可表述如下：

假设有 N 种风险证券，证券的收益率是随机的，用 $\boldsymbol{x}=(x_1,x_2,\cdots,x_n)^{\mathrm{T}}$ 表示；其期望值用 $\boldsymbol{\mu}=(\mu_1,\mu_2,\cdots,\mu_n)^{\mathrm{T}}$ 表示。此外，$\boldsymbol{w}=(w_1,w_2,\cdots,w_n)^{\mathrm{T}}$ 表示一个投资组合，其中 w_i 表示资金在第 i 种证券上的分配比率($i=1,2,\cdots,N$)，且 $\sum_{i=1}^{n} w_i = 1$；T 表示投资者的目标收益水平；$\boldsymbol{l}$ 为 N 维列向量，分量全是 1。根据以上约定，投资组合模型可表示为

$$\begin{cases} \min\limits_{\{\boldsymbol{\omega}\}} & \mathrm{Risk}(\boldsymbol{\omega}) \\ \text{s.t.} & \boldsymbol{\omega}^{\mathrm{T}}\boldsymbol{\mu} = T, \boldsymbol{\omega}^{\mathrm{T}}\boldsymbol{l} = 1 \end{cases}$$

其中，Risk(w)表示投资组合的风险，具体表示为投资组合的方差或 LPM 或 VaR 等，都是 $\boldsymbol{w}$ 的非线性函数，因此投资组合模型是一个带有线性约束条件的非线性规划问题。

2. 求解投资组合模型的遗传算法设计

虽然遗传算法在理论上表现出优越的性能，能够快速地收敛于全局最优解，但在实践中要处理复杂的优化问题，还有许多问题有待于进一步的研究，如控制参数的确定、未成熟收敛问题、约束条件的表示等。针对求解投资组合模型的具体问题，设计一个求解投资组合模型的遗传算法。

1) 编码设计

遗传算法的编码方式分为二进制编码和非二进制编码。在利用二进制编码的遗传算法中，对于码串的每一位，只有 1 和 0 两个码值，在交叉和变异等操作中原理清晰，操作简单。因此目前常用的是二进制编码。

但是二进制编码不适合处理大规模的多变量优化问题。因为如果其变量用二进制表示，为了保证问题的解具有一定的精度，得到的码串将会很长，这会增大遗传算法的计算时间。而投资组合模型正是一个大规模的多参数优化问题。有关研究表明，我国股市合适的组合规模为 30 左右，即 30 个变量。如果将最优解精确到 0.001，则表示一种证券的权重的二进制编码需要 10 位，从而一个最优解需要 300 位的二进制编码，计算量将是惊人的。

大量的实算表明：与二进制编码相比，十进制编码运算更快，精度更高；更重要的是，十进制编码更靠近问题空间，更容易设计加入问题领域知识的遗传算子，因此采用十进制编码。

2) 算子设计

采用十进制编码方案后，原有的适用于二进制编码的遗传算子将不再适用，必须设计新的算子。对于带有约束条件的问题，遗传算法一般采用惩罚函数来解决。但这种方法具有很大缺陷：如果给一个非法个体加一个较大的惩罚，遗传算法将花大量的时间来评价非法个体，同时偶尔找到的合法个体会驱走其他个体导致算法未成熟收敛；如果只是加一个中等的或较小的惩罚，一些非法个体会取得比合法个体更高的适应度，得到更多的进化机会，甚至使算法收敛于非法个体。

算子设计的思想是：先构造一个全部满足约束条件的初始解群，再对遗传算子进行合理的改进以避免在进化过程中产生非法个体。综合考虑这两方面的因素，设计了如下遗传算子：

一是交叉算子。如果选择 x,y 进行杂交，则杂交后得到的两个个体为

$$x' = \alpha \cdot x + (1-\alpha) \cdot y$$
$$y' = \alpha \cdot y + (1-\alpha) \cdot x$$

其中，$\alpha \in [0,1]$为一个随机数，“D是一个凸集”保证了杂交得到的新个体仍在D内，即满足约束条件。

二是变异算子。投资组合模型的约束条件有两个$\boldsymbol{\omega}^{\mathrm{T}}\boldsymbol{\mu}$和$\boldsymbol{\omega}^{\mathrm{T}}\boldsymbol{l}=1$，由线性代数的知识可知，有两个变量

$$\omega_{i_1}\omega_{i_2}(\{i_1, i_2\} \subseteq \{1,2,\cdots,N\})$$

可由其他$N-2$个变量（这$N-2$个变量为自由未知量，可自由取值）线性表出。这样对于一个个体w，就可以在这$N-2$个变量中随机抽取一个进行变异操作。由于这$N-2$个变量可以自由取值，所以变异后产生的新个体仍然满足约束条件。

如果在$N-2$个自由未知量中随机抽取，进行变异操作，变异后的新个体为

$$\omega'_{t_j}\omega_{t_j} + \mathrm{rand}$$

其中，rand为一个随机数。

三是自适应算子参数。交叉概率和变异概率是实施遗传算法必须确定的两个非常重要的控制参数，但目前在理论上还不能精确的确定这两个参数的具体数值，一般的约定是：交叉概率在[0.25,1.00]之间取值，变异概率在0.001左右。采用自适应(adaptive)的思想，根据个体适应度的大小确定交叉概率P_c和变异概率P_m：

$$P_c = \begin{cases} (F_{\max} - F)/(F_{\max} - F_{\mathrm{avg}}), & F \geqslant F_{\mathrm{avg}} \\ 1.0, & F < F_{\mathrm{avg}} \end{cases}$$

$$P_m = \begin{cases} 0.001 \times [(F_{\max} - F)/(F_{\max} - F_{\mathrm{avg}})], & F \geqslant F_{\mathrm{avg}} \\ 0.001, & F < F_{\mathrm{avg}} \end{cases}$$

其中，$F_{\max}$为解群中个体适应度的最大值；F_{avg}为解群的平均适应度；F为参与交叉或变异操作的个体适应度。

3. 实证分析

以原“上证30指数”的30只指标股作为投资者选择的风险资产，以这30种股票2000～2002年连续三年的周收盘价为样本数据，在10个不同的目标收益水平下用本书设计的遗传算法求解均值-方差模型和均值-VaR模型，并将计算得到的有效前沿和用梯度算法计算得到的有效前沿进行比较，以检验设计的遗传算法的实算效果。

1）求解均值-方差模型的实证比较

均值-方差模型的目标函数表现为权重向量w的二次函数，有准确的梯度信息，比较适合用梯度算法求解。这个实证分析是为了比较两种算法在求解简单问题时的效果。计算结果见图19.4。

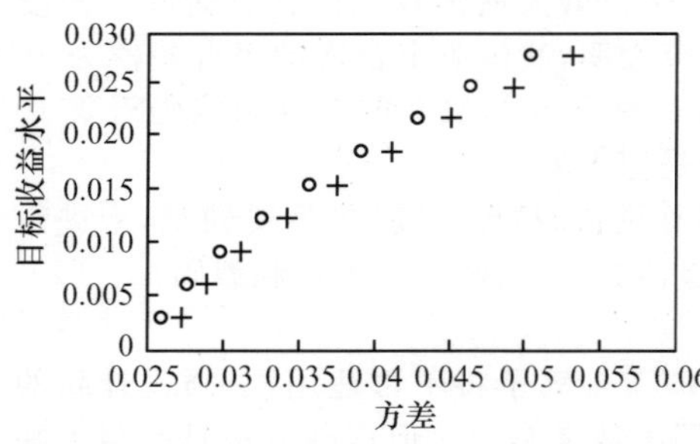

图19.4　均值-方差模型组合前沿的比较

从图19.4可知，对于均值一方差模型而言，用遗传算法求出的最优解要略逊于用梯度算法求出的最优解。

2）求解均值-VaR模型的实证比较

尽管在目前的理论分析中一般假定股票收益率服从正态分布，但实证研究表明股票收益率的实际分布呈现“偏态”和“过度峰态”特性，明显与正态分布的特性不符，可见正态分布并不能很好地刻画股票收益率的概率分布。这里不对股票收益率的概率分布进行特殊假定，而是利用Cornish-Fisher expansion和样本矩来计算投资组合的VaR：

$$\boldsymbol{\omega}_{\mathrm{VaR}} = -(\boldsymbol{\omega}^{\mathrm{T}}\boldsymbol{\mu} \cdot \Delta t + \bar{z}_{\alpha}\ \sqrt{\boldsymbol{\omega}^{\mathrm{T}}\boldsymbol{\Omega}\boldsymbol{\omega} \cdot \Delta t})$$

其中

$$\bar{z}_\alpha = z_\alpha + \frac{1}{6}(z_\alpha^2 - 1)S + \frac{1}{24}(z_\alpha^3 - 3z_\alpha)K - \frac{1}{36}(2z_\alpha^3 - 5z_\alpha)S^2$$

这个实证分析是为了比较两种算法在求解复杂问题时的效果,计算结果见图 19.5 和图 19.6。对于均值-VaR 模型而言,用梯度算法无法求出最优解,均为异常解,而用遗传算法求出的最优解则构成了一条比较平滑的组合前沿。

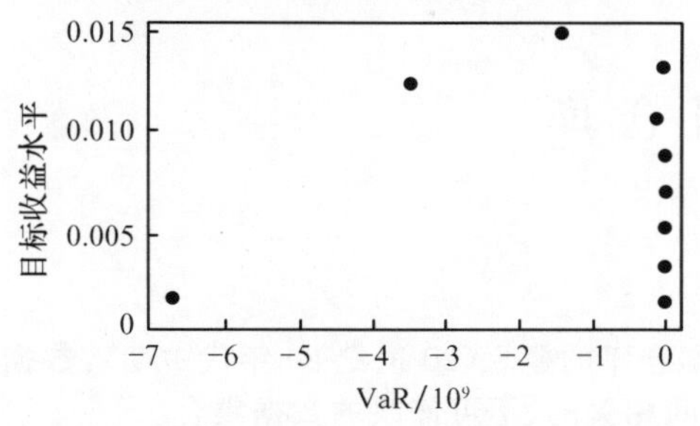

图 19.5 均值-VaR 模型的组合前沿(梯度算法)

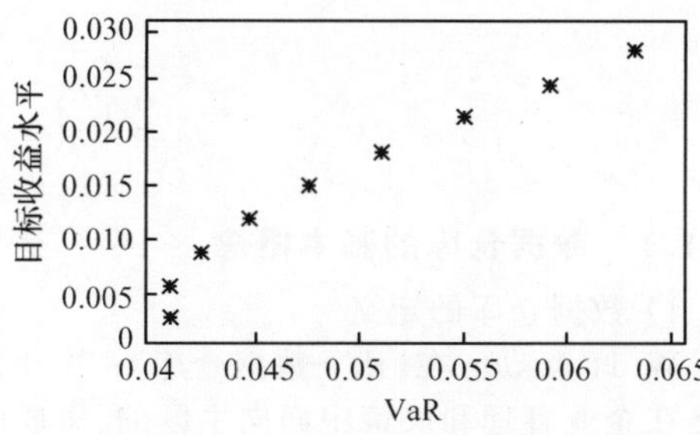

图 19.6 均值-VaR 模型的组合前沿(遗传算法)

均值-方差模型的目标函数是权重向量 w 的二次函数,可以准确的确定其梯度信息,因而非常适合用梯度算法求解。而遗传算法是一种随机搜索算法,在实算中可能会出现一些随机的变动;同时遗传算法还存在一些尚待进一步研究和完善的问题,从而导致了遗传算法在求解均值-方差模型时不如梯度算法稳定。而根据 Cornish-Fisher 展式求出的 VaR 计算公式是关于 w 的异常复杂的函数,其梯度信息很难准确地确定,这导致了梯度算法在求解均值-VaR 模型时失效。而在求解均值-VaR 模型这类比较复杂的非线性规划问题时,遗传算法表现出了梯度算法无法比拟的优越性。事实上,遗传算法正是针对传统算法很难求解或无法求解的组合优化等复杂问题而提出的,许多实算结果都表明遗传算法在这些领域的结果优于传统的梯度算法。

小 结

遗传算法是模拟达尔文的遗传选择和自然淘汰的生物进化过程的计算模型,由美国密歇根大学的 Holland 教授于 1975 年首先提出的,遗传算法的生物机理包含了遗传和进化。

遗传算法是一种有别于以往优化算法的新的优化搜索算法,是一种基于生物自然选择和群体遗传学机理的随机搜索算法,也是一种全局并行的搜索寻优方法,它通过复制、交叉、变异三种遗传算子的作用,使优化种群不断的进化,最终收敛于最优状态。

本章介绍了遗传算法的基本原理;遗传算法的工作过程包括:将决策变量编码为二进制、初始种群、评估、选择过程、交叉(单断点交叉法)和变异。以及遗传算法中的四个基本要素:编码、遗传操作、适应度函数、运行参数。

遗传算法提供了一种复杂系统优化问题的通用框架,它不依赖于问题的具体领域,对问题的种类有很强的鲁棒性,所以广泛应用于很多领域。本章还详细介绍了遗传算法在最小生成树、旅行商问题和投资组合模型中的应用。

习 题

1. 遗传算法的生物机理是什么?
2. 遗传算法的搜索策略是怎样的?
3. 遗传算法的工作过程是怎样的?
4. 遗传算法的四个基本要素是什么?
5. 遗传算法解决优化问题的特点是什么?

第 20 章　数 据 挖 掘

20.1　数 据 仓 库

20.1.1　数据仓库的基本概念

1) 数据仓库的定义

W. H. Inmon 在《建立数据仓库》一书中给出数据仓库的概念(20 世纪 80 年代中期):数据仓库是在企业管理和决策中面向主题的、集成的、与时间相关的、不可修改的数据集合。

与其他数据库应用不同的是,数据仓库更像一种过程,是对分布在企业内部各处的业务数据的整合、加工和分析的过程,而不是一种可以购买的产品。

数据仓库是多种技术的混合体(包括关系和多维数据库管理系统、客户/服务器体系结构、元数据建模及仓储和图形用户界面等),它的目标是将可供使用的数据库有效地集成到支持数据战略计划用途的环境。

2) 数据仓库的特性

(1) 数据仓库是面向主题的。典型的主题领域有客户、产品、交易、账户。

(2) 数据仓库是集成的。当数据进入数据仓库时要采用某种方法来消除应用问题中的许多不一致性,如命名习惯、属性度量、数据特点等,通过数据提取、净化、转换、装载流程,使数据编码形式一致。

(3) 数据仓库是非易失的。即数据仓库的数据通常是一起载入和访问的,不进行一般意义上的数据更新。

(4) 数据仓库是随时间变化的。数据仓库中的时间期限(5～10 年),远远长于操作型系统中的时间期限(60～90 天);数据仓库中的数据是一系列某一时刻生成的复杂的快照。数据仓库的键码结构总是包含某时间元素。

3) 数据仓库的术语

(1) ETL(extract/transformation/load),即数据的抽取/转换/加载:是从操作型系统中抽取数据,并把数据格式化,经过数据清洗、转换,按照预先定义好的数据仓库模型将数据加载到数据仓库中使之适合信息应用。

(2) 元数据:是描述数据仓库特性的数据,即与数据源定义、目标定义、转换规则等相关的关键数据,用它创建、维护、管理和使用数据仓库。元数据分为技术元数据、商业元数据和数据仓库操作型信息。

(3) 粒度:数据仓库的数据单位中保存数据的细化或综合程度的级别。细化程度越高,粒度级就越小。

(4) 分割:结构相同的数据被分成多个数据物理单元。

(5) 数据集市(data marts):数据集市可以看做是数据仓库的廉价的替代品,它是一种更小、更集中的数据仓库,用于部门/工作组级的分析商业数据。

20.1.2　数据仓库的系统结构

数据仓库的系统结构如图 20.1 所示。

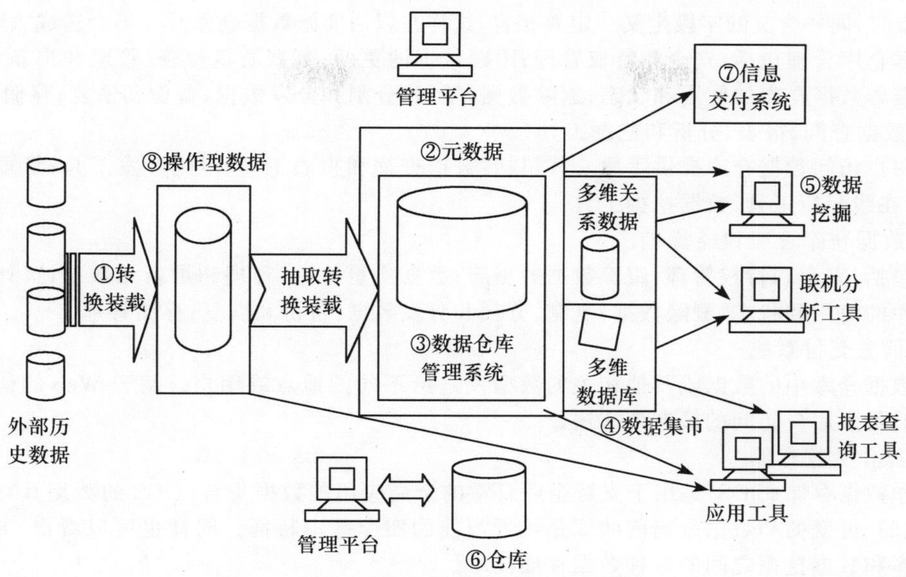

图 20.1　数据仓库的系统结构

主要包括以下几个部分。

1）获取、整理、转换和移植工具

把数据从各种各样的存储方式中拿出来，进行必要的转化、整理，再存放到数据仓库内。对各种不同数据存储方式的访问能力是数据抽取工具的关键，应能生成 COBOL 程序、MVS 作业控制语言（JCL）、UNIX 脚本和 SQL 语句等，以访问不同的数据。数据转换包括：删除对决策应用没有意义的数据段；转换到统一的数据名称和定义；计算统计和衍生数据；给缺值数据赋予缺省值；把不同的数据定义方式统一。

2）元数据仓库

元数据是描述数据仓库内数据的结构和建立方法的数据。可将其按用途的不同分为两类：技术元数据和商业元数据。

技术元数据是数据仓库的设计和管理人员用于开发和日常管理数据仓库时用的数据。它包括：数据源信息；数据转换的描述；数据仓库内对象和数据结构的定义；数据清理和数据更新时用的规则；源数据到目的数据的映射；用户访问权限，数据备份历史记录，数据导入历史记录，信息发布历史记录等。

商业元数据从商业业务的角度描述了数据仓库中的数据。它包括业务主题的描述，包含的数据、查询、报表。

元数据为访问数据仓库提供了一个信息目录（information directory），这个目录全面描述了数据仓库中都有什么数据、这些数据怎么得到的和怎么访问这些数据。其是数据仓库运行和维护的中心，数据仓库服务器利用它来存储和更新数据，用户通过它来了解和访问数据。

3）数据仓库数据库技术

数据仓库数据库是整个数据仓库环境的核心，是数据存放的地方并提供对数据检索的支持。相对于操纵型数据库来说其突出的特点是对海量数据的支持和快速的检索技术。

4）数据集市

为了特定的应用目的或应用范围，而从数据仓库中独立出来的一部分数据，也可称为部门数据或主题数据（subject area）。在数据仓库的实施过程中往往可以从一个部门的数据集市（data marts）着手，以后再用几个数据集市组成一个完整的数据仓库。需要注意的就是在实施不同的数据集市时，同一含义的字段定义一定要相容，这样在以后实施数据仓库时才不会造成大麻烦。

数据仓库管理包括：安全和特权管理；跟踪数据的更新；数据质量检查；管理和更新元数据；审计和报告数据仓库的使用和状态；删除数据；复制、分割和分发数据；备份和恢复；存储管理。

5）数据查询、报表、分析和挖掘工具

为用户访问数据仓库提供手段。其包括：数据查询和报表工具；应用开发工具；管理信息系统工具；在线分析工具；数据挖掘工具。

6）数据仓库管理和经营

其包括：安全和特权管理；跟踪数据的更新；数据质量检查；管理和更新元数据；审计和报告数据仓库的使用和状态；删除数据；复制、分割和分发数据；备份和恢复；存储管理。

7）信息交付系统

把数据仓库中的数据或其他相关的数据发送给不同的地点或用户。基于 Web 的信息发布系统是对付多用户访问的最有效方法。

8）操作数据存储

操作数据存储(ODS)是用于支持企业日常的全局应用的数据集合，ODS 的数据具有面向主题、集成的、可变的和数据是当前的或是接近当前的四个基本特征。同样也可以看出 ODS 是介于数据库和数据挖掘之间的一种数据存储技术。

另外 ODS 只是存放当前或接近当前的数据，如果需要的话还可以对 ODS 中的数据进行增、删和更新等操作，虽然数据挖掘中的数据也是面向主题和集成的，但这些数据一般不进行修改，所以 ODS 和数据挖掘的区别主要体现数据的可变性、当前性、稳定性、汇总度上。

20.2 知识发现

20.2.1 知识发现的定义

知识发现(knowledge discovery in database，KDD)是指识别出存在于数据库中有效的、新颖的、具有潜在效用的、最终可理解的知识和规则的过程，从数据库中发现有用知识的全过程。

通过这一过程，有价值的知识、规则或高层次的信息就能从数据库的相关数据集合中抽取出来，并从不同的角度显示。

1995 年，在加拿大的蒙特利尔召开了第一届“知识发现和数据挖掘”国际学术会议，数据挖掘一词被很快流传开来。

基于数据库的 KDD 和数据挖掘存在着混淆，通常这两个术语替换使用。KDD 表示将低层数据转换为高层知识的整个过程。而数据挖掘可认为是观察数据中模式或模型的抽取，这是对数据挖掘的一般解释。虽然数据挖掘是知识发现过程的核心，但它通常仅占 KDD 的一部分(15％～25％)。因此数据挖掘仅仅是整个 KDD 过程的一个步骤，对于到底有多少步以及哪一步必须包括在 KDD 过程中没有确切的定义。然而，通用的过程应该接收原始数据输入，选择重要的数据项，缩减、预处理和浓缩数据组，将数据转换为合适的格式，从数据中找到模式，评价解释发现结果。

KDD 的知识类型包括以下几种：

(1) 广义型知识(generalization)。即根据数据的微观特性发现其表征的、带有普遍性的、高层次概念的、中观或宏观的知识。

(2) 分类型知识(classification & clustering)。即反映同类事物共同性质的特征型知识和不同事物之间差异型特征知识。用于反映数据的汇聚模式或根据对象的属性区分其所属类别。

(3) 关联型知识(association)。即反映一个事件和其他事件之间依赖或关联的知识，又称依赖(dependency)关系。这类知识可用于数据库中的归一化、查询优化等。

(4) 预测型知识(prediction)。即通过时间序列型数据,由历史的和当前的数据去预测未来的情况。它实际上是一种以时间为关键属性的关联知识。

(5) 偏差型知识(deviation)。即通过分析标准类以外的特例、数据聚类外的离群值、实际观测值和系统预测值间的显著差别,对差异和极端特例进行描述。

20.2.2 KDD 的处理过程

KDD 的处理过程见图 20.2。

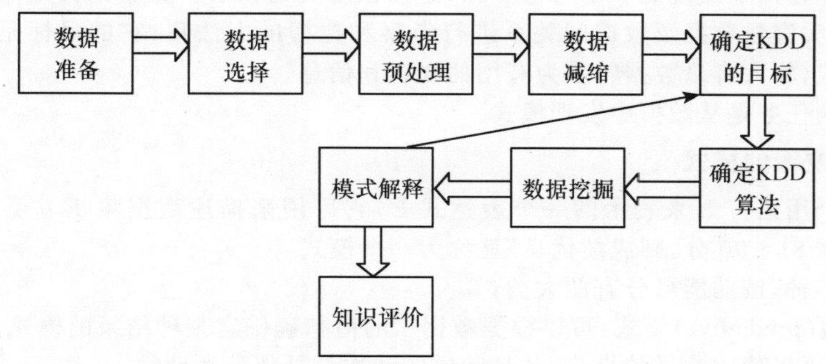

图 20.2　KDD 的处理过程

由图 20.2 可知,KDD 的处理过程分为九个步骤:

第 1 步:数据准备。了解 KDD 相关领域的有关情况,熟悉有关的背景知识,并弄清楚用户的要求。

第 2 步:数据选择。根据用户的要求从数据库中提取与 KDD 相关的数据,KDD 将主要从这些数据中进行知识提取,在此过程中,会利用一些数据库操作对数据进行处理。

第 3 步:数据预处理。主要是对第 2 步产生的数据进行再加工,检查数据的完整性及数据的一致性,对其中的噪音数据进行处理,对丢失的数据可以利用统计方法进行填补。

第 4 步:数据缩减。对经过预处理的数据,根据 KDD 的任务对数据进行再处理,主要通过投影或数据库中的其他操作减少数据量。

第 5 步:确定 KDD 的目标。根据用户的要求,确定 KDD 是发现何种类型的知识,因为对 KDD 的不同要求会在具体的 KDD 过程中采用不同的 KDD 算法。

第 6 步:确定 KDD 算法。根据第 5 步所确定的任务,选择合适的 KDD 算法,这包括选取合适的模型和参数,图 20.2 还使得 KDD 算法与整个 KDD 的评判标准相一致。

第 7 步:数据挖掘。运用选定的 KDD 算法,从数据中提取出用户所需要的知识,这些知识可以用一种特定的方式表示或使用一些常用的表示方式,如产生式规则等。

第 8 步:模式解释。对发现的模式进行解释,在此过程中,为了取得更为有效的知识,可能会返回前面处理步骤中的某些步以反复提取,从而提取出更有效的知识。

第 9 步:知识评价。将发现的知识以用户能了解的方式呈现给用户。这期间也包含对知识的一致性的检查,以确信本次发现的知识不与以前发现的知识相抵触。

在上述的每个处理阶段 KDD 系统会提供处理工具完成相应的工作。在对挖掘的知识进行评测后,根据结果可以决定是否重新进行某些处理过程,在处理的任意阶段都可以返回以前的阶段进行再处理。

20.3　数据挖掘的基本概念

20.3.1 数据挖掘的定义

数据挖掘(data mining,DM)是将人工智能技术(神经网络,模糊逻辑,遗传算法等)应用到大规模数据中,从大量的、不完全的、有噪声的、模糊的、随机的数据中,提取隐含在其中的、人们事先不知道的,但又是潜在对决策有用的信息、知识和规则的过程。

通过数据挖掘过程所推导出的关系和摘要经常被称为模型(model)或模式(pattern)。如线性方程、规则、聚类(cluster)、图、树结构以及用时间序列表示的循环模式,都是模型。

数据挖掘经常被置于数据库 KDD 的大背景下。KDD 过程包括几个阶段:选择目标数据、预处理数据、转化数据(如果需要)、进行数据挖掘以提取模式和关系、解释并评价发现的结构。

数据挖掘作为知识发现的一个特定步骤,是知识发现的核心。数据挖掘是一系列技术及应用,或者说是对大容量数据及数据间关系进行考察和建模的方法集,它的目标是,利用算法,从数据中抽取模式,将大容量数据转换为有用的知识和信息。

数据挖掘的任务是从数据中发现模式。

20.3.2 数据挖掘的模式

模式是一个用语言 L 来表示的一个表达式 E,它可用来描述数据集 F 中数据的特性。例如,"如果成绩在 81～90 分,则成绩优良"就称为一个模式。

模式有很多种,按功能可分有两大类:

(1) 预测型(predictive)模式:可以根据数据项的值精确确定某种结果的模式。例如,根据各种动物的资料,可以建立这样的模式:凡是胎生的动物都是哺乳类动物。

(2) 描述型(descriptive)模式:是对数据中存在的规则做一种描述,或者根据数据的相似性把数据分组。例如,在地球上,70%的表面被水覆盖、30%是土地。

20.3.3 数据挖掘的作用

数据挖掘是一个工具,它可以帮助商业人士更深入地分析数据。如果运用合理的方法和工具,在企业日积月累形成的浩瀚数据中,是可以淘到金子的,甚至可能发现许多大的钻石。

但是从数据挖掘中得到的模型不能告诉你一个人为什么会这样做,只能告诉你他会这样做。这样,数据挖掘仍然需要你了解你的业务,理解你的数据,弄清它的方法。

数据挖掘不会代替有经验的商业分析师或管理人员所起的作用。在数据挖掘中,并非所有工作都是自动完成,而是需要人为参与。例如,根据一些成功的案例,有超过 60%的工作量用于数据准备。

数据挖掘虽然不需要掌握艰深的统计分析技术,但是也要知道数据挖掘工具如何工作,知道采用的算法原理。

数据挖掘是借助 IT 手段对经营决策产生决定性影响的一种管理手段。数据挖掘在提高企业内部经营管理、构筑企业竞争优势方面越来越显示出其重要性。

数据挖掘的初衷就是面向实际应用,支持企业的业务决策。

20.3.4 数据挖掘的工作流程

数据挖掘包含若干步骤,这些循环往复的工作往往要重复多次才能取得满意的结果。数据挖掘的工作流程见图 20.3。

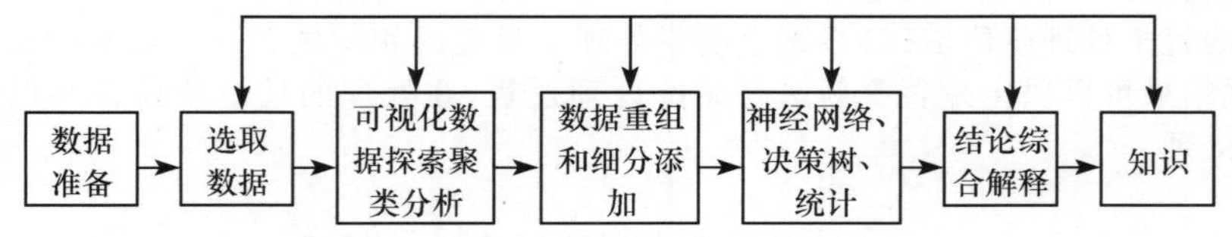

图 20.3 数据挖掘的工作流程

这个流程主要包括以下几个步骤。

(1) 数据准备:获取原始的数据,并从中抽取一定数量的子集,建立数据挖掘库,其中一个问题是如果企业原来的数据仓库满足数据挖掘的要求，就可以将数据仓库作为数据挖掘库。

(2) 选取数据：从数据仓库中选取待挖掘的数据。

(3) 可视化数据探索、聚类分析：由于数据可能是不完全的、有噪声的、随机的，有复杂的数据结构，就要对数据进行初步的整理，清洗不完全的数据，做初步的描述分析。

(4) 数据重组和细分添加：根据初步的描述分析或聚类分析的结果，选择与数据挖掘有关的变量，或者转变变量。

(5) 神经网络、决策树、统计等：根据数据挖掘的目标和数据的特征，选择合适的模型和算法，如神经网络、决策树、统计等。

(6) 结论综合、解释：对数据挖掘的结果进行评价，选择最优的模型，做出评价，运用于实际问题，并且要和专业知识结合对结果进行解释。

(7) 知识：根据前面数据挖掘得到的满意的结果，获取相应的知识。

以上的步骤不是一次完成的，可能其中某些步骤或者全部要反复进行。

20.4　数据挖掘的算法

数据挖掘的算法包括神经网络(neural networks)、决策树方法(decision tree)、归纳法(induction)、模糊逻辑(fuzzy logic)、数量分析(numerical)[或称统计(statistical)]、可视化模型分析(visualization)、粗糙集(rough sets theory, RST)等。本节将介绍决策树方法和粗糙集。

20.4.1　决策树方法

决策树方法以树形表示数据间的相互关系，树的每一个分支表示挖掘所得出的一条规则信息，那么决策树的叶子数就是该树所挖掘出的规则个数。如图 20.4 所示。

1. 预备知识

信息论把通信看做在随机干扰的环境中传递信息的过程。一个传递信息的系统由发送端(信源)、接收端(信宿)和连接两者的通道(信道)三者组成。

信息传递系统如图 20.5 所示。

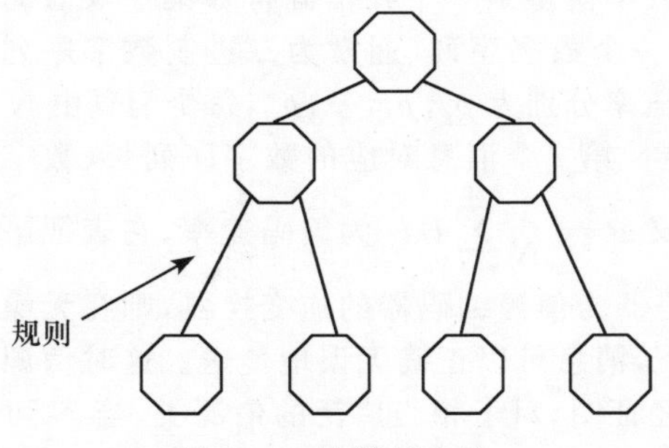

图 20.4　决策树方法

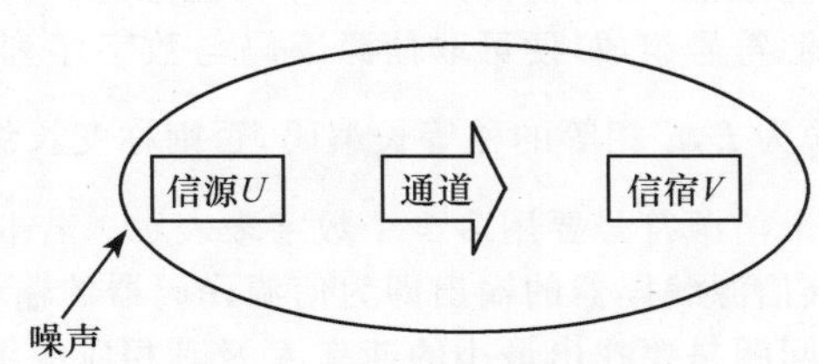

图 20.5　信息传递系统

2. 信息论中的几个重要概念和公式

1) 互信息

互信息 $I(U,V)$ 表示接收到状态集 V 后获得的关于状态 U 的信息量。可定义为

$$I(U,V) = H(U) - H(U \mid V)$$

其中，$I(U,V)$ 为 U 和 V 之间的平均互信息；U 为训练集(信源输入状态集)，训练集中有 U_1 和 U_2 两类，$|U_i|$ 表示 U_i 类例子。

V 是特征集(信宿输出状态集)，M 个取值 $(V_1, V_2, \cdots, V_m)$

$H(U)$是训练集的信息熵。表示为 $H(U) = \sum P(U_i)\lg P(U_i)$

$H(U|V)$是在输出端收到全部输出符号 V 后，对于输入端的符号集 U 存在的不确定性。表示为

$$H(U \mid V) = \sum P(V_j) \sum P(U_i \mid V_j) \lg[1/P(U_i \mid V_j)]$$

其中，$P(U_i|V_j)$为在特征 A_k 处取 V_j 值的例子属于 U_i 类的例子集合 $\mid F_{ij} \mid$ 的条件概率。表示为

$$P(U_i \mid V_j) = \mid F_{ij} \mid / \mid F_j \mid$$

2) 信道模型

信道的数学模型用三元组$(U, P(V|U), V)$表示。其中，U 为信源输入状态集；V 为信宿输出状态集；$P(U|V)$为信道的传输概率。

把反映实体类别的关键性特性看成信源，把实体外部表现的所有特性看成信宿，通过归纳学习的信道模型，那么就构成一个信息传递系统(图 20.6)。在信源中，除实体类别的关键性特性外，还会有非关键性特性，可以看做干扰(噪声源)。

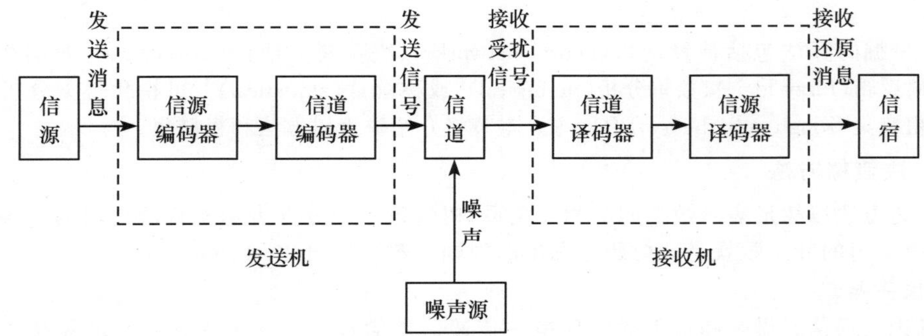

图 20.6 信息传递系统

信源是产生消息(包括消息序列)的源。信源的数学模型是一个在信源符号集中取值的随机变量序列或随机过程。信源编码器将消息变换为一个数字序列(通常为二进制数字序列)。在离散情形，若信源产生 M 个可能消息，它们出现的概率分别为 $p_1, p_2, \cdots, p_M$，每个消息由 N 个信源符号组成，便可取信源编码与数字序列一一对应。第 i 个消息对应的数字序列长(数字个数)为 l_i，l_i 相等的称等长编码，否则称变长编码。定义 $R = \frac{1}{N}\sum_{i=1}^{M} P_i l_i$ 为编码速率，它表征平均每个信源符号要用多少个数字来表示。若取信源译码器为信源编码器的逆变换器，则在无噪信道(信源编码器的输出即为信源译码器的输入)情况下，消息可以正确无误地传送。这时信源编码问题是要找出最小的速率 R 及其相应的编码。已经证明，对于相当广泛的信源类，当 N 可以任意大时这个最小极限速率 $R_{\min} = \overline{H} = \lim_{N \to \infty}\left(-\frac{1}{N}\sum_{i=1}^{M} p_i \lg p_i\right)$ 称为信源的熵率，是信源的一个重要参数。

信道是传输信息的媒质或通道。有时为研究方便将发送端和接收端的一部分如调制解调器也划归信道。信息论把信息传送过程中受各种干扰的影响都归入信道中考虑。根据干扰的统计特性，信道有多种模型。最简单的是离散无记忆恒参信道，它可以用信道入口符号集 X、出口符号集 Y 和一组条件概率 $P(y|x)$ $(x \in X, y \in Y)$来描述。若信道输入信号 $x = (x_1, x_2, \cdots, x_N)$，则相应的输出(受扰)信号 $y = (y_1, y_2, \cdots, y_N)$出现的概率为 $p = (y \mid x) = \prod_{i=1}^{N} P(y_i \mid x_i)$，

$N=1,2,\cdots$。信息论得出的重要结论是对于一个有噪信道，只要在信道编码中引入足够而有限的冗余度，或等价地说编码速率足够小，就能通过信道渐近无误地传送消息。更确切地说，对充分长的数字序列，其接收错误概率可以任意小。已经证明，对于离散无记忆恒参信道，这个最大极限编码速率为 $R_{\max}=C=\max\limits_{p} I(p,p)$，它是对 X 上一切概率分布 p 取极大值。p 为信道转移概率(条件概率)，

$$I(p,p)=\frac{\sum\limits_{x}\sum\limits_{y}p(x)p(y\mid x)\lg P(y\mid x)}{\sum\limits_{x}p(x)P(y\mid x)}$$

称为交互信息；C 称为信道容量，是信道的重要参数。

3. 决策树算法

1) 主算法

第 1 步，从训练集(信源输入状态集)中随机选择一个既含正例又含反例的子集(称为窗口)；

第 2 步，用建树算法形成一棵决策树；

第 3 步，对训练集(窗口除外)中例子用决策树进行类别判定，找出出错的例子；

第 4 步，若有错判的例子，插入窗口，转到第 2 步，否则结束。

2) 建树算法

第 1 步，对当前例子集合，计算各特征的互信息。

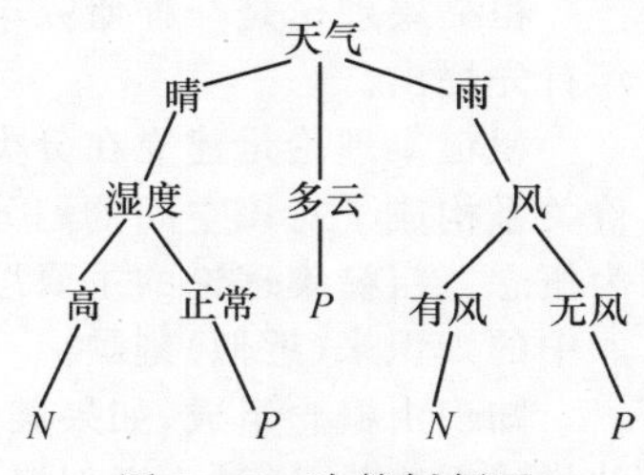

图 20.7　决策树例子

以图 20.7 的决策树例子为例。

对 9 个正例和 5 个反例有

$P(u_1)=9/14$　　$P(u_2)=5/14$

$H(U)=(9/14)\lg(14/9)+(5/14)\lg(14/5)=0.94\text{bit}$

A_1(＝天气)　　取值 v_1(＝晴)　　v_2(＝多云)　　v_3(＝雨)

$P(v_1)=5/14$　　$P(v_2)=4/14$　　$P(v_3)=5/14$

$P(u_1|v_1)=2/5$　　$P(u_2|v_1)=3/5$

同理：$P(u_1|v_2)=4/4$　　$P(u_2|v_2)=0$

$P(u_1|v_3)=2/5$　　$P(u_2|v_3)=3/5$

$$H(U\mid V)=\sum P(V_j)\sum P(U_i|V_j)\lg[1/P(U_i|V_j)]=0.694\text{bit}$$

第 2 步，选择互信息最大的特征 A_k。

A_1＝天气，有

I(天气)$=H(U)-H(U|V)=0.94-0.694=0.246\text{bit}$

类似可得

I(气温) $=0.029\text{bit}$

I(湿度) $=0.151\text{bit}$

I(风) $=0.048\text{bit}$

将选择互信息最大的特征“天气”作为树根。

第 3 步，把取值相同的例子归于同一子集。

在 14 个例子中对“天气”的三个取值进行分枝，三个分枝对应三个子集，分别是 $F_1=\{1,2,8,9,11\}$，$F_2=\{3,7,12,13\}$，$F_3=\{4,5,6,10,14\}$。

第 4 步，对既含正例又含反例的子集，递归调用建树算法；若子集仅含正例或反例，对应分枝标上 P 或 N，返回调用处。

3) 算法结构

决策树算法的算法结构如图 20.8 所示。

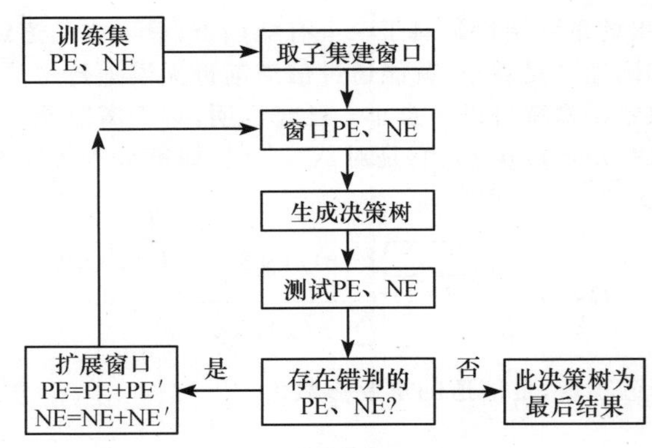

图 20.8　决策树算法的算法结构

20.4.2　粗糙集

粗糙集理论是一种研究不精确、不确定性知识的数学工具,由波兰科学家 Z. Pawlak 于 1982 年首先提出。

粗糙集理论是建立在分类机制基础上的,它将分类理解为在特定空间上的等价关系,而等价关系构成了对该空间的划分。粗糙集理论将知识理解为对数据的划分,每一被划分的集合称为概念。粗糙集理论的主要思想是利用已知的知识库,将不精确或不确定的知识用已知的知识库中的知识来(近似)刻画。

知识由概念组成,如果某知识中含有不精确概念,则该知识不精确。粗糙集对不精确概念的描述方法是:通过上近似概念和下近似概念这两个精确概念来表示。

一个概念(或集合)的下近似(lower approximation)概念(或集合)指的是,其下近似中的元素肯定属于该概念;一个概念(或集合)的上近似(upper approximation)概念(或集合)指的是,其上近似中的元素可能属于该概念。

粗糙集方法有几个优点:不需要预先知道额外信息,如统计中要求的先验概率和模糊集中要求的隶属度;算法简单、易于操作。

1. 粗糙集的基本概念

1) 知识的含义

"知识"这个概念在不同的范畴内有多种不同的含义。在粗糙集理论中,"知识"被认为是一种分类能力。人们的行为是基于分辨现实的或抽象的对象的能力,如医生给病人诊断,必须辨别出患者得的是哪一种病。这些根据事物的特征差别将其分门别类的能力均可以看做是某种"知识"。

2) 不可分辨关系与基本集

分类过程中,相差不大的个体被归于同一类,它们的关系就是不可分辨关系(indiscernibility relation)。假定只用两种黑白颜色把空间中的物体分割两类:{黑色物体}和{白色物体},那么同为黑色的两个物体就是不可分辨的,因为描述它们特征属性的信息相同,都是黑色。如果再引入方、圆的属性,又可以将物体进一步分割为四类:{黑色方物体}、{黑色圆物体}、{白色方物体}、{白色圆物体}。这时,如果两个同为黑色方物体,则它们还是不可分辨的。不可分辨关系也称为一个等效关系(equivalence relationship),两个白色圆物体间的不可分辨关系可以理解为它们在白、圆两种属性下存在等效关系。

基本集(elementary set)定义为由论域中相互间不可分辨的对象组成的集合,是组成论域知识的颗粒。不可分辨关系这一概念在粗糙集理论中十分重要,它深刻地揭示出知识的颗粒状结构,是定义其他概念的基础。知识可认为是一组等效关系,它将论域分割成一系列的等效类。

设 U 是对象的有限集,称为论域。$R \subseteq U \times U$ 是 U 上的等价关系,被称为不可分辨关系,序

对 $A=(U,R)$ 称作近似空间。$\forall(x,y)\in U\times U$，若 $(x,y)\in R$，则称对象 x 与 y 在近似空间 A 中是不可分辨的。U/R 是 U 上由 R 生成的等价类全体，它构成了 U 的一个划分。U/R 中的集合称为基本集或原子集。若将 U 中的集合称为概念或表示知识，则 $A=(U,R)$ 称为知识库，原子集表示基本概念或知识模块。

设 $X\subseteq U$ 是 U 的子集。在 A 中定义 X 的下近似和上近似，如下所示：

$$\underline{A}(X)=\{x\in U:[x]_R\subset X\}=\bigcup_{X_i\subseteq X}X_i$$

$$\overline{A}(X)=\{x\in U:[x]_R\cap X\neq\phi\}=\bigcup_{X_i|X\neq\phi}X_i$$

其中，$[x]_R$ 为包含元素 x 的关系 R 的等价类 $[x]_R=\{\theta|\theta\in U,xR\theta\}$。$A$ 中 X 的边界为 $bn_A(X)=\overline{A}(X)-\underline{A}(X)$，是 X 关于 A 的边界区域。如果 $bn_A(X)=\phi$，则集合 X 在 A 中可定义；否则，X 被称作不可定义集或粗糙集(rough sets)。

下近似 $\underline{A}(X)$ 也称作 X 关于 A 的正域，记作 POS(X)，它可以解释为由那些根据现有知识判断出肯定属于 X 的对象所组成的最大集合；上近似 $\overline{A}(X)$ 可以解释为由那些根据现有知识判断出可能属于 X 的对象所组成的最小集合。$U-\overline{A}(X)$ 称作 X 关于 A 的负域，记作 NEG(X)，可以解释为由那些根据现有知识判断出肯定不属于 X 的对象所组成的集合。

X 关于 A 的近似质量定义为

$$\gamma_A(X)=|\underline{A}(X)|/|U|$$

其中，$|X|$ 为集合 X 的基数。近似质量反映了知识 X 中肯定在知识库中的部分在现有知识中的百分比。

X 关于 A 的粗糙性测度定义为

$$\rho_A(X)=1-|\underline{A}(X)|/|\overline{A}(X)|$$

显然，$0\leqslant\rho_A(X)\leqslant1$，当且仅当 $\rho_A(X)=0$，X 是可定义的；当且仅当 $\rho_A(X)>0$，X 是粗糙的。粗糙性测度反映了知识的不完全程度。

称 $\alpha_A(X)=|\underline{A}(X)|/|\underline{A}(X)|$ 为 X 关于 A 的近似精度，近似精度反映了根据现有知识对 X 的了解程度。

从上面的定义中，可以看出粗糙集理论中"含糊"(vague)和"不确定"(uncertainty)这两个概念之间的关系："含糊"用来描述集合，指集合的边界不清楚；而"不确定"描述的是集合中的元素，指某个元素是否属于某集合是不确定的。

2. 知识表达系统

粗糙集理论中的知识表达方式一般采用信息表或称为信息系统的形式，它可以表示为四元有序组 $K(U,A,V,\rho)$，其中，U 为对象的全体，即论域，A 为属性全体，$V=\bigcup_{a\in A}V_a$，V_a 为属性的值域，$\rho:U\times A\to V$ 是一个信息函数，$\rho_x:A\to V,x\in U$，反映了对象 x 在 K 中的完全信息，其中 $\rho_x(a)=\rho(x,a)$。对于这样的信息系统，每个属性子集就定义了论域上的一个等价关系，即 $\forall B\subseteq A$，定义 $R_B:xR_By\Leftrightarrow\rho_x(b)=\rho_y(b),\forall b\in B$。

由此可见，信息系统类似于关系数据库模型的表达方式。有时属性集 A 还分为条件属性 C 和决策(结论)属性 D，这时的信息系统称为决策表，常记为 $(U,C\cup D,V,\rho)$。无决策的数据分析和有决策的数据分析是粗糙集理论在数据分析中的两个主要应用。

知识表达系统的这种定义可以方便地用表格实现。知识的表格表达法可以看做是一种特殊的形式语言，用符号来表达等价关系，这样的数据表称作知识表达系统，或简称为 KRS，有时也称为信息系统属性值表。在知识表达系统数据表中，列表示属性，行表示对象(如状态、过程等)，并且每行表示该对象的一条信息。数据表可以通过观察、测量得到。容易看出，一个属性对应一个等价关系，一个表可以看做是定义的一族等价关系，即知识库。知识化简可转化为属性化简。现给出一些用表格法表示知识表达系统的例子。

知识表达系统可以形式化地定义为：知识表达系统 $S=(U,A)$。其中，U 为非空的有限集论域，A 为非空的属性有限集。每个原始属性 $a\in A$ 为一个全函数 $a:U\Rightarrow V_a$，V_a 为 a 的数值集合，称为 a 的域。对于每个属性子集 $B\subseteq A$，定义一个不可分辨二元关系ind(B)，即 $\mathrm{ind}(B)=\{(x,y)\in U^2$，对于每一 $a\in B, a(x)=a(y)\}$，显然 ind(B)是一个等价关系，且 $\mathrm{ind}(B)=\bigcap_{a\in B}\mathrm{ind}(a)$。每个子集 $B\subseteq A$ 称为一个属性，当 B 是单元素集时，B 称为原始的，否则称为复合的。属性 B 可以看做用等价关系表示的知识的一个名称，可称为标识属性。对象 x 的原始属性 a 的值 $a(x)$，是包含 X 的 ind(a)的等价类，是$[x]_{\mathrm{ind}(a)}$的一个名称。包含对象 x，具有属性 $B\subseteq A$ 的粗等范畴的名称是一个集合对(属性，值)，记为$\{a,a(x)\}_{a\in B}$。

因知识库与知识表达系统之间具有一对一映射关系，取决于属性和属性名称的同构，故任一知识库 $K=(U,R)$ 可用下面的方法指定一个知识表达系统 $S=(U,A)$，即当$r\in R$，且 $U/r=\{X_1,X_2,\cdots,X_n\}$，对于属性集 A 属于每个属性 $a_r:U\Rightarrow V_{a_r}$，当且仅当 $x\in X_i, i=1,2,\cdots,k$，有 $V_{a_r}=\{1,2,\cdots,k\}$，且 $a_r(x)=i$，这样，所有涉及知识库的定义都可以用知识表达系统的定义来描述。因此知识库中任一等价关系在表中表示为一个属性和用属性值表示的关系的等价类，表中的列可看做某些范畴的名称，而整个表包含了相应知识库中所有范畴的描述，包含了能从表中数据推导出的所有可能的规律。所以，知识表达系统是对知识库中有效事实和规律的描述。

3. *决策表*

决策表是一类特殊而重要的知识表达系统，它指当满足某些条件时，决策(行为)应当怎样进行。多数决策问题都可以用决策表形式来表达，因此这一工具在决策应用中起着重要的作用。决策表可以根据知识表达系统定义如下：$K=(U,A)$为一知识表达系统，且 $C,D\subset A$ 是两个属性子集，分别称为条件属性和决策属性。具有条件属性和决策属性的知识表达系统可表达为决策表，记作 $T=(U,A,C,D)$或简称为 CD 决策表(decision table，CD)。关系 ind(C)和关系 ind(D)的等价类分别称为条件类和决策类。

对于每个 $x\in U$，对于每个 $a\in C\cup D$，定义一个函数 $d_x:A\rightarrow V$，$d_x(a)=a(x)$。函数 d_x 称为表 T 中的决策规则，x 是决策规则 d_x 的标识，即决策表中集合 U 的元素不表示任何实际的事物，只是决策规则的标识符。当 d_x 为一决策规则时，d_x 对于C 的约束记作$d_x|C$，d_x 对于 D 的约束记作 $d_x|D$，$d_x|C$ 和 $d_x|D$ 分别称为 d_x 的条件和决策。如果对于每个 $y\neq x$，$d_x|C=d_y|C$ 意味着$d_x|D=d_y|D$，则称决策规则 d_x 是相容的，否则称为是不相容的；只有当所有的决策规则都是相容的时，决策表才是相容的，否则，决策表是不相容的。

决策表中属性的一些性质如下：

(1) 当且仅当 $C\Rightarrow D$，决策表 $T=(U,A,C,D)$是相容的。

(2) 每个决策表 $T=(U,A,C,D)$都可以唯一地分解成为两个决策表 $T_1=(U_1,A,C,D)$和 $T_2=(U_2,A,C,D)$，这样使得表 T_1 中 $C\Rightarrow_1 D$ 和表 T_2 中 $C\Rightarrow_2 D$。这里 $U_1=\mathrm{pos}_C(D)$，$U_2=\bigcup bn_C(X)$，$X\in U/\mathrm{ind}(C)$。

决策表的简化就是化简决策表中的条件属性，化简后的决策表具有化简前的决策表的功能，但是化简后的决策表具有更少的条件属性。因此，决策表的简化在工程应用中相当重要，同样的决策可以基于更少量的条件，通过一些简单的手段就能获得同样要求的结果。

决策表的简化步骤如下：①进行条件属性的简化，即从决策表中消去某些列；②消去重复的行；③消去属性的冗余值。应该注意到，与知识表达系统的一般表示相比，这里的行不表示对任何实际对象的描述，因此重复行表示的是同样的决策，可以把它消去。在这里消去属性和消去属性值是一回事。化简后的决策表是一个“不完全”的决策表，它仅包含那些在决策时所必需的条件属性值。

4. *算法*

粗糙集理论中有效算法研究是粗糙集在人工智能方向上研究的一个主要方向。目前，粗糙集理论中有效算法研究主要集中在：一方面研究了粗糙集理论属性约简算法和规则提取启发式算法，如基于属性重要性、基于信息度量的启发式算法。另一方面研究和其他智能算法的结合，如和神经网络的结合，利用粗糙集理论进行数据预处理，以提高神经网络收敛速度；和支持向量机 SVM 结合；和遗传算法结合；特别是和模糊理论结合，取得许多丰硕的成果。粗糙理论和模糊理论虽然两者都是描述集合的不确定性的理论，但是模糊理论侧重的是描述集合内部元素的不确定性，而粗糙集理论侧重描述的是集合之间的不确定性，两者互不矛盾，互补性很强，是当前国内外研究的一个热点之一。

20.5　数据挖掘的技术

数据挖掘的技术主要有如下工具：分类模式分析（classify patterns）；聚类模式分析（cluster patterns）；关联模式分析（association patterns）；序列模式分析（sequential patterns）

20.5.1　分类模式分析

分类模式分析是采用分类器（classifier）通过有监督学习来建立细分的技术。分类器是在已有数据的基础上形成一个分类函数或构造出一个分类模型。该函数或该模型把数据库中的数据记录映射到给定类别中的某一个，从而可以应用于市场细分。

分类器分类的步骤：

第 1 步，构造一个分类器。输入训练样本数据集

$$(v_1, v_2, \cdots, v_n, c)$$

其中 v_i 为字段值，c 为类别。

具体表示为（年龄，职业，年薪，婚否，户外运动，是否潜在客户）。

分类器分三种：决策树分类器、选择树分类器、证据分类器。

第 2 步，生成决策树。以决策树分类器为例，见图 20.9。其中 0 为学生，1 为上班族；0 为未婚，1 为已婚；0 为不喜爱户外运动，1 为喜爱户外运动。

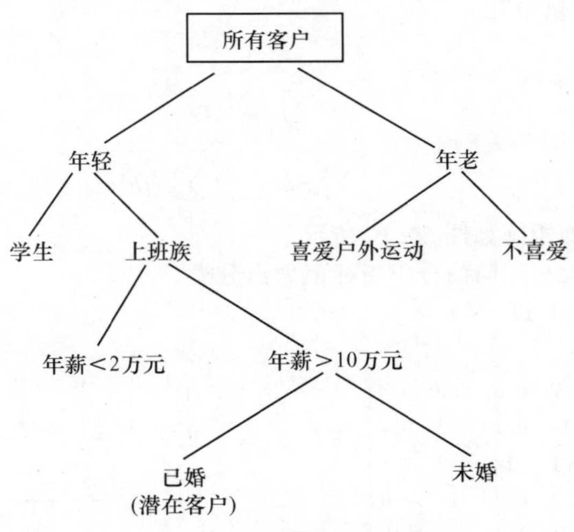

图 20.9　决策树分类器

第 3 步，分类。用该分类器对数据仓库中任何不包含标签属性的记录进行分类。如（30，1，15，1，0）。即：30 岁；上班族；年薪 15 万元；已婚；不喜欢户外运动。

通过决策树分类，其类别为潜在客户，潜在客户是（30 岁，上班族，年薪 15 万元，已婚，不喜欢户外运动）。

20.5.2　聚类模式分析

聚类模式分析主要使用模糊数学方法。表 20.1 是聚类模式分析的例子。

表 20.1　聚类模式分析的例子

客户名	工作年限	年收入/万元	受教育程度	每年旅游次数
X_1	5	5	3(本科)	2
X_2	2	3	4(硕士)	5
X_3	5	5	2(大专)	3
X_4	1	5	3(本科)	1
X_5	2	4	5(博士)	1

聚类分类的步骤：

第 1 步，数据标准化，将相应属性值转化成数字。

(1) 平移—标准差变换：

$$x'_{ik}=\frac{x_{ik}-\bar{x}_k}{s_k},\quad i=1,2,\cdots,m\quad k=1,2,\cdots,m$$

其中

$$\bar{x}_k=\frac{1}{n}\sum_{i=1}^{n}x_{ik}$$

$$S_k=\sqrt{\frac{1}{n}\sum_{i=1}^{n}(x_{ik}-\bar{x}_k)^2}$$

(2) 平移—极差变换：

$$x''_{ik}=\frac{x'_{ik}-\min\limits_{1\leqslant i\leqslant n}\{x'_{ik}\}}{\max\limits_{1\leqslant i\leqslant n}\{x'_{ik}\}-\min\limits_{1\leqslant i\leqslant n}\{x'_{ik}\}},\quad k=1,2,\cdots,m$$

第 2 步，建立模糊相似矩阵。

夹角余弦法：

$$r_{ij}=\frac{\sum\limits_{k=1}^{m}x_{ik}\cdot x_{jk}}{\sqrt{\sum\limits_{k=1}^{m}xik^2}\cdot\sqrt{\sum\limits_{k=1}^{m}xjk^2}}$$

本例建立的模糊相似矩阵如图 20.10 所示。

第 3 步，聚类，根据大小不同的分类指标值做出分类。

本例分类结果见图 20.11。

$$\boldsymbol{R}=\begin{bmatrix}1 & 0.2 & 0.8 & 0.5 & 0.3\\ 0.1 & 1 & 0.1 & 0.2 & 0.4\\ 0.8 & 0.1 & 1 & 0.3 & 0.1\\ 0.5 & 0.2 & 0.3 & 1 & 0.6\\ 0.3 & 0.4 & 0.2 & 0.6 & 1\end{bmatrix}$$

图 20.10　模糊相似矩阵

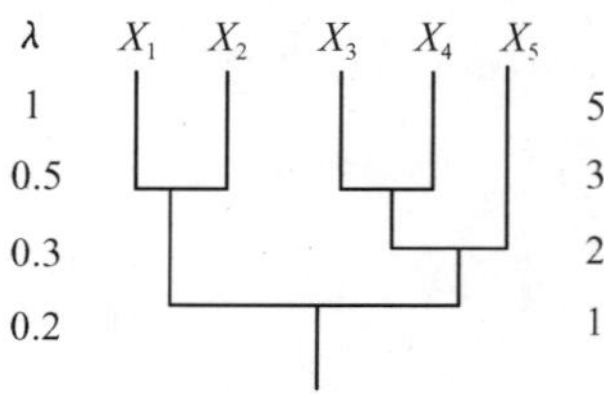

图 20.11　分类结果

通过聚类分析，可将客户分为两大类：客户 1 和客户 2 为一类，客户 3、客户 4 和客户 5 为一类；或将客户分为三大类：客户 1 和客户 2 为一类，客户 3、客户 4 为一类，客户 5 为一类。

20.5.3　关联模式分析

关联模式分析的目的就是为了挖掘出隐藏在数据间的相互关系。即通过量化的数字，描述产品 A 的出现对 B 的出现有多大影响。

关联分析就是给定一组条目和一个记录集合，通过分析记录集合，推导出条目间的相关性。

可以用四个属性来描述关联规则：可信度、支持度、期望可信度、作用度。

例如，“70%包含条目 A、B 和 C 的记录同时也包含条目 D 和 E”。其中 70%称为“包含条目 A、B 和 C 的记录同时也包含条目 D 和 E”的可信度，而 A、B、C 则被称为 D、E 的对立面。四个属性关联规则的描述见表 20.2。

表 20.2　关联规则

名　称	描　述	公　式
可信度	在产品集 A 出现的前提下	$P(B\|A)$
支持度	产品集 A、B 同时出现的概率	$P(A\cap B)$
期望可信度	产品集 B 出现的概率	$P(B)$
作用度	可信度对期望可信度的比	$P(B\|A)/P(B)$

再如，零售商保存着每一笔交易的详细记录(原始数据)，由每笔交易的交易号、顾客号、商品号、数量和日期等项构成。不同的商品种类构成了一组条目是关联分析的对象。见表 20.3。我们对顾客的购买行为做关联分析。

表 20.3　市场营销的例子

交易号	顾客号	商品号	数　量	日　期
1	甲	A	14	3/4/2000
	甲	B	3	3/4/2000
2	乙	C	2	4/6/2000
	乙	B	3	4/6/2000
	乙	D	13	4/6/2000
3	乙	B	10	6/6/2000
	乙	D	12	6/6/2000

在进行关联分析时，用户需要输入两个参数：最小置信度(confidence)，以过滤可能性过小的规则，本例中，设最小置信度为 0.3；最小支持度(support)，以表示这种规则发生的概率，即可信度，在本例中，也设最小支持度为 0.3。

设规则“购买了商品 X 的顾客同时也购买商品 Y”的置信度为 C，支持度为 S，则

$$C=\frac{\text{同时购买商品 }X\text{ 和 }Y\text{ 的交易数}}{\text{购买了商品 }X\text{ 的交易数}}$$

$$S=\frac{\text{同时购买商品 }X\text{ 和 }Y\text{ 的交易数}}{\text{总交易数}}$$

通过关联分析可以得出一个关于同时购买商品的简单规则，以及每条规则的置信度和支持度见表 20.4。

表 20.4　关联分析的结果

条目 1	条目 2	置信度 C	支持度 S
A	B	1	0.33
B	A	0.33	0.33
B	C	0.33	0.33
B	D	0.66	0.66
C	B	1	0.33
C	D	1	0.33
D	B	1	0.66
D	C	0.5	0.33

表 20.4 的第一行表示，购买了商品 A 的顾客必定同时又购买商品 B，其置信度为 1，支持度为 0.33。

20.5.4 序列模式分析

序列模式分析和关联模式分析相似，其目的也是为了挖掘出数据之间的联系，但序列模式是一种预测型模式，它侧重于分析数据之间的前后(因果)关系。我们依然用上面的例子(表 20.3)，如果 DM 系统在分析时按顾客号而不是按交易号来分组，并进一步将每组按时间分类，得到表 20.5。

表 20.5 市场营销例子的序列模式分析

顾客号	日 期	商品号	数 量
甲	3/4/2000	A	14
		B	3
	4/4/2000	C	11
乙	4/6/2000	C	2
		B	3
		D	13
	6/6/2000	B	10
		D	12

在进行序列模式分析时，同样也需要由用户输入最小置信度 C 和最小支持度 S。在本例中，最小置信度和最小支持度都是 0.5。规则“先购买了商品 X 的顾客后购买商品 Y”的置信度 C，支持度为 S，则

$$C=\frac{\text{先购买商品 }X\text{ 再购买商品 }Y\text{ 的组数}}{\text{先购买了商品 }X\text{ 的组数}}$$

$$S=\frac{\text{先购买商品 }X\text{ 再购买商品 }Y\text{ 的组数}}{\text{总组数}}$$

以组(同一顾客)为基准，并且在条目 A 和条目 B 间保持时间顺序关系，则可以得到一个最简单的序列规则，如表 20.6 所示。

表 20.6 简单的序列规则

条目 1	条目 2	置信度 C	支持度 S
A	B	1	0.5
B	C	0.5	0.5
A,B	C	0.5	0.5
B	B	0.5	0.5
B	D	0.5	0.5
B	B,D	0.5	0.5
B,C,D	B,D	0.5	0.5

例如，表 20.6 中第一行表示，顾客在购买了 A 之后必定同时购买 B，其置信度为 1，支持度为 0.5。

20.6 数据挖掘的工具

数据挖掘工具按照应用领域主要分为两类：特定领域的数据挖掘工具和通用的数据挖掘工

具。特定领域的数据挖掘工具是针对某个特定领域的问题提供解决方案;通用的数据挖掘工具是不区分具体数据的含义,采用通用的挖掘算法,比较著名的有 QUEST,MineSet,DBMiner。

数据挖掘工具按照开采方法主要分为四类:基于神经网络的工具;基于规则和决策树的工具;基于模糊逻辑的工具;综合多方法工具。

20.6.1 QUEST 系统

QUEST 系统是 IBM 公司 Almaden 研究中心开发的一个多任务数据挖掘系统,其目的是为新一代决策支持系统的应用开发提供高效的数据开采基本构件。

QUEST 系统具有如下特点:

(1) 提供了专门在大型数据库上进行各种开采的功能:关联规则发现、序列模式发现、时间序列聚类、决策树分类、递增式主动开采等。

(2) 各种开采算法具有近似线形[$O(n)$]计算复杂度,可适用于任意大小的数据库。

(3) 算法具有找全性,即能将所有满足指定类型的模式全部找出来,为各种发现功能设计了相应的并行算法。

20.6.2 MineSet 系统

MineSet 系统是 SGI 公司和美国 Standford 大学联合开发的,也是一个多任务数据挖掘系统。MineSet 集成多种数据挖掘算法和可视化工具,帮助用户直观地、实时地发掘和理解大量数据背后的知识。

MineSet 系统具有如下特点:

(1) 以先进的可视化显示方法闻名于世;使用了六种可视化工具来表现数据和知识,用户可以任意放大、旋转、移动图形,从不同的角度观看。

(2) 提供多种数据挖掘模式,包括分类器、回归模式、关联规则、聚类归、判断列重要度等,支持多种关系数据库。

20.6.3 DBMiner 系统

DBMiner 系统由加拿大 Simon Fraser 大学开发,同样是一个多任务数据挖掘系统,它的前身是 DBLearn。该系统设计的目的是把关系数据库和数据开采集成在一起,以面向属性的多级概念为基础发现各种知识。

DBMiner 系统具有如下特点:

(1) 能完成多种知识的发现:泛化规则、特性规则、关联规则、分类规则、演化知识、偏离知识等。

(2) 综合了多种数据开采技术:面向属性的归纳、统计分析、逐级深化发现多级规则、元规则引导发现等。

(3) 提出了一个交互式的类 SQL 语言——数据开采查询语言 DMQL。

(4) 能与关系数据库平滑集成。

20.7 数据挖掘技术在电信行业客户关系管理中的应用

20.7.1 电信客户细分的聚类分析

作为独立的数据挖掘目标模式,聚类分析是数据挖掘领域最为常见的技术之一,主要用于发现在数据库中未知的对象类。在电信业中,聚类分析是深入了解客户群体,进行客户细分的有效工具。下面将探讨聚类分析技术如何应用于电信客户市场细分问题。以 CRISP-DM 方法论为理论基础,应用 SPSS 公司的 Clementine 数据挖掘工具为平台,详细讨论一般电信企业如何应用数据挖掘工具建立客户细分模型,并应用行为分析方法解读挖掘结果,从而真正为企业高效营销提供支持。

CRISP-DM 方法论将一个数据挖掘项目的生存周期定义为六个阶段，分别为商业理解、数据理解、数据准备、建立模型、模型评估、模型发布。

1. 商业理解

通过数据挖掘解决商业问题的总体思路是通过对商业问题的充分理解，把商业问题转化为数据挖掘可以解决的问题，进而通过数据挖掘工具软件求得数据挖掘问题的结果，然后业务人员解读数据挖掘的结果，最终把数据挖掘结果转化为商业问题解决方案，从而提升企业利润或降低企业成本。

为了提高营销的投资回报，电信企业着眼于客户细分来实现目标，应用数据挖掘技术中的聚类分析实现客户细分，将客户群拆分成若干个部分，使得不同部分之间的数据特征差距尽可能的大，而同一部分内部的数据特征尽可能接近。例如，可以根据人们的人口统计学特征（年龄、性别、收入等）和人们的消费习惯特征（通话时长、短信次数、IP 使用情况等）进行细分，从而得到不同的消费习惯群体。每一群体具备大致相同的人口统计学特征和大致相近的消费习惯，我们就可以针对这些群体制定适当的市场营销策略，从而提高市场促销活动的效果，有针对性地吸引新客户或留住旧客户。

2. 数据理解

1）数据类型

数据一般分为三种基本类型：人口统计学数据、行为数据、心理或态度数据。这三种数据类型都可以参与客户细分，具有各自的特点。

人口统计学数据一般包括性别、年龄、婚姻状况、收入、教育水平等。这类数据比较稳定，可以用于特征分析或预测，但缺点是很难在个体水平上达到高准确性。这类数据可以通过购买得到。

行为数据与具体的行业相关，包括销售量、购买类型与日期、付款日期与数量、客户服务活动或各种消费行为，这类数据客观实在，预测能力强。电信企业的优势就是这类数据丰富，便于开展分析工作。

心理或态度数据以观点、生活方式特性或个人价值为特征。这个数据通常与市场营销研究有关，主要通过调查、观点表决等方法得到。相对而言这类数据较难获得。

2）数据特点

建模所采用的数据来自一个电信企业的业务系统。其中的客户数据及通话记录数据都属于典型的关系型数据。其中起主要作用的是数值型数据及由此产生的统计型数据。其原始的客户数据，包括用户在申请开户时输入的个人信息数据，在这里只能作为参考数据，主要原因是用户输入的数据准确性不高。

电信企业的其余数据就是用户通信的数据，这些数据是在用户拨叫的过程中由设备自动生成并储存于数据库中的，其主要的数据类型都是数值型的数据，包括用户通话时间和用户通话费用，其他的还包括呼叫转移、短信费用及网间通话记录等数据。本研究的重点是对客户的消费行为数据进行聚类分析。

3）确定细分主题

对海量的客户数据应用聚类分析技术，在理解数据的基础上，首先必须定义细分主题，即要明确从哪些角度进行聚类，以便根据其要求寻找细分变量即用于聚类的变量，若要了解聚类变量以外的其他信息，可以定义描述变量（即不参与聚类的变量）辅助结果分析。这个过程必须与业务人员充分协商，以了解其商业目标及具体需求。根据经验及项目实际，电信市场细分可以从消费层次及消费时段两个角度着手。

按消费层次进行客户细分。不同的客户有着不同的消费需求，如学生，可能短信的需求量大，而商务人士可能长途、漫游等方面的通话需求高。根据这些不同的消费层次，可以根据其消费行为特征进行细分，找到高价值的客户，或者某项业务的集中客户，并对其进行针对性地营销，降低营销成本。

按消费时段进行客户细分。在电信行业，存在着基础设施的利用率不平衡的问题，为了解决这个问题，可以对客户按通话时段进行细分，根据基础设施的使用需求进行营销，以平衡基础设施在不同时段的使用率问题。细分变量可以是凌晨 0 点到 1 点的通话次数、凌晨 1 点到 2 点的通话次数等，描述变量可以选取业务人员关心的变量。

3. 数据准备

1) 建立数据库

目前国内电信运营商及其各省公司都已经建成或正在完善各自的电信业务运营支撑系统，使之集成更多应用，完成更强大的功能。但许多业务运营支撑系统是各分公司自己建设的，这就导致没有统一的客户信息和业务产品信息目录，尚不能支撑企业经营部门的市场经营分析和营销策略的制定。数据挖掘人员应该将需用的每个变量从各个业务系统中提取出来，建立统一的应用于数据挖掘的数据库。

2) 数据预处理

为了使数据挖掘的效率更高、数据挖掘的结果更合理，用于挖掘的数据应该准确、简洁且易于处理，在建立挖掘模型前需要进行大量的数据准备工作。由于这些工作可能要反复进行，因此应用数据挖掘软件进行处理较为方便。

数据预处理包括数据的抽取、数据的净化、衍生变量、异常值的处理、数据的标准化、定义细分变量。

(1) 数据的抽取。即将数据读入数据挖掘软件。

(2) 数据的净化。数据净化是清除数据源中不正确、空值、不完整等不能达到数据挖掘质量要求的数据。由于电信企业的电子化系统，数据源中的客观数据质量基本达到要求，只有客户本身的性别、年龄及身份证等自主登记信息存在问题较多，这些数据并不参与聚类，所以对结果基本没有影响。

(3) 衍生变量。有些变量用其他的形式表达更为直观，易于分析。如拨打固定电话、联通和网内手机的时长分别用其占总时长的比例来表示，分别得到拨打固话的比例、拨打联通的比例及网内通话的比例三个变量。

(4) 异常值的处理。异常值指取值远远偏离于一般值的数据，其存在往往会对数据挖掘的过程产生误导作用，生成不准确、甚至错误的结果。异常值可以采用数据均值或中值替换的方法来处理，也可以直接剔除。本研究直接剔除了异常值。

(5) 数据的标准化。由于大部分聚类分析算法都需要进行对象间距离的计算，而描述一个对象的多个属性往往具有不同的度量单位，如果不进行数据的标准化，聚类分析算法会受到取值数量级高的属性的影响，可能产生不合理的聚类结果。

(6) 定义细分变量。在应用聚类模型前，需要将细分变量即参与聚类的变量设定为输入变量。

4. 模型建立与评估

这里采用了 K-means 聚类算法。该算法广泛应用于聚类分析技术，算法简单，聚类结果易于解读，且通常对大数据集而言效率最高，能够解决本书涉及的数据挖掘问题。

K-means 算法是以平均值作为类的“中心”的一种分割聚类方法。假设有 n 个对象，将其分为 k 个类。其中，分成的聚类的个数 k，是采用 K-means 算法必须预先指定的参数。

聚类的过程可以通过下述几个步骤来描述：

(1) 先随机地选择 k 个对象，每个对象作为一个类的“中心”，分别代表将分成的 k 个类；

(2) 根据距离“中心”最近的原则，寻找与各对象最为相似的类，将其他对象分配到各个相应的类中；

(3) 在完成对象的分配之后，针对每一个类计算所有对象的平均值，作为该类的新的“中心”；

(4) 根据距离“中心”最近的原则，重新进行所有对象到各个相应类的分配；

(5) 返回步骤 3，直到没有变化为止。

K-means 算法聚类的结果会受到异常值的影响，因此在聚类前处理异常值的步骤非常重要。

另外，聚类一般都要求预先估计聚类的个数 k。在实际应用中一般依据业务专家的经验结合比较分析加以指定，衡量标准也一般采用主观分析方法，考察聚类的结果是否能够解释。本研究采用了 SPSS Clementine 提供的方法来确定聚类个数：在 K-means 模型中分别设定不同的聚类数目，应用 SPSS 软件得到 3～10 个类的表，并比较其各类 F 值(平均组间离差平方和除以平均组内离差平方和)差异的大小(表 20.7)，观察到聚为 7 类与 8 类时的 F 值所得的差异不太大，因此将聚类个数定为 7。

表 20.7 聚类个数为 3～10 类的 F 值比较

项 目	$F(3)$	$F(4)$	$F(5)$	$F(6)$	$F(7)$	$F(8)$	$F(9)$	$F(10)$
属性 1	3 440.664	2 117.101	1 582.299	1 356.059	1 237.095	1 186.594	1 330.237	1 249.935
属性 2	61.398	39.793	35.523	27.047	24.514	23.525	22.984	20.8
属性 3	24.418	17.039	18.624	16.902	14.803	14.034	13.226	11.258
属性 4	3 809.746	2 525.313	1 823.945	1 609.608	1 406.082	1 327.221	1 317.699	1 220.727
属性 5	26.357	28.444	22.23	17.91	16.332	15.554	13.312	9.954
属性 6	0.974	0.525	1.316	1.449	1.18	1.04	1.261	1.342
属性 7	1 076.97	1 413.893	1 087.047	860.468	763.23	672.133	853.827	612.745
属性 8	204.866	205.605	158.381	148.465	122.952	107.727	108.801	91.95
属性 9	52.045	395.377	513.586	478.549	392.748	388.766	349.352	316.243
属性 10	54 056.469	56 146.318	48 594.983	51 479.972	48 813.478	44 501.072	42 233	44 167.263
属性 11	41.649	3 796.686	7 503.325	7 353.161	6 148.616	6 668.244	7 227.025	7 224.202
属性 12	51 555.131	52 367.166	45 949.7	51 722.771	51 835.479	48 907.144	45 408.137	41 522.365

5. 模型发布

这个阶段主要任务是将模型的结果交付于管理者，为决策提供支持。一般情况下需要将聚类结果可视化，而聚类结果的业务分析需要由业务专家结合自己的经验完成，以便提供更为可行的决策计划。

图 20.12 显示了聚类结果 7 个组的消费行为特征，可以从中观察各类客户的消费习惯。以

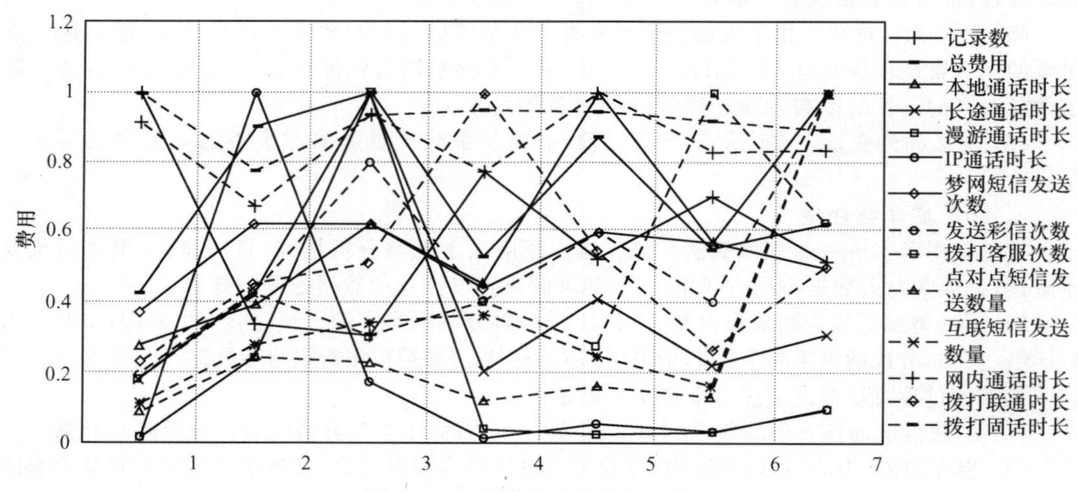

图 20.12 分类各组消费行为特征

第 3 类为例，该类客户人数最少，而产生的费用却最高，这就是通常所说的高价值客户。观察其消费行为：长途通话时长最长，漫游通话最长，网内通话时长只小于第 5 类，发送彩信次数只少于第 7 类，发送梦网短信次数只少于第 7 类，本地通话时长只少于第 5 类，拨打客服次数最少等。不难发现，第 3 类客户各项消费行为均居于强势，可以得到这样的结论：这类客户可以定义为商务人士，其不计较通话费用，且经常出差，喜欢应用彩信、梦网等新兴业务，是移动企业的高价值客户，具有很高的忠诚度，是营销人员应该重点保持的客户。以此类推，也可以分析其他各组用户的特征，有针对性地提出营销计划。

20.7.2　基于数据挖掘技术的电信业客户流失分析

随着电信市场的饱和，电信运营商的主要任务已经从争取新客户转移到保持现有客户，防止客户流失的问题上。据统计，赢得一个新客户所花费的成本是保留住一个老客户的 5～6 倍，尤其对于剩余客户市场日渐稀疏的通信市场来说，减少客户流失就意味着用更少的成本减少利润的流失，这点已经为运营商所广为接受。因此，保留住老客户，提前预测出潜在的流失客户，防止因客户流失而引发的经营危机，对于提高公司的竞争力具有战略意义。

这里使用 SPSS 公司的 Clementine 挖掘平台，对电信行业客户流失情况进行数据分析，针对某运营商的历史数据资料，通过对已流失的客户和在网客户的自然属性和行为属性进行统计分析，运用数据挖掘技术，建立了基于决策树的客户流失的预测模型，模型分析导致客户流失的主要因素，预测在网客户在一定时间内流失的可能性。对高流失概率高价值的客户进行 Kohonen 聚类分析，得到具有不同特征的客户群，并在此基础上，针对不同的客户群建立不同的客户保留策略，从而达到降低客户流失率的目标，减少企业的损失。

使用 SPSS 公司的 Clementine 挖掘平台进行数据分析和建模，包括商业理解、数据理解、数据准备、建立模型、模型评估五个主要步骤。

1. 商业理解

商业理解是从业务角度理解数据挖掘的目标和要求，再转化为数据挖掘问题。本书的目标确定为：针对目前在网客户进行流失概率的预测。

电信领域的客户流失有三方面的含义：一是指客户从本电信运营商转往到其他的电信运营商；二是指客户使用的手机品牌发生改变，从本电信运营商的高价值品牌转向低价值品牌；三是指客户月平均消费量降低，从高价值客户成为低价值客户。

在以上三类客户流失中，第一类是客户流失分析的重点，这里将第一类作为分析的对象。而在第一类客户中，又可具体将其分为被动停机三个月、主动退网和注销用户。

2. 数据理解

数据理解包括收集原始数据、数据描述、数据探索分析等。

1）收集原始数据

当进行数据挖掘时，首先要从企业数据仓库中取出一个与要搜索问题相关的数据子集。该问题的数据来源是某电信公司某年度 1～7 月在某地区的数据。

2）数据描述

数据描述见表 20.8。

表 20.8　数据描述

信息类别		数据源	时间窗口
流失用户相关信息	自然属性	USER_BASIC_INFO	某年 7 月
	行为属性	USER_BEHAVIOR_INFO	某年 1 月、2 月、3 月
在网用户相关信息	自然属性	USER_BASIC_INFO	某年 7 月
	行为属性	USER_BEHAVIOR_INFO	某年 4 月、5 月、6 月

注：某年 1 月、2 月、3 月为流失用户流失前行为特征相关月；某年 4 月、5 月、6 月为欠费停机三个月；某年 7 月为统计月；某年 8 月为当前月

用户自然属性中主要包含 USER_ID(用户标识)、SERV_TYPE(业务类型)、GROU P_BRAND_CODE(品牌)、EPARCHY_CODE(地市)、CITY_CODE(县区)、USER_TYPE_CODE(用户类型)、NET_TYPE_CODE(网别)、SEX(性别)、AGE_LEVEL_CODE(年龄)、CALLDURA_LEVEL_CODE(呼叫时长)、JOIN_LEVEL_CODE(入网时长)、CALLTIMES_LEVEL_CODE(呼叫次数)等字段。

用户行为属性中主要包含 USER_ID(用户标识)、FEE(出账收入)、RFEE(月租费)、VFEE(语音出账收入)、SFEE(短信出账收入)、ZFEE(增值业务出账收入)等字段。

3) 数据探索分析

在使用收集到的原始数据之前,必须要保证所有数据在数量和质量上符合要求。在数据探索阶段,对获取的各变量进行分析探索,选择对目标变量的影响相对较大的关键变量。此处,通过可视化的方式来展现,即利用 Clementine 中的分布图节点展示用户流失状态在每个变量上的分布图。

从各分布图得出,用户的自然属性,例如,性别、年龄等信息缺失值比较多,且存在较多的非法数据,所以在本书的分析中,不选该类变量参与建模。另外,像通话次数、通话时长等变量和客户流失概率之间存在着反比关系,即该类变量的值越大,则客户流失的概率相对来说就越小,所以在接下来的分析中,应该将该类变量或与该类变量相关的导出值作为分析的重点。

通过上面对样本数据变量的数据探索工作,对各变量属性有了基本的了解,可以有针对性地选择适用变量或对一些变量进行过滤。

3. 数据准备

数据准备阶段初步完成变量的选择和导出变量的生成,同时对一些存在数据质量问题的字段进行相应的处理。在本次客户流失分析过程中,对数据的处理过程包括以下几个方面。

1) 整合数据

首先将流失客户的行为信息进行整合。为了便于后续建模,将行为信息按月份进行拆分与合并,并通过计算均值和比率来表示流失用户在流失前的消费行为突变情况。具体计算方法如下:

$$FEE\_AVG = (FEE\_1 + FEE\_2)/2$$

$$FEE\_ADD\_RATE = (FEE\_3 + FEE\_AVG)/FEE\_AVG$$

其中,FEE_1 为流失用户 1 月份的消费额;FEE_2 为流失用户 2 月份的消费额;FEE_3 为流失用户 3 月份的消费额;FEE_AVG 为流失用户在前两个月的消费额平均;FEEADD_RATE 为 3 月的消费额占其前两个月消费额平均值的比例,该指标反映了用户在离网前的消费行为突变情况。

其次将现有在网客户的行为信息进行整合。整合方法同上。

最后,将用户自然属性和行为属性进行整合。整合时将流失用户信息和在网用户信息分开进行整合。流失用户的用户信息与其行为特征数据进行合并,在网用户的用户信息与其行为特征数据进行整合。整合之后将其拆分成训练集和测试集。训练集用于训练模型,测试集用于对模型进行检验。

2) 清洗数据

在数据探索分析阶段,通过观察各变量分布图,我们得到了性别和年龄这两个存在大量缺失值的字段,且通过变量分布图,发现这两个字段对于目标字段的分布没有显著影响,即客户流失在这两个字段上的分布不存在显著的差异,所以可以对这两个字段采用过滤的操作。

此外,对于在网状态字段,由于某些原因,可能有极少数属性值丢失了。对于这部分丢失的值,可以加上默认值,假设为在网状态,或者直接过滤掉。而不能将丢失的数据默认为离网,因为离网的记录在整个记录中比例过小,如果把丢失的记录直接加到离网中,势必会影响整个模型的可信度。相比而言,丢失的记录与在网记录比只是很小的一部分,不会影响大的趋势。

当然,在不同的建模过程中,对于不同的原始数据集,对相同字段的处理是存在差异的。

3）构造属性

从数据集中得到的原始字段,并不是所有的都适合直接用来建模分析,例如,以上在整合数据阶段,利用导出节点,我们得到了消费额平均值字段和消费额增长率字段,并使用这些字段来对客户流失的情况做出更好的预测。

可见,在数据准备过程中,各个阶段之间是没有明确的界限的,各个阶段是交叉进行,并不断重复的过程,只有通过这种方式,才能得到我们所需要的用于建模的数据。

4）选择数据

选择数据过程包括字段的选择和记录的选择。在从业务系统获得的数据中会有许多字段是和分析无关的,这些字段在数据整合过程中被过滤掉。另外,从实际情况上看,国内电信企业每月的客户流失率一般在1%～3%,如果直接采用决策树模型,可能会因为数据概率太小而导致模型的失效,因此我们需要加大客户流失在总样本中的比例,但是这种过度抽样必须谨慎小心,要充分考虑它的负面效应。

4. 建立模型

运用数据准备阶段得到的训练集,并利用决策树对客户流失概率进行预测。决策树方法是一种从机器学习中引出的较为通用并被深入研究的分类函数逼近方法,在本书中运用 Clementine 中的 C5.0 算法。该算法速度快、内存占用小、修剪能力和交互验证的特征能够使预测更精确。

1）C5.0 决策树算法原理

将原始数据中的 ON_TAG 和 OUT_TAG 合并为仅含两个变量,即离网与不离网的新字段——客户是否流失 CHURN。将 CHURN 作为目标字段,计算与 CHURN 相关的字段的信息增益的大小,按照由大到小的顺序对历史数据进行分类,最后得到历史数据的 n 个集合,每个集合满足一定的规律。当新记录需要该模型对其确定 CHURN 的值,则看其字段满足哪条规律。

设 S 是训练样本数据集,该数据集中有 m 个独立的类,记为 $C_i(i=1,2,\cdots,m)$。R_i 为数据集 S 中属于 C_i 类的子集,r_i 表示 R_i 中元组的数量。集合 S 在分类中的期望信息量 I 由以下公式给出:

$$I(r_1,r_2,\cdots,r_m)=-\sum_{i=1}^{m}P_i\log_2 p_i$$

其中,$p_i=r_i/r$,为任意一个样本属于 C_i 类的概率(r 为总样本个数,r_i 为 C_i 类中的样本个数)。

若属性 A 有 v 个不同的取值,分别为$\{a_1,a_2,\cdots,a_v\}$,根据属性 A 将数据集 S 划分为 v 个子集$\{S_1,S_2,\cdots,S_v\}$,其中 S_j 表示 S 中 A 的值为 a_j 的那些样本。如果 A 被选为决策属性,则这些样本将对应该节点的不同分枝。设 S_j 包含 C_i 类的样本有 S_{ij} 个。属性 A 的这种划分的期望信息称作 A 的熵:

$$E(A)=\sum_{j=1}^{v}\frac{s_{1j}+s_{2j}+\cdots+s_{mj}}{s}\cdot I(s_{1j},s_{2j},\cdots,s_{mj})$$

属性 A 作为决策分类属性的信息增益为 $\text{Gain}(A)=I(r_1,r_2,\cdots r_m)-E(A)$

本模型中,S 为用以建立模型的客户集,将客户集 S 分为两个类:在网(C_1)和离网(C_2)。$S_i(i=1,2)$分别表示 S 中在网和离网的客户数。

C5.0 决策树的工作原理是根据提供最大信息增益的字段分割样本。然后通常会根据不同的字段再次分割由第一次分割定义的每个子样本,且此过程会重复下去,直到无法继续分割子样本。最后,将重新检查最底层分割,并删除或修剪对模型值没有显著贡献的分割。

2）模型构建

建立数据模型的数据流程图如图 20.13 所示。

图 20.13 中,TRAIN.dat 是数据准备阶段得到的训练集。使用 Clementine 的 C5.0 建模节

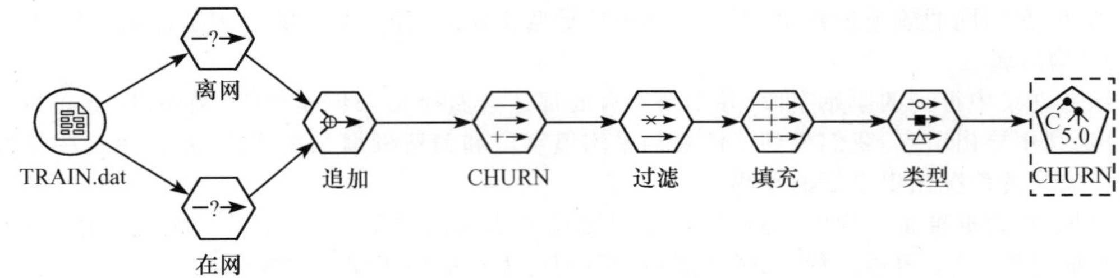

图 20.13　数据模型流程图

点建立预测模型，将“CHURN”变量设置为“输出”，其他变量设置为“输入”。决策树是对这种算法建立分割的简单描述。每一个终端节点描述了训练数据的一个特定子集，而训练数据集中的每一种情况(离网或在网)恰好属于树上的一个终端节点。

以上模型得到的只是对用户离网状态的一个预测(离网或在网)，我们所需要得到的不只是其状态，还要具体地了解其离网的可能性的大小，这样才能对高离失可能性的客户展开一定的挽留措施。

通过建立导出字段 CHURN_PROB 来计算客户的离网可能性，其计算公式如下：

$$\begin{cases} \text{CHURN\_PROB} = 0.5 + \dfrac{\$\text{CC-CHURN}}{2} \\ \qquad \text{if} \quad \$\text{C-CHURN} = 1 \\ \text{CHURN\_PROB} = 0.5 - \dfrac{\$\text{C-CHURN}}{2} \\ \qquad \text{if} \quad \$\text{C-CHURN} = 0 \end{cases}$$

其中，$ C-CHURN 为 CHURN 字段的预测值；$ CC-CHURN 为置信度。

最后，将计算得到的流失概率值按从大到小的顺序排列，为后续的潜在流失客户的挽留做好准备工作。

5. 模型评估

运用分析节点预测分析模型的精确性，其结果如图 20.14 所示。由图 20.14 可以看出，模型的正确率为 86.01%。

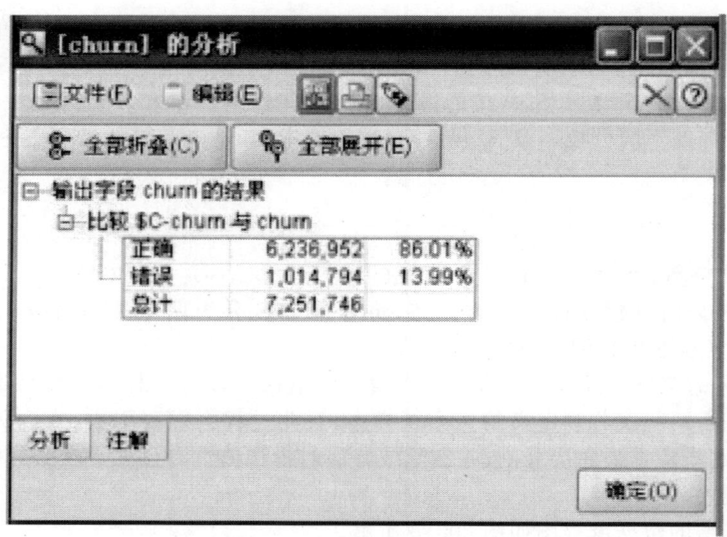

图 20.14　分析节点分析结果图

运用评估节点所做的评估如图 20.15 所示。从图 20.15 可以看出，$C-CHURN 所表示的 C5.0 模型非常接近最佳效果($BEST-CHURN)。

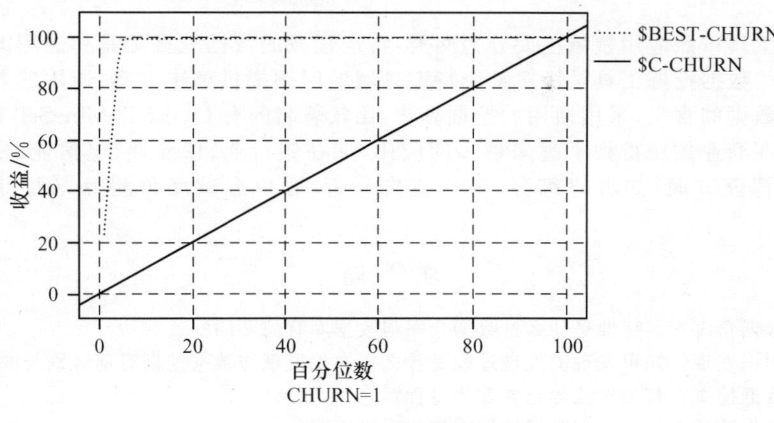

图 20.15　评估结果

6. 流失客户细分

客户细分是指企业在明确的战略、业务模式和特定的市场中，根据客户的属性、行为、需求、偏好及价值等因素对客户进行分类，并提供有针对性的产品、服务和营销模式。

流失分析过程中，我们将预测的概率按从大到小的顺序排列，取前 35%作为高流失概率客户群，但并不是所有的高流失概率客户都值得我们去挽留。如果挽留住的某些客户带来的盈利小于客户回夺时投入的营销成本，那么该类客户即不值得运营商挽留。从这些高流失概率用户中过滤掉那些"低价值"客户即 FEE(出账收入)<50 元的客户。在高价值客户里我们也应针对不同的客户制定相应的营销方案，避免付出不必要的挽留成本。

这里使用 Kohonen 算法对高流失率高价值客户进行聚类分析，得出具有不同特征的客户群，以便根据其特征制定相应的挽留策略。选取其中的两类作简要分析。

(1) 以本地通话为主，很少有漫游通话和国内长途通话，SFEE_AVG(平均短信出账收入)相对较高，但最近一个月 SFEE_ADD_RATE<0，VFEE(语音出账收入)呈现明显下降趋势。针对这类客户，运营商可以通过赠送短信等方式来挽留客户。

(2) 长途通话次数和长途通话总时长都远高于其他用户，同时本地通话次数也相对较高，漫游通话次数很少，很少发短信息。针对这类高流失概率的用户，可以通过减免月租费、降低长话费等方式来吸引并挽留客户。

小　　结

数据仓库是在企业管理和决策中面向主题的、集成的、与时间相关的、不可修改的数据集合。数据仓库具有面向主题、集成、非易失、随时间变化等特性。

知识发现是指识别出存在于数据库中有效的、新颖的、具有潜在效用的、最终可理解的知识和规则的过程，从数据库中发现有用知识的全过程。数据挖掘作为知识发现的一个特定步骤，是知识发现过程的核心。

数据挖掘是将人工智能技术(神经网络、模糊逻辑、遗传算法等)应用到大规模数据中，从大量的、不完全的、有噪声的、模糊的、随机的数据中，提取隐含在其中的、人们事先不知道的，但又是潜在对决策有用的信息、知识和规则的过程。

数据挖掘的算法包括神经网络、决策树方法、归纳法、模糊逻辑、数量分析(或称统计)、可视化模型分析、粗糙集等。

数据挖掘的技术主要有如下工具:分类模式分析;聚类模式分析;关联模式分析;序列模式分析。

数据挖掘工具按照应用领域主要分为两类:特定领域的数据挖掘工具和通用的数据挖掘工具。特定领域的数据挖掘工具是针对某个特定领域的问题提供解决方案;通用的数据挖掘工具是不区分具体数据的含义,采用通用的挖掘算法,比较著名的有 QUEST,MineSet,DBMiner。

数据挖掘在商业领域得到了越来越多的应用,如在银行业、保险业、电信业、零售业等。尤其在客户关系管理方面,如客户细分、客户流失分析、客户忠诚度预测等方面得到了很好的应用。

习　题

1. 什么是数据仓库？其特性是什么？数据仓库与数据库有何不同？
2. 什么是知识发现？知识发现的处理过程是什么？知识发现与数据挖掘有何区别与联系？
3. 什么是数据挖掘？其工作流程包含哪些过程？
4. 什么是操作数据存储？它和数据挖掘有何相同与不同？
5. 数据挖掘常用的算法有哪些？
6. 试举例说明知识表达系统和决策表的应用。
7. 数据挖掘技术主要有哪些？
8. 数据挖掘工具有哪些？

第六编 信息系统开发

第 21 章 管理信息系统战略规划

21.1 管理信息系统战略规划的概念

信息系统的建设是个投资巨大、历时很长的工程项目，规划不好不仅自身造成损失，由此而引起企业运行不好的间接损失更为重大。通常人们就有一种认识，假如有一个操作错误可能损失几万，那么一个设计错误就能损失几十万元，一个计划错误就能损失几百万元，而一个规划错误的损失则能达到千万元，甚至上亿元。所以我们应克服那种“重硬、轻软”的片面性，把信息系统的规划摆到重要的战略位置上。企业在上信息系统之前一定要做战略规划，而在做战略规划之前要先明确本单位当前处于信息系统的哪一生长阶段，进而根据该阶段特征来指导管理信息系统建设。

21.1.1 信息系统发展的阶段

把计算机应用到一个单位（企业、部门）的管理中去，一般要经历从初级到成熟的成长过程。诺兰（Nolan）总结了这一规律，于 1973 年首次提出了信息系统发展的阶段理论，被称为诺兰阶段模型。到 1980 年，诺兰进一步完善模型，把信息系统的成长过程划分为如图 21.1 所示的六个不同阶段。

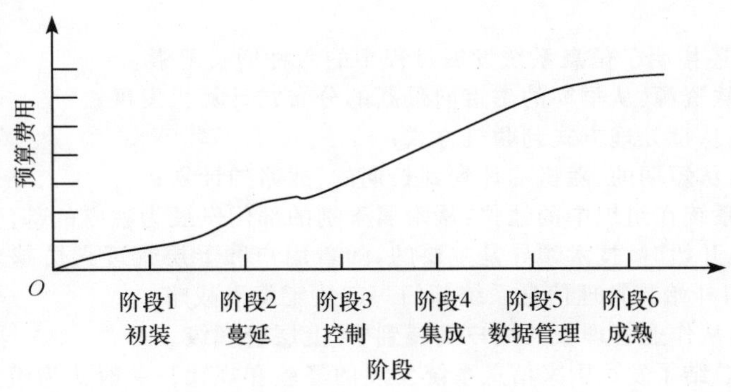

图 21.1 诺兰的阶段模型

1） 阶段 1：初装

初装阶段指单位（企业、部门）购置第一台计算机并初步开发管理应用程序。该阶段，计算机的作用被初步认识到，个别人具有了初步使用计算机的能力。一般，“初装”阶段大多发生在单位的财务部门。这种情况在我国也是如此，目前国内一些大的软件公司有很多都是靠做财务软件起步的。

处于该阶段的信息系统的特点是：人们对数据处理费用缺乏控制；信息系统的建立往往不讲究经济效益；用户对信息系统也是抱着敬而远之的态度。

2）阶段 2:蔓延

随着计算机应用初见成效,信息系统(管理应用程序)从少数部门扩散到多数部门,并开发了大量的应用程序,使单位的事务处理效率有了提高,这便是所谓的“蔓延”阶段。显然,在该阶段中,数据处理能力发展得最为迅速,但同时出现了许多有待解决的问题,如数据冗余性、不一致性(相同产品在不同部门有不同的产品代码)、难以共享等。可见,此阶段只有一部分计算机的应用收到了实际的效益。

处于这个阶段的信息系统应注意避免的问题:容易出现盲目购机、盲目定制开发软件的现象,缺少计划和规划,应用水平不高,IT 的整体效用无法突显。一方面企业进行信息化的预算增加而回报却不理想,另一方面企业对计算机应用的经验不断丰富,但却发觉对计算机的应用及其发展失去控制,并开始寻求利用数据库技术解决蔓延阶段的数据共享问题。这时,严格的控制阶段便代替了蔓延阶段。

3）阶段 3:控制

该阶段将是实现从计算机管理为主到以数据管理为主转换的关键,一般发展较慢。出现了由企业领导和职能部门负责人参加的领导小组,对整个企业的系统建设进行统筹规划,特别是利用数据库技术解决数据共享问题。

4）阶段 4:集成

在控制的基础上,对子系统中的硬件进行重新连接,建立集中式的数据库及能够充分利用和管理各种信息的系统。

5）阶段 5:数据管理

(略)

6）阶段 6:成熟

一般认为,“成熟”的信息系统可以满足单位中各种管理层次(高层、中层、基层)的要求,从而真正实现信息资源的管理。

根据诺兰阶段性理论模型描述,我国绝大多数企业的信息化进程刚刚处于控制期,是一个信息系统的抉择期和转折点,要想进一步促进企业发展,就必须抓住机遇实施企业信息资源的总体数据规划。

诺兰阶段模型还指明了信息系统发展过程中的六种增长要素:

(1) 计算机硬软资源:从早期的磁带向最新的分布式计算机发展;

(2) 应用方式:从批处理方式到联机方式;

(3) 计划控制:从短期的、随机的计划到长期的、战略的计划;

(4) 管理信息系统在组织中的地位:从附属于别的部门发展为独立的部门;

(5) 领导模式:开始时,技术领导是主要的,随着用户和上层管理人员越来越了解管理信息系统,上层管理部门开始与管理信息系统部门一起决定发展战略;

(6) 用户意识:从作业管理级的用户发展到中、上层管理级。

诺兰阶段模型总结了发达国家信息系统发展的经验和规律。一般认为模型中的各阶段都是不能跳越的。因此,无论在确定开发管理信息系统的策略,或者在制定管理信息系统规划,都应首先明确本组织当前处于哪一生长阶段,进而根据该阶段特征来指导管理信息系统建设。

21.1.2　管理信息系统战略规划的作用和内容

管理信息系统战略规划是一个组织战略规划的重要组成部分,是关于管理信息系统长远发展的规划。由于建设管理信息系统是一项耗资大、历时长、技术复杂且涉及面广的系统工程,在着手开发之前,必须认真地制定有充分根据的管理信息系统战略规划。这项工作的好坏往往是管理信息系统成败的关键。

1. 管理信息系统战略规划的作用

制定管理信息系统战略规划的作用在于:

(1) 合理分配和利用信息资源(信息、信息技术和信息生产者),以节省信息系统的投资;

(2) 通过制定规划,找出存在的问题,更正确地识别出为实现企业目标管理信息系统必须完成的任务,促进信息系统的应用,带来更多的经济效益;

(3) 指导管理信息系统开发,用规划作为将来考核系统开发工作的标准。

2. 管理信息系统战略规划的内容

管理信息系统战略规划一般包括三年或更长期的计划,也包括一年的短期计划。规划的内容包括:

(1) 信息系统的目标、约束及总体结构;

(2) 组织(企业、部门)的状况,包括计算机软件及硬件情况、产业人员的配备情况以及开发费用的投入情况;

(3) 业务流程的现状、存在的问题和不足,以及流程在新技术条件下的重组;

(4) 对影响规划的信息技术发展的预测。这些信息技术主要包括计算机硬件技术、网络技术及数据处理技术等。这些技术的不断更新将给管理信息系统的开发带来深刻的影响(如处理效率、响应时间等),与管理信息系统的性能有着密切的联系,决定着管理信息系统的优劣。因此,在规划过程中需要吸收相关技术的最新发展,从而使所开发的管理信息系统具有更强大的生命力。

21.1.3 管理信息系统战略规划的组织

管理信息系统规划的制定,决定着管理信息系统最终能否成功开发,因此,制定管理信息系统开发规划需要一个领导小组,并进行有关人员的培训,同时明确规划工作的进度。

1) 规划领导小组

规划领导小组应由组织的主要决策者之一负责。领导小组的其他成员应该是组织中各部门的主要业务骨干,他们的主要任务是协助系统分析人员完成有关业务的调研和分析工作及数据准备工作。

2) 人员培训

制定战略规划需要掌握一套科学的方法,为此,需要对组织的高层管理人员、分析员和规划领导小组的成员进行培训,使他们正确掌握制定管理信息系统战略规划的方法。

3) 规定进度

在明确和掌握制定战略规划的方法后,进一步为规划工作的各个阶段给出一个大致的时间安排,便于对规划过程进行严格管理,避免因过分拖延而丧失信誉或被迫放弃。

4) 制定战略规划的具体步骤

(1) 确定规划的性质。明确管理信息系统战略规划的年限及具体的方法。

(2) 收集相关信息。

(3) 进行战略分析。对管理信息系统的目标、开发方法、功能结构、计划活动、信息部门的情况、财务情况、风险度和政策等进行分析。

(4) 定义约束条件。根据单位(企业、部门)的财务资源、人力及物力等方面的限制,定义管理信息系统的约束条件和政策。

(5) 明确战略目标。根据步骤 3 和 4 的结果,确定管理信息系统的开发目标,明确管理信息系统应具有的功能、服务范围和质量等。

(6) 提出未来的略图。给出管理信息系统的初步框架,包括各子系统的划分等。

(7) 选择开发方案。选定优先开发的项目,确定总体开发顺序、开发策略和开发方法。

(8) 提出实施进度。估计项目成本和人员需求,并列出开发进度表。

(9) 通过战略规划。将战略规划形成文档,经组织(企业、部门)领导批准后生效。

21.2 管理信息系统战略规划的常用方法

制定管理信息系统战略规划的方法有多种，主要有关键成功因素法(critical success factors, CSF)、战略目标集转化法(strategy set transformation, SST)和企业系统规划法(business system planning, BSP)三种。还有几种用于特殊情况，或者作整体规划的一部分使用，如企业信息分析与集成技术(BIAIT)、产出/方法分析(E/MA)、投资回收法(ROI)、征费法(chargeout)、零线预算法、阶石法等。

21.2.1 关键成功因素法

1970 年哈佛大学 W. Zani 教授在管理信息系统模型中用了关键成功变量，这些变量是确定管理信息系统成败的因素。过了十年，麻省理工学院 J. Rockart 教授把 CSF 提高成为管理信息系统的战略。应用这种方法，可以对企业成功的重点因素进行辨识，确定组织的信息需求，了解信息系统在企业中的位置。所谓的关键成功因素，就是关系到组织的生存与组织成功与否的重要因素，它们是组织最需要得到的决策信息，是管理者重点关注的活动区域。不同组织、不同的业务活动中的关键成功因素是不同的，即使在同一组织同一类型的业务活动中，在不同的时期，其关键成功因素也有所不同。因此，一个组织的关键成功因素应当根据本组织的判断，包括企业所处的行业结构、企业的竞争策略、企业在本行业中的地位、市场和社会环境的变动等。

CSF 是通过分析找出企业成功的关键因素，然后再围绕这些关键因素来确定系统的需求，并进行规划。其步骤如下：①了解企业和信息系统的战略目标；②识别影响战略目标的所有成功因素；③确定关键成功因素；④识别性能指标识别和标准。

确定关键成功因素所用的工具是树枝因果图。例如，某企业有一个目标，是提高产品竞争力，可以用树枝图画出影响它的各种因素，以及影响这些因素的子因素，见图 21.2 所示。

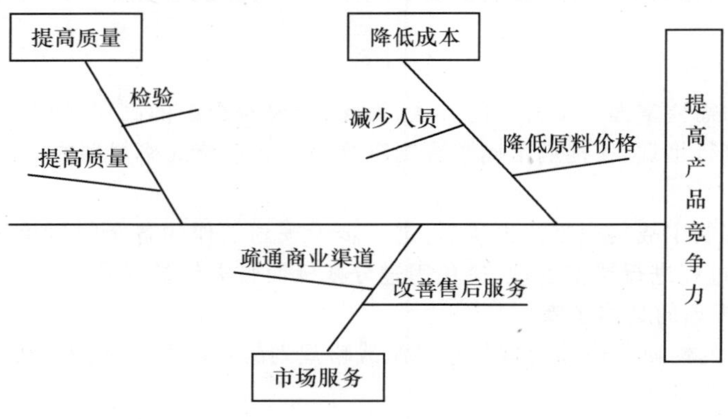

图 21.2 树枝图

如何评价这些因素中哪些因素是关键成功因素，不同的企业是不同的。对于一个习惯于高层人员个人决策的企业，主要由高层人员个人在此图中选择。对于习惯于群体决策的企业，可以用德尔斐法或其他方法把不同人设想的关键因素综合起来。在高层中应用关键成功因素法，一般效果好，因为每一个高层领导人员日常总在考虑什么是关键因素。一般不大适合在中层领导中应用，因为中层领导所面临的决策大多数是结构化的，其自由度较小，对他们最好应用其他方法。

21.2.2 战略目标集转化法

1978 年 W. King 把组织的战略目标看成是一个“信息集合”，由使命、目标、战略和其他战略变量等组成。战略规划过程是把组织的战略目标转变为管理信息系统战略目标的过程。如图

21.3 所示。

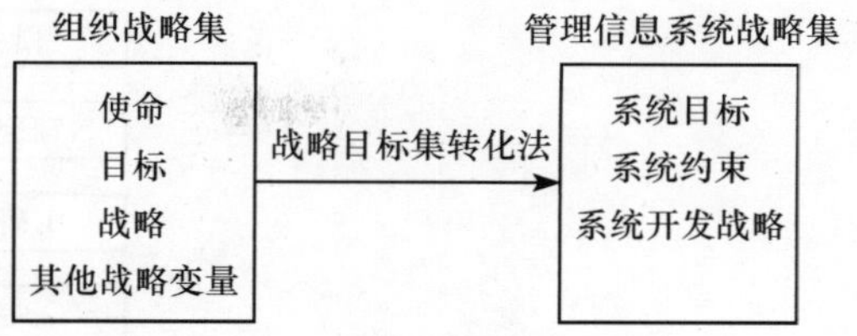

图 21.3　战略目标集转化法

这个方法的第一步是识别组织的战略集，先考查一下该组织是否有写成文的战略或长期计划，如果没有，就要去构造这种战略集合。

第二步是将组织战略集转化成管理信息系统战略，管理信息系统战略应包括系统目标、系统约束以及设计原则等。这个转化的过程包括对应组织战略集的每个元素识别对应管理信息系统战略约束，然后提出整个管理信息系统的结构。最后，选出一个方案送总经理。

21.2.3　企业系统规划法

1. 基本思想

BSP是由IBM公司于20世纪70年代提出的一种企业管理信息系统规划的结构化的方法论。它与CSF法相似，首先自上而下识别系统目标，识别业务过程，识别数据，然后自下而上设计系统，以支持系统目标的实现。BSP的基本思想如图21.4所示。

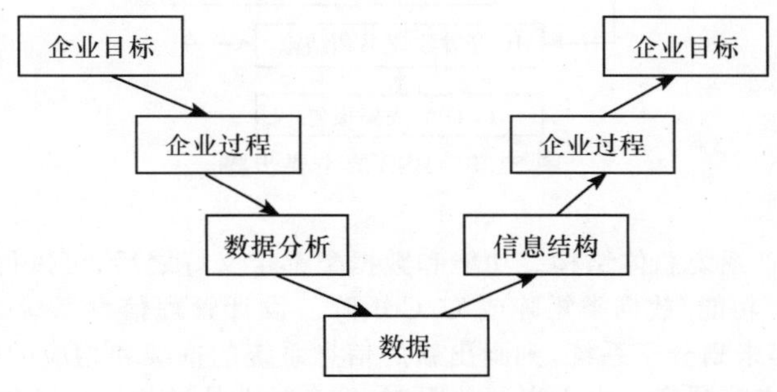

图 21.4　BSP的基本思想

2. 主要步骤

BSP法从企业目标入手，逐步将企业目标转化为管理信息系统的目标和结构。它摆脱了管理信息系统对原组织结构的依从性，从企业最基本的活动过程出发，进行数据分析，分析决策所需数据，然后自下而上设计系统，以支持系统目标的实现。如图21.5所示。

(1) 研究开始阶段。成立规划组，进行系统初步调查，分析企业的现状、了解企业有关决策过程、组织职能和部门的主要活动、存在的主要问题、各类人员对信息系统的看法。要在企业各级管理部门中取得一致看法，使企业的发展方向明确，使信息系统支持这些目标。

(2) 定义业务过程（又称企业过程或管理功能组）。定义业务过程是BSP方法的核心。所谓业务过程就是逻辑相关的一组决策或活动的集合，如订货服务、库存控制等业务处理活动或决策活动。业务过程构成了整个企业的管理活动。识别业务过程可对企业如何完成其目标有较深的了解，可以作为建立信息系统的基础。按照业务过程的所建造的信息系统，其功能与企业的组织机构相对独立，因此，组织结构的变动不会引起管理信息系统结构的变动。

(3) 业务过程重组。在业务过程定义的基础上，分析哪些过程是正确的；哪些过程是低效的，需要在信息技术支持下进行优化处理；哪些过程不适合计算机信息处理，应当取消。检查过程的正确性和完备性后，对过程按功能分组，如经营计划、财务规划、成本会计等。

(4) 定义数据类。定义数据类是BSP方法的另一个核心。所谓数据类就是指支持业务过程所必需的逻辑上相关的一组数据。例如，记账凭证数据包括了凭证号、借方科目、贷方科目、金额等。一个系统中存在着许多数据类，如顾客、产品、合同、库存等。数据类是根据业务过程来划分的，即分别从各项业务过程的角度将与它有关的输入输出数据按逻辑相关性整理出来归纳

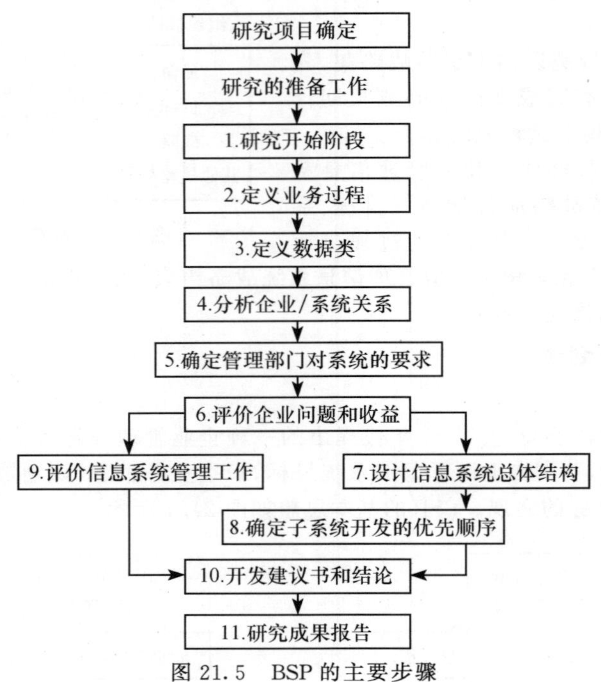

图 21.5　BSP 的主要步骤

成数据类。

(5) 设计管理信息系统总体结构。功能和数据类都定义好之后，可以得到一张功能/数据类表格，该表格又可称为功能/数据类矩阵或 U/C 矩阵。设计管理信息系统总体结构主要工作就是可以利用 U/C 矩阵来划分子系统，刻画出新的信息系统的框架和相应的数据类。

(6) 确定子系统实施顺序。由于资源的限制，信息的总体结构一般不能同时开发和实施，总有个先后次序。划分子系统之后，根据企业目标和技术约束确定子系统实现的优先顺序。一般来讲，对企业贡献大的、需求迫切的、容易开发的优先开发。

(7) 完成 BSP 研究报告，提出建议书和开发计划。

3. 子系统的划分

BSP 方法是根据信息的产生和使用来划分子系统的，它尽量把信息产生的企业过程和使用的企业过程划分在一个子系统中，从而减少了子系统之间的信息交换。划分子系统的步骤如下：

(1) 作 U/C 矩阵。利用定义好的功能和数据类做一张功能/数据类表格，即 U/C 矩阵，如表 21.1 所示。矩阵中的行表示数据类，列表示功能，并用字母 U(use)和 C(create)表示功能对数据类的使用和产生，交叉点上标 C 的表示这个数据类由相应的功能产生，标 U 的表示这个功能使用这个数据类。例如，销售功能需要使用有关产品、客户和订货方面的数据，则在这些数据下面的销售一行对应交点标上 U；而销售区域数据产生于销售功能，则在对应交叉点上标 C。

表 21.1　U/C 矩阵(一)

数据类 / 功能	客户	订货	产品	加工路线	材料表	成本	零件规格	原材料库存	成品库存	职工	销售区域	财务	计划	设备负荷	材料供应	工作令
经营计划						U						U	C			
财务规划						U				U		U	C			

续表

功能＼数据类	客户	订货	产品	加工路线	材料表	成本	零件规格	原材料库存	成品库存	职工	销售区域	财务	计划	设备负荷	材料供应	工作令
产品预测	U		U								U		U			
产品设计开发	U		C		U		C									
产品工艺			U		C		U	U								
库存控制								C	C						U	U
调度			U											U		C
生产能力计划				U										C	U	
材料需求			U		U										C	
作业流程				C										U	U	U
销售区域管理	C	U	U													
销售	U	U	U								C					
订货服务	U	C	U													
发运		U	U						U							
通用会计	U		U							U						
成本会计		U				C										
人员计划										C						
人员招聘考核										U						

(2) 调整功能/数据类矩阵。开始时数据类和过程是随机排列的，U/C 在矩阵中排列也是分散的，必须加以调整。

首先，功能这一列按功能组排列，每一功能组中按资源生命周期的四个阶段排列。功能组指同类型的功能，如“经营计划”、“财务计划”属计划类型，归入“经营计划”功能组。

其次，排列“数据类”这一行，使得矩阵中 C 最靠近主对角线。因为功能的分组并不绝对，在不破坏功能成组的逻辑性基础上，可以适当调配功能分组，使 U 也尽可能靠近主对角线。表 21.1 的 U/C 矩阵经上述调整后，得到表 21.2 所示的 U/C 矩阵。

(3) 画出功能组对应的方框，并起个名字，这就是子系统，见表 21.2 所示。

(4) 用箭头把落在框外的 U 与子系统联系起来，表示子系统之间的数据流。例如，数据类“计划”，由经营子计划系统产生，而技术准备子系统要用到这一数据类，见表 21.2。

表 21.2　U/C 矩阵(二)

	功能＼数据类	计划	财务	产品	零件规格	材料表	原材料库存	成品库存	工作令	设备负荷	材料供应	加工路线	客户	销售区域	订货	成本	职工
经营计划	经营计划	C	U													U	
	财务规划	U	U													U	U

续表

	功能＼数据类	计划	财务	产品	零件规格	材料表	原材料库存	成品库存	工作令	设备负荷	材料供应	加工路线	客户	销售区域	订货	成本	职工
技术准备	产品预测	U		U									U	U			
	产品设计开发			C	C	U							U				
	产品工艺			U	U	C	U										
生产制造	库存控制						C	C	U		U						
	调度			U					C	U							
	生产能力计划									C	U	U					
	材料需求			U		U					C						
	作业流程								U	U	U	C					
销售	销售区域管理			U									C		U		
	销售			U									U	C	U		
	订货服务			U									U		C		
	发运			U				U							U		
财会	会计			U									U				U
	成本会计														U	C	
人事	人员计划																C
	人员招聘考核																U

21.2.4　三种系统规划方法的比较

CSF 能抓住主要问题，使目标的识别突出重点。由于高层领导比较熟悉这种方法，所以使用这种方法所确定的目标，高层领导乐于努力去实现。这种方法最有利于确定企业的管理目标。

SST 从另一个角度识别管理目标，它反映了各种人的要求，而且给出了按这种要求的分层，然后转化为信息系统目标的结构化方法。它能保证目标比较全面，疏漏较少，但它在突出重点方面不如前者。

BSP 虽然也首先强调目标，但它没有明显的目标导引过程。它通过识别企业"过程"引出了系统目标，企业目标到系统目标的转化是通过业务过程/数据类等矩阵的分析得到的。由于数据类也是在业务过程基础上归纳出的，所以我们说识别企业过程是企业系统规划法战略规划的中心，而不能把企业系统规划法的中心内容当成 U/C 矩阵。

以上三种规划方法各有优缺点，可以把它们综合成 CSB 方法来使用，即用 CSF 方法确定企业目标，用 SST 方法补充完善企业目标，然后将这些目标转化为信息系统目标，再用 BSP 方法校核企业目标和信息系统目标，确定信息系统结构。这种方法可以弥补单个方法的不足，较好地完成规划，但过于复杂而削弱单个方法的灵活性。因此，没有一种规划方法是十全十美的，企业进行规划时应当具体问题具体分析，灵活运用各种方法。

21.3　企业流程再造

21.3.1　企业流程再造的原因

工业革命以来的商业规则已经不再适用于今天企业的发展，是因为一百多年来，企业所处的商业环境已经发生了根本变化。在现今的现实世界里，顾客需求、产品生命周期、市场增长、技术更新速度、竞争规律或性质等几乎没有一样是可以预料或保持不变的。现在有三股力量特别引起企业经理人员的关注，这也使得企业的经理人员对企业的商业环境有一种前所未有的陌生感。一方面是这三股力量本身有了根本变化，另一方面是这三股力量势头强劲，对企业的影响日益增大。影响我们时代的企业的三股力量就是：顾客(customer)、竞争(competition)和变化(change)，简称为"3C"。

顾客。买卖双方的关系发生了重要变化，顾客个性化需求的越来越高，对交货期和价格的要求越来越高。顾客在交易关系中的主导地位对陈旧的制造模式提出了严峻的挑战。

竞争。互联网使市场迅速扩展到全球，产品的丰富使市场竞争更加残酷和剧烈。竞争不仅仅是成本和资本的竞争，信息和服务已经成为竞争的核心要素。

变化。客户的个性化需求越来越多，产品的生命周期越来越短，新技术和新产品层出不穷，这些对企业的响应速度提出了更高的要求。

传统的企业管理是以劳动分工理论为基础的科层制管理模式。科层制是向上级负责而不是向客户负责；追求局部的效率和利益而不是追求企业整体的运作效率和利益的最大化；规则因组织确定而不是因流程的需要确定。科层制造成的企业条块分割、流程割裂的局面使企业无法对客户的多元化需求做出快速响应，无法适应当今市场的变化和竞争环境。企业为了寻求持续的增长，势必借助于新的商业规则。于是，企业流程再造应运而生。

21.3.2　企业流程再造的概念

企业流程再造是最早由美国的哈默和钱皮提出，在 20 世纪 90 年代达到全盛的一种管理思想。它强调以业务流程为改造对象和中心、以关心客户的需求和满意度为目标、对现有的业务流程进行根本的再思考和彻底的再设计，利用先进的制造技术、信息技术以及现代化的管理手段、最大限度地实现技术上的功能集成和管理上的职能集成，以打破传统的科层制组织结构，建立全新的过程型组织结构，从而实现企业经营在成本、质量、服务和速度等方面的戏剧性改善。

企业流程再造的着力点一般集中在四个方面。第一，建立面向客户的流程，强化和提升与客户满意度有关的业务流程，剔除对客户无价值的流程，以更低的成本、更快的速度提交客户满意的产品和服务；第二，通过规范的业务流程降低企业的经营风险；第三，通过流程重组优化企业资源配置，降低成本；第四，缩短工作完成时间，提高企业整体运作效率，提高市场响应速度。

21.3.3　企业流程再造的原则

企业流程再造的实施一般要遵循以下原则进行：

从职能管理到面向业务流程管理的转变。企业流程再造强调管理要面向产出(或服务)和顾客，将决策点定位于业务流程执行的地方，在业务流程中建立控制程序。从而大大消除原有各部门间的摩擦，降低管理费用和管理成本，减少无效劳动和提高对顾客的反应速度。

注重整体流程最优的系统思想。企业流程再造实际上是系统思想在重组企业业务流程过程中的具体实施，它强调整体全局最优而不是单个环节或作业任务的最优。

组织为流程而定，而不是流程为组织而定。根据业务流程管理与协调的要求设立部门，通过在流程中建立控制程序来尽量压缩管理层次，建立扁平式管理组织，提高管理效率。

充分发挥每个人在整个业务流程中的作用。重组后的企业业务处理流程化要求在每个流程业务处理过程中最大限度地发挥每个人的工作潜能与责任心，流程与流程之间则强调人与人之间的合作精神。

客户与供应商是企业整体流程的一部分。现代竞争不是单一企业与单一企业间的竞争，而是一个企业供应链与另一个企业供应链之间的竞争。这就要求在进行企业流程再造时不仅要考虑企业内部的业务处理流程，还应对客户、企业自身与供应商组成的整个供应链中的全部业务流程进行重新设计。

信息资源的一次性获取与共享使用。在传统的业务处理流程中，相同的信息往往在不同的部门都要进行存储、加工和管理，这其中存在着很多重复性劳动甚至无效劳动。通过企业流程再造确定每个流程控制点应该采集的信息，并通过信息系统的集成应用，实现信息在整个流程中的共享使用。

21.3.4　企业流程再造的方法

流程的概念由来已久，不是哈默和钱皮的创造。企业流程再造的创新不在于提出了“流程”的概念，而是强调流程是由一系列的活动组成的，而活动有增值活动与非增值活动之分。对于“增值”的判断，企业流程再造的提出者哈默博士也曾经提出过一个实用的原则，他说，客户愿意付费的就是增值的。

增值作业：使顾客从产品和服务中得到他们所需要的价值的作业。例如，客户需要的功能和质量要求、客户的个性化需求、方便性等。

非增值的必要作业：顾客不愿意为此类作业支付报酬，但是由于一些原因，它们是必要的。如财务核算、人力资源管理等。

非增值作业：在顾客看来是不增值工作，他们不愿为之支付报酬；从业务非增值的原因来分析，这些工作也是不需要的。如服务延误造成的成本、质量缺陷的成本。

企业流程再造的最终目的是以某种方式为客户“增加价值”。企业流程再造或优化的重点和首要的工作就是要消除非增值活动。企业流程再造常采用E(清除)、S(简化)、I(整合)和A(自动化)四种方法来消除业务过程中的非增值作业。

(1) E(清除)。识别和清除非增值活动。通常包括业务过程中的过量的产出、过量的库存、活动间的等待、不必要的运输、反复的加工、质量缺陷和工作失误、重复的活动和跨部门的协调等。清除非增值活动一般通过反向思考：这个环节为何要存在？这个流程所产出的结果是整个流程完成的必要条件吗？它的存在直接或间接产生了怎样的结果？去掉它会产生什么问题？通过一系列的问题，来着手判断是否是非增值环节，是否是多余的，它的存在产生了怎样的不利影响，而清除是否可行。

(2) S(简化)。在尽可能清除了非必要的非增值环节后，对剩下的活动仍需进一步简化。一般来说可从业务流、物流和信息流三方面进行考虑。业务流简化是打破部门间的壁垒，按照流程的需要设置组织和岗位，使业务流更加简捷、通畅；物流简化是通过调整任务顺序或增加必要信息的提供，减少物流的环节和等待时间；信息流简化是通过实现信息的单点输入，减少信息录入工作量，并确保信息的一致性。

(3) I(整合)。将原来分散的作业任务，合并成一个流程作业任务，由一个人或一个部门完成，实现流程之间的单点接触，减少重复作业和作业间的传递，提高流程执行的准确性和效率。整合的内容包括业务活动的整合、团队的整合和供应链的整合。

(4) A(自动化)。对整合后的流程进行管理手段的自动化，以保证新流程能够有效地、持续地执行下去。一方面企业必须采用与现代信息技术相适应的管理自动化手段，才能使新的流程运作得到有力的保障；另一方面，信息化管理对人们作业习惯的随意性也有很强的约束力，对于规范人们的管理行为，保证新流程的实施具有非常好的引导作用。一般来说，处理重复性的工作、信息的单点采集和数据分析等几个方面是管理自动化的重点。

21.3.5　BPR和ERP的关系

BPR(企业流程再造)是一种管理理论和方法，ERP是一种企业管理的应用软件，两者之间存在着管理理论及方法和实现的功能联系，即存在着相互依存的关系。

一方面，ERP实施必须以BPR为基础。ERP系统是企业实现信息化管理的系统工程。这不仅仅是因为整个管理系统基于供应链思想、系统工程和信息技术等现代科学技术的思想、原理和方法，而且将从本质上改变企业传统管理模式，是企业管理的革命。传统的企业管理是基于“科层制”组织模式的，如果不能够首先对这些不合理的流程进行改造、优化，而仅仅是在原来的基础上用计算机代替已有的手工操作。这种所谓“穿新鞋走老路”的做法，只能产生企业对信息技术的大量投资却得到令人失望的效果。因为仅靠信息技术并不能提升非增值作业的价值，只会用电子方式去重复过去无效的流程，信息一致性与共享机制也难以形成。

ERP 面世后人们曾把它看成是神奇的法宝，曾设想 ERP 技术引入企业管理领域将带来企业管理的革命性的变革。然而事实表明，ERP 应用并没有给企业带来预期可见的经济效益。无论是发达国家还是国内的企业信息化过程都经历了很多的挫折和失败，企业信息化项目成功率不高是不争的事实。美国麻省理工学院曾用 7 年时间对这种现象进行了深入的调查研究，于 1991 年发表了题为《90 年代的管理》的分析报告。研究人员发现：应用没有成效的企业大多是用计算机信息系统模拟手工业务处理流程，而成功的企业在应用 IT 的方式上则考虑到计算机化管理的特点，并对手工业务处理流程做了很多改变，真正实现了现代科学管理方法的实践应用。

应用 ERP 与企业的员工素质、经营机制、管理模式、管理方法、业务流程、过程控制、组织结构、规章制度和职责权利等方面有着密切的关系，如果这些问题在建立 ERP 系统的同时不能得以有效的改进、提高和创新，那么企业仅通过应用 ERP 是不能有效地提高管理水平和整体素质的。因此，应用 ERP 必须要实行 BPR，确保企业有一个科学、规范的管理基础，这个阶段的工作是不可逾越的，特别是对于我国大多数企业长期处于管理粗放，以及现阶段我国 ERP 应用水平普遍较低的状况而言就显得更为必要。

另一方面，企业流程再造的成果必须用信息化流程给予固化。20 世纪 90 年代兴起的业务流程再造曾经席卷西方工业界，然而国外的 BPR 项目大多没有达到预期的目标，甚至走向失败。原因有很多方面，其中一个重要的原因就是没有应用信息化管理技术。虽然实施 BPR 可以理顺业务流程，但由于 BPR 需要大量的信息交换，在缺少信息技术支持的情况下，BPR 的成果难以实现，即使实现了也很难维持下来，最终必然会影响 BPR 的效果甚至导致 BPR 项目的失败。

在信息和网络技术迅猛发展的今天，企业的客户和市场、供应链关系早已超出传统管理的范围和能力，没有信息技术的支持，企业的业务流程再造就不可能成功。业务流程优化提出的解决方案是与信息化特点紧密结合的，没有信息化系统的支持实现新的业务流程几乎是件不可能的事；通过人工作业完成信息的集成、共享和综合分析的代价非常高，而这恰恰是信息技术的强项；现代企业管理细度和管理内容的增加，使数据量急剧膨胀。庞大的数据量的及时准确的处理是手工办不到的；IT 技术以外的信息处理手段不能满足市场变化和竞争的需要。总之，如果离开 IT 手段，实施 BPR 的很多原则往往是困难的，这必然会影响 BPR 的效果甚至导致 BPR 项目的失败。

国内一位资深的 ERP 专家曾经用一个形象的比喻来阐述 BPR 和企业信息化的关系。他把 BPR 比作通畅的道路，把 ERP 比作性能优良的跑车。光有性能非常好的跑车而道路泥泞，只能望车兴叹；再好的道路对于老牛破车也无济于事。同样的道理，没有 BPR 形成的业务流程的顺畅，再先进的 ERP 软件也无法提高企业的管理效率和经济效益；业务流程优化的结果没有 ERP 系统支持，效果不能持久。最后他提出，企业的信息化建设必须“先合理化、再自动化”。通过 BPR，为企业建立一个科学、规范的管理流程；在科学规范的流程上实现 ERP，最终完成企业流程再造的目标。业务流程的梳理和重组的工作是不可逾越的，很多企业在 ERP 实施过程中从基础工作及流程连接点不断重复修改，甚至重新构建就充分说明了这一点。特别是我国大多数企业都是跳跃式地发展，管理基础相对薄弱，信息化建设更来不得急功近利的手工计算机化，而应该借此机会在构建企业科学管理结构的基础上扎扎实实的做成支撑企业持续发展的平台。

小　　结

诸兰阶段模型总结了发达国家信息系统发展的经验和规律，把信息系统的成长过程划分为六个不同阶段,它认为模型中的各阶段都是不能跳跃的。因此,无论在确定开发管理信息系统的策略,或者在制定管理信息系统规划,都应首先明确本组织当前处于哪一生长阶段,进而根据该阶段特征来指导管理信息系统建设。

制定管理信息系统战略规划的方法有多种,主要有 CSF、SST 和 BSP 三种。以上三种规划方法各有优缺点,可以把它们综合成 CSB 方法来使用,即用 CSF 方法确定企业目标,用 SST 方法补充完善企业目标,然后将这些目标转化为信息系统目标,再用 BSP 方法校核企业目标和信息系统目标,确定信息系统结构。这种方法可以弥补单个方法的不足,较好地完成规划,但过于复杂而削弱单个方法的灵活性。因此,没有一种规划方法是十全十美的,企业进行规划时应当具体问题具体分析,灵活运用各种方法。

企业流程再造是最早由美国的哈默和钱皮提出,在 20 世纪 90 年代达到了全盛的一种管理思想。它强调以业务流程为改造对象和中心、以关心客户的需求和满意度为目标、对现有的业务流程进行根本的再思考和彻底的再设计,利用先进的制造技术、信息技术以及现代化的管理手段、最大限度地实现技术上的功能集成和管理上的职能集成,以打破传统的科层制组织结构,建立全新的过程型组织结构,从而实现企业经营在成本、质量、服务和速度等方面的戏剧性改善。

BPR 的创新不在于提出了"流程"的概念,而是强调流程是由一系列的活动组成的,而活动有增值活动与非增值活动之分。BPR 的实施一般要遵循以下原则进行:一是从职能管理到面向业务流程管理的转变;二是注重整体流程最优的系统思想;三是组织为流程而定,而不是流程为组织而定;四是充分发挥每个人在整个业务流程中的作用;五是客户与供应商是企业整体流程的一部分;六是信息资源的一次性获取与共享使用。

企业流程再造的最终目的是以某种方式为客户"增加价值"。企业流程再造或优化的重点和首要的工作就是要消除非增值活动。企业流程再造常采用 E(清除)、S(简化)、I(整合)和 A(自动化)四种方法来消除业务过程中的非增值作业。

BPR 是一种管理理论和方法,ERP 是一种企业管理的应用软件,两者之间存在着管理理论及方法和实现的功能联系,即存在着相互依存的关系。一方面,ERP 实施必须以 BPR 为基础。另一方面,企业流程再造的成果必须用信息化流程给予固化。

习　题

1. 什么是诺兰模型?它包括哪几个阶段?
2. 管理信息系统战略规划的方法有哪些?
3. BSP 的基本思想和主要步骤是什么?
4. 什么是企业流程再造?企业流程再造的原则和方法是什么?
5. BPR 和 ERP 的关系是什么?

第 22 章 管理信息系统的开发

管理信息系统的开发是一个较为复杂的系统工程,它涉及计算机处理技术、系统理论、组织结构、管理功能、管理知识、认识规律以及工程化方法等方面的问题。尽管系统开发方法有很多种,但遗憾的是至今尚未形成一套完整的、能为所有系统开发人员所接受的理论以及由这种理论所支持的工具和方法,本章将讨论目前常用的四种系统开发方法的基本思想、主要特点以及相应的工具和技术。

22.1 管理信息系统的开发方法概述

22.1.1 管理信息系统开发的必要条件

1) 领导重视与业务部门的支持

管理信息系统开发是一项庞大的系统工程,周期长,耗资大,涉及整个管理体制、管理方法、人事调动等诸多因素。这些问题单靠技术人员是无力解决的,必须主要领导亲自抓。领导充分重视并积极参与,是管理信息系统开发工作成功的重要条件。

管理信息系统的开发更离不开各业务管理部门的支持。因为管理信息系统的最终用户是各级各类管理人员,他们的信息需求各不相同,而各级业务部门的管理人员最熟悉本部门的业务管理活动和信息需求,熟悉本部门的业务流程,了解本部门的工作特点。因此,吸收他们参与到管理信息系统的开发,最终才能满足用户的需求。

2) 具有一定科学管理工作基础

管理信息系统是在科学管理的基础上发展起来的。只有在合理的管理体制、完善的规章制度、稳定的生产秩序、科学的管理方法和完整准确的原始数据的基础上,才能考虑管理信息系统的开发问题。为了适应计算机管理的要求,企业的管理工作必须逐步实现管理工作的程序化、管理业务的标准化、报表文件的统一化、数据资料的完善化与代码化。

3) 建立一支专业队伍

管理信息系统开发的各项工作都需要大量的智力劳动,因此需要建立一支专业队伍。队伍中的专业人员包括系统分析员、程序员、计算机操作人员、硬件和软件维修人员等。为了建立这支专业队伍,必须做好选择和培训工作,且特别要注意对系统分析员的选择和培养。

4) 具备一定的资金能力

管理信息系统的开发是一项投资大、风险大的系统工程。企业在管理信息系统开发过程中,需要购买机器设备,购买软件,消耗各种材料,发生人工费用、培训费用以及其他一些相关的费用。这些费用对企业来说是一个不小的负担。为了保证管理信息系统开发的顺利进行,开发前对所需资金应有一个合理的预算,制订资金筹措计划,保证资金按期到位。

22.1.2 管理信息系统开发原则

系统工程是为了对系统合理进行开发、设计和运用而采用的思想、步骤、组织和方法的总称,管理信息系统的开发属于系统工程的范畴。按照系统论的一般原理,系统具有目的性、整体性、相关性、环境适应性等特征,这些特征反映了系统最本质的方面。管理信息系统的开发过程本身也是一个系统原则和思想的应用过程。因此,系统工程理论应该是整个系统开发的方法论基础,深入分析系统的特征,根据系统发展的规律来建立系统,是系统开发的指导原则。其要点有以下几个方面。

1）领导参与的原则

信息系统的开发是一项庞大的系统工程。它涉及组织日常管理工作的各个方面，所以领导出面组织力量，协调各方面的关系是开发成功的首要条件。

2）优化与创新的原则

信息系统的开发不能简单模拟旧的管理模式和业务流程，它必须根据实际情况和科学管理的要求，加以优化和创新。

3）面向用户的原则

管理信息系统是一个人机系统，它是为管理工作服务的，建成的系统要由用户来使用。系统开发的成功与否取决于它是否符合用户的需要。满足用户的要求是开发工作的出发点和归宿；用户是否满意是衡量系统开发质量的首要标准。

4）整体性原则

系统开发应采取整体化开发方式，即应先整体规划、再分步实施，先确定逻辑模型、再设计物理模型。

5）相关性原则

管理信息系统是由多个子系统组成的，整个系统是一个不可分割的整体。组成管理信息系统的各子系统有其独立功能，同时又相互联系、相互作用，通过信息流把它们的功能联系起来。

6）动态适应性原则

充分考虑到组织结构、管理模式、业务流程等可能发生的变化，开发管理信息系统必须具有开放性、超前性的眼光，使系统具有一定的柔性，能够在一定范围内适应环境的变化。

7）效益原则

开发信息系统必须着眼于效益。在技术上，不能片面追求最先进的技术，而应该选择成熟的先进技术；不能不惜代价地追求华丽技巧的人机接口，而应该采用经济的、友好的、简洁的人机界面；不能只着眼于现有业务流程的计算机化，而应该以提高效益为目标，发挥人机结合处理的优势，变革业务流程。

8）工程化、标准化原则

这样做的好处一是在系统开发时便于人们沟通，形成文字的东西不容易产生“二义性”；二是系统开发的阶段性成果明显，可以在此基础上继续前进，目的明确；三是有案可查，使未来系统的修改、维护和扩充比较容易。

22.1.3　管理信息系统开发的生命周期

任何系统均有其产生、发展、成熟、消亡或更新换代的过程，这个过程称为系统的生命周期（system life cycle，SLC）。系统生命周期的概念对于复杂系统的建设具有重要的指导意义。管理信息系统的生命周期，可以分成系统规划、系统开发、系统运行与维护和系统更新四个阶段。其中，系统开发阶段的主要工作是根据系统规划阶段确定的拟建系统总体方案和开发项目的安排，分期分批进行的。从系统开发开始到结束的整个过程，是系统开发的生命周期（system development life cycle，SDLC）。

系统开发生命周期就是系统分析员、软件工程师、程序员以及最终用户建立计算机信息系统的一个过程，是一种用于规划、执行和控制信息系统开发项目的项目组织和管理方法，是工程学原理（系统工程的方法）在信息系统开发中的具体应用。常见的系统开发生命周期有两种：结构化的系统开发生命周期和原型化开发方法。

自 20 世纪 70 年代出现结构化方法以来，管理信息系统的开发就引入了系统工程的原理和方法。尽管目前多种主流的开发方法采用的开发模式不同、在不同阶段采用的技术也不同，但都以系统开发的生命周期为基础。现将管理信息系统生命周期中的相关阶段介绍如下：

（1）系统规划。做好系统规划工作是信息系统开发的前提条件，系统规划工作一般包括企业目标的确定、实现目标方式的确定、信息系统目标的确定、信息系统主要结构的确定、工程项目的确定以及项目可行性分析、基础准备和人员组织准备等方面。

(2) 系统分析。系统分析的主要工作是进行详细调查，在此基础上再利用科学的分析工具和方法，分析并确定管理信息系统的目的、功能和结构、费用与效益等问题，确定系统目标和边界，构造系统的逻辑模型，提出若干可行方案，并对这些方案进行优化分析和评价，最后整理出完整的系统分析报告。

(3) 系统设计。系统设计是根据新系统逻辑模型所提出的各项功能要求，结合实际的设计条件，设计出新系统的处理流程和基本结构，并为系统实施阶段的各项工作准备好全部必要的技术资料和有关文档。此阶段是从管理需求到程序开发的转化阶段。

(4) 系统实施。系统实施是指将新系统的物理模型转化成真正能够运行的物理系统的过程。这一阶段主要的工作内容是：程序设计；程序调试；计算机等设备的购置、安装与调试；人员培训；数据准备和初始化；系统调式与转化等。这个阶段的重要任务是为让用户有效使用系统做好准备。

(5) 系统运行和维护。该阶段是系统开发成功后，交付用户正式使用、发挥效益的时期。其主要工作内容包括系统的日常运行管理与维护，系统综合评价及系统开发项目的监理审计等。

(6) 系统更新。当信息系统运行到一定时期，不能再满足不断变化的用户需求和系统环境的时候，就意味着需要提出新系统的开发要求，开始新的一轮系统开发生命周期。

系统规划、系统分析和系统设计是开发管理信息系统的主要工作阶段，这 3 个阶段的工作量几乎占到了系统总开发工作量的 70%。

22.1.4　管理信息系统开发方法体系

当前有多种信息系统开发方法，它们的侧重点也各不相同。生命周期法强调开发过程的组织、管理和控制；方法论强调开发方法的驱动对象；技术论强调支持某种方法论的技术；系统开发环境/工具研究则强调系统开发需要在一定的开发环境下运用开发工具来完成。

这些方法在一定层面上，从不同的角度提出，但彼此相互联系、相互支持、相互制约，它们之间的关系从图 22.1 的四个层次中体现。开发环境/工具位于最底层，说明其他层面均离不开开发环境/工具的支持；技术是组成方法学的基本成分。

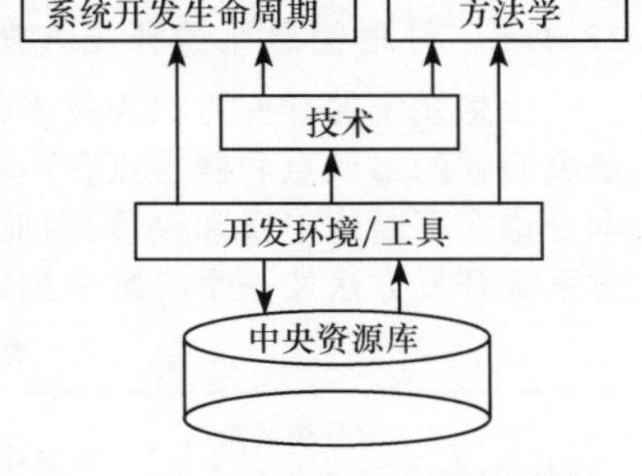

图 22.1　系统开发生命周期、方法学、技术、开发环境/工具的关系

1) 开发方法学

方法学是将具体的方法与技术包装在一起而形成的一种思想体系。信息系统开发方法学是一组思想、规范、过程、技术、环境及工具的集成，为系统的开发过程从头到尾提供一整套高效率的途径和措施。

任何一种开发方法学应该支持系统开发生命周期的每一个阶段，对整个系统开发生命周期进行综合的、详细的描述。

2) 技术

技术是指协助开发人员来完成信息系统开发生命周期的一个或几个阶段的一些特殊的工具和规则。技术只是支持某一种方法学或开发过程中的一部分。

在信息系统的开发体系中，技术的发展可以说是比较活跃、比较快的，先后出现了结构化技术、可视化技术、软件复用技术、计算机软件辅助工程、对象建模技术等。技术的发展，在某种程度上促进了开发方法的形成与发展。

3) 系统开发环境/工具

系统开发环境/工具是指用于支持系统生命周期、方法学以及技术的应用系统。包括：①计算机辅助软件工程：computer aided software engineering，CASE；②软件开发环境：software development environment,SDE;③软件工程环境:software engineering environment,SEE;④集成化项目/程序支持环境:integrated project/programming support environment,IPSE。

对上述几个范畴进一步扩展,即为现在各种主要的开发方法。见图 22.2“管理信息系统开发方法体系结构图”。

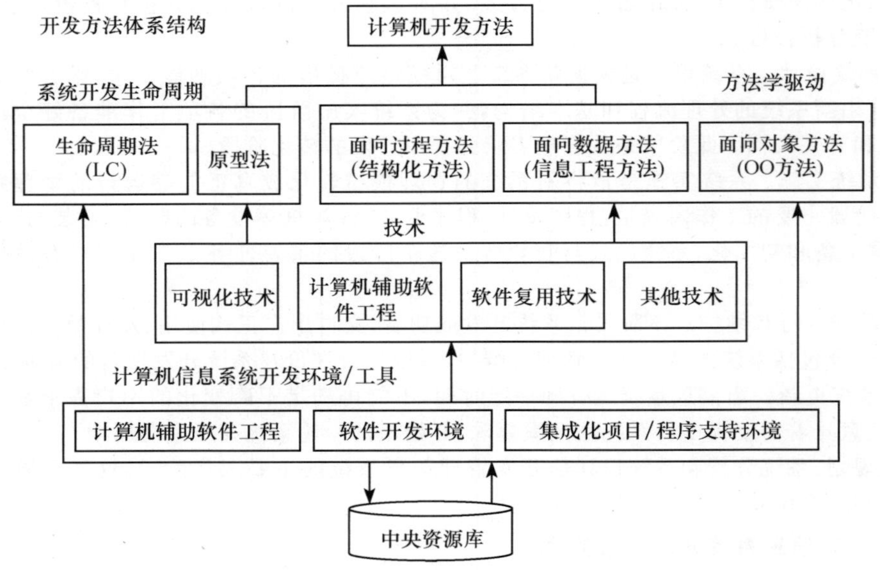

图 22.2 管理信息系统开发方法体系结构图

22.1.5 管理信息系统开发方法的分类

信息系统的开发方法和技术很多,每种方法各自遵循一定的基本思想,适用于一定的范围,解决问题的出发点和侧重点各不相同。而且随着技术的进步,管理工作要求的提高,这些方法本身也在不断地丰富和完善,因此,对于现行的各开发方法还没有一个公认的分类。下面我们对系统开发方法按一个二维模型进行一下分类,如表 22.1 所示。

表 22.1 系统开发方法的二维分类

按分析要素 / 按时间过程	面向处理方法 PO	面向数据方法 DO	面向对象方法 OO
生命周期法 LC	LC-PO	LC-DO	LC-OO
原型法 PROT.	PROT. -PO	PROT. -DO	PROT. -OO

(1) 按时间过程来分,开发方法分为生命周期法和原型法,实际上还有许多处于这两者中间状态的方法。

原型法的基本思想是在识别用户最基本需求基础上,先开发一个初始的原型系统,然后通过使用原型系统,开发者与用户交换意见,反复修改和扩充原型,直到形成最终系统。

生命周期法,就是按照管理信息系统生命周期的概念严格地按照系统生命周期的各个过程和步骤去开发系统。生命周期法的开发思想:在用户提出了开发新系统的要求后,首先是对开发新系统的必要性和可能性进行可行性分析。只有当可行性分析确认可以开发项目以后才可对原系统进行详细调查,进行数据分析和功能分析,完成新系统的逻辑设计。最后写出系统分析报告,送交用户单位领导审核和批准。以上是系统分析阶段,下一步是以完成系统物理设计为主要工作内容的系统设计阶段。同样的,系统设计阶段的成果也要经过领导审核,然后才可进入系统实施阶段,即开始编写和调试程序,完成技术文件,做好系统转换、系统运行和系统评价等工作。

对于大系统或系统开发缺乏经验的情况，采用生命周期法可以立足全局，步步为营，减少返工，有利于提高开发质量，加快工程进度。否则，急于求成，盲目设计，必将付出高昂代价，甚至以失败而告终。

(2) 按照系统的分析要素，可以把开发方法分为三类：

第一，面向处理的方法学(processing oriented，PO)——结构化方法学，20 世纪 70 年代的主流；

第二，面向数据的方法学(data oriented，DO)——数据建模和信息工程，20 世纪 80 年代的主流；

第三，面向对象的方法学(object oriented，OO)——20 世纪 90 年代的主流。

PO 就是指系统开发的出发点在于搞清系统要进行怎样的处理，分为两种：一种是面向功能，由企业的职能出发；一种是面向过程，由企业运营流程出发，划分成一些过程进行处理分析。而 DO 首先分析企业的信息需求，建立企业的信息模型，然后建立全企业共享的数据库。OO 是先分析企业的一些对象，把描述对象的数据和对对象的操作放在一起，如果多个对象共享某些数据和操作，共享的数据和操作就构成了对象类。现在十分流行的面向过程的系统分析方法，在概念上它是把功能与数据结合，从本质上可以认为是面向对象的方法。如果把面向对象的方法和面向过程的系统分析结合，将会对系统开发的方法注入新的活力。

22.2　管理信息系统开发策略与方式

22.2.1　管理信息系统开发策略

目前比较实用的开发策略有以下两种。

1)“自顶向下”的开发策略

“自顶向下”的开发策略强调从整体上协调和规划，由全面到局部，由长远到近期，从探索合理的信息流出发来设计信息系统。由于这种开发策略要求很强的逻辑性，因而难度较大。应用此策略进行系统开发时，应从组织的高层管理着手，考虑系统的整体目标以及资源与约束，再确定需要哪些功能去保证目标的完成，划分相应的子系统，并进行各子系统的业务分析和设计。

“自顶向下”的开发策略具有较强的整体性与逻辑性，但采用这种策略开发系统，工程量大，工期长，开发费用高，而且评价标准难以确定等。

“自上而下”的策略强调由全面到局部，由长远到近期，从上到下，从探索研制合理的信息流出发，设计出适合于这种信息流的信息系统。这种策略从整体上协调和规划，要求很强的逻辑性，因而难度较大，但这是一种更为重要的策略，因为整体性是系统的基本特性，虽然一个系统由许多子系统构成，但它们又是一个不可分割的整体。

2)“自底向上”的策略

“自底向上”的开发策略是从组织的各个基层日常业务处理入手，先实现一个个具体的功能，逐步地由低级到高级建立管理信息系统。这种应用子系统容易被识别、理解、开发和调整，有关的数据流和数据存储也容易确定。由于在具体子系统的开发中，“自底向上”的开发策略难以全面考虑系统的总目标和总功能，所以在上层分析与设计时，反过来又要对下层子系统的功能和数据做较大的修改和调整。

此策略的优点是可以避免大规模系统可能出现运行不协调的危险，但缺点是尽管可根据资源的情况逐步满足用户要求，边实施边见效，但缺乏整体目标和协调性，可能导致功能及数据的矛盾、冗余，造成返工。

有些组织在没有制定总体规划的情况下，出于某一部门的要求，就开始项目开发，这就是

"自下而上"，这种策略从现行系统的业务状况出发，先实现一个个具体的功能，逐步地由低级到高级建立整个管理信息系统。因为任何一个管理信息系统的基本功能是数据处理，所以"自下而上"方法首先从研制各项数据处理应用开始，然后根据需要逐步增加有关计划，控制和决策方面的功能。显然，在条件不具备的情况下，采用"自下而上"的策略设计信息系统可以避免大规模系统可能出现的运行不协调的危险，但缺点是不能像想象那样完整周密，由于事先没有从整个系统出发充分考虑到情况的发展和变化，随着系统的进展，往往需要重新设计许多模块。

通常，"自下而上"策略用于小型系统的设计，它适用于对系统开发工作缺乏实际经验的情况，而"自上而下"策略则适用于大型系统的设计。为了充分发挥上述两种策略的优点，在实践中，往往把这两种方法结合起来使用，在用"自顶向下"原则确定了一个信息系统的总体方案之后，再采用"自底向上"的策略，在总体方案指导下，对一个个业务子系统进行具体功能和数据的分析和分解，并逐层归纳到决策层。这样，通过全面分析、协调和调整之后，能得到一个比较理想的，耗费人力、物力、时间较少的，用户满意的新系统。即一方面采用"自上而下"定义整个系统，另一方面，采用"自下而上"逐步开发，也就是"自上而下地总体规划，自下而上地应用开发"，这是建设管理信息系统的正确策略。

22.2.2 管理信息系统开发方式

管理信息系统的开发方式主要有自行开发方式、联合开发方式、委托开发方式、购买现成软件方式。这四种开发方式的选择，要根据使用单位的技术力量、资金情况、外部环境等各种因素进行综合考虑。不论哪一种开发方式都需要使用单位的领导和业务人员参加，并在管理信息系统的整个开发过程中，培养、锻炼、壮大使用单位的系统开发、设计和维护队伍。

1）自行开发

用户具有开发系统的基本必要条件，且技术力量比较雄厚，可以采取自行开发的方式。自行开发是由用户依靠自己的力量独立完成系统开发的各项任务。即根据项目预算，企业自行组织开发队伍，完成系统的分析和设计方案，组织实施，进行运行管理。

自行开发的优点是开发费用少；开发人员熟悉业务处理过程，沟通交流容易；实现开发后的系统能够适应本单位的需求且满意度较高；方便维护和扩展；有利于培养自己的系统开发人员等。缺点是由于不是专业开发队伍，容易受计算机业务工作的限制，系统优化不够，开发水平较低。同时开发人员一般都是临时从所属各单位抽调出来进行信息系统开发工作的，他们都有自己的工作，精力有限，这样就会造成系统开发时间长，开发人员调动后，系统维护工作没有保障的情况。

2）联合开发

由用户和有丰富开发经验的机构或专业开发人员共同完成开发任务。联合开发方式适合于使用单位有一定的管理信息系统分析、设计及软件开发人员，但开发队伍力量较弱，希望通过管理信息系统的开发建立、完善和提高自己的技术队伍，便于系统维护工作的单位。这种方法一般是由用户负责开发投资，根据项目要求组建开发团队，建立必要的规则，分清各方的权责，以合同的方式明确下来，协作完成新系统的开发。

联合开发的优点是相对比较节约资金；双方可以取长补短；使用单位可以培养、增强技术力量，便于系统维护工作，系统的技术水平较高。缺点是双方在合作中沟通容易出现问题，需要双方及时达成共识，进行协调和检查。

3）委托开发

用户将信息系统建设的规划、目标等方面的要求明确提出，采取招标等方式委托给富有开发经验的机构或专业开发人员，通过签订合同的方式，按照用户的需求完成系统开发的任务。委托开发方式适合于使用单位无管理信息系统分析、设计及软件开发人员或开发队伍力量较弱、但资金较为充足的组织和单位。采用这种开发方式，关键是要选择好委托单位，最好是对本行业的业务比较熟悉的、有成功经验的开发单位，并且用户的业务骨干要参与系统的论证工作，开发过程中需要开发单位和用户双方及开发正在向专业化方向发展，一些专门从事管理信息系统开发的公司提高系统开发的经济效益，也可以购买现成的适合于本单位业务的管理信息系统软件，如教育管理信息系统、财务管理系统、进销存管理系统等。

此方式的优点是节省时间、费用低、系统技术水平高。缺点是通用软件专用性较差，跟本单位的实际工作需要可能有一定的差距，难以满足特殊要求，有时可能需要有一定的技术力量，根据使用者的要求做软件改善和编制必要的接口软件等二次开发的工作。因此，在选择通用软件时，不可只看开发商的宣传，要经过多方详尽的时沟通已经开发出一批使用方便、功能强大的专项业务管理信息系统软件。为了避免重复劳动，进行协调和检查。

委托开发方式的优点是省时、省事，系统的技术水平较高。缺点是开发人员对于开发单位业务处理过程不熟悉，需要进行深入调查；所签订的开发合同的条款需要细致、明确；开发费用高；系统维护需要开发单位的长期支持，不利于本单位的人才培养。

4）购买现成软件

在选择通用软件时，不可只看开发商的宣传，要经过多方详尽的考查后再做决定。

以上介绍的四种开发方式有各自的长处和短处，其比较见表 22.2。

表 22.2　各种系统开发方式的比较

特点＼方式	自行开发	联合开发	委托开发	购买现成软件
分析、设计能力的要求	较高	逐渐培养	一般	较低
编程能力的要求	较高	需要	不需要	较低
系统维护的难易程度	容易	较容易	较困难	困难
开发费用	少	较少	多	较少
开发风险	大	较大	较大	小
说明	开发时间较长，系统适合本单位，培养了自己的开发人员。需要一定的咨询	开发出的系统便于维护	省事，开发费用高。需要第三方咨询机构或监理机构参与	最省事，但不一定完全适合本单位。单位应具有检验软件包性能、条件的能力

22.3　管理信息系统的开发方法

22.3.1　结构化系统开发方法

结构化系统开发方法(structured system development methodology)是目前应用最广泛的一种系统开发方法和阶段方法。

1）基本思想

结构化系统开发方法是目前应用得最普遍的一种开发方法。其基本思想有：用系统的思想和系统工程的方法，按照用户至上的原则结构化、模块化，自顶向下对系统进行分析与设计。先将整个信息系统开发过程划分为若干个相对独立的阶段(系统规划、系统分析、系统设计、系统实施等)；在前三个阶段坚持自顶向下地对系统进行结构化划分：在系统调查和理顺管理业务时，应从最顶层的管理业务入手，逐步深入至最基层；在系统分析、提出目标系统方案和系统设计时，应从宏观整体考虑入手，先考虑系统整体的优化，然后再考虑局部的优化问题。在系统实施阶段，则坚持自底向上地逐步实施，即组织人员从最基层的模块做起(编程)，然后按照系统设计的结构，将模块一个个拼接到一起进行调试，自底向上、逐步地构成整个系统。

2）开发过程

任何人工系统都会经历一个由发生、发展到消亡的过程，称为系统的生命周期。在结构化的系统开发方法中，管理信息系统的开发应用，也符合系统生命周期的规律。随着企业和组织工作的需要，外部环境的变化，对信息的需求也相应地增加了，要求设计和建立更新的信息系统。当系统投入使用后，可以在很大程度上满足企业管理者对信息的需求。但是随着时间的延续，企业规模或信息应用范围的扩大或设备老化等原因，信息系统又逐渐不能满足需求了。这时对信息系统会提出更高的要求，周而复始，循环不息。

管理信息系统的生命周期包括系统规划、系统分析、系统设计、系统实施、系统运行与维护五个阶段。

系统规划阶段：该阶段的范围是整个业务系统，目的是从整个业务的角度出发确定系统的优先级。

系统分析阶段：主要活动包括可行性分析和需求分析。其范围是列入开发计划的单个信息系统开发项目。目的是分析业务上存在的问题，定义业务需求。

系统设计阶段：系统设计的目的是设计一个以计算机为基础的技术解决方案以满足用户的业务需求。总体设计的主要任务是构造软件的总体结构；详细设计包括人机界面设计、数据库设计、程序设计。

系统实施阶段：系统实施的目的是组装信息系统技术部件，并最终使信息系统投入运行。如用户手册等。其包括的活动有编程、测试、用户培训、新旧系统之间的切换等。

系统运行与维护阶段：目的是对系统进行维护，使之能正常地运作。

3）开发原理

用户的积极参与：用户积极参与信息系统的开发的全过程，是信息系统开发能否成功的一个关键的、绝对必要的因素。

严格按划分的阶段和活动进行系统开发：运用系统处理方法，将系统开发的全过程采取“分而治之(divide and conquer)的策略”，将整个系统的开发过程分为一系列“阶段(phases)”，然后再将阶段分为一系列的“活动(activities)”，将活动划分为更小的、更易于管理和控制的“作业(task)”。

设立检查点(check point)：在系统开发的每一个阶段均设立检查点，来评估所开发系统的可行性，避免由于系统开发的失败造成更大的损失。

文档的标准化：文档标准化是进行良好通信的基础，是提高软件可重用性的有效的手段。

4）优缺点

优点：阶段的顺序性和依赖性。前一个阶段的完成是后一个阶段工作的前提和依据，而后一阶段的完成往往又使前一阶段的成果在实现过程中具体了一个层次。

从抽象到具体，逐步求精。从时间的进程来看，整个系统的开发过程是一个从抽象到具体的逐层实现的过程，每一阶段的工作，都体现出自顶向下、逐步求精的结构化技术特点。

逻辑设计与物理设计分开。即首先进行系统分析，然后进行系统设计，从而大大提高了系统的正确性、可靠性和可维护性。

质量保证措施完备。对每一个阶段的工作任务完成情况进行审查，对于出现的错误或问题，及时加以解决，不允许转入下一工作阶段，也就是对本阶段工作成果进行评定，使错误较难传递到下一阶段。错误纠正得越早，所造成的损失就越少。

缺点：它是一种预先定义需求的方法，基本前提是必须能够在早期就冻结用户的需求，只适应于可以在早期阶段就完全确定用户需求的项目。然而在实际中要做到这一点往往是不现实的，用户很难准确地陈述其需求。

未能很好地解决系统分析到系统设计之间的过渡，即物理模型是如何如实反映出逻辑模型的要求，通俗地说，就是如何从纸上谈兵到真枪实弹地作战的转变过程。

该方法文档的编写工作量极大，随着开发工作的进行，这些文档需要及时更新。

5）适用范围

该方法适用于一些组织相对稳定、业务处理过程规范、需求明确且在一定时期内不会发生大的变化的大型复杂系统的开发。

22.3.2　原型法

原型法是20世纪80年代随着计算机软件技术的发展，特别是在关系数据库系统（RDBS）、第4代程序生成语言（4GL）和各种系统开发生成环境产生的基础之上，提出的一种从设计思想、工具、手段都全新的系统开发方法。原型法是凭借着系统开发人员对用户要求的理解，在强有力的软件环境支持下，给出一个实实在在的系统原型，然后与用户反复协商修改，最终形成实际系统。

1. 工作流程

原型方法的工作流程如图22.3所示。首先用户提出开发要求，开发人员识别和归纳用户要求，根据识别、归纳的结果，构造出一个原型（程序模块），然后同用户一道评价这个原型。如果根本不行，则回到第3步重新构造原型；如果不满意，则修改原型，直到用户满意为止，这就是原型法工作的一般流程，如图22.3所示。

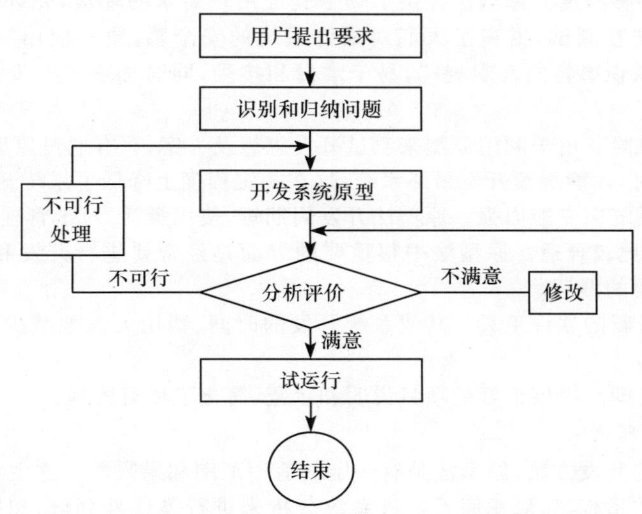

图 22.3　原型法工作的一般流程

2. 原型法的特点

原型法具有如下几方面的特点：

(1) 从认识论的角度来看，原型方法更多地遵循了人们认识事物的规律，因而更容易为人们所普遍接受。这主要表现在：①人们认识任何事物都不可能一次就完全了解，并把工作做得尽善尽美；②认识和学习的过程都是循序渐进的；③对于事物的描述，往往都是受环境的启发而不断完善的；④人们批评指责一个已有的事物，要比空洞地描述自己的设想容易得多，改进一些事物要比创造一些事物容易得多。

(2) 原型方法将模拟的手段引人系统分析的初期阶段，沟通了人们的思想，缩短了用户和系统分析人员之间的距离，解决了结构化方法中最难解决的一环。这主要表现在：①所有问题的讨论都是围绕某一个确定原型而进行的，彼此之间不存在误解和答非所问的可能性，为准确认识问题创造了条件；②有了原型后才能启发人们对原来想不起来或不易准确描述的问题有一个比较确切的描述；③能够及早地暴露出系统实现后存在的一些问题，促使人们在系统实现之前就加以解决。

(3) 充分利用了最新的软件工具，摆脱了老一套工作方法，使系统开发的时间、费用减少，效率、技术等方面都得以提高。

3. 软件支持环境

到目前为止,原型方法所需要的软件支撑环境主要有:一个方便灵活的关系数据库系统(RDBS);一与RDBS相对应的,方便灵活的数据字典,它具有存储所有实体的功能;一套与RDBS相对应的快速查询系统,能支持任意非过程化的(交互定义方式)组合条件查询;一套高级的软件工具(如4GL或信息系统开发生成环境等)用以支持结构化程序,并且允许采用交互的方式迅速地进行书写和维护,产生任意程序语言的模块(即原型);一个非过程化的报告或屏幕生成器,允许设计人员详细定义报告或屏幕输出样本。

4. 原型法优点

通过前面的介绍可见,原型化方法通过对原型的反复使用、评价和修改,给用户和开发人员提供了一个学习和实践的机会,从而产生对系统需求的新认识,提出新的需求。该过程与人们的认识论相一致,这正是原型法能够克服结构化开发方法难以克服的困难的根本原因。其优点主要表现在:

(1) 用户极大的参与度。原型法提供了一个验证用户需求的环境,允许在系统开发生命周期的早期进行人机交互测试,提高了人们对最终系统的安全感,便于应用实例来建立新系统。原型法遵循了人们认识事物的客观规律,易于掌握和接受,同时加强了开发过程中的用户参与程度。

(2) 降低开发风险。由于利用原型来测试开发思想及方案,只有通过原型使用之后,用户和开发人员意见一致时,才能继续开发最终系统,这在一定程度上降低了系统开发风险。

(3) 所开发的系统应变能力强。原型法开发周期短,使用灵活,对于管理体制和组织结构不稳定、有变化的系统比较合适。原型法中很重要的方面是经常要进行开发和测试,这能以较低的代价发现系统主要的漏洞。

(4) 充分利用最新的软件工具。其使系统开发的时间、费用大大地减少,效率、技术等方面都大大地提高。

(5) 简化项目管理。提供很好的项目说明和示范,简化了项目管理。

5. 原型法的局限性

作为一种具体的开发方法,原型法是有一定的适用范围和局限性。这主要表现在:

对于一个大型的系统,如果我们不经过系统分析来进行整体性划分,想要直接用屏幕来一个一个地模拟是很困难的。

对于大量运算的、逻辑性较强的程序模块,原型方法很难构造出模型来供人评价。因为这类问题没有那么多的交互方式(如果有现成的数据或逻辑计算软件包,则情况例外),也不是三言两语就可以把问题说得清楚的。

对于原基础管理不善、信息处理过程混乱的问题,使用有一定的困难。首先是由于工作过程不清,构造原型有一定困难;其次是由于基础管理不好,没有科学合理的方法可依,系统开发容易走上机械地模拟原来手工系统的轨道。

对于一个批处理系统,其大部分是内部处理过程,这时用原型方法有一定的困难。

原型化开发方法常常会忽略测试和文档开发工作。因为系统太容易改变,开发者往往认为编写文档太费事,即使做了文档又会很快失效。由于缺乏完整有效的文档,使得系统运行后很难进行正常的维护。

22.3.3 面向对象的开发方法

1. OO方法的基本思想

方法认为,客观世界是由各种各样的对象组成的,每种对象都有各自的内部状态和运动规律,不同的对象之间的相互作用和联系就构成了各种不同的系统。当我们设计和实现一个客观系统时,如能在满足需求的条件下,把系统设计成由一些不可变的(相对固定)部分组成的最小集合，这个设计就是最好的。而这些不可变的部分就是所谓的对象。

对象是 OO 方法的主体，对象至少应有以下特征。

(1) 模块性。即对象是一个独立存在的实体，从外部可以了解它的功能，但其内部细节是“隐蔽”的，它不受外界干扰。对象之间的相互依赖性很小，因而可以独立地被其他各个系统所选用。

(2) 继承和类比性。事物之间都有一定的相互联系，事物在整体结构中都会占有它自身的位置。在对象之间有属性关系的共同性，在 OO 方法学中称之为继承性，即子模块继承了父模块的属性。通过类比方法抽象出典型对象的过程称之为类比。

(3) 动态连接性。即各种对象之间统一、方便、动态的消息传送机制。

因此，以对象为主体的 OO 方法就可以简单解释为：

(1) 客观事物都是由对象(object)组成的，对象是在原事物基础上抽象的结果。任何复杂的事物都可以通过对象的某种组合结构构成。

(2) 对象由属性和方法组成。属性(attribute)反映了对象的信息特征，如特点、值、状态等。而方法(method)则是用来定义改变属性状态的各种操作。

(3) 对象之间的联系主要是通过传递消息(message)来实现的，而传递的方式是通过消息模式(message pattern)和方法所定义的操作过程来完成的。

(4) 对象可按其属性进行归类(class)。类有一定的结构，类上可以有超类(superclass)，类下可以有子类(subclass)，这种对象或类之间的层次结构是靠继承关系维系着的。

(5) 对象是一个被严格模块化了的实体，称之为封装(encapsulation)。这种封装了的对象满足软件工程的一切要求，而且可以直接被面向对象的程序设计语言所接收。

2. OO 方法的开发过程

OO 方法开发的工作过程分为四个阶段。

1) 系统调查和需求分析

对系统将要面临的具体管理问题以及用户对系统开发的需求进行调查研究，即先弄清要干什么的问题。

2) 分析问题的性质和求解问题

在繁杂的问题域中抽象地识别出对象以及其行为、结构、属性、方法等。这一阶段一般被称之为面向对象分析，简称为 OOA。

3) 整理问题

即对分析的结果作进一步地抽象、归类、整理，并最终以范式的形式将它们确定下来。这一阶段一般被称之为面向对象设计，简称为 OOD。

4) 程序实现

即用面向对象的程序设计语言将上一步整理的范式直接映射(直接用程序语言来取代)为应用程序软件。这一阶段一般被称之为面向对象的程序，简称为 OOP。

3. OOA 方法

OOA 方法，是在一个系统的开发过程中进行了系统业务调查以后，按照面向对象的思想来分析问题。OOA 与结构化分析有较大的区别。OOA 所强调的是在系统调查资料的基础上，针对 OO 方法所需要的素材进行的归类分析和整理，而不是对管理业务现状和方法的分析。

1) 处理复杂问题的原则

用 OOA 方法对所调查结果进行分析处理时，一般依据以下几项原则：

(1) 抽象(abstraction)是指为了某一分析目的而集中精力研究对象的某一性质，它可以忽略其他与此目的无关的部分。在使用这一概念时，我们承认客观世界的复杂性，也知道事物包括有多个细节，但此时并不打算去完整地考虑它。抽象是我们科学地研究和处理复杂问题的重要方法。抽象机制被用在数据分析方面，称之为数据抽象。数据抽象是 OOA 的核心。数据抽象是把一组数据对象以及作用其上的数据借助于某一种方法获得属性。在 OOA 中属性和方法被认为是不可分割的整体。抽象机制有时也被用在对过程的分解方面,被称为过程抽象。恰当的过程抽象可以对复杂过程的分解和确定以及描述对象发挥积极的作用。

(2) 封装(encapsulation)即信息隐蔽。它是指在确定系统的某一部分内容时,应考虑到其他部分的信息及联系都在这一部分的内部进行,外部各部分之间的信息联系应尽可能的少。

(3) 继承(inheritance)是指能直接获得已有的性质和特征而不必重复定义它们。OOA 可以一次性地指定对象的公共属性和方法,然后再特化和扩展这些属性及方法为特殊情况,这样可大大地减轻在系统实现过程中的重复劳动。在共有属性的基础之上,继承者也可以定义自己独有的特性。

(4) 相关(association)是指把某一时刻或相同环境下发生的事物联系在一起。

(5) 消息通信(communication with message)是指在对象之间互相传递信息的通信方式。

(6) 组织方法(method of organization)。在分析和认识世界时,可综合采用如下三种组织方法:①特定对象与其属性之间的区别;②整体对象与相应组成部分对象之间的区别;③不同对象类的构成及其区别等。

(7) 比例(scale)是一种运用整体与部分原则,辅助处理复杂问题的方法。

(8) 行为范畴(categories of behavior)是针对被分析对象而言的,它们主要包括:①基于直接原因的行为;②时变性行为;③功能查询性行为。

2) OOA 方法的基本步骤

在用 OOA 具体地分析一个事物时,大致上遵循如下五个基本步骤:

(1) 确定对象和类。这里所说的对象是对数据及其处理方式的抽象,它反映了系统保存和处理现实世界中某些事物的信息的能力。类是多个对象的共同属性和方法集合的描述,它包括如何在一个类中建立一个新对象的描述。

(2) 确定结构。结构是指问题域的复杂性和连接关系。类成员结构反映了泛化-特化关系,整体-部分结构反映整体和局部之间的关系。

(3) 确定主题。主题是指事物的总体概貌和总体分析模型。

(4) 确定属性。属性就是数据元素,可用来描述对象或分类结构的实例,可在图中给出,并在对象的存储中指定。

(5) 确定方法。方法是在收到消息后必须进行的一些处理方法:方法要在图中定义,并在对象的存储中指定。对于每个对象和结构来说,那些用来增加、修改、删除和选择一个方法本身都是隐含的(虽然它们是要在对象的存储中定义的,但并不在图上给出),而有些则是显示的。

4. OOD 方法

面向对象的设计方法是 OO 方法中一个中间过渡环节。其主要作用是对 OOA 分析的结果作进一步的规范化整理,以便能够被 OOP 直接接收。在 OOD 的设计过程中,要展开的主要有如下几项工作。

1) 对象定义规格的求精过程

对于 OOA 所抽象出来的对象-&-类以及汇集的分析文档,OOD 需要有一个根据设计要求整理和求精的过程,使之更能符合 OOP 的需要。这个整理和求精过程主要有两个方面:一是要根据面向对象的概念模型整理分析所确定的对象结构、属性、方法等内容,改正错误的内容,删去不必要和重复的内容等;二是进行分类整理,以便下一步数据库设计和程序处理模块设计的需要。整理的方法主要是进行归类,对类-&-对象、属性、方法和结构、主题进行归类。

2) 数据模型和数据库设计

数据模型的设计需要确定类-&-对象属性的内容、消息连接的方式、系统访问、数据模型的方法等。最后每个对象实例的数据都必须落实到面向对象的库结构模型中。

3）优化

OOD 的优化设计过程是从另一个角度对分析结果和处理业务过程的整理归纳，优化包括对象和结构的优化、抽象、集成。

对象和结构的模块化表示 OOD 提供了一种范式，这种范式支持对类和结构的模块化。这种模块符合一般模块化所要求的所有特点，如信息隐蔽性好、内部聚合度强和模块之间耦合度弱等。

集成化使得单个构件有机地结合在一起，相互支持。

5. OO 方法的特点和面临的问题

OO 方法以对象为基础，利用特定的软件工具直接完成从对象客体的描述到软件结构之间的转换。这是 OO 方法最主要的特点和成就。OO 方法的应用解决了传统结构化开发方法中客观世界描述工具与软件结构的不一致性问题，缩短了开发周期，解决了从分析和设计到软件模块结构之间多次转换映射的繁杂过程，是一种很有发展前途的系统开发方法。但是同原型方法一样，OO 方法需要一定的软件基础支持才可以应用，另外在大型的管理信息系统开发中如果不经自顶向下的整体划分，而是一开始就自底向上的采用 OO 方法开发系统，同样也会造成系统结构不合理、各部分关系失调等问题。所以 OO 方法和结构化方法目前仍是两种在系统开发领域相互依存的、不可替代的方法。

22.3.4　三种主要开发方法的比较

1. 结构化系统开发方法

结构化系统开发方法也叫“生命周期法”。

(1) 优点：从系统整体出发，强调在整体优化的条件下“自上而下”地分析和设计，保证了系统的整体性和目标的一致性；遵循用户至上原则；严格区分系统开发的阶段性；每一阶段的工作成果是下一阶段的依据，便于系统开发的管理和控制；文档规范化，按工程标准建立标准化的文档资料。

(2) 缺点：用户素质或系统分析员和管理者之间的沟通问题；开发周期长，难以适应环境变化；结构化程度较低的系统，在开发初期难以锁定功能要求。

(3) 适用范围：主要适用于规模较大、结构化程度较高的系统的开发。

2. 原型法

(1) 优点：符合人们认识事物的规律，系统开发循序渐进，反复修改，确保较好的用户满意度；开发周期短，费用相对少；由于有用户的直接参与，系统更加贴近实际；易学易用，减少用户的培训时间；应变能力强。

(2) 缺点：不适合大规模系统的开发；开发过程管理要求高，整个开发过程要经过“修改—评价—再修改”的多次反复；用户过早看到系统原型，误认为系统就是这个模样，易使用户失去信心；开发人员易将原型取代系统分析；缺乏规范化的文档资料。

(3) 适用范围：处理过程明确、简单系统；涉及面窄的小型系统。

不适合于：大型、复杂系统，难以模拟；存在大量运算、逻辑性强的处理系统；管理基础工作不完善、处理过程不规范；大量批处理系统。

3. 面向对象开发方法

(1) 优点：①分析、设计中的对象和软件中的对象的一致性；②实现软件复用，简化程序设计；③系统易于维护；④缩短开发周期。

(2) 缺点：不易于大系统的开发。

小　　结

管理信息系统开发的必要条件有：领导重视与业务部门的支持；具有一定科学管理工作基

础;建立一支专业队伍;具备一定的资金能力。管理信息系统开发需遵循的原则有:领导参与、优化与创新、面向用户、整体性、相关性、动态适应性、效益、工程化、标准化。管理信息系统的生命周期,可以分成系统规划、系统开发、系统运行与维护和系统更新四个阶段。

管理信息系统的开发方法按时间过程来分,可分为生命周期法和原型法;按照系统的分析要素,可以把开发方法分为三类:面向处理的方法学、面向数据的方法学、面向对象的方法学。

目前比较实用的管理信息系统开发策略有两种:“自顶向下”的开发策略和“自底向上”的策略。管理信息系统的开发方式主要有自行开发方式、联合开发方式、委托开发方式、购买现成软件方式。这四种开发方式的选择,要根据使用单位的技术力量、资金情况、外部环境等各种因素进行综合考虑。

结构化系统开发方法是目前应用得最普遍的一种开发方法。其基本思想有:用系统的思想和系统工程的方法,按照用户至上的原则结构化、模块化,自顶向下对系统进行分析与设计。先将整个信息系统开发过程划分为若干个相对独立的阶段。

原型方法的基本思想是:首先用户提出开发要求,开发人员识别和归纳用户要求,根据识别、归纳的结果,构造出一个原型(程序模块),然后同用户一道评价这个原型。如果根本不行,则回到第 3 步重新构造原型;如果不满意,则修改原型,直到用户满意为止。

面向对象的开发方法的基本思想:该方法认为,客观世界是由各种各样的对象组成的,每种对象都有各自的内部状态和运动规律,不同的对象之间的相互作用和联系就构成了各种不同的系统。当我们设计和实现一个客观系统时,如能在满足需求的条件下,把系统设计成由一些不可变的(相对固定)部分组成的最小集合,这个设计就是最好的。而这些不可变的部分就是所谓的对象。

习　题

1. 管理信息系统的开发方法的二维分类是什么?
2. 管理信息系统的开发策略有哪几种?开发方式有哪几种?
3. 结构化系统开发方法的基本思想是什么?其优缺点及适用范围是什么?
4. 原型法的基本思想是什么?其优缺点及适用范围是什么?
5. 什么是对象?面向对象的开发方法的基本思想是什么?

第 23 章　管理信息系统选型

信息化对于许多用户来说,可能更多地意味着信息系统的选型,而需求分析、系统规划、方案评估往往被忽略。因为信息系统选型最直接、最容易被用户理解,所以在许多用户眼中,信息化几乎可以与系统选型画等号。除了系统选型外,其他事情都可以由供应商或实施商去完成。这也就不难理解大部分用户在准备信息化时,往往都异常重视系统选型了。

客观地看,系统选型固然重要,然而我们需要提醒用户的是,系统选型应该结合整个信息化建设整体环节来考虑,尤其是要基于需求分析和系统规划来统筹安排。

23.1　管理信息系统选型概述

在我们讨论系统选型的策略之前,有必要更完整地理解系统选型的概念及其如何更好地开展系统选型工作。

23.1.1　什么是系统选型

什么叫系统选型?对于这个问题,我们可以这样来理解:系统选型是指准用户在拟上新信息系统前,基于客观的需求分析和系统规划,结合信息化投入预算和对市面上主要系统产品和供应商进行调查、比较、分析和评估,最后选择其中最适合自身需求和特点的产品。

这里有五个关键要素:系统选型只适用于拟上新信息系统的准用户,而系统改造、系统升级、系统自行开发、系统委托开发均不属于系统选型;系统选型的前提是,必须具有明确的需求分析和完整的系统规划,也只有在此基础上,系统选型才能做到有的放矢、富有针对性;系统选型不能不考虑信息化预算,不同的预算等级会对系统选型的范围和方向造成重要影响;系统选型的主要工作是对市面上主要相关产品以及其供应商作调查分析和比较,在综合各方面关键指标的基础上全面衡量其优劣;系统选型的核心要素必须最适合用户的需求和特点,包括经济性、技术先进性、稳定性、可扩展性、安全性、针对性等一系列要求。

23.1.2　系统选型的目标及应注意的问题

1) 系统选型的目标

系统选型选什么?这个问题其实是指如何明确系统选型的目标域。对这个问题最准确的理解是:对规划的信息系统相关软件、硬件和网络设备及其连接方式进行优选。这里需要提醒大家注意的是,系统选型不仅仅是选产品、选设备,同时还要选集成它们于一体的连接方式。因为系统是一个整体、集成的概念,而不是软件、硬件和网络的简单叠加。当然,更广义地理解系统选型,还意味着选这些产品、设备乃至连接方式的提供商和服务商。所以系统选型,这个“型”意义很丰富。

2) 系统选型应注意的问题

系统选型对于企业信息化来说,非常重要。因为与其说是在选产品,还不如说是在选合作伙伴。就像人的婚姻,是一辈子的事情,需要特别谨慎和小心。

信息化对企业来说,也是需要持续建设的。选错了合作伙伴,不仅会导致投资损失,更重要的是导致系统失败、企业管理和业务变革上的紊乱和企业商机的丧失。因此从这个角度来看,我们建议要高度重视企业信息化选型,确保客观公正,最好请权威的第三方咨询监理来帮助企业把关。

此外,系统选型,是要为整个系统规划和体系服务的,因此切忌零敲碎打。要坚持从整体规划和系统设计出发,尽量保持延续性和系统的衔接性。

最后,需要特别提醒 CIO 的是,系统选型只是信息化建设过程中的一个层面。系统在某种程度上是死的,而人是活的。系统选型的成功并不意味着信息化的成功。关键是系统的各层次使用者如何接受系统的运行模式和管理理念,如何与之保持很好的融合。观念改造和习惯的变更不是系统选型所能伴生的。在选型过程中,有些东西也许是可以灵活变更的,但有些东西是必须坚持的,如规划和需求。

23.1.3 系统选型的基本原则

针对当前 ERP 行业狂躁的市场局面和纷争格局,企业在实施 ERP 项目的时候,选型一定要遵循一个合理的思路,以做出理智、务实的选型决策。

1) 分析需求,明确目标和实施范围

企业进行信息化建设,最重要的就是分析企业的实际情况和管理现状,有针对性地提出企业信息化的实施目标和实施范围。对目前大多数企业来讲,借助信息技术提升基础管理,堵塞管理漏洞并加强业务运作的规范性,向基础管理要效益是比较适合的。企业信息化经历了部门信息化、业务财务运作一体化、生产销售一体化、过程控制一体化和决策一体化的几个阶段,这些是循序渐进的过程。企业在做信息化规划时,一定要明确借助信息化解决的管理瓶颈问题、需要系统应用的业务范围和部门范围,明确具体的信息化应用需求和目标。

2) 借鉴同行业信息化经验

经过多年的信息化建设,国内大部分行业已经过了摸着石头过河的阶段,大部分行业 ERP 应用已有相对成熟的应用案例。同行业企业信息化建设的规划、实施经验、阶段成果、项目实施过程中的可能性风险以及必要的防范措施对准备上马 ERP 项目的企业来讲,是笔宝贵的财富,值得借鉴。通过深入考察不仅可以了解其他企业建设的情况,还能够对本企业信息化所要解决的主要问题、要达到的预定目标做适当修正。与此同时,还可以通过考察验证主要供应商的同行业业绩建设经验,作为选择软件厂商的重要依据之一,避免成为某些软件厂商的试验田。

3) 展现软件产品必要的业务流程

ERP 在国内已发展多年,大部分企业都比较接受"成熟套装软件+专业的实施团队+适当的个性化定制开发"的路线。在这种情况下,根据企业管理特点和建设目标,个性化的开发是必要的,但成熟软件与开发的比例越大,项目风险越小。对于某些重点行业,如机械、电子、冶金、汽配、化工等行业,许多软件厂商已经形成了一定的行业解决方案。这些行业解决方案不仅满足了企业标准应用,也对行业化应用进行了提取和升华,基本能够满足某一行业的个性化应用要求。

专业的咨询公司根据行业内的大量的实施经验,总结出来的"best practice"或者说"最佳模式"具有很强的参照意义。这些专业、成熟的咨询公司,往往根植于某些特定的行业,就像医院里的专科大夫,对于亟待改善管理水准的企业方来说,可谓良师益友。但是,当前的市场上,这样的公司还是太少,更多的是些新凑起来的"草台班子"。所以要"带眼识人"。

另外,根据企业本身独有的管理特点,也可以靠基于平台的二次开发或代码级二次开发来解决自身的一些个性化的管理需求。如此讲来,企业在选型时,已经具备了对软件厂商成熟软件系统的交流条件,企业 ERP 选型如果能够有成熟的行业化方案满足应用,就尽可能不要走"平台化定制开发"的路线,特别是当这家软件厂商没有在同行业实施成功过,风险就会更大。通过软件产品必要的业务流程展示来验证软件厂商对企业所在行业的理解程度和软件在同行业应用的成熟度,将尽可能地避免企业信息化建设的产品风险和个性化开发风险。

4) 明确实施主体和实施团队

明确的需求和目标、有多家成功应用的样板客户、一套成熟的软件产品,若不是由适当的人来实施,其结果会大相径庭。企业在选型时,要关注实施项目的主体,一定要争取公司总部集团级、原厂级的咨询实施服务。

一部分软件厂商在项目实施时,常常安排当地的分公司渠道代理体系的一些不太专业的团队来处理,或者安排厂商的外围咨询实施伙伴,也有的临时组织一个联合团队。

这些方式不能保证实施团队在行业经验上、项目组稳定性上、产品掌握程度上、开发支持度和响应及时度上的高水准保障,而且这些问题只有在项目实施启动后才会凸显,而这时企业为给自己的决策“打圆场”、“哑巴吃黄连”,不得已逆来顺受委曲求全,项目风险可想而知。

所以,一定要对软件厂商的实施主体和实施团队进行非常细致的审核,对进入项目组的每个主要骨干人员进行甄别、确认,保证项目组主要成员的行业经验及项目规划控制能力,必要的话,把这些主要人员签到合同中,明确项目付费的方式与关键顾问的出场的关联。

5）确定合理的项目预算

企业都想花最少的钱,办最多的事。实施 ERP 却不一样。ERP 是件“花多少钱,就能办多少事儿”的工作。

企业实施 ERP 既要避免大手笔投入不计成本,也不能过于计较成本而影响项目的质量和工期,更不能认为哪家软件厂商都能干,只是压价格,那样的话,就像在看病的时候只捡要价最低的医生看病一样荒谬。但是,也不是说一定要找要价最贵的——最好的医生肯定要价最贵,但是他不一定能把自己的所有精力倾注到你一家身上,因为找他的太多了。

23.2　管理信息系统选型的基本要素和要点

23.2.1　管理信息系统选型的基本要素

企业要信息化应该明白信息化是什么,为什么要信息化,信息化能给我们带来什么,自己需要信息化给自己信息化什么。在具体选型时,要注意以下一些要素。

1）明确需求

在选择软件之前,首先要明确管理要达到的目标,即解决原来实际管理中存在的问题,这些问题的急迫程度如何,需要用什么手段解决,应达到什么目标。但是这些需求是需要找有专业知识的人员和公司的管理层予以讨论而确定的。

在现有的企业中信息化水平普遍比较低下,难免会出现要求“输入牛,直接出罐头”或“输入罐头直接就出牛”这样不实际的需求。同时,现有企业大都是采用部门化框架式管理,公司部门强调组织架构,难免出现部门的工作需求和企业的管理需求有冲突的地方。这些是需要专业的人员用专业的知识和经验与管理层共同甄选从而达成共识的。需求确定了,有什么软件可以适用于这些需求呢?或者说怎样选择具有这些功能的软件来满足企业的需求呢?这个时候就牵扯到第二个问题。

2）软件功能的判定和软件的用户化

现在市场上商品化软件功能模块很多,同时经常会产生很多新的令人眼花缭乱的名词,如 CAM、CAPP、CRM、OA、HR 等,使要选型的企业若没有专业的知识,完全陷入理论化的陷阱,在软件提供商的指挥棒的指引下迷茫的前行。软件公司玩概念,企业肯定困惑,很难选择适合自己的软件。其实所谓的适用范围较广,这就需要针对不同的企业,选择不同的功能模块。软件功能应满足企业当前和今后发展的需要,多余的功能只会造成使用和维护的复杂性。软件可用部分的比例,取决于软件对用户的适用程度,而不是以有多少新的概念、新的名词。

另外要考虑系统的开放性,预留各种接口。软件的实现功能和实现方法不全信赖软件的提供方的演示和文档,推荐安装试用版,亲自试作,因为有很多功能是可以演示但是不能实际使用的。

例如,在我国沿海地区的“三来一补”的企业中,会有要求有简繁体转换的功能,但是有些软件公司的软件仅仅做了界面的简繁体的转化，在演示的时候，会向客户演示，点某个键，简体的界面变繁体，再点一下，又转换回来。但是稍微有点专业知识的人都明白，信息化软件肯定是带后台数据库的，但是现有的数据库端仅仅可以提供一种编码方式，就中文来说，要么简体，要么繁体，前台可以变，数据库肯定不可以变，也就是说数据库永远只有一种语言，那么若选择繁体的数据库，在简体报表里栏位名是简体，但是栏位的值一定是乱码，反之亦同。所以推荐对参与竞标的软件做以自己的需求为核心的实现方法的整体细致的评估，以选择最大限度满足自己的软件。但是企业管理的需求是随着管理的提升一直在提升的，所以即使现在合适的软件，在使用一定时间后，也会有不合适的地方，所以就一定有二次开发的需求，若软件自身有对应的二次开发工具，就会减少很多麻烦，企业自己培养开发人员，基本就可以满足自己的需求。但是若一开始就需要进行软件的用户化的工作，而软件本身没有可以提供的二次开发的工具，那么就要考虑实现的风险了，因为二次开发一定受软件本身功能、开发难度、开发成本等诸多因素的局限，对于已经商品化了的软件其开发进度和配置管理都应该做的比较好，他们是不愿意将自己的软件做很彻底的用户化，从而改的支离破碎，面目全非的，但是能把软件的开发进度和配置管理都做的比较好的公司，一定是规模较大的软件公司，而非小作坊，那么用户化到什么程度，也是在选型的时候也要考虑的因素。

若以上的因素都考虑到，并也基本满足企业的要求，那么企业要做的是要考察软件公司提供的软件的文档、售后服务与支持以及软件商的信誉和稳定性。

软件公司必须提供配备齐全的文档，其全面详尽程度应达到用户能够自学使用，如用户手册、不同层次的培训教材（如原理与概念、产品模块、开发工具等）以及实施指南等，因为就这样我们才可以保证企业在实施过程中或结束后，企业能够自行解决某些问题。同时售后服务与支持也非常重要，关系到项目的成败。

售后服务工作包括各种培训、项目管理、实施指导、二次开发及用户化等，可以由软件公司或专业的咨询公司承担，其人员组成为由熟悉企业管理，有实施经验的专家组成顾问组做售后的支持与服务工作。在此基础上，企业还要考虑实施完成后的后期维护工作，那么考核这部分的核心内容也就是考察软件提供商的信誉和稳定性，也称之为 . Net 转换为 . Server，即从软件的技术层面转换到软件的服务层面，因为刚开始的实施工作是一个学习软件的过程，但是掌握以后，就变成用软件解决实际问题的工作，对于其中产生的问题，就不是用技术来解决，而是用服务来解决。所以选择软件时要考虑供应商的实力和信誉。软件供应商应当有长期的经营战略，能够跟踪技术的发展和客户的要求，不断对软件进行版本的更新和维护工作。

3）软件的价格、企业原有资源的保护、与现有系统平滑的实现无缝链接

一般来说价格方面要考虑软件的性能、功能、技术平台、质量、售后服务与支持等，另外也要做投资效益分析，包括资金利润率、投资回收期。要考虑实施周期及难度，避免实施时间、二次开发或用户化时间过长而影响效益的兑现。

所以软件的投资一般包括：软件费用＋服务支持费用＋二次开发费用＋因实施延误而损失的收益。在考虑价格因素的同时，要考虑企业原有资源的保护，这里所说的资源，不仅指硬件资源，还包括已有的数据资源。这样在选择软件时，就要考虑软件产品对硬件平台的要求是否过高，原有的 PC 机能否使用，原有的数据资源能否平滑地移植到新的系统中。同时和已经有的、必须使用的软件，怎样实现无缝链接，例如，已经有的财务软件，通过怎样的方式将现有软件中的数据通过怎样的手段，通过软件的配置接口，可以产生对应的接口文件采用自动或手动的方式自动抛转到对应的作业模块，从而产生对应的资料，以保证不产生多信息化造成的信息孤岛的问题。

23.2.2 ERP 选型要素

国家 863 项目有关专家认为，在制造业信息化中，ERP 等应用软件既是重点，又是难点。难就难在它不仅仅是技术项目，更是一项系统工程，既覆盖企业管理的全方位，也涉及生产制造的

全过程,而制造业企业又是 ERP 的主要用户。据 CCID 2003 年市场调查显示,尽管能源企业信息化投资大,但其 ERP 仅占 6.5%;流通企业也是热点,但 ERP 只占 19.2%;而制造业企业 ERP 要占到 63.1%,制造业显然是 ERP 厂商必须重视的大市场。

总结多年的经验和教训,制造业企业已就信息系统建设普遍达成了下述共识:上信息系统,应用软件是重点,选择合作伙伴是关键,采用 ERP 等商品化软件是趋势。

当初企业上信息系统,选型只重视计算机、网络基础设施等硬件设备,而这些产品相对来说,品牌高度集中、技术成熟、价格透明度高,选型难度不大。包括现在的操作系统、数据库等系统软件也是如此。而 ERP 等应用软件则与用户需求密切相关,决定着信息系统的成败,涉及企业管理的方方面面,需要相当的实施周期。因此,应该把 ERP 作为企业信息系统选型的重点来抓。

首先,选型要考虑本企业的具体需求、实施条件、管理基础、人员素质、投资能力等多方面因素,从实际出发,量力而行,不要盲目攀比,追大求全。企业在选型前一定要依据自身的条件做好前期工作,如需求的确定和量化、业务流程的梳理等。

其次,做总体规划要全面,要考虑 3~5 年后的需求变化和技术发展,但在具体实施时要分步进行,先易后难。没有扎实的可行性研究和总体规划,切勿贸然行事。用户选择 ERP 产品和厂商时一般应该考虑以下因素:

(1) 品牌。ERP 选型不仅是选购一件商品,也是选择一个值得信赖的长期合作伙伴,因此品牌效应值得关注。选用国际知名品牌的 ERP 产品无疑能取得更佳的形象效果,选择合适的品牌也能保证获得最佳的投资效益。管理软件公司虽然很多,但能成为真正意义上的 ERP 供应商的门槛并不低,所以市场上知名的全国品牌和行业品牌为数并不多。因此,企业应该选择商业信誉卓著、经营绩效良好、开发实力雄厚、实施经验丰富的 ERP 公司。

(2) 行业背景。即便是国外知名公司,介入各行业的程度也有深有浅,往往只在特定的行业有优势。厂家往往说“面向各种行业”,“适合各类企业”,实际上等于什么都没说。而“行业百强企业有××家应用了我们的软件”无疑具备更强的说服力,因此要对厂商的行业背景进行深入调查。行业市场信息除了厂商介绍外,还可以通过媒体、会议等多渠道收集,也可以通过行业协会等组织了解。

(3) 案例。从目前看,用户大都把厂商以往实施成功的案例放在选型要考虑的首要条件,这实际上是对厂商的产品、服务、客户关系的综合考察,是一种非常节省时间的做法,尤其是同行业企业的案例。如果有满意度高的行业用户群,那是对厂商行业背景的最好认可。企业信息系统选型的负责人一定要到这些企业实地考察,了解这些案例的成败得失,做到心中有数。而对其他行业的企业,即便是“金牌案例”,也要存有疑问:生产流程不一样,生产制造管理模块能用在我们厂吗?另外,在实地考察时,一定要有周密的准备,不能简单地当做一次学习取经的机会,更不能迷信典型用户的完美演示,而是要切实考察系统中的数据运行情况、基层人员的使用情况等。

(4) 系统功能。这是必不可少的一个环节。厂商一般都准备了软件功能模块说明书等宣传资料和软件演示。事实上说明书中描述的理论概念居多,各家差异不大,而实际使用中产品的差异远远大于说明书的差异。所以选型企业事先也应准备一些资料,可以是一种产品的物料清单、产品的简单工艺、与供应商的采购合同、典型客户的销售合同等,然后把这些资料交给软件供应商,让其在演示中实地应用,更能说明问题。

(5) 价格。除了要考虑软件产品的价格外,还应重视咨询实施、售后服务的费用。必须说明的一点是,绝不能采用价格一刀切模式,将压价作为选型的唯一手段,这样做的后果势必增加项目的风险。

(6) 实施队伍。厂商的实施顾问是影响 ERP 项目成功的关键因素。即使厂商有同行业实施背景,但顾问换了新人,实施效果也会大打折扣。企业可以要求顾问参与选型咨询的全过程,另外还可以在合同条款中规定顾问资历、时间保证、顾问更换等条款,以尽可能地选择高水平、有经验的实施人员。

(7) 售后服务。厂商应拥有完善的售后服务机制，可及时响应和满足企业各类及异地服务需求。需要注意的是，厂商开发产品的能力与建立一个机制完善的售后服务团队的能力是不同的，因此，厂商的服务承诺既要包括本地服务网点，也要包括远程支持能力，这是对厂商管理水平的考验。

23.2.3 管理信息系统选型的要点

(1) 企业需要怎样的信息系统。企业需要的是真正能够提高综合竞争力的信息系统，不是凭空想象出来的总体解决方案。在进行信息化建设之处，通过对企业竞争能力的评估，可以迅速找到制约企业发展的关键点，从而有的放矢地进行下阶段的工作，确保企业信息化建设循序渐进，防止一哄而上。

(2) 为什么子系统之间必须能够灵活取舍。第一，企业的经营模式、发展阶段决定了管理重心不同，所需要的系统功能应该与自身业务相符合。第二，随着企业经营的变化和规模的扩大，系统应具有一定的可扩展性、易升级性和开放性。

(3) 为什么必须“不同岗位不同界面”。第一，“不同岗位不同界面”是验证一个管理系统优劣的重要手段，它的本质是岗位与业务功能挂钩，真实再现企业组织结构和业务流程，同时降低学习难度，让员工把主要精力方在本职工作上，而不是去学习烦琐的软件操作。第二，“千人一面”、密密麻麻的按键背后是缺乏系统规划、功能堆砌式开发的具体表现，同时可以大大降低开发、维护成本。

(4) 如何鉴别系统权限设计的优劣。第一，首先可以肯定“直接上级拥有下级的全部权限”、“间接上级拥有下级的浏览权限”、“按部门、级别划分权限等级”等等的设计方式都是比较粗糙的，十分不利于企业信息的安全。第二，很多企业尽管不大，但真实的权限结构也往往是矩阵式的，比如公司的总工程师是某位项目经理的间接上级，但他却不能去管理项目经理的日常工作。财务经理是库管的直接上级，但也不能代替库管去开出库单。第三，一个好的系统权限设计应该可以最大程度地模拟真实企业的组织结构和业务管理，并且能够灵活、简单地配置和调整。

(5) 面对众多包含各种“管理思想”的系统，企业应如何区别。第一，再先进的“管理思想”也不可能适合所有企业，每个 ERP 系统都被如此包装，90%的失败率说明不能把原因归咎给企业，而应该从系统规划、设计上找原因。第二，把自己说成是“×××专家”只是供应商自我宣传的手段，真正的专家是企业自己。

(6) 为什么软件公司喜欢讲大理念或者创造一些玄妙的词，比如战役计划、商机报价。第一，理念本身没有错，但企业不能被偷梁换柱所蒙蔽，承认理念不一定就要承认他的软件。第二，各厂商纷纷推出各种营销概念，希望通过产品表层的概念差异，在短时间内获取用户的认可和相对竞争优势，市场的营销主导色彩非常浓厚。这种典型的“营销导向”一方面使用户对各种概念呈现一种茫然状态，难于选择，整体上认为管理软件企业比较浮躁，对部分管理软件的质量表示质疑；另一方面，管理软件企业由于忙于市场营销的标新立异，客观上忽视了产品技术架构的搭建和创新，会造成客户满意度和项目实施的成功率降低。

其实看看“战役计划”中包含的内容就知道无非是：时间、地点、人物后面加一个大大的文本框，并没有任何特别之处。

(7) 同样的系统(如 CRM)价格为何差别很大。第一，开发商前期的开发成本、市场宣传和演讲成本、上百人的高工资等都必须分摊到系统之中，转移给用户。第二，另一种情况是软件确实物有所值。

23.3 管理信息系统的选型

23.3.1 管理信息系统选型的策略

系统选型常用策略有很多种，不同的出发点可能有不同的选择。不论选择哪种选型策略，大致都有一个基本的工作流程。

按系统选型过程中主导因素的不同，可以有多种策略，如用户主导型、集成商主导型、供应商主导型、第三方咨询监理商主导型、混合型等。

按系统选型过程中时空因素的不同，也可以有多种策略，如整体规划、一次选型；整体规划、分期选型；分期规划、分期选型等。

按系统选型过程中采用形式的不同，可以选用不同策略，如选型小组定向考察、专家咨询、招标、竞争性谈判等。

对于 CIO 来说，要尽可能地了解可供选择的常用选型策略，然后依据选型五要素全面均衡，以选择最适合企业的选型策略。

然而，无论选择哪种选型策略，都有一个基本的工作流程。一般来说，这个流程通常包含以下几个步骤：

(1) 成立选型工作领导小组。这个小组应该由企业一把手或主管副总担任组长，由 CIO(信息主管)担任执行组长或常务副组长。小组成员不必过多，一般 5～7 人。小组成员组成应该至少有三个方面人员，即技术人员、业务人员、管理者代表(包括财务人员)。有些大企业，还经常会再组成一个由专家组成的选型工作咨询小组，来作为选型领导小组的决策参谋。这个小组通常也要由信息技术专家、管理咨询专家等不同类型人员组成，以达到优势互补的目的。

(2) 做供应商及其相关产品调研。在调研时，首先要确定调研范围和方向。一般系统选型按照选型类别可分成软件选型和硬件及网络选型。在确定调研范围时，没有必要列出所有供应商和所有品牌，通常列出相关领域前 5 名的供应商及其产品作为考察对象即可，最多不超过 10 名。但有一点可能需要特别考虑，如行业用户在选软件时，不仅仅要调研该软件综合排名前 5 强，还应该注意针对本行业专门的行业软件开发商，他们或许综合排名不能进入前 5 名，但在本行业，他们往往有更高的应用比率。在确定考察对象后，就要重点关注考察要素。

一般产品的考察要素有技术先进性、功能完整性、性能稳定性、系统安全性、可扩展性、开放性、价格合理性等；而供应商的考察要素有市场占有率、品牌知名度、公司商业信誉度、研发实力、服务能力、成功案例、类似项目成功率等。在设置这些考察要素的同时，需要确定不同要素在总体考察指标体系中的权重和分值。

(3) 对供应商及其相关产品进行权衡评估。基于调研成果，依据设定的评价指标，进行综合比较和评估。根据评估值进行排队，一般综合得分前 3 名者作为重点对象，进入下一步详尽商谈中。也可以采用定向邀请参加投标或竞争性谈判。

(4) 详尽商谈和定向考察。在该阶段，基本确定了重点潜在目标，需要对其做进一步详细接触和针对性评估，包括要求其提供项目建议书和解决方案书，以及产品演示等。该阶段关注的是关键评价指标和应用指标。

(5) 商业性谈判和签约。基于详尽定向考察后，接下来就可以进入商业谈判阶段(包括评标、开标)，重点关注实施服务条款和商业条款。最后锁定供应商及其产品并进行签约。

23.3.2　各类系统选型重点

1) OA 系统选型的重点是什么

(1) “日程安排”是否与其他功能紧密衔接并自动合成，而不是孤立存在。如项目部或市场部给销售部的某位员工转发了任务，能否直接在“日程安排”中显示出来？

(2) “日程安排”中的任务类别是否分类？是否与岗位职责挂钩？

(3) “工作计划”和“工作总结”的内容是自动合成还是在一个大文本框中随意输入呢？

(4) 除了事物性的功能外，各种合同、报价单、订单、计划、方案等能否通过 OA 系统流转、审批呢？

这些都是验证一个系统数据集成的方法，否则就是单表的堆砌。

2）CRM 系统选型的重点是什么

（1）“客户类型”是否定义为组织客户、经销商、零售商、顾客，而不是随意定义为大客户、中客户、小客户？

（2）“客户费用”的自动计算、合成，而不用员工手工输入或到报告中查看。

（3）“客户特征”能否按客户类型不同自动配置，如组织客户、经销商和零售商不同的特征描述。

（4）与客户相关的所有信息能否在一个界面上集中显示，如所有合同、订单、互动记录、服务记录等。

（5）“销售机会”能否自动提取？任何销售机会的产生都来自与客户的沟通、互动过程，所以不必单独新增。

（6）业务人员填写的《客户互动记录》能否自动生成拜访、联系、服务、收款、管理、关怀、报价等十几种不同的格式？多个输入入口只会让员工反感，报告的内容如果都是以文本描述型为主，这样的信息对客户管理和数据统计没有任何意义。

（7）客户的应收账款能否自动核算？

（8）是否支持企业按照自身的要求建立“客户评估”、“风险分析”等模型？

3）销售管理系统选型的重点是什么

（1）销售单、销售合同、报价单等这些简单的功能必须完整，易于使用。

（2）系统是否可以建立多指标、不同权重的业绩考核体系？如新增现有客户数、拜访次数、回款额、销售费用比、铺货率、销售额、失败客户数。

（3）系统是否可以按周/月/年对上述指标自动进行核算？

（4）每个销售单、销售合同的发货、收款、退货等情况能否直接显示而无须查询？

4）市场管理系统选型的重点是什么

（1）“市场分析”是否支持企业按照自身的要求建立“环境分析”、“行业分析”和“SWOT 分析”等模型？

（2）“市场计划”不再是时间、地点、人物后面加一个大大的文本框，而是按照产品、渠道、价格和促销活动等不同计划配置不同模版格式，自动下发任务，同时能够通过数据关联技术跟踪执行情况；

（3）各种计划、方案能否自动核算费用？

（4）“市场合同”的资金支付、费用等信息能否直接显示而无须查询？

5）人力资源管理系统选型的重点是什么

（1）人才招聘、员工档案、合同等这些简单的功能必须完整，易于使用。

（2）培训计划是否能够导入模版、自动生成、下发任务？

（3）日常考核能否自动完成？

（4）全员绩效考核能否按不同角色、岗位设置不同标准，并能自动导入样本，核算结果？

6）知识管理系统选型的重点是什么

（1）知识内容能否与业务功能挂钩？如写市场计划、项目方案、客户服务时给予不同的内容，让员工在工作中有针对性的学习。

（2）企业的管理制度能否与业务流程相结合，真正落实到行动之中呢？

23.3.3 系统选型中的风险规避与控制

1）建立由主要领导挂帅的选型小组

建立权威、有效、由主要领导亲自负责的选型小组是企业选型的第一步。企业信息系统建设是“一把手工程”，需要一把手的直接参与。比如成立以公司副总，信息中心主任、副主任，各业务部门负责人、业务骨干等构成的项目选型小组，为信息系统的选型提供强有力的组织保障。

2）明确需求和目标

管理系统建设经过多方综合论证，最终明确系统的需求和目标是建立以为核心的系统。采用先进的管理理念，按照设备管理的科学化准则、工作流程的最优化准则、成本最小化和效益最大化准则，建立一套适合本企业管理模式的计算机生产管理信息系统。从系统的远期要求来讲，该系统应满足扩展功能。

3）组织现场情景模拟，考察供应商软件详细功能和顾问能力

针对用户关心的核心流程，制造场景，让各软件厂商进行特定功能流程演示，以考察供应商软件详细功能匹配和顾问能力。企业可以为此制定消缺处理流程，提供业务基础数据，给出三个月的准备时间，要求各软件厂商准备。现场功能演示可以更详细地了解软件功能，演示情况是综合考核厂商的依据之一。

4）详细的技术、商务条款，充足的项目预算资金

经过招标程序后，就可以明确具体的供应商。此时，企业需要跟供应商签订详细的技术条款和商务付款条款，技术文件是将来实施的基础。另外，资金的足额到位是实施成功的又一保证。一般来说，项目的实施费用是购买该软件费用的一倍。如果资金预算不足或者预算和实际发生的费用相差较大，会造成软件供应商和实施商的服务和实施不到位。

23.4 管理信息系统选型实例

浙江某机械制造厂是一家有着 40 多年机械方面研究、设计、制造的中型企业。公司生产多种不同的机械设备，并都通过了 ISO9001 质量体系认证。但是，作为一个离散型工业企业在生产和管理上的特点，决定了它需要一个可以完善控制、掌握生产线上各种信息，并进行各种工艺统计分析，生成相关管理控制报表，以帮助生产规划人员及现场控制人员，借以充分掌握生产进度并进一步提升管理水平和工作效率的 ERP 系统。因而企业在 IT 管理咨询顾问的协助下，成立专门的 ERP 选型小组，成员包括企业总经理、各部门经理、技术业务主管和 IT 管理咨询顾问，先由 IT 管理咨询顾问对 ERP 选型小组成员进行短期的 ERP 相关知识培训，然后正式开始企业 ERP 选型工作。大致步骤如图 23.1 所示。

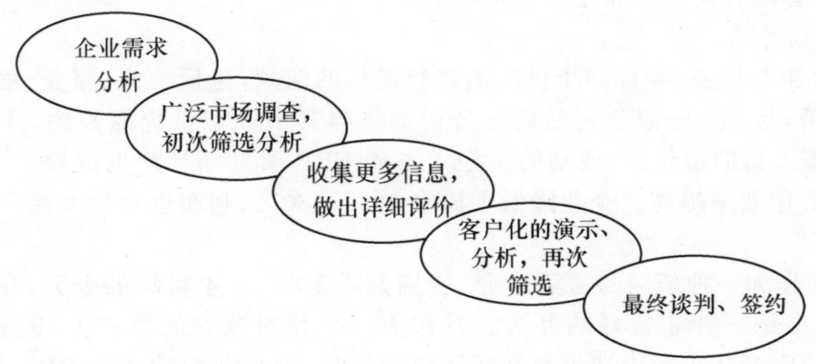

图 23.1 某企业 ERP 选型工作实施步骤

1）对企业进行需求分析

本公司是属于离散型工业企业，选型小组在 IT 管理咨询顾问的协助下，总结出公司经营中主要有以下几个特点：①生产计划的制订与生产任务的管理任务繁重；②部门之间沟通不畅，无法及时了解生产、库存等情况；③工艺流程简单明了，工艺路线灵活，制造资源协调困难；④自动化水平相对较低。因此，小组最终明确需要一个制造管理模块的功能强大的 ERP 系统。

2）广泛的市场调查，进行初次筛选

在详细需求分析的基础上，选型小组在 IT 管理咨询顾问的指导下开始广泛的市场调查，通

过专业杂志、企业宣传资料、企业网站等寻找到基本满足需求的ERP供应商。通过初次筛选，小组确定了六个具体洽谈的ERP厂商，包括有国际知名的供应商SAP、ORACLE，国内知名的供应商和佳、用友、金蝶、神州数码、速达软件。

3）收集更多的信息，利用一些评价标准对其做出详细评价通过初次筛选后，利用IT管理咨询顾问的行业经验和专业技术，对六个具体洽谈的ERP厂商通过拜访、调研、互动讨论等方式获取更多的参考信息，并利用以下主要标准较全面的评价各个ERP系统。详见表23.1。

表23.1 ERP选型主要评价标准

一级标准	二级标准
功能性标准	功能
	特长
	适应性
	开放性
技术性标准	运行平台
	数据库平台
	支持的开发语言
	管理工具
供应商能力标准	供应商声誉
	本地化程度
	类似的实施案例
	培训及后续服务
经济性标准	定价方案
	价格合同

4）客户化的演示、分析，再次筛选

在供应商进行更深入的接触，要求它们提供完全客户化的产品给企业，并做出详细的产品演示，从中发现产品的功能性能上的符合程度和适应性。最终选定用友、和佳两个供应商。因为它们在功能性能上都能满足企业的要求，又是国内知名企业，本地化程度比较好，价格也比较合理，完全在IT管理咨询顾问和企业的预料之中。

5）最终谈判、签约

ERP选型小组与用友、和佳两个供应商进行最后的谈判，包括价格、服务、培训等，最后提交公司总经理，决策，与其中一家公司签约。公司最终与其中一家供应商签约，并在IT管理咨询顾问和ERP实施人员的协作下，成功的实施了本项ERP项目并且初见成效。企业的制造管理能力得到加强，工作效率提高。企业降低了成本20%～30%，利润也有较大提升。

6）总结

IT管理咨询作为一种新兴的咨询中介，特别是在ERP人才紧缺的今天，介入ERP的选型乃至实施的过程中是一种非常好的办法。它作为一个相对独立的第三方，能够根据用户的需求，利用其独有的眼光从市场中选出与其相适应的产品，为企业成功实施ERP奠定了良好的基础，因此，企业ERP选型成功的关键就是要有这种既懂理论又有实践的IT管理咨询人才。IT管理咨询的发展必将不断推动企业ERP选型的顺利开展。

小　结

信息化对于许多用户来说，可能更多地意味着信息系统的选型。系统选型是指准用户在拟上新信息系统前，基于客观的需求分析和系统规划，结合信息化投入预算和对市面上主要系统产品和供应商进行调查、比较、分析和评估，最后选择其中最适合自身需求和特点的产品。

信息系统选型要遵循的基本原则有：第一，分析需求，明确目标和实施范围；第二，借鉴同行业信息化经验；第三，展现软件产品必要的业务流程；第四，明确实施主体和实施团队；第五，确定合理的项目预算。

企业在具体选型时，要注意以下一些要素：①明确需求。在选择软件之前，首先要明确管理要达到的目标，即解决原来实际管理中存在的问题，这些问题的急迫程度如何，需要用什么手段解决，应达到什么目标。②软件功能的判定和软件的用户化。要选择适合自己的软件，这就需要针对不同的企业，选择不同的功能模块。软件功能应满足企业当前和今后发展的需要，多余的功能只会造成使用和维护的复杂性。另外要考虑系统的开放性，预留各种接口。③软件的价格、企业原有资源的保护、与现有系统平滑的实现无缝链接。一般来说价格方面要考虑软件的性能、功能、技术平台、质量、售后服务与支持等，另外也要做投资效益分析，包括资金利润率、投资回收期。要考虑实施周期及难度，避免造成实施时间、二次开发或用户化时间过长而影响效益的兑现。所以软件的投资一般包括：软件费用＋服务支持费用＋二次开发费用＋因实施延误而损失的收益。在考虑价格因素的同时，同时要考虑企业原有资源的保护。以 ERP 选型为例，用户选择 ERP 产品和厂商时一般应该考虑以下因素：品牌、行业背景、案例、系统功能、价格、实施队伍、售后服务。

管理信息系统选型的策略有很多种，不同的出发点可能有不同的选择。按系统选型过程中主导因素的不同，可以有多种策略，如用户主导型、集成商主导型、供应商主导型、第三方咨询监理商主导型、混合型等；按系统选型过程中时空因素的不同，也可以有多种策略，如整体规划、一次选型；整体规划、分期选型；分期规划、分期选型等；按系统选型过程中采用形式的不同，可以选用不同策略，如选型小组定向考察、专家咨询、招标、竞争性谈判等。对于 CIO 来说，要尽可能地了解可供选择的常用选型策略，然后依据选型五要素全面均衡，以选择最适合企业的选型策略。

习　题

1. 什么是系统选型？
2. 管理信息系统选型的基本要素有哪些？
3. 管理信息系统选型的要点有哪些？
4. 管理信息系统选型的策略如何分类？
5. 管理信息系统选型中的风险如何规避与控制？

参 考 文 献

陈国良.1996.遗传算法及其应用.北京:人民邮电出版社
陈国青等.2002.信息系统的组织·管理·建模.北京:清华大学出版社
陈京民.2002.数据仓库与数据挖掘技术.北京:电子工业出版社
陈晓红.2003.管理信息系统教程.北京:清华大学出版社
丁红,陈京民.2009.基于数据挖掘的电信业客户流失分析.中国制造业信息化,7
甘仞初.2001.管理信息系统.北京:机械工业出版社
黄梯云.2000.管理信息系统(第二版).北京:高等教育出版社
李东.2001.管理信息系统理论与应用.北京:北京大学出版社
李劲东等.2003.管理信息系统原理.西安:电子科技大学出版社
李雄飞,李军.2003.数据挖掘与知识发现.北京:高等教育出版社
刘鹏.2004.管理信息系统.武汉:武汉大学出版社
刘祖润,张志飞.2000.人工神经网络快速学习算法.计算机仿真,(1)
龙志勇.2003.数据挖掘在电信行业客户关系管理中的应用.信息网络,(12)
罗伯特·斯库塞斯.2000.管理信息系统.李一军等译.大连:东北财经大学出版社
罗超理等.2002.管理信息系统原理与应用.北京:清华大学出版社
马费成.2001.信息资源管理.武汉:武汉大学出版社
苗夺谦,李道国.2008.粗糙集理论、算法与应用.北京:清华大学出版社
闵惜琳,刘国华.2002.人工神经网络结合遗传算法在建模和优化中的应用.计算机应用研究,(1)
仇春芳,李卫卫.2007.数据挖掘在电信客户流失分析中的应用.通信世界,5
瑞芒德·麦克劳德,乔治·谢尔.2002.管理信息系统(第八版).北京:电子工业出版社
斯蒂芬·哈格.2000.信息时代的管理信息系统(第三版).严建援等译.北京:机械工业出版社
宋远方,成栋.1999.管理信息系统.北京:中国人民大学出版社
苏选良.2003.管理信息系统.北京:电子工业出版社
王家耀.2001.空间信息系统原理.北京:科学出版社
王要武.2003.管理信息系统.北京:电子工业出版社
吴琮璠,谢清佳.2003.管理信息系统.上海:复旦大学出版社
武森,程锴,陈凤洁.2008.聚类分析在电信客户细分中的应用.技术经济与管理研究,(1)
徐绪松.1993a.旅游路线问题的分枝限界算法.武汉大学学报(自然科学版),4
徐绪松.1993b.最小生成树的算法.计算机学报,(11)
徐绪松.1994a.A branch-and-bound algorithm in touring-path problem and its computer imple mantation.数学物理学报(外文版),2
徐绪松.1994b.工序问题的动态规划算法.武汉大学学报(自然科学版),5
徐绪松.1996.数据结构与算法导论.北京:电子工业出版社
徐绪松.1998a.管理信息系统(第三版).武汉:武汉大学出版社
徐绪松.1998b.以信息产业推动市场发展获得经济增长.技术经济,(6)
徐绪松.1999.加速传统产业的高科技改造迎接知识经济时代的到来.中国软科学,(4)
徐绪松.2000.信息技术创造企业竞争优势.中国软科学,(4)
徐绪松.2003.复杂科学资本市场项目评价.北京:科学出版社
徐绪松.2004.数据结构与算法.北京:高等教育出版社
徐绪松.2007.信息系统原理.北京:科学出版社
徐绪松,侯成琪,王频.2004.求解投资组合模型的遗传算法.武汉大学学报(理学版),2

徐绪松,吴健谋. 2004. A dynamic programming algorithm on project-gang investment decision-making. 武汉大学学报(自然科学版),4

徐绪松,朱轶文. 1992. 资源分配问题的动态规划算法. 运筹与决策,10

薛华成. 1999. 管理信息系统(第三版). 北京:清华大学出版社

严建援. 1999. 管理信息系统. 太原:山西经济出版社

云俊,陈庆虎,王少梅. 2001. 人工智能的新发展:人工神经网络及其应用. 计算机工程与应用,(9)

张代远. 2002. 一种全新的人工神经网络算法. 计算技术与自动化,(6)

张国锋. 2001. 管理信息系统. 北京:机械工业出版社

张维明,肖卫东,杨强. 2003. 信息系统工程. 北京:电子工业出版社

张文修. 2000. 粗糙集理论与方法. 北京:科学出版社

张喆. 2007. 数据挖掘及其在客户关系管理中的应用. 上海:复旦大学出版社

张志清. 2005. 管理信息系统实用教程. 北京:电子工业出版社

赵立平. 2000. 电子商务概论. 上海:复旦大学出版社

邹辉霞. 2004. 供应链物流管理. 北京:清华大学出版社

左美云等. 2001. 信息系统的开发与管理教程. 北京:清华大学出版社

Han J W,Kamber M. 2001. 数据挖掘:概念与技术. 范明等译. 北京:机械工业出版社

Inmon W H. 2000. 数据仓库(第二版). 王志海等译. 北京:机械工业出版社

Kantardzic M. 2003. 数据挖掘:概念、模型、方法和算法. 闪四清等译. 北京:清华大学出版社

Laudon K C. 1999. Information Systems and the Internet. 北京:机械工业出版社

Laudon K C,Laudon J P. 2000. Management Information Systems: Organization and Technology in the Networked Enterprise. Prentice Hall. Pearson Education. 北京:高等教育出版社影印

Mallach E G. 2001. 决策支持与数据仓库系统. 李昭智等译. 北京:电子工业出版社

Nilsson N J. 1999. Artificial Intelligence A New Synthesis. 北京:机械工业出版社

Schultheis R A. 1998. Management Information Systems. 北京:机械工业出版社

Stair R M,Reynolds G W. 2000. 信息系统原理(第三版). 张靖等译. 北京:机械工业出版社